近代中國的西藏想像

Esoteric Buddhism, Theocracy, Polyandry
Modern Chinese Imagination on Tibet
1912-1949

簡金生 著
JIAN, Jin sheng

本書於撰寫期間獲教育部
「人文及社會科學博士論文改寫專書
暨編纂主題論文集計畫」補助

民國論叢｜總序

呂芳上
民國歷史文化學社社長

1902 年，梁啟超「新史學」的提出，揭開了中國現代史學發展的序幕。

以近現代史研究而言，迄今百多年來學界關注幾個問題：首先，近代史能否列入史學主流研究的範疇？後朝人修前朝史固無疑義，但當代人修當代史，便成爭議。不過，近半世紀以來，「近代史」已被學界公認是史學研究的一個分支，民國史研究自然包含其中。與此相關的是官修史學的適當性，排除意識形態之爭，《清史稿》出版爭議、「新清史工程」的進行，不免引發諸多討論，但無論官修、私修均有助於歷史的呈現，只要不偏不倚。史家陳寅恪在《金明館叢書二編》的〈順宗實錄與續玄怪錄〉中說，私家撰者易誣妄，官修之書多諱飾，「考史事之本末者，苟能於官書及私著等量齊觀，詳辨而慎取之，則庶幾得其真相，而無誣諱之失矣」。可見官、私修史均有互稽作用。

其次，西方史學理論的引入，大大影響近代歷史的書寫與詮釋。德國蘭克史學較早影響中國學者，後來政治學、社會學、經濟學等社會科學應用於歷史學，於1950 年後，海峽兩岸尤為顯著。臺灣受美國影響，現代化理論大行其道；中國大陸則奉馬列主義唯物史觀為圭臬。直到 1980 年代意識形態退燒之後，接著而來的西方思潮——新文化史、全球史研究，風靡兩岸，近代史也不能例外。這些流行研究當然有助於新議題的開發，如何以中國或以臺灣為主體的近代史研究，則成為學者當今苦心思考的議題。

1912 年，民國建立之後，走過 1920 年代中西、新舊、革命與反革命之爭，1930 年代經濟大蕭條、1940 年代戰爭歲月，1950 年代大變局之後冷戰，繼之以白色恐怖、黨國體制、爭民權運動諸歷程，到了1980 年代之後，走到物資豐饒、科技進步而心靈空虛的時代。百多年來的民國歷史發展，實接續十九世紀末葉以來求變、求新、挫折、突破與創新的過程，涉及傳統與現代、境內與域外方方面面的交涉、混融，有斷裂、有移植，也有更多的延續，在「變局」中，你中有我，我中有你，為史家提供極多可資商榷的議題。1949 年，獲得諾貝爾文學獎美國作家福克納（William Faulkner）說：「過去並未死亡，甚至沒有過去。」（The past is never dead. It's not even past.）更具體的說，今天海峽兩岸的現況、流行文化，甚至政治核心議題，仍有諸多「民國元素」，歷史學家對民國歷史的回眸、凝視、觀察、細究、具機鋒的看法，均會增加人們對現狀的理解、認識和判斷力。這正是民國史家重大任務、大有可為之處。

民國史與我們最是親近，有人仍生活在民國中，也有人追逐著「民國熱」。無庸諱言，民國歷史有資料閎富、角度多元、思潮新穎之利，但也有官方資料不願公開、人物忌諱多、品評史事不易之弊。但，訓練有素的史家，一定懂得歷史的詮釋、剪裁與呈現，要力求公允；一定知道歷史的傳承有如父母子女，父母給子女生命，子女要回饋的是生命的意義。

1950 年代後帶著法統來到臺灣的民國，的確有過一段受戰爭威脅、政治「失去左眼的歲月」，也有一段絕地求生、奮力圖強，使經濟成為亞洲四小龍之一的醒目時日。如今雙目俱全、體質還算健康、前行道路不無崎嶇的環境下，史學界對超越地域、黨派成見又客觀的民國史研究，實寄予樂觀和厚望。

基於此，「民國歷史文化學社」將積極支持、鼓勵民國史有創意的研究和論作。對於研究成果，我們開闢論著系列叢書，我們秉持這樣的出版原則：對民國史不是多餘的書、不是可有可無的書，而是擲地有聲的新書、好書。

目次

前言

「漢藏」之間雖自1911年後即無實質上的隸屬關係，然而對西藏現代史來說，20世紀前半葉的「藏中」關係，卻是除了藏、英關係之外最重要的外在因素，並影響1951年之後中共對西藏的政策與態度，以及形塑了當代流行於國際間所指稱「西藏問題」之根源。由此，導致兩種對立的西藏史詮釋與西藏觀的出現。即便僅是「漢藏」、「中藏」兩詞，背後的意義以及檔案所顯示的文書往來，就代表全然不同的觀點。在中共的版本裡，舊西藏社會顯然是「封建主義」籠罩之地，並與西方帝國主義相勾結，根據官方發表的白皮書：

> 十四世達賴及其政治集團是舊西藏政教合一的封建農奴制度和極少數農奴主階級的總代表，是舊西藏政治、經濟和文化資源的壟斷者和既得利益者。他們與佔西藏人口絕大多數的廣大勞動人民存在著根本的利害衝突，與西藏社會發展進步的要求和人類社會的發展規律存在著不可調和的深刻矛盾……所謂「西藏問題」從一開始就是帝國主義妄圖瓜分中國的產物，是近代帝國主義列強妄圖變中國為其殖民地、半殖民地圖謀的一部分……[1]

1 中華人民共和國國務院新聞辦公室，〈西藏民主改革50年〉白皮書（北京：中華人民共和國國務院新聞辦公室，2009年3月），頁14-15。

誠如研究者針對中共形塑的西藏觀所指出，中國需要創造一個能支持其在西藏合法性的歷史敘述，舊西藏社會中古農奴制的殘忍性，證明了在中國統治下，新西藏社會走上現代化繁榮之路乃是正確的進步。[2]

與此相對，在十四世達賴喇嘛長兄土登晉美諾布（Thubten Jigme Norbu, Wylie: Thub-stan 'jigs-med nor-bu, 1922-2008）的筆下，過去的西藏則是：

> 多數藏人並不羨慕統治階層……因為它帶來煩惱、痛苦和極少的報酬……我們不是生活在貧困中，我們的家很舒適。我們不需要多餘奢侈品亦可生活得很好。了解到我們並不羨慕貴族生活這一點是非常重要的，因為有人宣稱貴族制度使我們墮落，但唯一墮落的是貴族自己。我們願意將政治、經濟問題讓負責的人去解決，感謝上天這些公事不是我們的。[3]

對於中國政府宣稱解放西藏是為了抵抗帝國主義與廢除封建農奴制度，流亡藏人同樣經由歷史證明，藏人千年來即由自己主掌命運，形成獨立於中國之外的文化、宗教、種族、語言。國際法並不支持以社會結構的不良為理由而入侵、佔領與殖民另一個國家。而且，中國所謂的革命只是帶來更多的痛苦。西藏社會本身有自

2 John Powers, *History as Propaganda: Tibetan Exiles versus the People's Republic of China* (New York: Oxford University Press, 2004), p. 155.

3 Thubten Jigme Norbu and Colin M. Turnbull, *Tibet* (New York: Simon and Schuster, 1968), pp. 49-50.

我改革的能力。[4]

顯然，如此完全對立的西藏圖像乃是來自不同的政治經驗與意圖，不同的學術研究目的或多或少亦捲入其中。更直接地說，兩個對立的西藏論述都是來自同一個根源，即民族主義的衝突。一方是多民族國家為維護其主權與領土的完整性，一方則是民族自決與獨立的權利。而其背後總是連帶著對歷史解釋的競爭。一位西方藏學家在比對親中與親藏的兩方著作後指出，雙方其實完全同意西藏歷史上所發生的主要事件，從中世紀吐蕃帝國時代直至 1959 年拉薩事件，但雙方的詮釋差異卻天差地遠。[5] 從現實政治而至歷史詮釋，對立的主張有各自的支持者，即使是專業學者亦難完全避免於這兩種對立的主張之外。對西藏史與西藏文明的研究，從一開始就得面對其研究成果是否會引伸出何種歷史解釋與隨之而來的政治標籤，更遑論研究者以及挪用與西藏相關符號的論述者，是否自覺或不自覺地打造出某種西藏形象。

西方世界的西藏幻境

就此而言，國際藏學界自 1980 年代末期起，已有不少專著在探討西方人所建構出的特定西藏觀。藉助薩依德（Edward W. Said）東方主義的概念，大體而言，這

4 John Powers, *History as Propaganda: Tibetan Exiles versus the People's Republic of China*, p. 160.

5 John Powers, *History as Propaganda: Tibetan Exiles versus the People's Republic of China*, p. 26.

些著作批判性地指出西方世界的西藏熱潮所隱含的東方主義傾向。數世紀以來，西方人的西藏觀，經過傳教士、旅行探險家、啟蒙思想家、神智論者（theosophist，或譯為靈智、通靈）、小說家、嬉皮、親藏人士、西方藏學家和海外流亡藏人等，合力創造出虛擬卻脫離現實的西藏迷思。

Peter Bishop 透過對「香格里拉」（Shangri-La）一詞在西方人心目中，是如何從原先遙遠的東方地理傳聞，轉化成一處神祕主義的「聖地」（sacred place）象徵，進行考古學式的探討。追蹤 1753-1959 年之間西方旅行家有關西藏的各種記載，西方人主要是通過那些激勵人心的旅行與探險作品認識西藏與喜馬拉雅地區。由於英國主導著西藏與西方世界的關係，英印當局特別鼓勵並篩選地緣浪漫主義（geopolitical romanticism）風格的旅行作品，所以西藏應該要被描述為原始的高山風光，體現西藏孤立、聖潔與神祕。再者，由於西方文明自身的衰落，西方人轉而對東方傳統宗教產生興趣，西藏宗教正好是在這背景下，受到神祕主義者、存在主義哲學與精神分析的重視，對西藏的正面化描述只是反映出西方人自己的心理需求。[6] 此後，諸多探論西方西藏觀的著作接續而出。

6 Peter Bishop, *The Myth of Shangri-La: Tibet, Travel Writing, and the Western Creation of a Sacred Landscape* (Berkeley and Los Angeles: University of California Press, 1989), pp. 1-24, 71-76, 191-239; Peter Bishop, "Not Only a Shangri-la: Images of Tibet in Western Literature," in Thierry Dodin & Heinz Räther (eds.), *Imagining Tibet: Perceptions, Projections, and Fantasies* (Boston: Wisdom Publications, 2001), pp. 201-221.

自 17 世紀起，西藏與西藏佛教一直是西方文化幻想的對象，西方人的西藏幻境（dreamworld Tibet）包含許多互相衝突的主題，所以西藏既清淨又汙染，既純正又衍生，既神聖又邪惡。近代以來，在帝國主義、地理探勘及神祕主義的共同作用下，西藏既是「聖地」，又是原始、汙穢、無理性的迷信之地。

在 18 世紀的啟蒙主義者眼中，由喇嘛教主統治的西藏是東方專制主義的國度，其人民生活於邪惡的僧侶專制之下，其宗教違背印度佛教教義，是原始佛教的墮落與變形，因此應該稱為「喇嘛教」。[7] 在西方對自身文明的高度自信及優勢心理的反射下，西藏以負面形象出現，西藏佛教被描繪為非理性及非民主的。旅行家眼中的藏人土著，則是原始與醜陋的。在西方對西藏的凝視中，西方將為西藏帶來科學與道德的架構。[8]

不過，從 19 世紀末起，印染著野蠻黑暗色彩的西藏開始被浪漫化，對此最具有推波助瀾作用的是神智論者。面對科學實證主義對基督宗教的衝擊，神智論並非主張以宗教來對抗科學，而是要建立一種西方科學與古老宗教哲學相結合的新科學宗教，探尋人類精神的進化

7 Donald S. Lopez Jr., *Prisoners of Shangri-La, Tibetan Buddhism and the West* (Chicago: University of Chicago Press, 1998), pp. 3-4, 15-45; Rudolf Kaschewsky, "The Image of Tibet in the West before the Nineteenth Century," in Thierry Dodin & Heinz Räther (eds.), *Imagining Tibet: Perceptions, Projections, and Fantasies*, pp. 3-20; Thierry Dodin & Heinz Räther, "Imagining Tibet: Between Shangri-la and Feudal Oppression, Attempting a Synthesis," in Thierry Dodin & Heinz Räther (eds.), *Imagining Tibet: Perceptions, Projections, and Fantasies*, pp. 391-395.

8 Tom Neuhaus, *Tibet in the Western Imagination* (Houndmills, Basingstoke, Hampshire; New York: Palgrave Macmillan, 2012), p. 18.

法則與潛能。在神智論者眼中，西藏乃是未遭現代塵世汙染的精神國度，握有西方早已失落的真理。經過自我包裝，俄人 Helena Petrovna Blavatsky 夫人（1832-1891）宣稱她獲得西藏神祕大士（Mahatman）傳授來自西藏的古老智慧，是東方真理在西方的代言人。她所創立的神智學會得到諸多東西方知識分子的信仰與支持，如日本佛教大師鈴木大拙（1870-1966）、瑞士心理學家榮格（Carl Gustav Jung, 1875-1961）、德人喇嘛 Anagarika Govinda（1898-1985）、大乘佛學研究專家 Edward Conze（1904-1979）等。[9]

下一個推動神智學高潮的人物，則是美人 Walter Y. Evans-Wentz（1878-1965）與他編譯的《西藏死亡書》（*The Tibetan Book of the Dead*）一書。此時正值一次世界大戰之後西方文明對自身的懷疑，大戰經驗促使西方人重新思考宗教與靈性的體驗，東方正好成為一面映射西方的鏡子。[10] 由於西方人對精神的重新重視和對死後命運的關注，《西藏死亡書》正好被視為最「科學」的死亡之書，成為西方人最為熟知的東方經典，衍伸出一代代的不同譯作本，Evans-Wentz 的譯本還得到榮格特別專文評釋。[11] 榮格關注此書，是因為他正試圖利用東

9 Poul Pedersen, "Tibet, Theosophy, and the Psychologization of Buddhism," in Thierry Dodin & Heinz Räther (eds.), *Imagining Tibet: Perceptions, Projections, and Fantasies*, pp. 151-166; Thierry Dodin and Heinz Räther, "Imagining Tibet: Between Shangri-la and Feudal Oppression, Attempting a Synthesis," pp. 395-400.

10 Tom Neuhaus, *Tibet in the Western Imagination*, pp. 131, 162-163.

11 沈衛榮，〈幻想與現實：《西藏死亡書》在西方世界〉，《西藏歷史和佛教的語文學研究》（上海：上海古籍出版社，2010），

方哲學思想來建立自己的心理學體系。[12] 而東方宗教因帶有女性及原始的特質，需經過西方心理學的煉化，才能產出足以治療西方人精神的心理學。榮格在將這些東方材料加工重組後，其產品不但在西方大眾中大行其道，還出口到亞洲殖民地，成為東方對自身文化的最佳詮釋。[13]

踵續《西藏死亡書》，如James Hilton（1900-1954）在《消失的地平線》（*Lost Horizon*），描繪出一個遠離塵世喧囂的世外桃源，西藏成就了西方對神祕、純潔的渴望，是蘊含生命終極意義的聖地。[14] 更為成功的虛構自傳，則是假借藏人 Tuesday Lobsang Rampa 之名的英國人 Cyril Hoskin（1910-1981）所出版的《第三隻眼》（*The Third Eye: The Autobiography of a Tibetan Lama*）。Hoskin 乃土生土長的英人，從未去過西藏，在遭拆穿後，他猶能以西藏喇嘛靈魂附體來辯解。美國藏學家 Donald S. Lopez Jr. 曾以自己在課堂上的經驗為例，來說明《第三隻眼》一書的成功。他先讓研究生閱讀該書，但未告知該書背

頁 642-684；Peter Bishop, *Dreams of Power: Tibetan Buddhism and the Western Imagination* (London: Athlone Press; Rutherford, N. J.: Fairleigh Dickinson University Press, 1993), pp. 53-76; Donald S. Lopez Jr., *Prisoners of Shangri-La, Tibetan Buddhism and the West*, pp. 46-85.

12 Luis O. Gómez, “Oriental Wisdom and the Cure of Souls: Jung and Indian East,” in Donald S. Lopez Jr. (ed.), *Curators of the Buddha: The Study of Buddhism under Colonialism* (Chicago: University of Chicago Press, 1995), pp. 197-250.

13 Donald S. Lopez Jr., *Prisoners of Shangri-La, Tibetan Buddhism and the West*, p. 59.

14 Peter Bishop, The Myth of Shangri-La: *Tibet, Travel Writing, and the Western Creation of a Sacred Landscape*, pp. 211-218; Dibyesh Anand, *Geopolitical Exotica: Tibet in Western Imagination*, pp. 39-43.

景。儘管學生之前已閱讀過一系列相關文獻與研究，然而學生竟仍高度讚揚該書的可信度及真實性。[15] 就在各式各樣文本的編織中，西藏逐漸被想像成是西方文明的拯救者、人性的綠洲、未受現代文明汙染的人間淨土與天堂，是西方人尋求心靈寄託與精神慰藉的神聖烏托邦。[16]

20 世紀中葉起，由於中共統治西藏，特別是自 1959 年起藏人的大量流亡，在西方人眼中，這成為共產主義無神論政權迫害純淨佛教的事證。而 1960 年代以後新左派思想與新時代運動的興起，西方人試圖在神祕的東方思想中尋找文化的他者以為慰藉。西藏宗教成為西方人尋求精神解放的療藥，通過各種佛學課程、禪修中心，使得西藏佛學全球化。作為淨土的「新西藏」[17] 更進一步成為西方的文化消費主義的替代品，通過好萊塢等大眾娛樂製造出亙古不變、心靈純樸的精神家園，西藏成為虛擬的存在。[18] 西藏人被塑造為一個只注重精神生活的民族，與自然和諧相處，神聖的西藏

15 Donald S. Lopez Jr., *Prisoners of Shangri-La, Tibetan Buddhism and the West*, pp. 86-113, 103-104.

16 Orville Schell, *Virtual Tibet, Searching for Shangri-La from the Himalayas to Hollywood* (New York: Henry Holt& Company, Inc, 2000), p. 203.

17 Donald S. Lopez Jr., *Prisoners of Shangri-La, Tibetan Buddhism and the West*, p. 13.

18 關於西方通俗文化中出現的西藏形象，更進一步的討論，見：Orville Schell, *Virtual Tibet, Searching for Shangri-La from the Himalayas to Hollywood*; Martin Brauen, in collaboration with Renate Koller and Markus Vock; translated by Martin Willson, *Dreamworld Tibet: Western Illusions* (Trumbull, CT.: Weatherhill Inc.; Bangkok: Orchid Press, 2004; first published as *Traumwelt Tibet: Westliche Trugbilder*, Berne: Verlag Paul Haupt, 2000).

在西方人的精神中成為一包山包海的「超市」，[19]視西藏為和平、博愛、智慧、慈悲、環保、男女平等、去階級、非暴力、非物質的淨土樂園。這種「新時代東方主義」（New Age Orientalism）[20]所打造的文化迷宮鏡像，使得流亡藏人、支持西藏人士與藏學家們都成為香格里拉神話的囚徒。[21]

雖然西藏幻像為西藏獨立事業贏得極大的支持，藉由提倡佛教現代主義與普世性宗教的魅力，歐洲、美國、澳洲、日本乃至臺灣成為達賴喇嘛與流亡藏人的現代施主，但這些幻像最終反而是對實現此目標的威脅。藏人文化的內在性遠勝於物質性，向世人傳達與民族志有落差的社會文化觀點，甚至，西方世界中的西藏佛教形象反過來成為流亡藏人衡量西藏僧侶的標準。[22]西方人對西藏的東方主義化，又由流亡藏人援用，以動員西方人對「保存西藏」志業的支持。[23]但是對藏人來說，西方對西藏的浪漫化想像促使西藏佛教在西方迅速傳播，這只是時尚表象，反映西方自身內在的缺陷。[24]甚

---

19 Martin Brauen, *Dreamworld Tibet: Western Illusions*, p. 216.

20 Frank J. Korom, "The Role of Tibet in the New Age Movement," in Thierry Dodin & Heinz Räther (eds.), *Imagining Tibet: Perceptions, Projections, and Fantasies*, p. 181.

21 Donald S. Lopez Jr., *Prisoners of Shangri-La, Tibetan Buddhism and the West*, p. 13.

22 Donald S. Lopez Jr., *Prisoners of Shangri-La, Tibetan Buddhism and the West*, pp. 11, 206, 189, 201.

23 Toni Huber, "Shangri-la in Exile: Representations of Tibetan Identity and Transnational Culture," in Thierry Dodin & Heinz Räther (eds.), *Imagining Tibet: Perceptions, Projections, and Fantasies*, pp. 357-371; Dibyesh Anand, *Geopolitical Exotica: Tibet in Western Imagination*, p. 98.

24 Dagyab Kyabgön Rinpoche, "Buddhism in the West and the Image

至部分西方人還以為，受物質主義汙染的西方，有必要守住西藏那份香格里拉的純潔性，將西藏與外部世界隔離開來。這些西方人一面享受現代化的物質生活，卻一面要求西藏保持傳統的生活方式，忽視西藏社會內部渴望改變的訴求。這無疑是另一種極權主義的思想。[25]

現代中國西藏觀的關鍵段落

與西方對自身西藏觀的豐富研究相較，漢人如何塑造西藏形象只有極少的討論。目前學界對於中國人／漢人的西藏觀研究，不僅數量少，且未著重於現代。

自唐代起，中原王朝首次認知到吐蕃帝國的強大威脅，吐蕃被形容為一野蠻殘暴的民族。儘管在元、明、清三代，西藏因其作為西天佛土勝地，皇室與上層貴族對西藏的宗教領袖禮遇有加；然而，史料中的西藏人，

---

of Tibet," in Thierry Dodin & Heinz Räther (eds.), *Imagining Tibet: Perceptions, Projections, and Fantasies*, pp. 386-388.

25 Jamyang Norbu, "Behind the Lost Horizon: Demystifying Tibet," in Thierry Dodin & Heinz Räther (eds.), *Imagining Tibet: Perceptions, Projections, and Fantasies*, pp. 373-378. 中文學界對西方西藏觀的討論，見：沈衛榮，〈簡述西方視野中的西藏形象：以殖民主義話語中的妖魔化形象為中心〉，《西藏學術會議論文集》（臺北：蒙藏委員會，2000），頁 135-165；杜永彬，〈西方人眼中的西藏（之一）〉，《中國西藏》，2001 年第 2 期，頁 9-12；杜永彬，〈《虛擬的西藏——從喜馬拉雅山到好萊塢尋找香格里拉》評介〉，《西藏大學學報》，第 24 卷第 1 期（2009），頁 82-88；沈衛榮，〈東方主義話語與西方佛教研究〉，沈衛榮，《尋找香格里拉》（北京：中國人民大學出版社，2010），頁 55-68；沈衛榮，〈尋找香格里拉——妖魔化與神話化西藏的背後〉，《尋找香格里拉》，頁 106-123；沈衛榮，〈也談東方主義和"西藏問題"〉，《尋找香格里拉》，頁 162-177；汪暉，《東西之間的"西藏問題"（外二篇）》（北京：生活・讀書・新知三聯書店，2011）。

其形象仍是無禮、呆笨、服從權威與接近獸性。[26]沈衛榮則針對元、明兩代文人眼中的西藏佛教形象進行更深入的探討。從元代文人起，所刻畫出的三種西藏僧人形象——神僧、妖僧及惡僧——不僅遠播海外，流風更餘傳至今。由於番僧的得志與所傳祕法在朝廷內的流行，士人們對番僧的行為與傳教給予負面評價，視為禍國殃民的妖術，將西藏佛教加以情色化、政治化與巫術化。「喇嘛教」一詞也正是在萬曆年間開始被使用，以此削弱、否定其宗教意義。[27]

除了近代以前中國漢人的西藏觀外，也有部分著作探討 1951 年之後中國人的文學與藝術作品中的西藏形象。在 1950-1960 年代漢人文學及藝術作品與官方宣傳裡，「少數民族」的形象是未開化、原始與落後的，因此需要漢族老大哥引導少數民族，從初級社會階段解放，邁向社會主義社會。[28]

---

26 Martin Slobodnik, "The Perception of Tibet in China: Between Disdain and Fascination"，《輔仁歷史學報》，第 17 期（2006.11），頁 71-109。

27 沈衛榮，〈神通、妖術和賊髡：論元代文人筆下的番僧形象〉，《漢學研究》，第 21 卷第 2 期（2003），頁219-247；沈衛榮，〈"懷柔遠夷"話語中的明代漢、藏政治與文化關係〉，《國際漢學》，第 13 輯（2005.9），頁 213-240；Shen Weirong & Wang Liping, "Background Books and a Book's Background: Images of Tibet and Tibetan Buddhism in Chinese Literature", in Monica Esposito (ed.), *Images of Tibet: in the 19th and 20th Centuries,* Vol. 1 (Paris: École française d'Extrème-Orient, 2008), pp. 267-300；沈衛榮、汪利平，〈背景書和書之背景：說漢文文獻中西藏和藏傳佛教形象〉，《九州學林》，第 7 卷第 2 期（2009），頁 206-249。

28 Thomas Herberer, "Old Tibet a Hell on Earth? The Myth of Tibet and Tibetans in Chinese Art and Propaganda," in Thierry Dodin & Heinz Räther (eds.), *Imaginging Tibet: Perceptions, Projection and Fantasies,* pp. 111-150.

如此一來，傳統漢人的西藏觀，缺少自清末起漢人眼中的西藏形象的研究。然而，正是從清末起，中藏關係完全不同於以往模糊而特殊的天朝宗藩體系，在西力的衝擊下，改以所謂的「宗主權」架構來解釋。「宗主權」一詞的使用，反映中國傳統與西方現代的不同背景，一位中國學者認為，中、藏之間的庇護關係（patronage relationship）無法用西方的制度與國際關係來描述，也沒有恰當的術語及同等詞去對應。[29] 更重要的轉變則是，自 1912 年起，西藏政府在實際上其內政與外交就不再接受中華民國的指揮，從北洋政府至國民政府的歷屆中央政權，也未曾有效管轄過西藏。對藏人來說，直至 1950 年以前，西藏作為獨立國家的事實，所缺乏的是國際現實的承認。[30] 民國時期的康藏專家任乃強（1894-1989）在 1949 年評論西藏政府驅逐漢人事件時，亦同意事實上西藏已獨立三十八年，所欠缺者是列強的承認。[31] 但是，在當時的漢人政治與知識菁英看來，西藏乃中國不可分割的一部分。

除了在外交上繼續堅持此點外，漢人菁英也將其主

---

29 Li, Tieh-Tseng（李鐵錚）, *Tibet, Today and Yesterday* (New York: Bookman Associates, 1960, previously published under title: *The Historical Status of Tibet,* New York: King's Crown Press, Columbia University, 1956), pp. 215-216. 中譯本見：李鐵錚（著），夏敏娟（譯），《西藏歷史上的法律地位》（長沙：湖南人民出版社，1986）。

30 茨仁夏加（著），謝惟敏（譯），《龍在雪域：一九四七年後的西藏》（新北：左岸文化，2011），頁 41。

31 任乃強，〈檢討最近藏局〉，《康藏研究月刊》，第 27 期（1949），收入：姚樂野（主編），《《康藏前鋒》《康藏研究月刊》《康導月刊》校勘影印全本》，第 7 冊（成都：四川大學出版社，2011），頁 3997。

張與想像投射於過往的歷史。西藏的地位由前清時代的封建藩屬，藉由現代主權國家的知識架構，被轉換為宗主國乃至主權隸屬確定的現代政治關係。因此，在現代中國之民族國家打造的過程裡，西藏並未因其政治上脫離中國的掌控而空缺。西藏不斷地出現在各式各樣的官方檔案、撰著、考察調查報告、旅行日記等文本裡，形成時人認識西藏的知識來源。即使是中小學的歷史、地理教科書裡，學生也會學習到包括西藏在內的「邊疆民族」之史地常識。這些文本的作者、編輯者，以漢人佔絕大多數。可以說，對於中國邊疆地區以及居住其間的非漢族群敘述，都由漢人所主導。事實上，前文開頭所述中、藏兩種對立的西藏形象，都存在於 1949 年以前。

五族一體與中華民族

在民族主義史學典範下，位處邊疆的滿、蒙、回、藏、苗、傜等非漢族群一向被視為中華民族的部分組成，邊疆地區當然也是中國領土的一部分。從中華民國到中華人民共和國，都認為繼承自清朝統治下多元民族的疆域是無可置疑的。自清末梁啟超（1873-1929）的政治改革方案開始，知識分子就體認到一個要從傳統過渡到現代的中國，必須首先奠基於一個共同的民族主義意識。梁啟超注意到，歐洲民族主義之發達，在於歷史學的提倡之力，因此中國新史學的任務就是要鼓吹建立屬於中國自己的民族，以排除其他民族。[32]「啟蒙歷史」（Enlightment History）建構「中華民族」，歷史一方面證明「中華民族」的現代性，另方面歷史也展示中華民族的團結與凝聚。[33]

不過，問題就在於清代帝國的疆界並不符合漢文化的邊界。1947 年，時為教育部邊疆教育司司長的民族學家凌純聲（1901-1978），在檢討滿清的邊疆統治政策時，注意到滿清對各民族的統治是採取分化政策，包括中原在內共有八種，凌純聲指出：

> 滿清……入關以後，仍竭力保存其八旂制度，以統治其根本地之滿州。其後綏服內外蒙古，又仿八旗之制，創立盟旂制度，以轄蒙族。入主中原，仍以行省之制，統治漢人。平定新疆回部，治以伯克回官。撫綏西藏，確立神權之政教制度，統轄藏番與喇嘛。對於西南之番夷民族，則因前明舊

32 有關梁啟超對新史學的看法與晚清民族國家的想像，見：王汎森，〈晚清的政治概念與「新史學」〉，中央研究院歷史語言研究所七十周年研討會論文集編輯委員會（編輯），《學術史與方法學的省思：中央研究院歷史語言研究所七十周年研討會論文集》（臺北：中央研究院歷史語言研究所，2000），頁 125-146；沈松僑，〈振大漢之天聲——民族英雄系譜與晚清的國族想像〉，《中央研究院近代史研究所集刊》，第 33 期（2000），頁 77-158；汪榮祖，〈論梁啟超史學的前後期〉，《文史哲》，第 280 期（2004），頁 20-29；張灝（著），崔志海、葛夫平（譯），《梁啟超與中國思想的過渡（1890-1907）》（南京：江蘇人民出版社，1995）；黃克武，《一個被放棄的選擇：梁啟超調適思想之研究》（臺北：中央研究院近代史研究所，1994）。

33 杜贊奇（著），王憲明（等譯），《從民族國家拯救歷史：民族主義話語與中國現代史研究》（北京：社會科學文獻出版社，2003），頁 36-38。

> 制，或轄於土司，或存其部落。對於藩邦則採宗主制度。故自開國以至光緒初年，滿清用八旂、行省、盟旂、伯克、政教、土司、部落、宗主，八種不同的政制，統治漢滿蒙回藏夷各民族——全部帝國。……近世之談邊政者，每多推崇清代。蓋因其政策確立，制度井然……為歷代所不及。滿清保持統治者之地位，為其自身計，可謂成功。然於國家民族，實貽無窮之憂。……清季帝國主義者即利用滿清之分化策略與個別統治，首先宰割中國之邊疆。[34]

凌純聲是從大清等於漢人中國的觀點下指出滿清的邊疆政策之一國多制的情況，雖然分化政策確保滿清穩固其統治者的利益，但卻無助於現代民族國家的建立。

然而，晚近美國「新清史」學界則對何謂中國與清帝國治下族群政治等問題提出挑戰。其最核心的觀點之一，乃是在清朝與中國之間做出區別：大清既是一個內亞帝國，也是漢人中國的帝國。對滿清統治者而言，大清帝國的疆域，除了中國本部（China proper）的十八省外，還包括蒙古、西藏和新疆等亞洲內陸地區。五族之中，蒙、藏、回都是在盛清時代先後併入帝國。清中

34 凌純聲，〈中國邊政改革芻議〉，《邊政公論》，第6卷第1期（1947），頁1。凌純聲的觀點，為國府遷臺後的邊政學派所承繼，如周昆田、林恩顯等，只是將凌氏所言的部落制合於土司制內而成七制。見：周昆田，《邊疆政策概述》（臺北：蒙藏委員會，1978，3版），頁40-41；林恩顯，《邊政通論》（臺北：華泰文化事業股份有限公司，1989），頁452。

葉的魏源（1794-1857）於《聖武記》對中國疆域的描述裡，一方面，漢文化邊界內與滿洲故地「十七行省及東三省地為中國」；[35] 另一方面，帝國對蒙、藏、回的征服乃前所未有，蒙古、西藏、回疆等藩部確實不同於其他屬國，中國有能力做到部分郡縣與齊民的控制。所以魏源認為，在乾隆五十六年廓爾喀之役後，「駐藏大臣行事儀注始與達賴班禪平等，事權始歸一，自唐以來，未有以郡縣治衛藏如今日者；自元明以來，未有以齊民治番僧如今日者。」[36] 不過，新清史學界則認為，滿清對中國內地採取中央集權官僚機構的統治；在邊疆，則是通過理藩院採取間接與封建的控制。大清帝國的成功，在於將中國本部的農業地帶和內陸歐亞的游牧地帶整合起來。[37]

---

35 魏源，《聖武記》，卷三，〈國朝撫綏蒙古記一・內六盟蒙古〉（臺北：中華書局，1962 年影印本），成書年代是道光二十二年（1842）刻印，二十四年（1844）、二十六年（1846）兩次修訂，頁 1A。

36 魏源，《聖武記》，卷五，〈國朝撫綏西藏記・下〉，頁 14B。

37 關於新清史研究的綜合評論，見：Joanna Waley-Cohen, "The New Qing History," *Radical History Review*, Issue 88 (Winter 2004), pp. 193-206；李愛勇，〈新清史與"中華帝國"問題——又一次衝擊與反應？〉，《史學月刊》，第 4 期（2012），頁 106-118。針對新清史的觀點，趙剛認為，帝制時代的「中國」觀，本來就不以種族核心，而是以儒家禮儀秩序及制度為基礎的文化主義。滿清入關後，將「中國」的觀念擴展到其治下的所有區域，這為多元一體的「中華民族」概念奠定基礎。見：Gang Zhao, "Reinventing China: Imperial Qing Ideology and the Rise of Modern Chinese National Identity in the Early Twentieth Century," *Modern China*, Vol. 32:1 (2006.1), pp. 3-30。黃興濤則指出，滿人入主中原後，很快就形成以中國為自稱的國家認同，並以儒家文化正統自居，見：黃興濤，〈清朝滿人的"中國認同"〉，《清史研究》，第 1 期（2011），頁 1-12。近年來有更多的論爭，然非此處主旨，相關文獻不逐一列舉。

據此，滿清帝國內的滿、漢、蒙、藏、回五個族群，並非以等級且同質性地存在於帝國之內，而是以平行關係同時向滿清統治者、愛新覺羅氏效忠；身為中心的滿清皇室，並非儒家傳統下的天子，而是具有多重相貌的滿清皇帝。[38] 滿清皇帝匯聚複雜多重的「合璧皇權」（simultaneous emperorship）共存於一身，同時以不同的身分來和不同的族群建立統治關係，不同類型的統治方式則在各個價值體系裡發揮不同的作用，這具體地表現在各種五體合璧形式的官書、碑文上。[39] 滿人統治者以少數族群之力維繫大一統的多族群帝國，在「族群主權」（ethnic sovereignty）的原則下，通過種種隔離與歧視性的族群政策，強化征服者與被征服者之間的界線，盛清諸帝並且一再強調維持滿人身分的自我認同，滿洲之道的成功不在漢化，而是滿人族群特質的獨特性與優先性。然而清帝標榜「五族一體」的概念，則在清末由改良派提出「五族共和」的口號，為立憲派、革命派與北洋政府所繼承。「五族一體」也意味著過去在帝國版圖下多元族群的人們，可延伸為由各個不同的民族共同組成的「中華民族」概念所涵蓋。[40]

---

38 James A. Millward, *Beyond the Pass: Economy, Ethnicity, and Empire in Qing Central Asia, 1759-1864* (Stanford, Calif.: Stanford University Press, 1998), pp. 197-202.

39 Pamela K. Crossley, *A Translucent Mirror: History and Identity in Qing Imperial Ideology* (Berkeley: University of California Press, 1999), pp. 296-336.

40 Mark C. Elliott, *The Manchu Way: The Eight Banners and Ethnic Identity in Late Imperial China* (Stanford: Stanford University Press, 2001), pp. 5-6, 355-361.

制度上，滿清將內外蒙古及天山北路〔準部〕的各部落納入八旗制度，通過世襲王公統治。在回疆〔天山南路、回部〕，哈密與吐魯番交由札薩克世襲王公管理，其他各城則由伯克〔bek，指回部官員〕統治。[41]在西藏，清朝支持以達賴喇嘛世系為首的政教權威，尊重原有的封建貴族權利。清帝並支持與贊助西藏佛教格魯派，達賴喇嘛與清朝皇帝的連結是建立在宗教上的檀越關係（priest-patron）。滿清皇帝身為西藏佛教的施主與保護者，他本人既是文殊菩薩（Manjusri Bodhisattva, Wylie: 'Jam dpal dbyangs）的化身，又是一位支持佛法的轉輪王（Sanskrit:cakravartin; Wylie: 'khor los bsgyur ba'i rgyal po），從而從文化上統合蒙、藏兩族。[42]

41 有關清代對蒙、藏、回的征服與控制，見：費正清（John K. Fairbank）（編），張玉法（主譯），李國祁（總校訂），《劍橋中國史·晚清篇（上）（1800-1911）》，第10冊（臺北：南天書局，1987），第二章，〈十九世紀的清屬中亞〉與第八章，〈清朝統治蒙古、新疆、西藏的全盛時期〉，頁43-129、425-496。該二章由Joseph Fletcher執筆。關於清代在新疆南北路的統治，亦見：林恩顯，《清朝在新疆的漢回隔離政策》（臺北：臺灣商務印書館，1988），頁59-105。

42 關於清帝與西藏佛教之複雜關係的討論，見：王俊中，〈「滿洲」與「文殊」的淵源及西藏政教思想中的領袖與佛菩薩〉，《中央研究院近代史研究所集刊》，第28期（1997），頁89-132；甘德星，〈「正統」之源：滿洲入關前後王權思想之發展與蒙藏轉輪王觀念之關係考辨〉，汪榮祖、林冠群（主編），《民族認同與文化融合》（嘉義：國立中正大學臺灣人文研究中心，2006），頁152-161；石濱裕美子，《清朝とチベット仏教：菩薩王となった乾隆帝》（東京：早稲田大學出版部，2011）；David M. Farquhar, "Emperor as Bodhisattva in The Governance of The Ch'ing Empire," *Harvard Journal of Asiatic Studies*, Vol. 38, No.1 (June 1978), pp. 5-34; Samuel Martin Grupper, "Manchu Patronage and the Tibetan Buddhism during the First Half of the Ch'ing Dynasty: A Review Article," *The Journal of the Tibet Society*, No. 4 (1984), pp. 47-76; James L. Hevia, "Lamas, Emperors, and Rituals: Political Implications of Qing Imperial Ceremonies," *Journal of the International Association of*

然而，由於遭到來自帝國主義的挑戰，從 19 世紀末起清廷不再堅持此多元體制的控制，而是以內地化、漢化的措施來回應。由於大規模的漢人移民，以及推行新政對世襲貴族的政教權利造成傷害，使得外蒙古在清政府還未被推翻前即有訴求獨立的嘗試，並尋求俄國的支持。[43] 在西藏，當中國發生革命後，漢、藏之間宗教上的中介消失，成為西藏脫離中國的依據，逃亡於印度的十三世達賴喇嘛（Thub bstan rgya mtsho, 1876-1933）趁機驅逐清政府官員與漢人，並在英國支持下與中國政府展開外交談判。因此，當 1911 年皇帝制度消失後，邊疆地區如何與中國本部繼續共存於一個中華民國的國體內，非漢族群又要以何種身分看待之。Joseph Esherick 提出一個更值得思考的跨文化比較問題即是：當鄂圖曼土耳其帝國解體為土耳其時，其建國者同意非奧斯曼穆斯林的地區，其命運由其民族決定。但是，中國同樣經歷類似的遭遇，為什麼中華民國能夠保持清帝國時代的邊界？而共和革命之際，中國漢人菁英為何沒

Buddhist Studies, Vol. 16, No.2 (1993), pp. 243-278.

43 新政在蒙古的影響，見：藍美華，〈新政在蒙古〉，林恩顯、蕭金松編，《兩岸少數民族研究體制與內容分析暨兩岸少數民族文化學術研討會論文集》（臺北：中國邊政協會，1999），頁 489-510。關於內蒙古、外蒙古的獨立運動與中、俄、蒙對蒙古獨立運動的交涉，見：張啟雄，《外蒙主權歸屬交涉（1911-1916）》（臺北：中央研究院近代史研究所，1995）；藍美華，〈一九一一年蒙古獨立運動原因之探討〉，《中山人文社會科學期刊》，第 10 期第 2 卷（2002.12），頁 89-115；藍美華，〈內蒙古與一九一一年蒙古獨立運動〉，《漢學研究》，第 23 卷第 1 期（2005），頁 393-425；Urgunge Onon & Derrick Pritchatt, *Asia's First Modern Revolution: Mongolia Proclaims Its Independence in 1911* (Leiden; New York: E. J. Brill, 1989).

有同意邊疆地區非漢族群的民族自決要求？[44]

在清末，由於立憲與革命浪潮所引發的關於民族、「種族」與國家的討論中，「中華民族」與「五族共和」這兩個語詞均已出現。相對於革命派陣營所主張之激進的「排滿」主張，立憲派陣營提出五族共和此一概念與之對抗。梁啟超所主張的五族共和方案，因其多元文化主義的民族觀而更受支持。實際上，首先發明五族共和的概念乃是滿人。[45] 排滿革命促使知識分子思考，過去以漢人為中心的帝國如何在地理與族群身分重構為現代中國。既然中華民國由平等的國民組成，就需要創造新觀念來指導現實。因此，以漢人為中心的文化共同體，需要轉換為涵蓋非漢族群的現代民族國家共同體。當清帝退位成為現實，針對共和國族群成員的組成問題，孫中山（1866-1925）接受了五族共和的主張，他在 1912 年元旦佈告中提出：「合漢、滿、蒙、回、藏諸地為一國，即合漢、滿、蒙、回、藏諸族為一人。

44 Joseph W. Esherick, "How the Qing Became China," in Joseph Esherick, Hasan Kayali, & Eric Van Young (eds.), *Empire to Nation: Historical Perspectives on the Making of the Modern World* (Lanham, MD: Rowman & Littlefield, 2006), pp. 243-252。在大清如何變成中國的問題上，Joseph W. Esherick 的推論是外力因素促成現代中國的轉變。由於列強的對華政策以及由此引發的民族主義情緒，雖然各國都追求在華的特殊勢力，然而英、美、德等國同時也相信，一個門戶開放而領土完整的中國，最能有利於各國在華的經濟利益。就俄國在外蒙以及英國在西藏這兩個案例來說，兩國都承認中國的宗主權而不支解中國，但支持蒙、藏對中國最大限度的自治。所以，以西藏而論，英人的作為更讓中國人堅持西藏是中國的邊疆與屏障，而藏、印之間的邊界也順理成章成為中國的邊界。

45 Edward J. M Rhoads, *Manchus and Han: Ethnic Relations and Political Power in Late Qing and Early Republican China, 1861-1928* (Seattle: University of Washington Press, 2000), pp. 116-117.

是曰民族之統一。」[46] 另方面，意味著從五族共和中導向五族融合一體的「中華民族」一詞也同時被廣泛使用。[47] 於是非漢族群從過去「夷」或邊陲的地位改稱為「邊疆民族」，屬於中華民族之內，邊疆民族的棲息之地也就是中華民族疆域的一部分。然而就現實而論，包含邊疆民族在內的中華民族，是以漢族為主體，中國人的認同其實更等於漢人的認同。[48]

漢人：文化普世主義與種族主義的含混性

在過去，使用的更為普遍的詞彙是「中國人」（Chinese）一詞。「中國人」首先可以指具有中國國籍的國民；其次，在民族國家的概念下，中國國內所有族群都可稱為「中國人」（Chinese, Zhongguoren），從中華民國至中華人民共和國的官方政策，具有中國國籍的國民，其民族屬性就是「中華民族」。隨著中華民族成為國民政府與中共的官方主張，「漢人」一詞被限制在族群或民族的概念。然而由於漢族人數為絕大多數，在此意義下的中國人幾乎等於漢人，與少數非漢族群的現實存在相矛盾。同時，中國境內部分的少數非漢

46 〈臨時大總統宣言書〉（1912.1.1），廣東省社會科學院歷史研究室、中國社會科學院近代史研究所中華民國史研究室、中山大學歷史系孫中山研究室（合編），《孫中山全集》，第 2 卷（北京：中華書局，2006，第 2 版），頁 2。

47 有關清末民初種族概念的討論與「中華民族」概念的考察，見：黃興濤，〈現代"中華民族"觀念形成的歷史考察——兼論辛亥革命與中華民族認同之關係〉，《浙江社會科學》，第 1 期（2002），頁 128-141。

48 James Leibold, *Reconfiguring Chinese Nationalism: How the Qing Frontier and its Indigenes Became Chinese* (New York: Palgrave Macmillan, 2007), p. 9.

族群又呈現跨國界的存在，這將出現奇特的分類。另方面，過去英文裡的 "Chinese" 一詞其意義等於「漢」（Han），如果將此推而廣之，那麼英文意義下中國人＝漢人，將意味著其他少數非漢族群並非中國人，這既與中國的民族政策不合，同樣又會得出少數非漢族群是不具有中國國籍的矛盾。因此近年來使用 "Han Chinese" 一詞以求更為精確的指涉。某種程度上來說，這個爭議是自梁啟超開啟文化主義至民族主義命題的延續。[49] 從民國時期起，官方關於「中華民族」共同體這一概念的使用，延續了儒家文化主義的部分內涵。也就是說，雖然現代中國的民族主義取代過去傳統的文化主義，然而

49 關於近代中國民族主義的討論，以及從文化主義到民族主義的辯論，見：李國祁，〈中國近代民族思想〉，周陽山、楊肅献（編），《近代中國思想人物論：民族主義》（臺北：時報文化出版事業有限公司，1980），頁 19-44；汪榮祖，〈中國近代民族主義的回顧與展望〉，劉青鋒（編），《民族主義與中國現代化》（香港：香港中文大學出版社，1994），頁 187-200；王爾敏，〈清季學會與近代民族主義的形成〉，《中國近代思想史論》（臺北：臺灣商務印書館，1995），頁 209-232；沈松僑，〈近代中國民族主義的發展：兼論民族主義的兩個問題〉，《政治與社會哲學評論》，第 3 期（2002），頁 49-119；列文森（著），鄭大華、任菁（譯），《儒教中國及其現代命運》（北京：中國社會科學出版社，2000）；James Harrison, *Modern Chinese Nationalism* (New York: Hunter College of the City of New York, Research Institute on Modern Asia, 1969); James Townsend, "Chinese Nationalism," in Jonathan Unger (ed.), *Chinese Nationalism* (Armonk, N.Y.: M. E. Sharpe, 1996), pp. 1-30; Prasenjit Duara, "De-Construction the Chinese Nationalism," in *Chinese Nationalism*, pp. 31-55。相對於此，Pamela K. Crossley、Helen F. Siu 與 Donald Sutton 認為，中國之所以能經歷現代國家的轉變而未解體，是因為在滿清的統治下，把中國組合成一體的不是文化普世主義，而是皇權（emperorship）。清末以降的民族主義，並不足以凝聚清帝國在疆域上的遺產，直至中共以社會主義取代皇權才得以維持清帝國的版圖，見：Pamela K. Crossley, Helen F. Siu & Donald Sutton, (eds.), *Empire at the Margins: Culture, Ethnicity, and Frontier in Early Modern China* (Berkeley, Calif.: University of California Press, 2006), pp. 314-317.

在文化主義的協助下，跨越漢與非漢的族群界線，支持一個新的民族國家共同體，進而可以提出促進少數族群融合於漢族的策略。雖然「漢族」一詞也不是沒問題，此詞的出現是清末革命黨人號召種族革命時的發明，因中華民族一詞的出現而被放棄。強調漢族不僅意味著漢人中心，同時也有意忽視所謂漢族的形成同樣是歷史過程的產物。

不過，此後將討論到幾位清代官員，實際上卻是八旗滿人、蒙人或漢人。此點正好突顯出傳統文化普世主義與種族主義的複雜性對立。對這些滿人而言，他們正是從儒家文化主義、也就是漢人中心來看待西藏，因此，將他們關於西藏的看法視為漢人西藏觀的一部分。就本書所討論的政治菁英及知識分子來說，絕大多數情況下他們不會特別自稱是漢人。但是在面對與少數非漢族群的互動時，漢與非漢的界線迫使他們又必須使用漢與漢人這些詞彙。其實在這樣的場合下，漢人又與中國人的意義相近。這正好更有助於顯示出漢與非漢之間的對比。

依循漢人一詞在身分認同上的複雜性，有必要對本書討論對象的身分先進行解釋。本書所討論的各種檔案與文獻，最主要的部分由漢人寫作。這些漢人群體，就身分來說，有官員，包括清代官員、民國時期北洋政府和國民政府各層官員，與地方軍閥及其依附者；知識分子群體，由傳統士人到新式知識菁英，後者從學生、教師、新式出版業從業者、記者，並包括邊疆史地專家及人類學／民族學者；出世的宗教界僧人。在絕大多數是男性漢人之外，尚有少數知識婦女。因此，可以說本書所指稱的漢人群體，是由各層級的政治及知識菁英組成。基於此點，這表示本書所能觸及的範圍是漢人菁英眼中的西藏。不過，在知識菁英的作品中還包括教科書，教科書一方面反映政治與知識菁英試圖灌注普羅大眾的國民常識，另方面，教科書受眾者的身分，亦能反映其所認知到的西藏圖像。

第二個群體是非漢族群，除了少數幾位具有官方身分的滿、蒙官員之外，以當時旅居中國內地的藏人為主。滿、蒙官員雖非漢人，然而，當他們就西藏事務表示意見時，則是採取傳統儒家文化普世主義的態度。在此特定場合的時空脈絡下，他們的身分可移換為漢化的非漢族群；其言論對象，則是暫時排除藏人在外、能以漢語溝通、對儒家與漢文化有一定共識的接收者。此點又足以顯示漢與非漢之間的界線是變動的。相對於此，藏人群體則稍複雜。除去以拉薩政府為中心的藏人僧俗官員之外，本書討論的多數藏人，其最大一致性是表現在與拉薩政府的對立。他們的發言場合及脈絡，有時依附於國民政府，並對漢文化有一定的認同；有時其意向性則是針對漢人及漢文化，在藏漢差異性的對比中，彰顯藏人及藏文化的自主性。性別上，同樣涵蓋男女兩性，甚至就比例上而言，本書討論的女性藏人還多於女性漢人。此點顯示，藏漢雙方在女性參與及性別議題上的文化差異。據此，本書試圖藉由漢藏對比的差異凸顯漢人的西藏觀。

第三個群體是外人。他們包括各國旅行家、傳教士、外交官及藏學家，同樣亦有少數女性。對現代中國而言，西力衝擊意味著在知識上必須參照西方（弔詭的是，在特定脈絡裡西方涵蓋著日本）對中國的認識，特別是西藏問題又是起因於帝國主義者對西藏的興趣。因此本書從外人涉藏著作的漢譯版，來探討西方西藏觀對中國政治與知識菁英的影響。

探問近代漢語世界中的西藏形象

雖然近代以來中國民族主義者有許多種類與各種主張，不過多數民族主義者都同意，現代中國的人民是無條件由前清時代的臣民轉換為國民，在地理上與前朝疆域無斷裂，在時間上是一脈相承的文化共同體。所以，在建立民族主義的論述之前，首先即需確認何為中國、過去的地理與疆界、中國人口與種類的構成。特別是當中華民族幾乎等於漢族的概念時，這與國家之內其他非漢族群存在的現實相抵觸。當時的知識分子也意識到這種矛盾，因此，或者是延續過去歷史地理學的遺風，藉由歷史證明邊疆對中國（本部）的重要性與不可分割；[50] 或者是從中國過去的「民族史」中找出中華民族的起源與各族融合成中華民族的過程；[51] 或者創造、發明黃帝崇拜，指出所有的中國國民都是來自同一個起

---

50 彭明輝，《歷史地理學與現代中國史學》（臺北：東大圖書，1995）。

51 吉開將人，〈民族起源學說在 20 世紀中國〉，《復旦學報》（社會科學版），第 5 期（2012），頁 30-40。

源；[52]乃至通過體質學、人類學、語言學、考古學等新學科來證明中國人種、漢藏語系及仰韶文化。[53]

既然在漢人知識分子的觀念裡，非漢族群「天生自然」就是中國民族國家與中國民族主義的一部分，並通過各種論述方式證明非漢族群向中華民族凝聚的歷史，那麼在知識分子眼中，又是如何看待個別的非漢族群？由於蒙、藏事務從清代起就牽涉到對外關係，民國共和政府初立，特別設立專責蒙藏機構，顯示民國的政治與文化菁英體認到蒙、藏對中國的重要性。就本書的目的而言，在民族主義的關懷下，漢人是如何書寫西藏與傳佈西藏的論述？在清代，王朝與西藏的互動以及對西藏的認知，都是通過理藩院[54]及駐藏大臣[55]來進行，

---

52 沈松僑，〈我以我血薦軒轅：黃帝神話與晚清的國族建構〉，《臺灣社會研究季刊》，第28期（1997），頁1-77；孫隆基，〈清季民族主義與黃帝崇拜之發明〉，《歷史研究》，2000年第3期， 頁68-79；James Leibold, *Reconfiguring Chinese Nationalism: How the Qing Frontier and its Indigenes Became Chinese* (New York: Palgrave Macmillan, 2007), ch. 4, "From the Yellow Emperor to Peking Man: The Nationalists and the Construction of Zhonghua minzu," pp. 113-145。相對於現代建構論的觀點，王明珂認為，黃帝崇拜並非新事物，而是自戰國時代起即有的譜系攀附，見：王明珂，〈論攀附：近代炎黃子孫國族建構的古代基礎〉，《中央研究院歷史語言研究所集刊》，第73本第3分（2002），頁583-624。

53 王明珂，《英雄祖先與弟兄民族：根基歷史的文本與情境》（臺北：允晨文化，2006），頁255-279。

54 有關理藩院的研究，見：趙雲田，《清代治理邊陲的樞紐——理藩院》（烏魯木齊：新疆人民出版社，1995）；Chia, Ning, "The Lifanyuan and the Inner Asian Rituals in the Early Qing, 1644-1765," *Late Imperial China*, 14:1 (1993.6), pp. 60-92; Nicola Di Cosmo, "Qing Colonial Administration in Inner Asia", *The International History Review* 20:2(1998.6), pp. 287-309.

55 關於駐藏大臣的研究，見：吳豐培、曾國慶，《清朝駐藏大臣制度的建立與沿革》（北京：中國藏學出版社，1989）；蕭金松，《清代駐藏大臣》（臺北：蒙藏委員會出版，1996）。

這些官員幾乎都是滿、蒙人，[56] 因此，漢人對滿清中央與西藏的互動一無所知。凌純聲在探討清代邊政制度時即感嘆，滿人利用分化政策治邊，「祕密邊政不使漢人參與」。[57] 甚至整個清代控制西藏近兩百年的歷史裡，關於西藏的著作竟異常稀少。美國學者 Gray Tuttle 曾以晚清的美國外交官、蒙藏探險家 William Woodville Rockhill（1854-1914，一般通譯為柔克義）為例，說明清代中國關於西藏知識的貧乏。1891 年 Rockhill 在北京收集關於西藏的中文著作，以其財力之雄厚，結果他總共只蒐集到六本專寫西藏的著作，另外七本則是包括西藏在內的一般性著作。Gray Tuttle 又對 1930 年代以前西方與中國在藏文語言知識作比較，顯示漢人學習藏文的困難。中國方面僅有《五體清文鑑》與來自日本的詞彙出版品可參考；而歐洲學者、傳教士與殖民地官員所編寫的字典、文法工具書，至少可列出十五本。[58]

然而，正是從清末起，在中國各界討論西藏時，除了一般政策論說之外，開始出現各類著述、譯述和報導。依據一份藏學研究回顧的統計，在 1911 年以前，撰寫及譯介西藏並公開發表於刊物的各種文獻，至少有

---

56 理藩院中，上至尚書，下至主事，無一漢人，僅漢檔房有筆帖式漢軍六人，見：林恩顯，《清朝在新疆的漢回隔離政策》，頁 17。有清一代，除清末張蔭棠、溫宗堯兩幫辦大臣是漢人外，駐藏大臣、幫辦大臣均為滿蒙八旗，見：蕭金松，《清代駐藏大臣》，頁 295。

57 凌純聲，〈中國邊政之盟旗制度〉，《邊政公論》，第 2 卷第 9-10 期（1943），頁 1。

58 Gray Tuttle, *Tibetan Buddhists in the Making of Modern China* (New York: Columbia University Press, 2005), pp. 30, 106-107.

一千篇（含少數專書）左右；1912 至 1937 年的文本，則有一千八百到二千篇文章、一百部左右的專書；1938 至 1949 年的文獻，總數有一千三百篇文章、七十部專書。[59] 數量如此大增，至少說明民國時期起，中國認識西藏的管道與媒介已與清代大不相同。因此，本書希望能挖掘這些文獻所描繪的西藏形象，解析近代以來全力追求民族國家打造工程的漢人，是如何認知西藏，而這樣的西藏觀又是如何引導漢人文化菁英生產出各式衍生性的圖像及文字文本。再者，辨識出漢人所持有的西藏觀，亦可與西方人之西藏觀做相互比較，以期與國際學界對此項已有不少討論的議題進行對話。最後，民國時期漢人的西藏觀並非特異而斷裂地存在，當 1951 年解放軍入藏後、中共完成了過去半世紀以來各個中央政府試圖實際統治西藏的構想與行動，本書將以兩個個案為例，初步探討漢人西藏觀是否因馬克思列寧主義的意識型態而有所變化。

59 王堯、王啟龍、鄧小詠（著），《中國藏學史（1949 年前）》（北京：民族出版社、清華大學出版社，2003），頁 92、107、216。其統計資料來源，據：劉洪記、孫雨志（合編），《中國藏學論文資料索引》（北京：中國藏學出版社，1999）。

第一章　漢人對西藏人種與地理之認識

1912年4月22日，民國初肇，臨時大總統袁世凱（1859-1916）針對蒙、藏、回疆等非漢族群的邊疆地區發佈一項命令：

> 現在五族共和，凡蒙、藏、回疆各地方，同為我中華民國領土，則蒙、藏、回疆各民族，即為我中華民國之民，自不能如帝政時代，再有藩屬名稱。此後，蒙、藏、回疆等處，自應通籌規畫，以謀內政之統一，而冀民族之大同。[1]

據此，當皇帝制度消失後，邊疆地區與中國本部將是地位平等地共存於一個中華民國的國體內，邊疆地區的非漢族群與漢人同立於新共和國中。不久，袁世凱致電正流亡於印度的西藏最高政教領袖十三世達賴喇嘛，對民國元年之際入藏新軍在藏暴行表示歉意，並恢復他之前遭清廷廢去的政教地位，「以期維持黃教，贊翊民國」。[2]

---

1 〈內政部酌設蒙藏事宜處等緣由公啟〉（1912年4月22日），《臨時公報》，第31號。

2 〈蒙藏局奉發袁世凱恢復達賴喇嘛封號令給鍾穎與達賴喇嘛咨行及照會〉（1912年10月31日），《元以來西藏地方與中央政府關係檔案史料匯編》，第6冊（北京：中國藏學出版社，1994），頁對此，十三世達賴喇嘛回應，他無意向中國要求任何地位，他將在西藏進行政教的統治。回拉薩後，達賴喇嘛於 1913 年 2 月 14 日向全藏頒佈〈水牛年文告〉，指出「在蒙古族的成吉思汗和俺答汗時代、漢人的明朝以及滿洲的清朝，西藏與中國的合作是建立在施主和僧侶關係（benefactor and priest relationship）上」，[3] 也就是藏、中關係並不是以相互從屬為基礎。這份宣言，顯示完全不同的歷史與政治認知。實際上藏人在清末就已經對清廷在藏區的政策感到不滿。1908 年，西藏政府為了抗議川滇邊務大臣趙爾豐（1845-1911）在康區的改土歸流政策，向清廷提出「昔年打箭爐以內，係歸藏屬」，[4] 藏漢之間應「按照唐朝界址，統歸於藏」。[5] 趙爾豐對此即感不滿，藏人「遠引唐代與土〔吐〕蕃和親碑文，儼然自居敵國」。[6]

2354；Sir Charles A. Bell, *Portrait of a Dalai Lama: The Life and Times of the Great Thirteenth* (London: Wisdom, 1987; Originally published as *Portrait of the Dalai Lama*, London: Collins, 1946), p. 135; Hugh E. Richardson, *Tibet and Its History* (Boston: Shambhala, 1984, 2nd edition), p. 105.

3 Tsepon W. D. Shakabpa, *Tibet: A Political History* (New Haven: Yale University Press, 1967), pp. 246-248; Melvyn C. Goldstein, *A History of Modern Tibet, 1931-1951: The Demise of the Lamaist State* (Berkeley: University of California Press, 1989), pp. 60-63；鄧銳齡（等著），《元以來西藏地方與中央政府關係研究》，第 2 冊（北京：中國藏學出版社，2005），頁 857-861。

4 〈趙爾巽咨軍機處收贍牽動大局請旨辦理〉（宣統元年六月十一日），四川省民族研究所《清末川滇邊務檔案史料》編輯組（編），《清末川滇邊務檔案史料》，中冊（北京：中華書局，1989），頁 370、374。

5 〈藏員等奏請勿派趙大臣入藏稟〉，吳豐培（編），《趙爾豐川邊奏牘》（成都：四川民族出版社，1984），頁 439。

6 〈致軍機處藏官稟請撤換趙爾豐決奉旨前進電〉，《趙爾豐川邊奏牘》，頁 436。

這些在在都顯示漢藏雙方對於歷史與現實的看法差異極大。從十三世達賴喇嘛的角度來說，藏中關係就只是宗教上的施主與僧侶關係，藏區境界自吐蕃帝國以來即已確立。在清政府而言，19 世紀中葉起，隨著對外關係的巨變，在與英人交涉過程中，清政府開始將其在西藏擁有的傳統權力視為固有主權的行使。從指涉地名與族群名稱的名詞開始，就已經顯示漢藏彼此對西藏史的敘述有極大的不同。首先遭遇的困擾即是何謂「西藏」。從「西藏」、“Bod”、“Tibet” 到「圖伯」，不同認知的困擾只是起點。

本章將從影響最基本、最普遍的教科書作為起點，清末民國時期中小學生們所閱讀的教科書裡，究竟是如何認識西藏。教科書文類裡的西藏形象，著重在三個面向：宗教、性別與社會，這些內容是當時各種文本裡最為通俗的西藏觀。教科書來自漢人知識菁英的寫作，然而他們多半不是西藏史地專家，因此必須有所本。他們所優先參考的，乃是來自清代以來官方修纂的官書與文人撰寫的個人著述。不幸的是，這些對西藏的成見與錯誤並沒有得到澄清。清代官方與漢人知識分子著作最關心的乃是西藏的穩定。因此除了地理、路程、物產之外，由於政教合一的特殊制度，漢人的文本甚為關注西藏佛教的功用性。所以，漢人並不關心西藏佛教的真實情況，只在意政治上佔統治地位的格魯派。然而，最大的錯誤正在於將宗喀巴以降的格魯派教法史弄錯。

第一節　史地教科書中的西藏

作為現代化統治與再生產的一環，國家負擔起整個教育事業。中國從晚清新政改革起，開民智、興民德、富國強兵即是新式教育的目標，為此產生了每一世代國民自小都需閱讀的教科書。教科書的內容經過政治與知識菁英的認可，有相當大的部分代表官方知識，而且教科書也成為形塑學生知識乃至世界觀的基礎。文科類別的教科書，如國文、修身及公民、社會、歷史、地理等，在啟蒙與知識傳達的功能外，也彰顯出國家試圖將未來的下一代融入整個民族國家社群。從晚清起，歷史科教學即注重於培養學生對國家的政治、文化、民族等認同，為學生建立起國家通史的概念，歷史成為建國的工具。同樣的，地理教科書也要學生認識到從個人所屬的地方社群，逐層上推到民族國家——從大清帝國到中華民國，從五族共和到中華民族——乃至全球性的社群。

沙培德針對清末民初的歷史教科書之研究指出，在當時新史學風氣的要求下，教科書的敘事方式是將中國當成一個文化主體，按照歷史時序，表現出其發展脈絡。儘管其編寫目的主張是要以進化論的觀點來宣傳中國的進步；但是，這些教科書裡以民族國家為中心的歷史敘述並不甚顯著，反而是以朝代興亡的歷史敘述來歸納中國的歷史事件，從王朝國家的盛衰循環來表示中國歷史的連續性，重複了傳統史學的「正統」觀點。他將此種敘事方式稱之為「朝代興亡之結構敘述模式」（schematic narrative template）。「中國」在此敘事中，是作為朝代興亡的歷史舞台之功能，並以共同文化維繫不同朝代。當然，這些教科書多多少少還是暗示了中國的認同有部分是建立在民族性質上，以漢人、華人為主；而民初的教科書，繼續推廣，將中國人的形成視為是歷史上民族融合的結果。總而言之，中國人是以漢人為主，但在歷史融合過程之中加入了其他各族裔，這點正同於官方的「五族共和」之意識型態。[7]

從清末到民國，教科書這種既斷裂又連續的編寫敘事，也同樣表現在關於西藏的敘述上。儘管各版歷史教科書體例、內容多有變化；但是，就所掌握的版本來比對後，關於西藏的描述基本上差異並不太大。這些教科書是以漢人為中心來編寫，歷史教科書裡西藏出現的相關章節，在唐代與元代，是與朝代興亡有密切關係的外患及內部稗政；在盛清時期，是武力征服收為藩屬以及中華民族疆域的擴大；從晚清到民國，西藏則與國恥及帝國主義的侵略相關。學生學習到屬於中國的各邊疆「宗族」的知識，而這些宗族會在適當的時間點加入中華民族的形成史。

然而，若是轉換成藏人的角度來閱讀，這些由人、事、時、地、物所構成的西藏史地，充斥著偏見。從中得到關於西藏的第一印象即是迷信、冷僻、有問題的喇嘛教及怪異風俗。而且，其負面性隨著年齡與課程的增長而加重，也就是說，從教科書上對西藏認識得越多，

7　沙培德（Peter Zarrow），〈啟蒙「新史學」：轉型期中的中國歷史教科書〉，王汎森（等著），《中國近代思想史的轉型時代》（臺北：聯經出版公司，2007），頁 51-80。

獲得的偏見也越多。在高級小學的地理與歷史教材裡，學生只會知道西藏有達賴喇嘛、班禪喇嘛兩大領袖，西藏「喇嘛的地位很高，喇嘛寺多很壯麗輝煌」；[8] 或者大約交代清人入關後，聖祖、世宗、高宗三朝用兵，蒙、回、藏由此全受清政府統治而入版圖。[9] 然而到了中學起，隨著教科書內容的增加，有關西藏的負面性敘述也增加。

在正式進入教科書的討論之前，不妨先例舉專門為學生考試之用而出版的讀本來看。正由於其出版與閱讀的目的都是為了考試之用，所以必須提供簡潔概要及「標準正確」的答案。在一本名為《初中會考升學指導 第 5 集 中外史地問答》的題庫裡，對於「我國的民族性」的標準解答，編者說：漢族代表勤儉爽直、冒險進取，蒙族則是強悍保守，藏族「性厚重，對於宗教很迷信」。[10] 至於「喇嘛教之起源」，則是：

> 佛教之一種，興於西藏，專以祈禱禁咒為事。西藏在唐代為吐蕃，其王信佛教，遣人至印度求佛典，并招高僧來，後有攜禁咒及祕密修法至吐蕃者，乃

---

8 國立編譯館（主編），任美鍔（編輯），《高級小學地理課本》（全四冊），第 2 冊（臺北：臺灣省教育廳中小學教科書供應委員會，1947 年 6 月第一次修訂本，1950 年 1 月臺灣版），頁 6。

9 秦湘蓀，《高小歷史復習》（高小各科復習叢書）（上海：正中書局，1945 年 11 月滬初版，1947 年 6 月滬 8 版），頁 42。由於所收集到的高小教科書的樣本數最少，以下的討論也偏重在初中、高中教科書。

10 章柳泉（等編），《初中會考升學指導 第 5 集 中外史地問答》（南京：南京書店，1933 年 5 月初版），頁 159。

創出一種合乎吐蕃國俗的密教，便是喇嘛教。[11]

再問及「西藏人口何以稀疎非常」時，喇嘛教與一妻多夫制都是原因，另一本題庫回答得更直接有力：「（1）信喇嘛教，出家者多。（2）一妻多夫。（3）氣候嚴寒，物產稀少。」[12]由此可以想見，在學生為了準備考試而背誦的教材裡，去掉社會與文化脈絡，而只獲得條列式的解答，以此認知西藏。以下，進一步以中學以上的教科書為討論對象。

一、西藏地理沿革

對歷史、地理教科書的編著者而言，首先要處理的問題，即是如何向讀者敘述西藏的人與地。教科書裡不僅對華族、漢人的來源作了勾勒，也提到滿、蒙、回、藏等非漢少數族群的種源。同樣的，也需交代西藏在地理上包括哪些地方，其歷史沿革如何，其自然地理與人文地理有何特徵。

清末民初的歷史教科書還未觸及到中華民族的形成之議題，不過西藏是盛清時期中國對蒙、回、藏征服的成果之一，因此將較多的篇幅放在描述滿清與西藏的互動上，如「撫綏西藏」、「西藏之平定」與「青海及準部之叛亂」等章節。或許由於歷來史籍對吐蕃與藏族的來源眾說不一，對於西藏人種的名稱與來源，簡單地交

11　章柳泉（等編），《初中會考升學指導 第5集 中外史地問答》，頁41。

12　潘之賡，《最新中外史地問答》（上海：惠民書局，1947），頁83。

代西藏「種人名曰唐古特族，亦謂圖伯特」，[13] 乃「古吐蕃地」，「元明為烏斯藏」。其地則分三部，曰康、曰衛、曰藏，合極西之阿里，則為四部」。[14]

反而是清末民初的地理教科書，以較多的篇幅去敘述青海與西藏的地理沿革。劉師培從當時清帝國統治下的政治地理現狀出發，援《大清一統志》的體例，首由京師，次直隸起各省，續以外藩。而青海、西藏與蒙古同為帝國本部二十二行省之外的三藩部之二。[15] 上溯至三代，指出青海與西藏在秦漢以前，為戎、羌、氐等族所屬；魏晉以降分別為鮮卑別族吐谷渾及禿髮氏所居；唐代雖平定吐谷渾，但吐蕃立國後，則併入吐谷渾及黨項。故「西藏稱唐古特，即黨項轉音，又稱圖伯特，即吐蕃轉音」。元時為蒙古征服，「後本朝削平準部，遂收為屬國，總名曰西藏部」。[16] 不過，中國史籍裡關於藏族的起源說法不一，因此，有些作者會在引用互相衝突的說法之後指出：「血統混淆，不能細別」。[17]

---

13 汪榮寶，《中國歷史教科書》（原名《本朝史講義》）（中學堂師範學堂用）（上海：商務印書館，1909 年 6 月初版，1911 年 1 月 4 版），「第二編 全盛時期」，頁 18。

14 姚祖義，《最新中國歷史教科書》（高等小學用）（全四冊），第 4 冊（上海：商務印書館，1904 年 12 月初版，1910 年 3 月 22 版），頁 20A。

15 劉師培，《中國地理教科書》（劉申叔先生遺書七十二，1936 年寧武南氏校印刊本），頁 5a。從政治地理將青海、西藏置於藩部來敘述的，亦可見同時期的地理教科書，如：屠寄，《中國地理教科書》（中學堂 師範學堂用）（上海：商務印書館，1905 年 8 月初版，1911 年 7 月 11 版），「凡例」，頁 4；藏勵龢，《新體中國地理》（中學校用）（上海：商務印書館，1908 年 1 月初版，1912 年 7 月 9 版），「第四編 地方志」，頁 80。

16 劉師培，《中國地理教科書》，頁 89B-90B。

17 屠寄，《中國地理教科書》，「卷三 地方志」，頁 230。

接著，關於西藏舊時的地理分區，劉師培寫道：西藏分為前後二大部，「前藏之中又分為康衛兩大部」，「後藏又分喀齊阿里兩大部」。[18] 而另一位作者則認為喀齊即是後藏。[19] 其實康區與衛或前藏並不相干，喀齊（Khache）則指喀什米爾（Kashmir）。[20] 這種前藏、後藏的分區錯誤，也出現在 1940 年代的地理教科書。[21] 這顯示漢人知識菁英對西藏的認知普遍有限。

二、西藏人種源流

1930 年代起的歷史教科書，也對追溯西藏人種源流感興趣。除了少數版本只以「吐蕃大約和羌人同種」[22] 的文字大略帶過之外，多數版本都會指出，「藏族又名圖伯特族。以西藏為根據地」，「商周之氐羌，秦漢間之月氏，晉之符秦，唐之吐蕃，宋之西夏，均屬此族」；[23]

---

18 劉師培，《中國地理教科書》，頁 91A。

19 如臧勵龢的《新體中國地理》，即指出後藏又名喀齊。見：臧勵龢，《新體中國地理》，「第四編 地方志」，頁 88。

20 Matthew W. Mosca, "Kashmiri Merchants and Qing Intelligence Networks in the Himalayas: The Ahmed Ali Case of 1830", in Eric Tagliacozzo, Helen F. Siu, Peter C. Perdue eds., *Asia Inside Out: Connected Places.*(Cambridge, Massachusetts: Harvard University Press, 2015), p. 222.

21 鄧啟東，《高中本國地理》（全三冊），下冊（南京：正中書局，1947 年 9 月初版），頁 192；田世英，《開明新編初級本國地理》（全五冊），第 5 冊（上海：開明書店，1947 年 11 月初版，1948 年 2 月再版），頁 29。

22 金兆梓，《新編高中本國史》（全三冊），中冊（上海：中華書局，1947 年 10 月 30-32 版），頁 10。類似的文字，亦見：國立編譯館（主編）、聶家裕（編輯），《初級中學歷史》（第二次修訂本）（全六冊），第 2 冊（南京：正中書局，1948 年 6 月滬 4 版），頁 72。

23 羅元鯤，《高中本國史》（高級中學學生用）（全三冊），第 1 冊（上海：開明書店，1934 年 8 月初版，1947 年 5 月 12 版），頁 5。

或者吐蕃「為西羌與巴蜀民族之混血種，或云南涼禿髮利鹿狐之後」；[24] 再或者補充指出「西人因音訛釋為圖伯特族 Tibet」。[25]

與此相較，比較不同的作者是史學家呂思勉（1884-1957）。他在 1924 年出版的教科書裡，認為吐蕃是「印度阿利安族之分支（注釋 6）」。而在「注釋 6」的解釋中，他進一步指出，過去舊籍如《唐書》上關於吐蕃起源的二說：吐蕃為羌屬及鮮卑禿髮氏之後，都與吐蕃之地不相涉。應當依據《蒙古源流》所說，吐蕃王室來自印度國王之子較為可信。[26] 甚至追加其原因是「以文明民族，開化野蠻民族」。[27] 有趣的是，呂思勉在上述的各版本裡，都將藏族種源與羌人分開，然而到了戰後 1946 年的修訂版本裡，卻只簡單地說：「吐蕃今稱土伯特」。[28] 對此，最有可能的解釋是，在當時中華民

24 羅香林，《高級中學本國史》（全三冊），上冊（南京：正中書店，1935 年 8 月京初版，1947 年 4 月滬 60 版），頁 303。

25 余遜，《余氏高中本國史》（全二冊），上冊（上海：世界書店，1934 年 12 月修正，1946 年 10 月新 10 版），頁 4；周予同，《初級中學本國史》（全四冊），第 4 冊（上海：開明書店，1934 年 9 月初版，1947 年 1 月臺 1 版），頁 89。

26 呂思勉，《新學制高級中學教科書 本國史》（上海：商務印書館，1924 年 2 月初版）；收入：呂思勉，《呂著中小學教科書五種》，上冊（上海：上海古籍出版社，2011），頁 202、205。類似的敘述，亦見：呂思勉，《初中標準教本 本國史》（全四冊）（上海：中學生書局，1935 年 6 月初版）；收入：呂思勉，《呂著中小學教科書五種》，下冊，頁 1022。

27 呂思勉，《高中複習叢書 本國史》（上海：商務印書館，1935 年 5 月初版，1943 年 6 月訂正蓉一版）；收入：呂思勉，《呂著中小學教科書五種》，下冊，頁 829-830。

28 呂思勉，《復興高級中學教科書 本國史》（全二冊），上冊（上海：商務印書館，1934 年 2 月初版，1947 年 1 月 90 版），頁 174。

族同出一源的官方說法下，中華民族「融合了漢、滿、蒙、回、藏、苗六大宗族」，「成為一個凝固體」，[29] 作為中華民族的一個宗族，藏人當然是不能來自印度。

三、番僧與「喇嘛教」

由於唐代以前，漢文文獻中能夠找到的中藏互動以及與吐蕃相關的史料實在稀少，所以歷史教科書裡，吐蕃——西藏首次出現在學生讀者面前，是以唐代重要外患之形象出現。在講述唐代與吐蕃的相互征戰外，也一定會提到文成、金城公主的和親與漢文化的輸入吐蕃。儘管如此，吐蕃已經開始出現「外雖忠誠，內實狡詐」[30] 的形象。

吐蕃再一次進入教科書的時代，是元代。吐蕃雖非直接統治中國，但吐蕃卻需要為蒙古在中國的失敗負起一部分責任，因為元代的政治裡有一部分是因為宗教而敗壞。從清末的歷史教科書起，元代番僧，代表的是罪惡淫褻。[31] 元代腐敗的政治中，最為百姓怨恨者，正是歧視異族與縱容番僧這兩項，「番僧喇嘛」、「變成特殊階級」。[32] 喇嘛教在政治與民間都產生擾害。其

29 國立編譯館（主編），聶家裕（編輯），《初級中學歷史》（第二次修訂本）（全六冊），第 4 冊（南京：正中書局，1948 年 12 月滬 2 版），頁 22。

30 羅元鯤，《高中本國史》，第 1 冊，頁 216；羅香林，《高級中學本國史》，上冊，頁 304。

31 陳慶年，《中國歷史教科書》（中學堂 師範學堂用）（上海：商務印書館，1909 年 3 月初版，1911 年 1 月 5 版），頁 29、31；姚祖義，《最新中國歷史教科書》，第 3 冊，頁 37B、42A。

32 余遜，《余氏高中本國史》，下冊（上海：世界書店，1934 年 12 月初版，1948 年 7 月修正），頁 73-74。

僧徒「驅迫男子，奸淫婦女」，「豪奪民田，侵占財物」，「種種罪惡，書不勝書」。最著名者是江南釋教總統楊璉真伽，其人掘發宋陵，受獻美女財寶無數。[33]甚至在一本《高中本國史》的教材裡，特別製表詳盡地指出喇嘛教的惡行。在「番僧專橫表」中，一一列舉世祖、武宗、仁宗、文宗時代番僧專橫事蹟，並按曰：「自世祖寵八思巴以來……喇嘛勢橫，弊害百出，擾奪民產，吏不能制。」在「順帝荒淫亂亡表」中，再以三小點表現出喇嘛教的異端邪行：「1. 行房中運氣術，號延撤爾法，華言大快樂也。2. 習祕密法，亦名雙修法，所居室曰濟濟齋烏格依，華言事事無礙也。3. 作天魔舞，以宮女十六人戴佛冠為之，宦官非受密戒者不得與。」[34]相較之下，少部分版本對喇嘛教的著墨就比較節制。如國立編譯館的《初級中學歷史》中，僅有「再加上喇嘛教徒的橫行與連年荒歉」這樣一句話。[35]有的版本甚至是只交代忽必烈為羈縻西番而以八思巴為帝師，未在喇嘛惡行上著墨。[36]

即使沒有見到喇嘛番僧在元朝的禍害，學生們也會在下一次章節裡再一次讀到負面的喇嘛教。以羅香林為例，他並未提到元朝番僧的惡行，但他所認識的喇嘛教，則是「根據佛教參合聶斯託利派〔按：指景教〕

33 呂思勉，《復興高級中學教科書 本國史》，上冊，頁 299。

34 羅元鯤，《高中本國史》，第 2 冊，頁 90-91。

35 國立編譯館（主編），聶家裕（編輯），《初級中學歷史》，第 3 冊（南京：正中書局，1948 年 12 月滬 5 版），頁 62。

36 楊東蓴，《開明新編高級本國史》（全二冊），上冊（上海：開明書店，1937 年 2 月初版，1947 年 5 月再版），頁 232。

教義而適合於吐蕃舊俗之一種專以祈禱禁咒為事之密教也」。[37] 或者，如呂思勉一樣，雖然指出「喇嘛教是佛教中的密宗」，然而「西藏人的性質，是喜歡崇拜幽靈，而且是相信幻術」。[38] 於是「巴特瑪撒巴幹」〔按：蓮花生大師〕，「參酌真言宗，創出適合吐蕃風俗的宗教。這種宗教專以祈禱為事，僧侶都著紅衣冠，很投合吐蕃人的迷信性質。」[39] 去除宗教起源的錯誤敘述外，喇嘛教與迷信禁咒脫不了關係。

接著，作者們為了描述 16 世紀起西藏與明朝、滿清、蒙古的多方互動，都會交代格魯派創始人宗喀巴的宗教改革。然而，最嚴重的錯誤即在此。作者們一律將西藏佛教簡化為紅教與黃教兩派。紅教之所以掌握吐蕃的政教大權，是由於忽必烈「慮其地險遠而民獷悍，因順從其習俗以懷柔其人」，「使之盡領於喇嘛，且尊喇嘛八思巴為帝師，為立宣政院。」[40] 是以在元、明兩代對喇嘛教的懷柔下，紅教「因是乃益流於侈惰，嗜茶貪利，專恃密咒，以吞刀吐火炫俗，盡失佛教本旨」。[41] 此時，永樂十五年（1417）生於西寧衛的宗喀巴遂「倡言改革，別立新教，排斥幻術，而專重修行」，是為

37 羅香林，《高級中學本國史》，中冊（南京：正中書店，1935 年 8 月京初版，1947 年 4 月滬 20 版），頁 87-88。

38 呂思勉，《復興高級中學教科書 本國史》，上冊，頁 298。

39 國立編譯館（主編），聶家裕（編輯），《初級中學歷史》，第 3 冊，頁 90-91。

40 金兆梓，《新編高中本國史》，中冊，頁 198。

41 金兆梓，《新編高中本國史》，中冊，頁 199。

黃教。[42]

這種西藏教法史的認知，從清末的教科書起，即已固定。首先即是簡化喇嘛教的傳承與派別，薩迦派大師八思巴被分派到紅教與舊教的一方。其次，漢人知識分子認識的喇嘛教就是密宗，而不認為西藏佛教有顯、密的區別。[43] 再者，弄錯宗喀巴的生卒年，剛好晚一個世紀。而宗喀巴遺囑達賴喇嘛與班禪喇嘛兩大弟子世世轉生以演教的說法，則簡化與誤解格魯派的教史傳承。不過，這種錯誤其實由來已久，教科書的作者們其實只是輾轉相襲。與此相關的另一個普遍而常見的錯誤，是在為了敘述第三世達賴喇嘛與土默特蒙古俺答汗所建立的檀越關係時，由此將蒙古活佛哲布尊丹巴的世系當成是宗喀巴親傳的第三大弟子。[44]

四、西藏與清帝國的版圖

在中國歷代正統王朝裡，清代所征服的疆域相當耀眼，特別是盛清時期對於蒙、藏、回部的經營。也是在

42 余遜，《余氏高中本國史》，下冊，頁 121。

43 當然，還是有極少數的作者提到黃教有屬於大乘佛教的一面，如羅香林指出，宗喀巴的改革，「遺囑大弟子世世以化生轉生，演大乘教」，「以見性度生，斥聲聞小乘及幻術下乘為主。」見：羅香林，《高級中學本國史》，中冊，頁 152。不過，他仍以紅教、黃教的對立架構來敘述之。

44 如：呂思勉，《高中複習叢書 本國史》，頁 881-882；羅元鯤，《高中本國史》，第3冊（上海：開明書店，1946 年 11 月修正滬初版，1948 年 5 月修正滬 3 版），頁 63。實際上，哲布尊丹巴世系的確立，是從五世達賴喇嘛時期起。羅元鯤甚至將三世達賴喇嘛與俺答汗的此次會見，當成是「達賴三世統一全藏，黃教勢力廣被青海、內外蒙古」，見：羅元鯤，《高中本國史》，第 2 冊，頁 144。

清代，西藏與中原王朝國家的關係最為複雜。教科書當然不可能專門對清藏關係加以闡述，因此各版本間的文字儘管互有詳略，但重心多放在清對準噶爾蒙古的征服，而順帶提及西藏與青海。

出版於清末的歷史教科書，在發揮國朝的武功時，確實注意到清帝對西藏的重視，是因為「準部雄視西北，世為邊患」，若「準藏聯合」，「西陲將無寧日」。因此，聖祖進兵西藏。及雍正初，因噶布倫內亂，「乃設駐藏大臣以監之，而後西藏始確為中國屬土」。[45] 民國時期的教科書，多數作者亦延續著這種開疆拓土的敘述模式；少數的版本，則將清代對蒙、藏、回等四周邊疆的經營，置於「中華民族的擴大」這樣的章節下。[46] 比較特別的，則是呂思勉。他不只是如其他作者一樣指出「清人借宗教以懷柔蒙藏的政策」，從而「因喇嘛教的感化，使漠南北游牧民族獷悍之氣潛消」；[47] 呂思勉更對喇嘛教給出聯合民族的正面評價。雖然喇嘛教曾在民間擾累，但那只是一時。「眼光放大了看，喇嘛教的傳布，對於中國民族的結合，是很有功勞的。」接下來他歷數「喇嘛教感化蒙古人」，紅教行於元朝，是第一次；俺答汗尊信黃教，則是第二次。「漠南北獷悍的遊牧人，就因為受到宗教的感化，而變為馴良」，三百

45　汪榮寶，《中國歷史教科書》，頁 25-26。

46　如：國立編譯館（主編）、聶家裕（編輯），《初級中學歷史》，第 4 冊，頁 21；周予同，《初級中學本國史》，第 3 冊（上海：開明書店，1934 年 9 月初版，1947 年 1 月臺 1 版），頁 22。

47　呂思勉，《復興高級中學教科書　本國史》，下冊（上海：商務印書館，1934 年 8 月初版，1946 年 12 月 72 版），頁 30。

多年來，「中國北邊，就無甚邊患」。再者，「西康、青海地方，地勢的崎嶇，部落的複雜，其文化能漸趨於一致，也是喇嘛教傳布之功。」[48] 當然，呂思勉對喇嘛教政治功用的強調，放在另外的文字脈絡裡，反而又是負面。

相對於晚近多數中文西藏史研究，在敘述滿清與西藏關係時，將五世達賴喇嘛與清世祖的會見當成彼此臣屬關係的確立，民國時期的歷史教科書並不這麼表述。多數版本會認為，雍正時設立的駐藏大臣，表示西藏始確為中國屬土，或完全隸入中國版圖，或完全內屬、直屬中國。[49] 少數版本，則是將臣屬關係提早至康熙時發兵入藏，「西藏遂直屬中國」。[50] 至於乾隆時代在廓爾喀戰爭之後的對藏措施，尤其是頒立金瓶掣籤之制，或許是中國王朝對西藏政教控制的有力象徵，因此幾乎沒有一部會少記。

---

48 呂思勉，《初中標準教本 本國史》，頁 1138-1139。

49 如：汪榮寶，《中國歷史教科書》，頁 25-26；羅元鯤，《高中本國史》，第 2 冊，頁 197；羅香林，《高級中學本國史》，中冊，頁 203；楊東蓴，《開明新編高級本國史》，下冊，頁 18；姚紹華（編著），金兆梓（校者），《初中本國歷史》（全四冊），第 3 冊（上海：中華書局，1937 年 2 月 5 版），頁 19；吳繩海，《簡易師範學校及簡易鄉村師範學校 歷史》（全二冊），第 2 冊（上海：正中書局，1936 年 8 月京初版，1946 年 10 月滬 23 版），頁 92；梁園東，《中學各科綱要叢書 本國史》（長沙：商務印書館，1938 年 10 月初版），頁 108-109；應功九，《初級中學本國史》，第 3 冊（上海：正中書局，1938），頁 42。

50 如：余遜，《余氏高中本國史》，下冊，頁 151；國立編譯館（主編），聶家裕（編輯），《初級中學歷史》，第 4 冊，頁 18；周予同，《初級中學本國史》，第 3 冊，頁 22；臺灣省行政長官公署教育處，《歷史》（高級中學適用）（全四冊），第 3 冊（臺北：臺灣書店，1946 年 8 月初版），頁 8。

五、西藏與國恥

時序進入教科書作者們處身的當代史。與前近代強盛帝國的光榮歷史相反，作者們以國恥來表現國勢的衰弱及列強的侵略，從而以另一種方式喚醒學生民族主義的情懷。當時的史學家在檢討中學歷史的教學方法時，即認為教師們在教材選擇方面應當注意兩點，一是國恥教材，二是邊疆教材。[51] 晚清以來的漢藏關係，當然也被納入以國恥來表現愛國民族主義的架構下。

作者們大同小異地勾勒出從清末起處於中國主權喪失危機下紛擾的藏事。然而，同樣也出現史事敘述的錯誤。最顯著者，即是 1904 年「英人侵藏，和班禪立約」的錯誤。[52] 接著，歷史讀本繼續指出，達賴喇嘛為此入京卻懷恨歸藏，加以邊務大臣趙爾豐在川邊改設郡縣，引起達賴喇嘛不滿，慫恿藏民暴動，趙爾豐因而進剿、率兵入藏，達賴喇嘛遂奔印度。民元之際，英人又趁亂鼓動藏人驅漢，助達賴喇嘛返拉薩宣佈獨立，並發兵攻陷川邊，成為康藏糾紛。英人又趁機召開西姆拉會議，不顧中國主權，妄立劃定內外藏的名目。班禪喇嘛亦受迫於達賴喇嘛作為而奔入內地。1933 年達賴喇嘛逝世，藏人始內向，藏事可望解決。[53] 有些作者不這麼

51　鄭鶴聲，《中學歷史教學法》（南京：正中書局，1936），頁 42-43。

52　如：呂思勉，《復興高級中學教科書 本國史》，下冊，頁 170；羅香林，《高級中學本國史》，下冊（南京：正中書店，1945 年 11 月滬 1 版，1946 年 6 月滬 11 版），頁 134；周予同，《初級中學本國史》，第 4 冊，頁 14。實際上與英人訂約者，是甘丹寺法台。

53　余遜，《余氏高中本國史》，下冊，頁 251-253。

樂觀，因此寫下藏事遂成懸案。[54] 歷史教科書中的西藏至此結束篇幅，並確定了英國帝國主義與達賴喇嘛的陰謀。學生對於康藏問題的現況所背誦的標準解答，則是「目前西藏的政治和經濟，完全握在英人手中。達賴喇嘛不過是一傀儡」。[55]

地理教科書也提到主權的淪喪與國恥危機。學生在地圖上學習到國家固有疆域、邊界，但國家領土的現狀並不完整，在諸如「失守之土地」[56]、「國界沿革」、「國防形勢」[57] 的章節裡，標示著包括西藏在內的失地與藩屬，[58] 同時也認識到康藏邊境的糾紛及英國勢力的盤據。[59] 與歷史教科書互相補充的，還包括在人文地理的篇章裡所介紹的西藏宗教。毫無意外，地理教科書的作者也重複了舊教—紅教、新教—黃教的錯誤及負面描述。如：紅教「以邪術惑人，荒淫無度」；[60] 黃教則改

54 楊東蓴，《開明新編高級本國史》，下冊，頁 115-119。

55 章柳泉（等編），《初中會考升學指導 第 5 集 中外史地問答》，頁 235。

56 王成組，《復興高級中學教科書本國地理》（全三冊），上冊（上海：商務印書館，1936 年 8 月改編本第 1 版，1948 年 10 月改編本第 101 版），頁 2。

57 鄧啟東，《高中本國地理》（全三冊），上冊（南京：正中書局，1947 年 7 月初版，1947 年 9 月滬 20 版），頁 163。

58 田世英，《開明新編初級本國地理》，第 5 冊，頁 38；葛綏成，《地理》（新課程標準簡易師範適用）（全四冊），第 2 冊（上海：中華書局，1947 年 11 月 11 版），頁 110。

59 鄧啟東，《高中本國地理》，下冊，頁 191、203-204。

60 屠寄，《中國地理教科書》，「卷三 地方志」，頁 230。特別的是，屠寄或許是參考了當時西方人的說法，因而認為喇嘛教「教中儀式，頗似羅馬舊教」。見：屠寄，《中國地理教科書》，「卷二 人文地理」，頁 72。

正舊教流弊，「以廣通經卷，航渡孽海為宗旨。」[61]

六、地理教科書中的「喇嘛教」

前曾述及呂思勉對喇嘛教給出正面評價，但是在地理教科書裡並不如此。喇嘛教具有的政治功用，反而意味著民族性的衰弱與愚昧。讀者們會先在蒙古的章節裡見識到喇嘛教的威力。蒙古人種本「素性驍勇，擅長騎射」，[62] 但自從受到喇嘛的感化後，昔日氣象一蹶不振，「徒以迷信、蓐食、怠惰、不潔等習，使近世探險家據為口實。」[63]「因喇嘛教盛行，蒙人多以出家為榮，所以進步遲緩，人口減少。」[64]

不過，若是將蒙藏拿來對比，北方的蒙古人代表男性氣概，而南方的藏人則代表女性的柔弱。地理學者田世英（1913-1994）如此解釋喇嘛教為什麼是藏民精神所託的理由：

> 藏人所以有這樣熱烈的宗教感情，一方面由於高原上山川偉大，氣象多變，使一般人民時時感到自然界的偉大、奇異與驚恐，便漸漸發生了信仰心。一方面由於物產貧乏，人民在物質生活上得不到充

61 葛綏成，《新編高中本國地理》（全三冊），下冊（上海：中華書局，1945 年 12 月 3 版），頁 66。

62 葛綏成，《新編高中本國地理》，下冊，頁 15-16。

63 屠寄，《中國地理教科書》，「卷二 人文地理」，頁 11-12。

64 國立編譯館（主編），任美鍔（編輯），《初級中學地理》（第一次修訂本）（全六冊），第 5 冊（上海：商務印書館，1948 年 6 月第 19 版），頁 67。

> 分的享受，想從精神上得到一些安慰，便促成了一般人民的宗教信仰。因長期宗教的柔化，居民性情溫和，沒有進取精神，一切聽天由命。並且四周繞山，對外道路險阻，與外人來往不便，故居民閉關自守的觀念極強。蒙古人在一望無際的高原上，可以策馬馳騁，現出赳赳武夫的姿態，這在藏人中很少看到。[65]

從西藏地理環境的嚴苛來解釋藏人對西藏佛教的信仰，特別是恐懼，這位作者並非絕響。即使是當代中國著名的異議作家王力雄，也以恐懼來解釋西藏佛教的信仰。[66] 雖然田世英的主要目的，是對藏人信仰的產生做出解釋，然而他的論述已隱含著將喇嘛教性別化的評價在內。有趣的是，如果再將同是信仰喇嘛教的蒙藏人民與回民相比，則「哈薩克人和回人性情強悍，蒙人和藏人性情溫和，這也許由於宗教不同的緣故」。[67] 然而不僅止於此，地理教科書還從另一個方面來加強負面的西藏與喇嘛教，即一妻多夫的「陋俗」。[68]

65 田世英，《開明新編初級本國地理》，第 5 冊，頁 27-28。

66 王力雄，《天葬：西藏的命運》（臺北：大塊文化，2009），頁 296-302。

67 田世英，《開明新編初級本國地理》，第 5 冊，頁 32。

68 相對於多數地理教科書對一妻多夫的描述，歷史教科書則幾乎未見。目前所見的各版本裡，只有呂思勉以數字提到「其種人皆有『一妻多夫』之習」。見：呂思勉，《新學制高級中學教科書本國史》，頁 202。

七、一妻多夫的批評

同樣是田世英，他對一妻多夫制的起因，提出三點：「（甲）物產貧乏，每一男子各娶一妻，物質便不足供給；（乙）數男共娶一妻，以妻作家庭中心，各男子分頭工作，容易維持一家生活；（丙）數男一妻，可以節制生育，人口不致繁殖過多。」[69] 雖然他的解釋與現今對一妻多夫制研究所得的結論甚有差異，不過他的解釋在當時是最普遍的認知。而且他也未將一妻多夫制的發生歸結給喇嘛教。但是，更多版本的教科書則將一妻多夫制與喇嘛教作連結。

一位作者指出，西藏「女權很重，計人戶以婦人為主，商業也多由婦人任之，且有一妻多夫之制」。[70] 實際上，至少在嘉道時代的姚瑩（1785-1853）即已記下類似的記載。[71] 教科書的作者不只重複抄錄舊說，而且後起的版本也抄錄之前的讀本。清末的教本即已將西藏人口過少的原因歸咎於地理環境、僧侶過多及一妻多夫之俗。但是藏人這種不潔的風俗則呈現出階級化的現象：「下流社會，兄弟數人共娶一妻。富貴之男子，則一夫數婦。」[72] 這種說法至少同見於其後的兩個版

69　田世英，《開明新編初級本國地理》，第 5 冊，頁 28。

70　葛綏成，《新編高中本國地理》，下冊，頁 69；葛綏成，《地理》（新課程標準師範適用）（全二冊），上冊（上海：中華書局，1947 年 5 月 17 版），頁 258。

71　姚瑩的相關文字是：「西蕃兄弟共娶一婦……余詢土人云，蕃俗重女，治生貿易，皆婦主其政，與西洋同。計人戶以婦為主，蕃人役重，故兄弟數人共婦以避徭役。」姚瑩，《康輶紀行》（臺北：廣文書局，1969），卷二，「蕃俗兄弟共婦」條，頁 11B，78。

72　屠寄，《中國地理教科書》，「卷三 地方志」，頁 230。

本。[73] 由於教科書的作者認識的喇嘛教，就只有紅、黃之別，而相對於黃教來說，紅教容許喇嘛娶妻生子，所以基於種性人口繁衍的意識來論，一位作者不免為紅教的衰微感到惋惜：當地土著「為適應環境起見，對於人口蕃殖同時極力約制。因此容許喇嘛娶妻生子的紅教，竟會近乎被禁止這種行為的黃教淘汰。多夫制的陋俗，不免至今流行於局部。」[74] 其言下之意，教律嚴格的黃教反而得為多夫制的陋俗負責任。

八、有待開發的原始之地

學生們已從地理教科書理解到，「神祕之鄉」的西藏有著嚴酷的地理環境與惡劣氣候，滿目荒涼，而且藏人有奇異的風俗和宗教。不過值得慶幸的是，經過「調查」，具有重要地理形勢的西部地方也有著豐富礦產。舉例來說，一位作者引用當時的專業期刊《工商半月刊》指出，西康寧靜山的石油，曾經過俄、英人士的測勘，其油礦「足供世界三百年之用」；而根據《康藏前鋒》裡一篇〈西康物產概況〉的調查所得，瞻化、麥科的金礦，「有佔全世界第二位之說」；然而這些寶藏「為部落酋長或寺院喇嘛所封禁」，「貨棄於地，良為

73 藏勵龢，《新體中國地理》，「第四編　地方志」，頁 93；白眉初，《高級中國地理教本》（北平：建設圖書館，1934 年 9 月 4 版訂正），頁 113。白眉初也將藏人族群性給與階級性的區分：「上流社會，屬純粹藏族『圖伯特族』，下流多係古代苗民與藏族混合種。」見：白眉初，《高級中國地理教本》，頁 112-113。

74 王成組，《復興高級中學教科書本國地理》，下冊（上海：商務印書館，1936 年 8 月改編本第 1 版，1946 年 9 月改編本第 41 版），頁 132。

可惜」。[75] 矛盾的是，棄貨於地是土人，過度開發也是土人，因為西康森林豐富，但「土著所在的地方，則常任意砍伐燒燬，近年漢人始知注意及此」。[76] 這裡隱含著擁有先進智慧與技術的漢人才有資格對廣漠無「人」湮的西部進行開發，也只有中華民族的民族主義才能對抗帝國主義對康藏寶藏的覬覦。

此種漢人先進與土著落後的意識型態，也滲透至對土著產業與居住環境的說明。教科書告知學生們西康的「宗族」分布很是複雜，而此種分布也與地域和文明相吻合。在教育部審定的國定本裡，西康人在「職業上，漢人居住在平原河谷，從事農業；倮倮居住在山地，半耕半牧；藏人居住在高原，大部以游牧為生」。[77] 如此說來，藏人應該就是處於文明較為不開化的游牧社會階段。然而卻又自相矛盾地指出：「在西康，普通稱游牧的藏人為『牛廠娃』，稱做莊稼的藏人為『莊房娃』。」[78] 正由於認定藏人就是不會農業的游牧民族，所以教科書才會執著於這種產業分布三段說。更有甚者，另一本地理教科書，則修正說法，半耕半牧的群體是漢人與康人「二者混血種」，「住於中間地域，兼營農牧事業，每能兼通川語及康語，是為社會的中間分

75　〈西康物產概況〉，《康藏前峰》，第 2 卷第 2 期（1934）。

76　葛綏成，《新編高中本國地理》，下冊，頁 75、76、72、78。

77　任美鍔、沈汝生、夏開儒、張德熙（編著），《初級中學地理》（教育部審定　國定本）（全六冊），第 4 冊（重慶：國定中小學教科書七家聯合供應處，1946 年 1 月上海白報紙第 20 版），頁 78。

78　任美鍔、沈汝生、夏開儒、張德熙（編著），《初級中學地理》，頁 95。

子。」[79] 此種西康產業分布三段說，意味著民族融合、同化於漢人的模式，將是康藏擺脫落後游牧社會的文明化途徑。其實這種說法來自當時的康藏史地專家任乃強。有關任乃強的西藏論述，以及民國時期漢人知識菁英將藏人加以性別族群化的進一步討論，將在第五章進一步討論。

在結束教科書的相關討論前，順帶指出一點。雖然在時人的西藏論述裡，不乏有採取封建主義的字眼及其代表的特定歷史觀架構，來指責西藏的宗教及政治，不過在民國時期由國民政府所審核的史地教科書裡，尚未見到以封建主義的字眼來敘述西藏。由於樣本的稀少，目前唯一收集到一本在中共控制的解放區裡發行的教科書，使用了封建主義的概念來描述，學童會認識到西藏的「教權政權都操在達賴和班禪手裡，他們是最大的封建領主，平民都要受他們的奴役。」這種奴役帶來的不幸即是「藏人住在石頭蓋的房子裡，沒有窗戶，非常黑暗。」而且「由於社會落後」，「還殘存著一妻多夫的婚姻制度。」[80] 此後的學生讀者們，又將會讀到另一種架構下的西藏史地。

---

79 鄧啟東，《高中本國地理》，下冊，頁 190。

80 金希三、李松蘭，《新編中國地理》（太岳：太岳新華書店，1949），頁 95。

第二節　“Bod”、“Tibet”、「西藏」與「吐蕃」

對於何謂「西藏」，此詞與西文世界裡“Tibet”一詞的內涵有何不同，從民國時期起漢人知識分子就已開始討論。

對藏人來說，藏人稱自己的國家為“Bod”（即吐蕃／圖伯特），藏人自稱為“Bod Pa”（博巴），稱藏地為“Bod yul”。自 7 世紀起，“Bod”所指的即是西藏高原（Tibetan Plateau）的一部分，再與「藏」（gtsang）合稱為“dBus gTsang”（Central Tibet，中部西藏）。[81] 自五世達賴喇嘛起，傳統上藏人自己的劃分是上部阿里三圍、中部衛藏四翼、下部朵甘思六崗。其中，衛（dBus）、藏（gTsang）、安多（Amdo）、康（Khams）並稱為「卻喀松」（Bod chol kha gsum）三區。[82] 如以民國時期中國人概念中的地理稱呼來對應，大致上分別指西藏、

81 Christopher I. Beckwith, *The Tibetan Empire in Central Asia: A History of the Struggle for Great Power among Tibetans, Turks, Arabs, and Chinese during the Early Middle Ages* (New Jersey: Princeton University Press, 1987), p. 16.

82 參見 19 與 20 世紀的藏人史學著作：智觀巴．貢卻乎丹巴繞吉（Brag dgon pa dKon mchog bstan pa rab rgyas, 1801-1866）（著），吳均、毛繼祖、馬世林（譯），《安多政教史》（蘭州：甘肅民族出版社，1989），頁 3-4；根敦瓊培（dGe 'dun chos 'phel, 1903/5-1951）（著），法尊（譯），王沂暖（校訂），《白史》（蘭州：西北民族學院，1981），頁 5-8〔按：根敦瓊培亦有作更敦群培〕；謝國安，〈西藏四大聖湖〉，《康藏研究月刊》，第 2 期（1946），收入：姚樂野（主編），《《康藏前鋒》《康藏研究月刊》《康導月刊》校勘影印全本》，第 6 冊（成都：四川大學出版社，2011），頁 3175。更進一步藏文文獻的探討，見：格勒，《論藏族文化的起源形成與周圍民族的關係》（廣州：中山大學，1988），頁 26-32。

青海與甘肅一部、西康及雲南西北部。以中國現今的行政區劃來說，包括「西藏自治區」（TRA），甘肅省甘南藏族自治州，青海省海北、黃南、海南、果洛（mGo log）、玉樹（sKye rgu mdo）等藏族自治州，轄於青海省的海西藏族蒙古族自治州，四川甘孜（Dkar mdzes）、阿壩（Rnga ba）等藏族自治州，以及隸屬於雲南省的迪慶藏族自治州等。[83] 時至今日，這也是西藏海外流亡組織對於西藏地理與政治範圍的主張。[84]

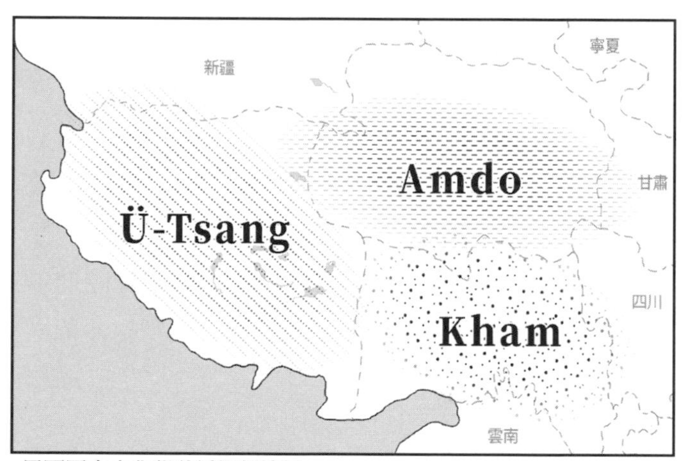

民國歷史文化學社編輯部繪製。

83 有關藏人居住區域的行政區劃演變，參見：陳慶英、馮智，《藏族地區行政區劃簡說》（北京：五洲傳播出版社，1995）。

84 “Memorandum on Geniune Autonomy for the Tibetan people”，「藏人行政中央官方網」，網址：http://tibet.net/important-issues/sino-tibetan-dialogue/memorandum-on-geniune-autonomy-for-the-tibetan-people/（中文版：〈有關全體西藏民族實現名符其實自治的建議〉）。然而，目前由印度政府管轄的阿魯納恰爾邦（Arunachal Pradesh），其中包括位於麥克馬洪線（McMahon Line）以南的達旺（rTa dbang, Tawang）地區，直至1947年前在文化與政治上均屬於西藏。

不過，"Bod" 所蘊含的地理概念，並不能直接等同於一個單一的政治共同體。儘管自 18 世紀中葉起，在清廷的介入後，才真正開展由達賴喇嘛掌握的政教合一制度，達賴喇嘛在宗教上的威望遍及全藏和蒙古，但政治上整個西藏並非是一個統一的政治體。在清代，安多牧民區多數為獨立好戰的部落，這些地區由西寧辦事大臣節制；靠近甘肅西南的農業區，多數是拉卜楞寺（bLa brang bKra shis 'khyil）的屬民；霍爾（Hor）三十九族地區由駐藏大臣節制；中部西藏南方的波密（sPo bo）與薩迦（Sa skya）為半獨立王國；在康區，除了德格這個飛地曾由拉薩進行直接統治外，其他皆是土司頭人統治的部落，歸屬四川總督節制，政治上依違於清、藏之間；至於後藏則由班禪治理。[85] 因此 Geoffrey Samuel 認為，過去的西藏史都是以拉薩為中心，將西藏視為一單一政治體，擁有強大的中央政權，並認為藏人與周邊其他不同的語言、文化族群有明顯的區別。歷史上確實存在著以拉薩為中心的中央集權國家，然而其控制力集中在衛、藏。實際上，整個西藏從來就不是一個同質的共同體，安多、康區、拉達克（La dwags）等各地部落各有其自主性。在前藏的拉薩政府代表的是中央化農業區的制度，尚有邊緣農業區、游牧區和城鎮區等不同的政治—經濟模式。[86]

85　Pedro Carrasco, *Land and Polity in Tibet* (Seattle: University of Washington Press, 1959), pp. 136-159.

86　以上所論，見：Geoffrey Samuel, *Civilized Shamans: Buddhism in Tibetan Societies* (Washington DC: Smithsonian Institution Press, 1993), pp. 112-114, 139-146.

至於 “Tibet” 一詞，乃是一個來自歐洲的名稱。依石泰安（Rolf A. Stein）的看法，9 世紀起，伊斯蘭文獻以 “Tübbet”、“Tibbat” 來稱呼 “Bod”，此種寫法，再由歐洲的旅行家引入歐洲，於 19 世紀形成 “Tibet” 一詞。[87] 因此西方人是以 “Tibet” 一詞來泛指包括衛藏、安多、康等藏人居住區。清末民初以後，西方、特別是英印官員，均認為“Tibet” 一詞具有政治與族群上的意義。Sir Charles A. Bell（1870-1945）認為，“Tibet” 一詞應該區別為“Political Tibet”（政治的西藏）與 “Ethnographic Tibet”（民族的西藏）；[88] 而這種看法為 Hugh E. Richardson（1905-2000）所承繼，[89] 從而成為西方人對於「Tibet」一詞的普遍認知。在當代，由此而來的政治問題，即是相對於中共現行行政區劃下，流亡藏人主張建立「大西藏」（Greater Tibet）的爭議。[90]

而中文裡「西藏」一詞的說法，最早出現於《清實錄》康熙二年（1663）。在此之前，清人先後用「土伯

87 Rolf A. Stein, trans. by J. E. Stapleton Driver, *Tibetan Civilization* (London: Faber, 1972, originally published as *La civilisation tibétaine*, Paris: Dunod Éditeur, 1962), pp. 30-31.

88 Sir Charles Bell, *Tibet: Past and Present* (Oxford: Clarendon Press, 1968, original published in 1924), p. 5.

89 Richardson 的區分是政治的西藏與地理的西藏，Hugh E. Richardson, *Tibet and Its History*, pp. 1-2.

90 有關「大西藏」的相關評述，見：張雲，〈“大西藏”與“西藏獨立”的夢想〉、〈再論西藏行政區劃與“大西藏”問題〉，張雲，《西藏歷史問題研究》（北京：中國藏學出版社，2008），頁 264-276、277-287；林冠群，〈「大西藏」（Greater Tibet）之商榷——西藏境域變遷的探討〉，《蒙藏季刊》，第 20 卷第 3 期（2011），頁 30-47；Melvyn C. Goldstein, *The Snow Lion and the Dragon: China, Tibet, and the Dalai Lama* (Berkeley, California: University of California Press, 1997), pp. 124-131 等。

特」、「烏斯（思）藏」、「圖白忒」或「唐古特」來稱呼西藏，特別是指衛、藏地區。此後或許是藏文「衛藏」中的「衛」字與滿文中的「西方」（wargi）一詞讀音相近，且衛藏又處在中國的西南方向，因此「衛藏」一詞先在滿文中譯為 "wargi Dzang"，即「西方的藏」，再從滿文譯成漢文的「西藏」一詞。[91]

一、「吐蕃」何人：漢人對西藏的人種認知

「吐蕃」一詞源自唐代文獻，[92] 如杜佑《通典》中記載，吐蕃「或云禿髮利鹿孤」之後，「因魏末中華擾亂，招撫群羌，日以強大，遂改姓為窣勃野」，[93] 但並未對該詞的對音、意義、語源作說明。唐人的記載為《舊唐書·吐蕃傳》、《新唐書·吐蕃傳》兩部正史承襲，由於語焉不詳，因此導致不同的解讀。對「吐蕃」一詞音義的解釋大致上可分為三類，第一種認為「吐蕃」音義來自「禿髮」，也就是支持《舊唐書》中關於吐蕃的說明，「吐蕃」一詞應讀為 "Tu-fan"，其語源與藏語 "Bod"（藏人對其地理區與種族的自稱）字無涉。[94] 第二種是同意「吐蕃」一詞與藏語 "Bod" 字，或

---

91 陳慶英，〈漢文「西藏」一詞的來歷簡說〉，《燕京學報》，第6期（1996），頁129-140。在此順便說明，基於尊重族群自稱的原則，本該以「圖博特」與「博巴」來取代「西藏」與「藏人」的稱呼。然而，就本書所處理的文本及時間來說，如此替換，將會增加行文上的困擾及閱讀上的困難。因此，除非有必要，否則一律使用「西藏」、「藏人」等詞彙。

92 林冠群，《唐代吐蕃史研究》（臺北：聯經出版公司，2011），頁19。

93 杜佑，《通典》，〈邊防典六·西戎二·吐蕃〉（臺北：新興書局，1963），頁1022。

94 伯希和（Paul Pelliot, 1878-1945），〈漢譯「吐蕃」名稱〉，馮承鈞

古藏語有某種程度的關連，故「吐蕃」要讀為「吐播」（Tu-bo）。第三種主張「吐蕃」源自突厥語 "Tüpöt"，而唐人將 "Tüpöt" 轉寫「吐蕃」。[95]

林冠群認為，唐人以「吐蕃」兩字稱吐蕃王國，應是來自吐蕃的自稱，而非「禿髮」一詞。在當時，突厥與大食帝國稱吐蕃為 "tubbat"、"toput"、"Tuput"、"Topot"，應該都是來自吐蕃自稱"Bod" 的音讀，唐人以「蕃」、「特蕃」、「土蕃」、「吐蕃」來譯寫 "Bod" 字，也就是吐蕃的正式國號。至於 "Bod" 字本義，應為農業之意。吐蕃族源，起於以雅礱（Yar klungs）河谷為根據地的土著，而後一統雅魯藏布江流域，再征服混合川藏邊區土著與青海諸羌。[96] 與此相對，卓鴻澤認為，雖然上述第一種說法並非主流，但是反對「吐蕃」一詞是由「禿髮」訛音而來的理由，必須先假設吐蕃是藏族、禿髮是鮮卑人。然而敦煌寫卷中出現「特蕃」為「吐蕃」的異寫，此點可支持吐蕃與禿髮的關係。故反對「吐蕃」來自「禿髮」一詞者，必須先處理「特蕃」為「吐蕃」異寫的問題。現雖無法做絕對判斷，但卓鴻澤同意，吐蕃與鮮卑及羌關係密切，吐蕃統治集團為羌胡、鮮卑混合群體之後裔，也就是藏文史書所載贊普

（編譯），《西域南海史地考證譯叢續編》（臺北：臺灣商務印書館，1972），頁 61-64；Christopher I. Beckwith, "On Fu-kuo and T'u-Fan," 趙鐵寒先生紀念論文集編輯委員會（編），《趙鐵寒先生紀念論文集》（臺北：文海出版社，1978），頁 1-19。

95 關於「吐蕃」一詞來源的各種說法，見：林冠群，《唐代吐蕃史研究》，頁 19-29。

96 林冠群，《唐代吐蕃史研究》，頁 19-41。

「父系九族」與「母系三族」結盟團體之來源。[97]

民國時期知識分子在討論這個問題時，有兩種方式。在通俗性的介紹裡，多半照錄中文文獻「吐蕃」來自「禿髮」一詞，而未進一步深究。在對吐蕃與西藏有更深研究的專家之中，則認為「吐蕃」一詞必定與藏語 "Bod" 有關。不過解釋方式不一。其中一種看法，如民族學家譚英華（1917-1996）認為，「吐蕃」為「上部西藏」或「高原西藏」（Upper Tibet）之義，「吐」為藏語 "sTod"（上部之意）對音，「蕃」為 "Bod" 的對音，"sTod Bod" 的發音為 "teu-beu"，中文音譯為「吐蕃」，故要讀為「吐播」（Tu-bo）。[98]

另一種看法主張「吐蕃」一詞是「大蕃」的轉寫。歷史地理學及康藏專家任乃強認為，唐初稱 "Bod"（也就是吐蕃）為「蕃」，唐中葉長慶會盟以後，吐蕃模仿大唐自稱為「大蕃」。當時唐音「大」字讀為 "Tu"，故成「吐蕃」。由於「蕃」為 "Bod" 音，所以「吐蕃」要讀為「吐播」，而非「吐翻」，「吐翻」的讀音是元、明以後才出現。[99] 歷史學者姚薇元（1905-1985）的解釋稍有不同。藏族對外自稱為 "Teu Bod"，藏音 "teu" 為「大」，在唐代寫為「吐」字，就是「大蕃」，正好

97 卓鴻澤，〈"吐蕃"源出"禿（偷）髮"問題析要〉，《歷史語文學論叢初編》（上海：上海古籍出版社，2012），頁 70-97。

98 譚英華，〈吐蕃名號源流考〉，《東方雜誌》，第 43 卷第 4 號（1947），頁 28。

99 任乃強，〈吐蕃譯變之輻射〉，《邊政公論》，第 4 卷第 9-12 期合刊（1945），頁 26-27；任乃強，〈吐蕃音義考〉，《康導月刊》，第 5 卷第 4 期（1943），頁 7-10；任乃強，《西康圖經．境域篇》（南京：新亞細亞學會，1933），頁 56-57。

長慶會盟碑可見「大蕃」一詞有三次。姚薇元又進一步比對中文文獻。《新唐書》裡稱吐蕃為西羌的「發羌」之屬是有一定根據。因為「發羌」的「發」，古代讀為「撥」，正好是藏人自稱 "Bod" 的對音，對外自稱 "Teu Bod"，對譯成中文為「大發」，再轉為「吐蕃」。此後蒙古語之「土伯特」，阿拉伯語之 "Tubbot"，英語之 "Tibet"，都是「大發」轉音。[100]

表面上看來，這些討論似乎是不滿中文文獻的疏漏，試圖找出「吐蕃」一詞成立的基礎。然其更深一層的預設，乃認為漢語與藏語應有共通之處。姚薇元即認為，古代中國史書稱「吐蕃」為羌人之後有一定根據，但今人妄拾外人牙慧，誤信別有用心之說。他以「藏緬族系」為例來說明此後果。[101] 所以，隱藏在「吐蕃」一詞的語文學探討的背後，是為了更進一步確認吐蕃的族源問題，並證明藏人在人種上與華夏漢人密不可分。所以接下來漢人學者需論證的，是吐蕃的族源以及地理分布。

---

100 姚薇元，〈藏族考源〉，《邊政公論》，第 3 卷第 1 期（1944），頁 51-52。

101 姚薇元，〈藏族考源〉，頁53。按：此指英國軍官 Henry Rodolph Davies（1865-1950）在其 *Yün-nan: The Link between India and the Yangtze* (Cambridge: Cambridge University Press, 1909) 一書裡提出，將雲南、川南民族語言分為四系統，漢語之外原始民族語系有三系：一，蒙克（孟—高棉）語系（Mon-Khmer）；二，撣台（泰）語系（Shan-Dai）；三，藏緬語系（Tibeto-Burman）。Davies 的分類以語言學為基礎，對民國時期民族學者來說，比人種、外觀的分類更具科學客觀性，可以說幾乎整個世代的民族學者都受其啟發。當 1953 年中共開始進行民族識別工程時，Davies 模式其實比蘇聯民族學模式更主導著中共的民族識別工作，見：Thomas S. Mullaney, *Coming to Terms with the Nation: Ethnic Classification in Modern China* (Berkeley, Calif.: University of California Press, 2011), pp. 45-68.

吐蕃族源的討論大致上可分為三大類。第一是根據藏人文獻與傳說，認為藏族或者是藏地土著，[102] 或者吐蕃王室來自印度王子。[103] 此類來自藏人的族源傳說，為漢人學者引用說明。[104] 但吐蕃王室來自印度說，意味著藏人來自印度，非中華民族的一員。為了化解這個疑問，史學家呂思勉以曲折的方式來解釋。在體質人類學裡，世界人種可區分為最基礎的三種：蒙古利亞黃種、高加索白種、尼格羅黑種，而整個中華民族乃是蒙古利亞黃種。在源遠流長的民族形成史中，除了蒙古利亞種之外，也有極少數高加索種與尼格羅種加入中華民族的血緣體，這些痕跡都可以從史料上找出。因此，來自印度——白種人支系——的吐蕃王室，正好證明中華民族有白種人的成分。吐蕃王室是以先進西方白種文明統治落後粗野的羌人。[105]

---

102 藏人關於藏地人類傳說有二，一是觀音菩薩化身之神猴與岩山魔女羅剎結合。見：索南堅贊（著），劉立千（譯注），《西藏王統記》（北京：民族出版社，2000），頁 30-32；達倉宗巴．班覺桑本（著），陳慶英（譯），《漢藏史集：賢者喜樂贍部洲明鑒》（拉薩：西藏人民出版社，1986），頁 78-80。另一則是人類起於卵生說。見大司徒．絳求堅贊（著），贊拉．阿旺、佘萬治（譯），陳慶英（校），《朗氏家族史》（拉薩：西藏人民出版社，1988），頁 5。按：「卵生說」始於印度或波斯，而後流傳於西藏苯教文獻。見：石碩，《藏族族源與藏東古文明》（成都：四川人民出版社，2001），頁 119-125。

103 蔡巴．貢噶多吉（著），東嘎．洛桑赤列（校注），陳慶英、周潤年（譯），《紅史》（青海西寧：西藏人民出版社，1988），頁 29-30；班欽索南查巴（著），黃顥（譯注），《新紅史》（拉薩：西藏人民出版社，1985），頁 15。

104 如：冷亮，〈西藏上古史探討〉，《邊政公論》，第 1 卷第 3-4 期合刊（1941），頁 62。

105 呂思勉，《中國民族史》（上海：世界書局，1934；上海：上海書店，1989 年影印本），頁 271、288-289。

第二種說法來自日本與西方，認為藏人有可能與蒙古族同種。清末民初之際，一本名為《西藏新志》指出，西藏人民「多蒙古種，若細別之，則有土耳其人、喀齊蒙古人，及甘肅人各種」。[106] 不過這句話其實來自當時兩本翻譯自日文的著作：《西藏》[107]、《西藏通覽》[108]。稍後，第一個進入拉薩的日本學僧河口慧海（1866-1945），在其 *Three Years in Tibet* 一書裡，稱日本、西藏都同是 "Mongolian"（蒙古人），他的意思是指東方的日本人、西藏人在人種上是與西方人不同的「蒙古人」。[109] 民國初肇，1913 年 12 月，一位奉命進藏調查的官員，在其報告中指出「西藏人民多屬蒙古種」。[110] 在當時漢、和語境下，「蒙古種」一詞就是指 1775 年

106 許光世、蔡晉成（纂），《西藏新志》（上海：自治編輯社，1911），收入：張羽新（主編），《中國西藏及甘青川滇藏區方志彙編》，第 3 冊（北京：學苑出版社，2003），上卷．地理部，頁 10（263）。

107 太田保一郎（編），四川西藏調查會（譯），《西藏》（成都：四川西藏研究會，1907），頁 83；日文原本：西藏研究會（纂），太田保一郎（校補），《西藏》（東京：嵩山房，1904），頁 128。此書原為 1904 年東京嵩山房出版，版權頁作日本西藏研究會編，中譯本原序署名「大田保一郎」，為手民之誤，應為太田保一郎。

108 山縣初男（編著），吳季昌（等譯），《西藏通覽》（臺北：華文書局，1969），頁 54。此書原為明治 40 年（1907）東京丸善株式會社出版，光緒 34 年（1908）由吳季昌等人譯出。而後又有 1913 年陸軍部刊行本。

109 Ekai Kawaguchi, *Three Years in Tibet* (Delhi: Book Faith India, 1995 Originally published: Adyar, Madras: Theosophist office; Benares and London: Theosophical publishing society, 1909), p. 586.

110 李明榘，《籌藏政策》（出版資料不詳），收入：張羽新、張雙志（編纂），《民國藏事史料彙編》，第 14 冊（北京：學苑出版社，2005），頁 13。

德國人類學者Johann Friedrich Blumenbach（1752-1840）在其人種分類體系裡的“Mongolian”〔1795年改為Mongoloid〕一詞。也就是說，「蒙古種」既是蒙古此一特定民族的名稱，又是世界五大人種之一。此一西方發明的種族思維，有其種族主義的偏見，漢人知識分子在不自覺中又樂意加以採用。[111]「蒙古種」一詞的含混性亦見於同時期西方人的著作。英印官員Charles Bell在其著作中主張藏人有可能與“mongolian”（蒙古種）同種，語言上與緬甸同屬一語系。[112]由於Bell的著作在當時已譯為中文，[113]藏人就是「蒙古種」的說法又廣為流傳。“Mongolian”一詞在民族指稱與人種分

111 Blumenbach以頭骨等體質特徵的分類方式將人類分為Caucasian（高加索人種）、Mongolian（蒙古人種）、Ethiopian（衣索比亞人種）、American（美洲人種）、Malay（馬來人種）五大人種，並可與當時流行的膚色分類方式結合，分別對應：白色、黃色、黑色、紅色、黑褐色。目前人種分類方式為Caucasoid、Mongoloid、Negroid、Amerindoid、Australoid。對西方人來說，黃色代表低俗、病態與恐怖，以「蒙古」命名，是因為蒙古人在西方人的歷史記憶裡是最為可怕的東方人。看似科學的體質分類，還意味著道德與智力的差異，也等於血統的優劣。Michael Keevak指出，此種種族思維出自近代西方科學的新發明，卻傳布至全球，成為非西方世界以此自我分類的標準。而中國知識分子十分願意接受黃色蒙古人種的觀念，因為在中國文化裡，黃色代表尊貴，黃帝、黃河等符號在清末有著民族主義的象徵。參見：Michael Keevak, *Becoming Yellow: A Short History of Racial Thinking* (Princeton, N.J.: Princeton University Press, 2011). 關於黃種人及黃禍概念對近代中國的影響，參見楊瑞松，《病夫、黃禍與睡獅：「西方」視野的中國形象與近代中國國族論述想像》（臺北：政大出版社，2010），第3章。

112 Charles A. Bell, *Tibet: Past and Present*, p. 21.

113 見：查理士柏爾（著），宮廷璋（譯），竺可楨、向達（校），《西藏之過去與現在》（上海：商務印書館，1930，1935年重刊時改書名為《西藏史》），頁16；Charles Bell（著），董之學、傅勤家（譯），《西藏志》（上海：商務印書館，1936），頁1、12；中國西南文獻叢書二編，第三輯，冊35，頁22、33。

類間的含混性，又可隨場合而變化。Bell 在 1946 年的著作中，宣布藏、中在人種上關係很低，藏人更像蒙古人。Bell 的言論乃直接針對蔣介石（1887-1975）在《中國之命運》的宗族論〔這點稍後將討論〕。因為蔣介石可藉漢藏同宗的種族觀而主張西藏是中國一部分。因此 Bell 反向宣稱藏、中是不同的種族，歷史上西藏對中國一直都是獨立自主。[114]

第三種說法源自中文文獻，但又有兩種區別。首先是康熙帝所發明的「三危說」，他將舜徙三苗於三危，解釋為喀木、衛、藏，也就是三藏，[115] 而後清代士人紛紛加以闡述，[116] 傳唱至民國年間。[117] 次則是最古典的記載，《通典》、《舊唐書》、《新唐書》都指出吐蕃或許是禿髮利鹿孤子樊尼之後，招撫群羌建國，入藏改姓窣勃野，成吐蕃贊普。根據這些史料的暗示，當漢人知識分子在建構中國民族史時，吐蕃與羌的關係成為連結吐蕃與華夏、藏族與中華民族的線索。從清末起，梁啟超即鼓吹歷史研究要以民族史為中心，他本人也發表過〈中國歷史上民族之觀察〉（1906）、〈中國歷史

---

114 見：Sir Charles A. Bell, *Portrait of a Dalai Lama: The Life and Times of the Great Thirteenth*, p. 353.

115 章梫（編纂），《康熙政要》（臺北：華文書局，1969），卷十八，〈輿地〉，頁 10B-11A。

116 黃沛翹，《西藏圖考》（清光緒 20 年（1894）京都申榮堂校刊本），卷首，〈宸章〉，頁 4B，及卷二，〈源流考〉，頁1A。

117 如：楊仲華，《西康紀要》（又名：《西康調查記》，上海：商務印書館，1937），收入：繆文遠（主編），《西南史地文獻》，第 21 卷第 96 冊（蘭州：蘭州大學，2003），頁 28-29。

上民族之研究〉（1922）等文章，闡述歷史上非華夏漢族組成中華民族的過程。在〈中國歷史上民族之研究〉一文裡，梁啟超將現今中國境內及邊徼人民分為六族，分別是：中華族（指漢族）、蒙古族、突厥族、東胡族、氐羌族、蠻越族。其中氐羌族的起源與古代名稱，正是依據中文典籍所敘，氐羌族乃「漢之月氏，唐之吐蕃，宋之西夏，元之烏斯藏，明之西番」。[118] 再者，通過族源追溯，中國境內現今各族又都與古代活動於中國領土及邊徼外的古代民族有密切關係，所以，梁啟超進一步將古代民族分為八組：諸夏組、荊吳組、東夷組、苗蠻組、百越組、氐羌組、群狄組、群貊組。這八組於歷史上先後加入華夏共同構成今日的中華民族。其中，氐羌組在歷史上曾建設過四大國家，也就是漢之月氏，六朝吐谷渾（國主鮮卑人，部族為氐羌族，唐時滅於吐蕃，其地今青海），唐之吐蕃，宋之西夏，即黨項羌。[119] 通過中國民族史的架構，藏人由氐羌這層關係被納入華夏與中華民族裡。梁啟超所勾勒的民族史架構，為 1930 年代幾種中國民族史著作繼承。

表面上看來，這三種說法只有吐蕃起於鮮卑諸羌說，最能契合漢藏同為華夏一員，藏人自己的傳說與蒙古種說似乎都暗示，藏人在種族上並非中原華夏的一支。如此一來，將成為非漢族群主張民族自決的理由，從而否定中華民族的存在。所以，最單純的方式，如一

118 梁啟超，〈中國歷史上民族之研究〉（1922 年），《梁啟超全集》，第 6 冊（北京：北京出版社，1999），頁 3438。

119 梁啟超，〈中國歷史上民族之研究〉，頁 3439、3445。

位作者所示範的，從人種、歷史、體質、語言等粗糙的比較來論證漢藏同源，因此不應有「藏族」的稱呼，而只能稱「藏人」。[120] 或者，將「三苗說」加以引伸，指出「西康人為黃色族之三苗人種，外人謂之為蒙古種，誤矣」。即使真是蒙古種，中國歷史亦可證明蒙古人實三苗後裔。上古三苗本為黃河、長江流域各民族，當然是中華民族固有種姓。[121]「三苗說」的說法，連康區藏人都引用，如曾任九世班禪喇嘛行轅祕書長的劉家駒（1900-1977，藏名格桑群覺）也說「西藏民族就是古代的三危」。[122] 由於這樣的論證過於反事實，藏人確實在宗教、語言、文化等方面都與漢人有相當的差距，因此需要更「科學」的討論。學者根據各自的方式與目的來組合運用，重新證明，甚至還可以與當時曾流行的中國人種西來說相呼應。

在清末的報刊裡，已可見到從中國人種西來說[123]

120 王光璧，〈漢藏同源論〉，《康導月刊》，第2卷第11期（1940），頁20。

121 藍銑，〈西康小識〉，《康藏前鋒》，第1卷第1期（1933），收入：徐麗華、李德龍（主編），《中國少數民族舊期刊集成》，第32冊（北京：中華書局，2006），頁358-359。

122 劉家駒，〈西藏人民之生活〉，《新亞細亞》，第2卷第5期（1931），收入：徐麗華、李德龍（主編），《中國少數民族舊期刊集成》，第59冊（北京：中華書局，2006），頁33。

123 中國人種西來說，是清末知識分子討論漢族起源與黃帝關係時，引入法國東方學學者 Terrien de Lacoupérie（1845-1894）於1894年的遺著 *Western Origin of the Early Chinese Civilisation from 2300 B.C. to 200 A.D.*（《中國上古文明西方起源》）裡的說法。此說主張漢族起源於古代巴比倫部落的巴克族（Bak Sings），巴比倫首領黃帝帶領族人東徙，驅逐苗族，而繁衍成漢族。1903年，署名觀雲的蔣智由據此開始在《新民叢報》連載發表〈中國人種考〉。於是漢族西方起源論一時成為立憲與革命兩派都推崇的理論，見：石川禎浩，〈20世紀初年中國留日學生「黃帝」之再造——排滿、的方向來討論西藏與中國本部的關係，主張此說最力的蔣智由（1866-1929）提到，中華民族始祖黃帝來自西亞，移至崑崙山時留下藏族，再東進為漢族。[124] 署名天僇生的作者對此同意，「西藏一隅，實為漢族發祥之基址」，加上中國佛教亦由藏輸送而來，因此「吾國種族界，固以西藏為導源，吾國思想界，亦受西藏之嘉惠」。[125] 雖然中國人種西來說不久即遭揚棄，但民國時期的地理學者黃籀青仍據此加以發揮，西藏既為原始漢族佔有之地，同時也說明藏族是漢族的一員。[126] 時任蒙藏委員會科員冷亮（1903- ？）對此加以讚賞。他將之與上述猿猴魔女相配說、印度釋迦族北遷說、蒙古族分支說、西羌後裔說加以比較，基於進化論以及人類起源一元論的公理，中國人種西來說已受公認，藏族確實是黃帝後裔。[127]

另一民族學家馬長壽（1907-1971）[128] 則運用多種

肖像、西方起源論〉，《清史研究》，2005 年第 4 期，頁 51-62；孫江，〈拉克伯里「中國文明西來說」在東亞的傳布與文本之比較〉，《歷史研究》，2010 年第 1 期，頁 116-137。

124 蔣智由，《中國人種考》（上海：華通書局，1929），頁 26-27。

125 天僇生，〈西藏大勢通論〉，《廣益叢報》，第 172 期，（光緒三十四年五月二十日，1908 年 6 月 18 日），「專件」，頁 2A。

126 黃籀青，〈西藏民族是炎黃子孫之後裔說〉，《人文月刊》，第 8 卷第 2 期（1937），頁 1-8。

127 冷亮，〈西藏上古史探討〉，《邊政公論》，第 1 卷第 3-4 期合刊（1941），頁 62-66。

128 馬長壽（1907-1971），字松齡，又作松舲，山西昔陽縣人。自幼喪父家貧，由寡母撫養成人。1929 年入南京中央大學社會學系，1933 年畢業，留校任助教，自學比較語言學、體質人類學、考古學、民族調查方法等課程，並開始接觸蘇聯民族學。1935 年，經黃文山（字凌霜，無政府主義者，與衛惠林創辦《民族學研究集刊》，並發起中國民族學會、中國社會學會）介紹，加入中國工具來討論。他批評前述呂思勉的中國民族分類與現代民族學知識背道而馳之謬誤甚多。[129] 他同意當時西方人類學與語言學上最新的看法，藏人在人種上是蒙古利亞種（Mongoloid），語言學的分類是漢藏語系（Sino-Tibetan System）。但他批評當時西方幾位體質人類學者的人種測量裡，藏族人種或有印度歐羅巴血統，或是阿爾卑斯型，藏人與蒙古人、漢人血統相關極少，這切斷藏人與蒙古利亞種的關係。這種說法隱然離間中藏關係，使西藏接近英印的企圖甚明。[130] 馬長壽一方面批評，體質人類學只有人種學上的分類價值，卻被誤用成

民族學會，為《民族學研究集刊》特約編稿人。1936 年 8 月，經李濟介紹，進入中央博物院民族部；年底，中央研究院與中央博物院合組四川民族考察團，由馬長壽總其事。1937 年起，又先後四次於四川大涼山、川西北等地進行彝、藏、嘉戎、羌等族群的社會考察。1942 年起，相繼在東北大學（四川）、金陵大學（成都）、四川大學等校任教。1946 年隨金陵大學返南京。1949 年後，轉向民族史研究，任浙江大學、復旦大學教授。1955 年，調西北大學籌建西北民族研究室。1957 年，加入四川民族調查組，主持涼山彝族社會歷史調查，1959 年至雲南參加彝族史調查研究。1971 年 5 月 17 日病逝。參見：王宗維，〈馬長壽先生傳略〉，王宗維、周偉洲（編），《馬長壽紀念文集》（西安：西北大學出版社，1993），頁 65-84；李紹明、石碩，〈馬長壽教授對藏學研究的貢獻〉，《西北民族論叢》，第 2 輯（北京：中國社會科學出版社，2003），頁 264-283；周偉洲，〈馬長壽先生的學術思想和治學方法〉，《西北民族論叢》，第 6 輯（北京：中國社會科學出版社，2008），頁 38-43；王欣，〈馬長壽先生的邊政研究〉，《西北民族論叢》，第 6 輯，頁 88-118。

129 馬長壽，〈中國西南民族分類〉，《民族學研究集刊》，第 1 期，1936 年，收入：馬長壽（著），周偉洲（編），《馬長壽民族學論集》（北京：人民出版社，2003），頁 56-57。馬長壽此文即以 Davies 的語言學分類為主幹，輔以體質服飾特徵、宗教信仰、風俗習慣和族群地理分布，對西南民族進行分類。

130 馬長壽，〈康藏民族之分類體質種屬及其社會組織〉，《民族學研究集刊》，第 5 期（1946.4），收入：馬長壽（著），周偉洲（編），《馬長壽民族學論集》，頁 233-235。按：此文原為作者在東北大學、金陵大學的講稿。

為爭取或排斥民族的工具。但另方面，馬長壽同樣以人類學做為武器來反擊。他的論證，都是建立在漢人、蒙人是蒙古利亞人種的說法，所以只要是與漢人、蒙人有族群混合交流，即可證明為漢藏融合。雖然體質研究表明藏人混合有非蒙古族的血素，然而更權威的研究指出，這非蒙古族的血統就是北方漢人。

他同意藏族 A 型與尼泊爾人有連帶關係，尼泊爾人又與印度同種，這與史籍所指出的藏印歷史關係不衝突。然而，藏族 B 型與中國北方漢人有連帶關係，此點與中國古史記載及近代民族混合事實相符。他依據當時北平協和醫院美國學者 Paul Huston Stevenson（1890-1971）與中國人類學者吳定良（1894-1969）的體質指數分析，證實河北漢人體質血統與滿蒙藏回最為接近。[131] 吳定良的科學發現，又可與典籍互相為證。因此馬長壽指出，藏人傳說藏王來自印度，此說只有一部分可採；但從 “Bod-pa” 一詞來考慮，其詞源當以「發羌說」最有力，可證明北方藏人來自羌族。羌從周代起就與中國北方各族血統混合，而直至五胡十六國時代，足可說明北方漢人與藏族血統之混合。另一支鮮卑族在青海建立吐谷渾，統治諸羌，這又是鮮卑血統輸入康藏的史實。而從蒙元至清，康藏為蒙古人入侵統治有三次，這是北方蒙古血統再次輸入藏族的歷史證明。至於康藏民族與南蒙古利亞種的關係，從歷史來看，缺少

131 吳定良的文章發表於戰時《中央日報》，足可顯示其所獲得重視，見：吳定良，〈國族融合性在人類學上之證明〉，《中央日報》（重慶），1943 年 6 月 20 日，第 3 版。

互動。馬長壽認為，三苗為西羌始祖之說，史料可證太少。從語言來說，苗跟台撣系語言和藏語差距過大。至於緬系民族雖在語言上與藏語同系，但宗教不同，很難說明有血緣關係。[132]

誠如王明珂所言，在當時像馬長壽這樣的民族學者或其他的民族史研究，其目的一方面是襯托核心「漢族」，另方面又要使涵蓋「中華民族」（漢族與非漢族）的概念及內容更具體。因此，通過歷史學、語言學、體質學、民族學、考古學的研究與調查，將滿、蒙、回、藏等族納入中華民族。通過這些工具，將傳統上非漢的模糊邊疆，轉變為國家邊界內有明確語言、文化定義的民族界線。如此一來，中國民族史即是在敘述一個中華民族起源、發展過程，其內部可區分漢族各支系與各少數民族，各少數民族又共同豐富了中華民族由古至今的內涵。[133]

不過，就藏族問題來說，還有一種變形，這是因為當時藏中之間關於界線糾紛的問題而起，問題的爭議是康區（1939 年建為西康省），究竟如何歸屬。對此，任乃強採取一看似分割族群、實則更細密的分類來解決。

他認為西康人種是羌人後代，羌源自三苗，秦漢時

132 馬長壽，〈康藏民族之分類體質種屬及其社會組織〉，頁 233、237-243。

133 王明珂，《羌在漢藏之間：一個華夏邊緣的歷史人類學研究》（臺北：聯經出版公司，2003），151-165；王明珂，《英雄祖先與弟兄民族：根基歷史的文本與情境》（臺北：允晨文化，2006），第 10 章，頁 255-279。

成諸羌，至唐為吐蕃所滅，變成藏族、番、土伯特，但此藏族（西番）與羌族不可混為一談。唐代以後，西康民族又從吐蕃控制下自己獨立。元代因為喇嘛教而使西康民族和藏民族發生關係，康藏民族也就難以分別。但康、藏兩族源流不同，這種區分康、藏人也知道。任乃強以藏人內部的身分認同為證，康藏之間向以丹達山為界，以西為藏巴，以東為康巴。故康巴即為西番、羌、苗混種，是西康高原的舊主人。西康民族（康番、西番）則是羌、苗混種，而感受西藏文化。[134] 至於藏區的西藏民族，任乃強批評 Bell 將藏族列於蒙古族，依據藏族文獻說明藏族乃是西藏高原原有土著。再綜合《舊唐書》吐蕃為西羌之遺來看，藏族（藏番）是羌與藏地土著的混血，而後融合中華、印緬兩文化。[135] 如此一來，西康的康巴就與西藏的藏巴有所區別，進而能從族群分類上證成西康單獨建省的依據。

二、「吐蕃」何處：漢人對西藏的地理認知

對西方以 “Tibet” 一詞來翻譯中文的吐蕃、西藏，在西藏議題專家而言非常在意，如前所述，這涉及到現實政治。然而，一般公眾卻少有人知西藏與 Tibet 兩詞內涵的差別。史學家朱希祖（1879-1944）就自承，他是聽了河口慧海在北京大學的演講後，才瞭解到中國所

134 任乃強，《西康圖經．民俗篇》（南京：新亞細亞學會，1934），頁 1-3。

135 任乃強，《西康圖經．民俗篇》，頁 5-6。

說的西藏與西方人所說的 Tibet 地理範圍不同。[136] 任乃強特別指出：

> 通常譯英法文之 Tibet 為西藏，此大誤也。「西藏」二字為我國之行政區域名稱，始於雍乾之世。其時所指，為寧靜山以西，青海以南之康、衛、藏、阿里四部。清末……劃界，西藏二字，又只能包括衛藏阿里三部也。至 Tibet 一字，乃土伯特之轉譯。土伯特為西歐各民族加於藏族之稱呼，同時施於其所分布之地。故凡今衛藏青海及西康之地，西人皆稱曰 Tibet 或 Tibetan……我國人竟自譯土伯特為西藏，是不啻自承西藏政府之當佔有西康與青海……[137]

這種誤將範圍較小的行政區上的西藏放大成整個土伯特〔圖博特〕族群的居住地，其危險將導致已屬中國政府正式的行政區有喪失的可能性。更可慮者，英人 Bell 在其 *Tibet: Past and Present* 一書所附土伯特地圖，包含青海、西康，連地理學者張其昀（1901-1985）也摩繪在他的《高中地理教科書》。任乃強擔憂，「假使若干年後，再有類似西姆拉之會議發生，藏人竟執我國名

136 河口慧海（講演），張鳳舉（口譯），朱偰（筆記），〈西藏文化發達概略〉，《國立北京大學社會科學季刊》，第 3 卷第 2 期（1925.3），頁 257，朱希祖，「序」。〔按：河口慧海此次至北京，是由於九世班禪喇嘛從五台山至。河口慧海因朱希祖的邀請，而至北大演講。〕

137 任乃強，《西康圖經．境域篇》，頁 52-53。

流所編審之圖書為據，以爭青海西藏，國人其將何詞以拒之耶？」[138] 類似的擔憂不止任乃強一人，英人過去確實拿來當作劃分內藏、外藏的口實，因此論者認為，住在青海、西康等地的「慱族」，他們自清代以來已同化內屬，不能稱為藏族。[139]

不過這個矛盾並非首要。因為民國時期漢人幾乎一律將西藏當成自古為中國的一部分。如此一來不必再顧慮要不要將 “Tibet” 對譯為西藏，但是緊接而來的問題即是如何討論歷史上西藏的境域。

將西藏當成自古即為中國的一部分，毫無變化，這在討論清代的西藏地理時，就會產生矛盾。舉例來說，在1930年代幾本以《西藏問題》為書名的著作裡，將現代的西藏分為康、衛、藏、阿里；但是在清代史料裡，卻指出雍正時唐古特四部為喀木、青海、衛、藏。[140] 闡述西藏問題的作者，因此只有抄錄史料，而未進一步討論其中的過程。或者，依照清代的文獻，一步步指出西藏的境域沿革逐漸縮小：從古代西藏的衛、藏、阿里、青海、喀木；在雍正出兵征討青海後變成衛、藏、阿里、喀木；宣統以後由於改土歸流僅剩衛、藏、阿里；進入民國名稱改為前藏、後藏、阿里。[141] 在這些探討西藏問題的著述裡，不言而喻的假設是，既

138 任乃強，《西康圖經．境域篇》，頁 53。

139 黃子翼，〈藏族民稱之商榷〉，《邊政公論》，第 1 卷第 7-8 期合刊（1942），頁 94。按：黃子翼為蒙藏委員會科員。

140 華企雲，《西藏問題》（上海：大東書局，1930），頁 3-7、93。

141 陳健夫，《西藏問題》（上海：商務印書館，1937），頁 4-6。

然清廷已在青海、西康等設土官，並釐清青海、西康、雲南與西藏的界線，就代表這些地方必定如同中國內地各行省一般，已同化為編戶齊民的州縣。但實際情況並非如此。

比較特別的是一位名為謝彬（1887-1948）的作者，最願意從現實來討論康藏界線。他指出所謂西藏領域，「中國人與西藏人，均各有其所指」。康藏曾於雍正時於寧靜山立界石，但康藏的這個分界並不表示即是「西藏與內地之分界」。這只是西藏與康區的界線，或者說，這是整個西藏內部的分界。藏人也主張巴塘以東的康區（即喀木），屬西藏領土，不承認中國於其地有主權。他接下來實際討論，寧靜山以東各地土司與中國的關係。土司「對於清廷，亦只有朝貢虛名，而無臣服之實」。土司鮮有奉行清廷命令，喇嘛只知有西藏。所設守備、把總、糧員等，充其量不過保護入藏交通驛站，轉運糧餉，於當地民事不相干。所以，喀木（康區）地方，寧靜山以東雖屬於中國內地，但「皆為中國政治上、經濟上、文化上之勢力，所不能及，除赴西藏一線交通道路而外，中國殆無其他關係」。故謝彬指出，必定主張中藏之界在丹達山，與藏人主張打箭爐為藏界，兩者均無意義。[142]

同樣，青海也並非與西藏毫無關係。國人主張唐古忒政府據有青海，僅屬一時；但此並非事實，中國在青海設置郡縣也不過是一時。謝彬考源青海一地的歷

142 謝彬，《西藏問題》（上海：商務印書館，1926），頁 5-12。

史沿革，從漢代起的歷史所昭示者，青海「直可斷為吐蕃一領地」；明末清初和碩特蒙古佔有青海之後，「青海之統治權，始由西藏族，移轉於蒙古族」。雖然從 18 世紀起厄魯特蒙古據有青海，但西藏人（Kokonor Tibetans）從柴達木以南逐步北進奪回蒙古人所侵之地。清政府雖欲援助蒙古驅逐藏人，但甘肅回變後無力兼顧，青海藏人乃乘機北進蔓延於青海南北。居甘肅西邊者，其世襲族長由西寧辦事大臣授官。居青海湖以北名義上屬西寧辦事大臣節制，然青海湖南部則恆對中國獨立。[143]

謝彬還質疑中國對西藏的主權究竟到何種程度。他同意「使西藏隸為中國藩邦」，是「康熙、雍正、乾隆三代」「數度進攻西藏之結果」，特別是乾隆兩次派軍入藏，中藏關係根本改革，確定中國對於西藏之主權。然而，就在英國與西藏尚未發生關係之前，「中國主權，已不能行諸西藏」。[144] 謝彬的著作，是一系列西藏問題或性質相近的著作中較早問世者，但他對中國政府主權程度的質疑則無回音。

為了回應藩部不等於屬土、也就是不擁有主權的質疑，地理學者白眉初（1876-1940）採以西方殖民制度來類比。這類質疑中國主權的依據，不外是「或謂清廷治藏，以其宗教與地域關係，未及改建行省，適用特別制度」，「其於領土主權，似不無放棄之缺限」。然

143 謝彬，《西藏問題》，頁 13-15。謝彬關於清代蒙藏雙方在青海勢力的消長，乃參考美國外交官柔克義的著作。

144 謝彬，《西藏問題》，頁 17、20-21、23。

而，這種統治方式也可見於大英帝國。證以近世英國政府組織，特種地方事務劃屬特種機關管理，如印度事務屬印度事務大臣，愛爾蘭事務屬愛爾蘭事務大臣，「各殖民地事務之屬殖民大臣，其事正同」。[145] 不過，以西方帝國之殖民主義來自我類比，終究不合共和國時代追求正道的民族主義之氣象，因此，少有唱和者。

關於地名上更為奇特的想像，則是「衛」並非前藏，藉以消除史料裡與「西藏」一詞相矛盾的敘述。依據清末川滇邊務大臣傅嵩炑（1869-1929）[146] 在《西康建省記》裡提供趙爾豐與某喇嘛的問答，「真實情況」應該是衛指印度。據該喇嘛所言，「康藏衛者，乃中國自古稱之，非自有此地名」。後「中國恐外人侵略土地」，乃收印度一帶，「以為之拱衛，故知舊書者，皆謂印度為衛」。[147] 該書重刊者於重刊緒言特意指出，前人皆誤前藏為衛地；單就康藏疆域論，此書能指出「所謂衛地者，實為前後藏以外」，「足以供研究目前康藏糾紛」。[148] 而後，名為《西藏問題》、《西藏史地

145 白眉初，《西藏始末紀要》（北平：北平建設圖書，1930），第1卷，頁30-31。

146 傅嵩炑（1869-1929），名華豐，又名山，四川古藺縣人。趙爾豐署建昌道及任川滇邊務大臣，傅為幕僚，為趙積極經營川邊。1911年繼任川滇邊務大臣，操理川邊改土歸流事宜。辛亥起事，傅為革命軍解送成都，是年撰寫《西康建省記》。見：廖祖桂，〈重印《西康建省記》弁言〉，傅嵩炑（撰），廖祖桂（點校），《西康建省記》（北京：中國藏學出版社，1988），頁1A-1B。

147 傅嵩炑，《西康建省記》（南京：中華印刷公司鉛印本，1932，陳棟梁據1912年鉛印本重刊），「康藏衛問答」，頁240。

148 陳棟梁，〈西康建省記重刊緒言〉，傅嵩炑，《西康建省記》，頁2。

大綱》的專著抄錄此說，認為這個說法，可糾正往昔指前藏為衛、並將衛當成三危的危字之轉的錯誤。[149] 其實說明時人並不在意西藏史地的真實情況，而是將主權的想像投射於西藏史地上，而這正是近代漢藏關係裡最為核心的問題。

第三節　魏源《聖武記》的典範敘述

在書寫「中華民族」的過程裡，漢人試圖從歷史、地理、人種、國防等方面論證西藏為中華民族一部分的必要性。同時，也對西藏的各方面，進行調查、研究與著述，企圖更完整地理解這個過去一直陌生的國族成員。不過，對漢人來說，西藏文明與儒家文明的差異性甚大，西藏最奇特之處，是其宗教、社會形態與性別關係，特別是西藏佛教，西藏文明的物質及精神皆以其為核心而運作。民國時期知識分子筆下的西藏與西藏佛教，其知識來源最重要的源頭是來自清中葉魏源於《聖武記》所立下的典範敘述。魏源與其他疆臣所闡述的西藏政教史，不僅為正史、辭典所依據，甚至還影響西方和日本對西藏政教史的看法。故此先釐清魏源關於西藏政教歷史的敘述。

149 見：華企雲，《西藏問題》，頁10-11；洪滌塵，《西藏史地大綱》（南京：正中書局，1936年初版，1947年6月滬1版），頁20-21。兩書在抄錄時，又特意加上番人、番地的形容詞。

民國時期，藏學學者于道泉（1901-1992）[150] 即對漢文文獻裡關於宗喀巴的記載感到疑惑。在一篇著作中，他通過藏文經籍的《宗喀巴傳》，解釋了為何《明史》中找不到任何關於宗喀巴的紀錄，也未提到明成祖曾遣使召宗喀巴一事。于道泉並指出，漢文文獻中關於宗喀巴的記載，直至清代才有，一是修撰完成於清乾隆四十四年（1779）《外藩蒙古回部王公表傳》卷九十一、傳七十五的《西藏總傳》。[151] 另一即是魏源（1794-1857）的〈國朝撫綏西藏記〉，然舛誤頗多，語焉不詳。于道泉推測，這些記載應是得自蒙古人的傳說。他更訝異地指出，魏源關於宗喀巴的錯誤記載，即使連日人寺本婉雅（1872-1940）翻譯自藏文的《喇嘛教宗喀巴傳》，「竟亦從中國舊說，謂宗喀巴生於永樂十五年！」[152] 不過，如果考慮到清人對西藏的認識，那麼，《明史》的這一缺記，並非史館有意，而是清初修史的清人如明人一樣，對格魯派的認知仍充滿空白。

魏源關於格魯派的記載，某方面來說，已成為經典

150 于道泉當時師從北京大學梵文教授俄國學者鋼和泰（Alexander von Staël-Holstein, 1877-1937）。1928 年起任中央研究院歷史語言研究所助理研究員，1934 年赴法國巴黎大學現代東方語言學院留學。

151 其文字為：「達賴喇嘛，班禪喇嘛，明宗喀巴二大弟子。宗喀巴興黃教，弟子數千人。達賴喇嘛位居首，其名曰羅倫嘉穆錯。」僅此而已，見：《欽定外藩蒙古回部王公表傳》，卷九十一，傳七十五，《西藏總傳》，收入：紀昀等總纂，《景印文淵閣四庫全書》，史部二一二，傳記類，第四五四冊（臺北：商務印書館，1983，據國立故宮博物院藏本影印），頁 3A，783。

152 于道泉，〈譯注明成祖遣使召宗喀巴紀事及宗喀巴覆成祖書〉，國立中央研究院歷史語言研究所編，《慶祝蔡元培先生六十五歲論文集》，下冊（南京：國立中央研究院歷史語言研究所，1935），頁 939-966。

名句。因為自他之後，有關於西藏的相關漢文文獻，皆一脈承襲。

> 黃教宗祖則創於宗喀巴，（一名羅卜藏札克巴），以永樂十五年生於西甯衛，得道於西藏之甘丹寺，成化十四年示寂。初明代諸法王皆賜紅綺禪衣，本印度袈裟舊式也。其後紅教專持密咒，流弊至以吞刀吐火炫俗，無異師巫，盡失戒定慧宗旨。宗喀巴初習紅教，既深觀時數，當改立教，即會眾自黃其衣冠，遺囑二大弟子，世世以呼畢勒罕轉生，演大乘教。呼畢勒罕者，華言化身也。二弟子，一曰達賴剌麻，一曰班禪剌麻。剌麻者，華言無上也。（今俗加口旁曰喇嘛。其班禪又稱額爾德尼，相傳達賴為觀音分體之光，班禪為金剛化身，在印度已轉生數十世，其說不可得詳云）皆死而不失其通，自知所往生，其弟子輒迎而立之，常在輪回，本性不昧。故達賴、班禪易世互相為師。其教皆重見性度生，斥聲聞小乘及幻術小乘。當明中葉，已遠出紅教上，未嘗受封於中國。中國亦莫之知也。達賴一世曰敦根珠巴者，即贊普之裔，世為番王。至是舍位出家，亦名羅倫嘉穆錯，嗣宗喀巴法，傳衣鉢，始以法王兼藏王事。……[153]

魏源所立下的典範，可以歸納為最簡單的三點：一是宗喀巴的生卒年（1417-1478）；二為黃教以易衣帽、

153 魏源，《聖武記》，卷五，〈國朝撫綏西藏記．上〉，頁 2A-3A。

改正呪語取代紅教而起；三則西藏佛教的活佛轉世制度是從宗喀巴的兩大弟子開始，並附帶指出一世達賴喇嘛為藏王後裔，於是開啟西藏政教合一的統治時期。而這幾點全部都有誤。

以目前學界對西藏佛教派別的掌握而言，一般會分為寧瑪派（rNying ma pa）、噶當派（bKa' gdams pa）、噶舉派（bKa' brgyud pa）、薩迦派（Sa skya pa）、格魯派（dGe lugs pa）；若去除噶當派，自民國時期起，通常中文文獻會以顏色來區分為紅、白、花、黃教。雖然實際上來說，以顏色作為教派的區分也並非正確，甚至是張冠李戴。[154] 此外尚有其他小教派，如覺囊派（Jo nang pa）、希解派（Zhi byed pa）等；以及受佛教影響甚深的苯教（Bon）。直至 15 世紀初，西藏教派多元發展，但格魯派（也就是黃教）的政治敵人並非是已經沒落的薩迦派，而是掌握政權的噶瑪噶舉派（Karma bKa' brgyud pa）。

宗喀巴（Tsong kha pa, 1357-1419）的生卒年，實際上晚了一甲子，正確來說是元至正十七年至明永樂十七年。至於宗喀巴的弟子，一般以八大弟子著稱，宗喀巴圓寂後承繼甘丹池巴（dGa' ldan khri pa，即甘丹寺法台，相當於格魯派教主）的前兩大弟子，為賈曹傑（rGyal tshab dar ma rin chen，又稱 rGyal tshab rje，1364-1431）與

154 除了以紅教來概括格魯派以外教派的最大錯誤外，另一種最常見的嚴重錯誤，即是將黑教（苯教）與噶瑪噶舉派下的黑帽派混為一談，從而將黑帽派法王的轉世世系移至黑教之下。此點非主題，暫不深論。

克珠傑（mKhas grub dge legs dpal bzang po，又稱 mKhas grub rje, 1385-1438）。克珠傑後來被追認為一世班禪喇嘛。至於被追認為一世達賴喇嘛的根敦朱巴（dGe 'dun grub pa, 1391-1474），是宗喀巴晚年的弟子，出身於平民之家，創建札什倫布寺。圓寂後，由札什倫布寺迎根敦嘉措（dGe 'dun rgya mtsho, 1475-1542）為其轉世。二世達賴喇嘛分任哲蚌寺、色拉寺的池巴，並於哲蚌寺設立甘丹頗章宮（dGa' ldan pho brang）。此後三世、四世、五世達賴喇嘛皆居於此。在得到青海和碩特蒙古（Khoshut Khanate）的支持下，五世達賴喇嘛擊敗藏巴汗與噶瑪噶舉派，建立甘丹頗章政權。[155] 關於活佛轉世制度的出現，則是從 1283 年噶瑪噶舉派法王噶瑪拔希（Karma pak shi, 1204-1283）圓寂後，其轉世讓迥多吉（Rang byung rdo rje, 1284-1339）成為西藏佛教第一位活佛。由於轉世制度具有穩定教派的重要經濟來源與社會支持，避免寺院財產的分散，並且提供教派傳承上更大的穩定性，以抽象的世系繼承來解決教派繼承人之爭與派內長老權力分配的矛盾，加以處於與噶瑪噶舉派競逐權力及支持者的情勢，格魯派也在 15 世紀引進轉世制度。[156]

---

155 此處當然無法詳述西藏史與西藏佛教史，關於以上所論進一步詳情，參見：王森，《西藏佛教發展史略》（北京：中國社會科學出版社，1987）；陳慶英、高淑芬主編，《西藏通史》（鄭州：中州古籍出版社，2003）；許明銀，《西藏佛教史》（臺北：佛哲書舍，2006）；Luciano Petch, *China and Tibet in the Early 18th Century: History of the Establishment of Chinese Protectorate in Tibet* (Leiden: E. J. Brill, 1950); Tsepon W.D. Shakabpa, *Tibet: A Political History* (New Haven: Yale University Press, 1967)；Giuseppe Tucci, *The Religions of Tibet* (London: Routledge & K. Paul, 1980)； Rolf A. Stein, *Tibetan Civilization* 等。

156 有關轉世制度的起源與歷史，見：蔡志純、黃顥，《藏傳佛教中以後見之明苛責前人文獻上的疏失，並非歷史學唯一的工作與目的。不過，跟著這些文獻的演變，能瞭解漢文的西藏史記載為何會出現這種誤解。

從魏源引用到松筠（1752-1835）《綏服紀略》的記述來看，他注意到黃教源出紅教，「其近日邪術之紅教，乃紅教之末失，非薩迦廟之本宗也」；[157] 不過這並未影響到紅教、黃教決然二分的原則。此外，從前引文裡提到班禪喇嘛「在印度已轉生數十世」的文字來看，可知魏源或許也參考過《蒙古源流》的說法，因為當時除了《蒙古源流》之外，並沒有其它漢文文獻提到過班禪世系在印度的轉生。但也僅止於此，即使是漢譯本《蒙古源流》本身，同樣也未提到宗喀巴的相關記載，只簡略提到四世達賴喇嘛與四世班禪喇嘛宏揚宗喀巴之聖教。[158] 因此，可以確定魏源的〈國朝撫綏西藏

的活佛轉世》（北京：華文出版社，2000）；陳慶英、陳立健，《活佛轉世及其歷史定制》（北京：中國藏學出版社，2010）；Turrell V. Wylie, "Reincarnation: A Political Innovation in Tibetan Buddhism," in Louis Ligeti, ed., *Proceedings of the Csoma de Kőrös Memorial Symposium* (Budapest: Akademiai Kiado, 1978), pp. 579-586. Rachel M. McCleary& Leonard W.J. van der Kuijp, "The Formation of the Rise of the Tibetan State Religion: The Geluk School 1492-1642," Center for International Development, Harvard University, *Working Paper,* No. 154 (Dec. 2007), pp. 1-49.

157 魏源，《聖武記》，卷五，〈國朝撫綏西藏記・上〉，頁9A。

158 薩岡，《欽定蒙古源流》，收入：《四庫全書珍本三集》，史部，別史類，冊一二五（臺北：商務印書館，1986，據清乾隆欽定本影印），卷七，頁 19B、卷八，頁 5B。按：本書序文提要稱作者為小徹辰薩囊台吉，實際上作者 Saγang 之名漢譯應為薩岡，由於清代漢譯本跋文錯誤而導致《四庫全書總目提要》的錯誤。或有稱薩岡徹辰，但徹辰只是作者稱號的一部分。蒙文本原寫於1662 年，清譯本則於乾隆四十二年（1777）完成。參見：烏蘭，〈導論〉，《《蒙古源流》研究》（瀋陽：遼寧民族出版社，2000），頁16-17、24、46。

記〉並未採用來自藏文或藏人的材料。

早於魏源的官書與私人著述中，《西藏誌》並未有敘述宗喀巴與格魯派的相關文字，僅提到藏王蘇隆贊干布（Srong btsan sgam po, ？-649，按：即中文史料中的松贊干布、棄宗弄贊、器宗弄贊、棄蘇農贊，吐蕃王朝的開創者）為觀音分體之光化生，常在輪迴，轉世為一世達賴喇嘛。[159] 歷經康、雍、乾、嘉四代修撰，於道光二十二年（1842）進呈寫本的《大清一統志》，則僅有「相傳有宗喀巴者居喇薩，始興黃教」[160] 這樣一言帶過。而嘉慶二十一年（1816）完成的重修本《四川通志》，關於宗喀巴的敘述則是：「羅卜藏札克巴，生於永樂十五年……相傳其受戒時，染僧帽，諸色不成，惟黃色立成，遂名黃教之宗。頭輩達賴喇嘛、班禪額爾德尼，皆其弟子……。」[161] 然而進一步考究，《四川通志》在按朝代順序敘述「西域喇嘛」的生平傳記時，將宗喀巴列於明代。宗喀巴的主要活動在洪武、永樂二

159 不著撰人，《西藏誌．事蹟》（臺北：成文出版社，1968），頁3B，28。按：本書自清代以來，或傳為果親王所作，或作者不明，實際成書年代亦不明。此依吳豐培的考證，應定稿於乾隆七年之際，見：《西藏研究》編輯部（編輯），《《西藏志》《衛藏通志》合刊》（西藏研究叢刊之一）（拉薩：西藏人民出版社，1982），「前言」，頁1。將松贊干布音譯為「蘇隆贊干布」一詞者，清中葉的文獻中另見於《蒙古源流》，然《蒙古源流》一書漢譯本完成的時間晚於此。這其中尚待進一步的辨疑。

160 穆彰阿等撰，《嘉慶重修一統志》，卷五四七，《西藏圖》，收入：《四部叢刊．續編．史部》（臺北：商務印書館，1966，據道光二十二年清史館寫本影印），頁2B。

161 楊芳燦等撰，《四川通志》，卷一百九十五，〈西域志．五〉（臺北：華文書局，1967，據嘉慶二十一年重修本影印），冊十，頁35B-36A，5660。

朝，因此還可理解。可是，同列於明代，宗喀巴的排序竟然是在其弟子大慈法王釋迦也失之後。對此，可以設想，由於《明史》對於黃教源流並沒有確切的敘述可依，《明史》僅紀錄著有明朝敕封的八大法王，但卻無宗喀巴的資料。所以，才會出現這種情況。

在私人著述方面，值得與魏源相互比較的，則是曾任駐藏幫辦大臣的和寧（1741-1821，蒙古鑲黃旗人）。在他完成於嘉慶二年（1797）的《西藏賦》，直言其資料來源是布達拉宮的經簿。根據藏文第一手資料，他提供了稍微多的材料。和寧筆下的宗喀巴同樣是「生於永樂十五年」；其「初出家時學經於薩迦廟……〔薩迦〕乃元時帕思巴之後，為紅帽教之宗。……紅帽喇嘛……其所誦經與黃教無異。」[162] 也就是說，和寧根據在藏的見聞，得知紅教、黃教在教義上並無區別。不同之處是教派的傳襲方式。薩迦教主以家室生子，至於黃教則是「衣鉢傳諸自在，此達賴傳宗班禪分宰」。和寧在此賦文自注解釋：「達賴喇嘛，宗喀巴之大弟子也。班禪額爾德尼，宗喀巴之二弟子也。頭輩達賴喇嘛名根敦珠巴，生於明洪武二十四年。」[163]

然而，問題隨即產生。據此，一世達賴喇嘛的生年反而比宗喀巴年長。和寧自承其資料來自布達拉宮的經簿，這個疏忽或許是出於藏曆換算成中曆時出錯。但

162 和寧，《西藏賦》，收入：《廣州大典》，第五輯，《守約篇叢書》，第 2 冊（廣州：廣州出版社，2008），頁 3B，304；頁 4A-4B，304。

163 和寧，《西藏賦》，頁 4B，304。

是，簡化宗喀巴與達賴喇嘛的師承關係及其世系的歷史，這點可以視為是清朝對藏政策下的文字表現方式。和寧的描述，確實是現實權力的分配狀況，當時西藏佛教各派中黃教獨大，所以他未進一步考察其他教派的詳情；但另一方面，尊崇格魯派來化解蒙古各部對滿清的威脅，抬高達賴喇嘛政治地位，再以班禪喇嘛制衡，這也是清政府的政策。乾隆在他著名的〈御制喇嘛說〉一文，即將元代以來的西藏佛教親自定調為「喇嘛又稱黃教」，完全無視格魯派之外的其他教派。對大清帝國而言，「中外黃教總司以此二人，各部蒙古一心歸之，興黃教即所以安眾蒙古。」[164] 所以，和寧並未述及三世達賴喇嘛與俺答汗（Altan Khan, 1507-1582）的結盟，以及達賴喇嘛封號的由來；而是另外註解於康熙五十九年正式地頒賜七世達賴喇嘛享有「達賴喇嘛名號，統領黃教」。至於班禪喇嘛，同樣未述及青海固始汗所賜班禪喇嘛封號，而是註解於康熙五十二年「賜金冊印，注明札什倫布各廟宇地方屬班禪管理」。[165] 因為，達賴喇嘛與班禪喇嘛的權威必須由清皇朝賦予及認可。

對於宗喀巴生年晚於一世達賴喇嘛的矛盾，與魏源同時代的姚瑩（1785-1853）在其著作《康輶紀行》中已經注意到。只是，他將此點解釋為達賴喇嘛先在別寺

164 〈高宗純皇帝御製喇嘛說〉，不著撰人，《衛藏通志》，收入：《續修四庫全書》編纂委員會編，《續修四庫全書．史部．地理類》，冊六八三〔上海：上海古籍出版社，1997，據清光緒二十二年（1896）袁昶輯刊《漸西村舍叢刊》刻本影印。按：本書成書於嘉慶初年，作者及編纂者未能確定〕，〈卷首．御製詩文〉，頁 27A、27B。

165 和寧，《西藏賦》，卷一，頁 5B，305。

出家而後才追隨宗喀巴。[166] 後人轉引和寧與姚瑩的文字時，亦無人質疑。姚瑩與魏源幾乎同時，兩書出版時間也非常接近，然而從姚瑩所引材料來看，他關於宗喀巴與黃教的認識，都是來自和寧的《西藏賦》。[167] 和寧的影響力，在清末還以外銷轉進口的方式流傳。在《外交報》刊出的一篇譯自利物浦大學教授的文章裡，依照中文文獻一番考察西藏民族源流之後，對於格魯派這樣寫道：「一千七百九十三年，中國駐藏大臣得略窺西藏古史。據云：改革家宗喀巴創設黃教」，以弟子班禪喇嘛與達賴喇嘛二人，「說示化身轉生之教理。逝於一千四百六十七年。」[168] 這位教授所說的駐藏大臣，即是和寧。

不論如何，由於魏源《聖武記》一書的傳抄與影響力大於和寧，可以確定的是，此後關於宗喀巴與格魯派的記載，主要都是來自魏源。實際上兩人的記載並沒有什麼太大的差異。魏源對西藏佛教的記載與態度，對後人造成兩個影響：一，宗喀巴在宗教改革上的地位，是與紅教絕然斷裂，密教即等於紅教、舊教，也就是不當的教派，並將這一點與元代番僧的負面記載結合。二，對達賴喇嘛、班禪喇嘛世系的不明瞭，將其形成的歷史

166 姚瑩，《康輶紀行》〔臺北：廣文書局，1969。出版於咸豐四年（1854），據同治六年（1867）跋刊本影印〕，卷八，「達賴世派」條，頁4B，238。

167 見：姚瑩，《康輶紀行》，卷三，「宗喀巴與釋迦本教不同」條，頁 10B，104；卷八，「宗喀巴開教」條，頁4B，238。

168 不著撰人，〈西藏民族源流考〉，《外交報》，第 151 期（丙午第十九號）（光緒三十二年六月二十五日，1906 年 8 月 14 日），頁27A。

簡單地視為宗教改革的演化成果，略去蒙、藏之間的互動，從而賦予西藏歷史階層化與秩序化的發展。進一步，將達賴喇嘛、班禪喇嘛兩個世系視為平等、對立的政治體，從而否定達賴喇嘛在西藏的最高政治地位。

《聖武記》對宗喀巴與黃教的經典敘述，不斷反覆地被抄錄。當然，隨著清末起越來越多來自外國與西藏的各種文獻，魏源的典範敘述也被修正。就在 1934 年，漢僧妙舟（1903-1939）在他的《蒙藏佛教史》一書裡，正確地寫出宗喀巴是元順帝至正十七年生於甘肅西寧，圓寂於明永樂十七年，並根據覺囊派高僧多羅那他（Tāranātha, 1575-1634）的《印度佛教史》（*History of Buddhism in India*, 1608）一書來敘述格魯派教法史。但是，深受漢文史料的桎梏，妙舟仍然寫下黃教乃是基於紅教淫猥鄙陋的弊端而生，[169] 班禪與達賴「共受至尊宗喀巴之遺囑，世世以呼畢勒罕度世，共興黃教」。[170] 更令人疑惑的是，同樣都是宗喀巴的第二弟子開主〔按：即克珠傑〕，也就是一世班禪額爾德尼，妙舟卻依據藏文與漢文的史料，寫出幾乎是兩個不同人的生平小傳，連生卒年歲都不同。[171] 同樣的矛盾，也發生在另一位漢僧的著作，同時依據藏、漢文史料寫出相互矛盾的格魯派教法史。[172]

---

169 妙舟，《蒙藏佛教史》（上海：佛學書局，1934；臺北：文海出版社，1988），第一篇，西藏古代之佛教，頁 21-22；第三篇，教別，頁 19。

170 妙舟，《蒙藏佛教史》，第四篇，西藏近代之佛教，頁 160。

171 妙舟，《蒙藏佛教史》，第四篇，西藏近代之佛教，頁 26-28、160。

172 德潛，〈西藏文化之啟端與佛教傳播之痕爪〉，《新亞細亞》，佛教界如此，學術界同樣可見魏源影響的堅不可摧。1930 年代起，已有漢人學者具寫讀藏文文獻的能力，並親身實地考察藏區佛教寺院。雖然修正了宗喀巴生卒年的錯誤，但是紅、黃教的區別仍特意強調，而宗喀巴的宗教改革重點仍是服黃衣、改正咒語、以呼畢勒罕傳授衣鉢。[173] 另一位學者的著作裡，廣泛參考藏、漢、日與西方的著作，包括引用前述于道泉一文，卻還是在文章裡依據魏源的典範，來敘述紅教的危害與宗喀巴的宗教改革。[174] 甚至，在一位旅行者訪問塔爾寺（sKu ’bum byams pa gling）時，還將關於宗喀巴的敘述錯誤，在文章內安排由西寧塔爾寺——宗喀巴的出身地——的堪布來娓娓講述。[175] 民間如此，官方的出版品也是。由國府行政院新聞局印行的小冊子裡，同樣重複類似的文句。[176]

魏源的典範不僅可見於清末起各種書寫西藏的文字，更具有普遍影響者，是表現在各種中學史地教科書上的書寫。[177] 甚至，還成為正史與專業辭典的依據。

第 11 卷第 5 期（1936），頁 7-12。按：德潛為太虛大師武昌佛學院弟子，該文所依據的藏文資料，應是源自法尊法師譯作的西藏教法史。

173 陰景元，〈西藏佛教的檢討〉，《東方雜誌》，第 33 卷第 2 號（1936），頁 63。陰景元此文是他觀察拉卜楞寺後所得。

174 周長海，〈西藏宗教研究〉，《中央亞細亞》，第 1 卷第 2 期（1942），頁 19-20。

175 穆建業，〈塔爾寺及其燈會〉，《新青海》，第 1 卷第 2 期（1932），頁 54。

176 不著撰人，《西藏政教合一制》（南京：行政院新聞局，1947），頁 2-3。

177 雖然各版本文字略有出入，但皆不離魏源典範，此處僅舉其大概，如：汪榮寶編著，《中國歷史教科書》（原名《本朝史講義》）（中修撰完成於 1928 年的《清史稿》，關於西藏黃教的由來，近乎於魏源的記述。[178] 而 1929 年由丁福保（1874-1952）編纂出版的《佛學大辭典》，在「宗喀巴」條說明宗喀巴改革紅教之弊，特點有三：「一易衣帽為黃色，二改正呪語，三假定呼畢勒罕之轉生，以傳衣鉢」。「宗喀巴有兩大弟子，一曰達賴喇嘛，一曰班禪喇嘛」。至於宗喀巴則是「明永樂十五年生於西寧衛。得道於西藏之噶爾丹寺。成化十四年示寂。……」[179]《佛學大辭典》雖然交代資料出自於清末民初出版的《西藏新志》，其實仍是經過多手轉引魏源在《聖武記》立下的典範。[180] 魏源典範的強大影響，即便是 1980 年代的臺灣學界，仍可見其餘緒。僅稍例舉，如釋東初在

學堂 師範學堂用），「第二編 全盛時期」，頁 19-20；羅香林，《高級中學本國史》，中冊，頁 152-153；金兆梓，《新編高中本國史》，中冊，頁 199；國立編譯館主編、聶家裕編輯，《初級中學歷史》，第 3 冊，頁 91；葛綏成，《新編高中本國地理》，下冊，頁 66。

178 相關的文字是：「西藏喇嘛舊皆紅教，至宗喀巴始創黃教，得道西藏噶勒丹寺。時紅教本印度之習，娶妻生子，世襲法王，專指密咒，流極至以吞刀吐火炫俗，盡失戒定慧宗旨。黃教不得近女色，遺囑二大弟子，世以呼畢勒罕轉生，演大乘教。呼畢勒罕者，華言『化身』。達賴、班禪即所謂二大弟子，達賴譯言『無上』，班禪譯言『光顯』。其俗謂死而不失其真，自知所往，其弟子輒迎而立之，常在輪迴，本性不昧，故達賴、班禪易世互相為師。其教皆重見性度生，斥聲聞小乘及幻術小乘。當明中葉，已遠出紅教上。」見：趙爾巽等纂，國史館校註，《清史稿校註》，卷五百三十二，列傳三百十二，《藩部八．西藏》，冊十五（臺北：臺灣商務印書館，1999），頁 12022。

179 丁福保主編，《佛學大辭典》，中卷（臺北：新文豐出版公司，1974 年影版本），頁 1512-1513。

180 魏源之外，《西藏新志》所援引之中文史籍的其他來源尚有《蒙古源流》、《彰所知論》，並涉及到漢語、和語之間的互相援引。其中曲折有待更進一步查考。

其專著內，同樣也是依據中文著述，寫下宗喀巴生於永樂十五年生，以及白教與黃教同時產生等文字。[181] 類似的情況也發生在蒙古學學界權威札奇斯欽的著作；[182] 甚至，前蒙藏委員會官員劉學銚的近著也一再重複。

至民國年間，在傳統漢文史籍之外，漢人知識分子開始接觸到藏文文獻與外國的著述，從而借用西方著作來修正漢文史籍之誤。舉例而言，在翻譯英印官員 David MacDonald（1870-1962）所著《西藏之寫真》一書時，譯者遇到原著裡英文拼寫與中文舊籍的不同。如舊籍稱吐蕃開國贊普為「特勒德蘇隆贊」；但是根據英文拼寫以及詢問識懂藏文的蒙藏委員會職員李國霖之後，譯者才決定將該贊普寫為「蘇贊幹布」。[183] 通過外文著作，漢文學界將進一步認識到西藏史事，並解開西藏宗教之密。這部分將在第三章繼續處理。

---

181 東初，《中國佛教近代史》（臺北：東初出版社，1984，再版），上冊，頁 409。

182 札奇斯欽，〈佛教在蒙古〉，《華岡佛學學報》，第 5 期（1981），頁 154。

183 麥唐納（David MacDonald）著，鄭寶善譯，《西藏之寫真》（南京：考試院印刷所，1935），頁 17-18。

第二章　西藏主權的追尋：民族主義的修辭與現實的重構

19 世紀中葉起，大清帝國基於宗藩朝貢秩序所建立的大一統疆域及多元族群統治，面臨西方近代以諸民族國家為基礎的國際秩序挑戰，必須重新建構關於自身國家型態的想像。在晚清立憲改良與共和革命的爭論中，訴諸漢人種族性的革命語言，觸及中國民族組成性質的討論。當滿、蒙、回、藏等邊地都傳來警聲之際，中國漢人政治及文化菁英，開始闡述一種現代的民族暨國家想像的語彙，試圖連結漢人文化中心主義與民族主義之間的落差，從而跨越漢與非漢的族群界線，支持一個可以促成共同體融合的策略。

另方面，歷次對外條約喪失的租借地、領土與藩屬，促使清廷必須關切起實體疆界線的畫分。在帝國主義的挑戰下，19 世紀末起，清廷不再堅持盛清時代對各邊地及內藩行之有效的多元統治，而是採取內地化、漢化的措施來回應，這將是一個劃平內地與邊疆差異的現代政治共同體。劉曉原曾以「五域統合」概念，來說明近代中國民族國家及領土屬性轉型的問題，「五族共和」的另一層目標，即是將清帝國的五域統合在民國之內，結果卻帶來蒙古、西藏的分離。[1] 對中國而言，蒙、藏的分離都來自俄、英的因素，使中國無法行使「固有主權」；但就蒙、藏的獨立企圖而言，俄、英的支持並不徹底，蒙、藏與中國政府之交涉，都因俄、英的因素而留下中國「宗主權」這個曖昧不清的概念。

以蒙古王公的立場而言，既然蒙古與大清的關係是建立在對皇帝個人的效忠；那麼，當大清帝國遭到漢人推翻，作為連結彼此關係的皇帝退位，蒙古也就獲得自大清（而非中國本部）分離的權力。儘管承認中華民國的宗主權，對外蒙古的實質獨立地位構成限制，然而在 1913 年的中俄聲明中，外蒙古取得自治、不受中國干涉內政的權力。[2]

至於西藏，當 1911 年宣統退位、大清滅亡後，西藏的統治者十三世達賴喇嘛號召藏人驅逐駐藏大臣及入藏川軍，並對北京政府提出恢復五世達賴喇嘛時期的政教領域。[3] 就藏人來說，歷史上西藏與中國的政治

---

1 劉曉原，〈從「共和」到統合：辛亥回視〉，《邊疆中國：二十世紀周邊暨民族關係史述》（香港：香港中文大學出版社，2016），頁 31。

2 有關清末民初蒙古獨立運動與中、俄、蒙對蒙古獨立運動的交涉，見：張啟雄，《外蒙主權歸屬交涉（1911-1916）》（臺北：中央研究院近代史研究所，1995）；藍美華，〈一九一一年蒙古獨立運動原因之探討〉，《中山人文社會科學期刊》，第 10 期第 2 卷（2002），頁 89-115；藍美華，〈內蒙古與一九一一年蒙古獨立運動〉，《漢學研究》，第 23 卷第 1 期（2005），頁 393-425；Urgunge Onon & Derrick Pritchatt, *Asia's First Modern Revolution: Mongolia Proclaims Its Independence in 1911* (Leiden; New York: E. J. Brill, 1989); Sergius L. Kuzmin, "The Treaty of 1913 between Mongolia and Tibet as Valid International Document," in E. Sperling, A. Tuvshintogs and Tashi Tsering eds., *The Centennial of the Tibeto-Mongol Treaty: 1913-2013* (Dharamshala, India: Amnye Machen Institute, 2013), pp. 53-59.

3 「前清違法侵佔藏地，而今民國新造，不應依照前清腐敗舊規，

史，就是純粹宗教上「檀越關係」（mchod yon, priest and patron, or patron- lama）之表現。[4] 以「檀越關係」作為解釋藏中關係基礎的著作，當推前西藏政府官員夏格巴（Tsepon W. D. Shakabpa, 1907-1989）的 *Tibet: A Political History*（《西藏政治史》）一書。蒙古人與西藏人之間，是在忽必烈與八思巴（'Phags pa blo gros rgyal mtshan, 1235-1280）時首度締結此一「檀越關係」。這意味著宗教對世俗權力的支持，換來了世俗對宗教在精神上的支持。世俗為宗教提供協助，宗教為世俗提供指導。其中並不存在臣服的一面。同樣的，滿洲皇帝與達賴喇嘛的關係也是如此。而當 1912 年滿洲皇帝退位後，藏中之間此一「檀越關係」即宣告結束。[5]

自此，直至 1951 年解放軍進藏之前，西藏取得實質上的獨立狀態，不受歷屆中華民國政府所管轄。然而，無論是哪一個中央政府，即使在強大的外交壓力下，都從未承認西藏獨立。從袁世凱的北洋政府起，漢人菁英堅持西藏作為中國不可分割的一部分，將五族共和的理念寫入法律，承續理藩院的體制（蒙藏院及之後

所有西藏土地、人民、政事，仍照五輩達賴例規」，見：冷亮，〈康藏劃界之問題研究〉，《東方雜誌》，第 32 卷第 9 號（1935），頁 49。

4　這個名詞依字面的意譯為「喇嘛與施主關係」，另有多種譯法，如「供施關係」、「施主與福田」等。進一步的說明，見：D. Seyfort Ruegg, "MCHOD YON, YON MCHOD AND MCHOD GNAS / YON GNAS: On the Historiography and Semantics of a Tibetan Religio-Social and Religio-Political Concept", in Alex McKay (ed.), *The History of Tibet*, Vol. 2 (London; New York: Routledge Curzon, 2003), pp. 362-372.

5　Tsepon W. D. Shakabpa, *Tibet: A Political History*, ch4, ch10, pp. 70-71, 169-170.

的蒙藏委員會），向國內外宣示維護領土的承諾。

縱使破碎的邊疆實況與想像的主權之間有著巨大落差，林孝庭的研究揭示，正是在此困境中，國民政府通過操作西藏等邊疆議題為手段，轉而提高國家建設能力與政權威信；以及在對日戰爭的危亡期間，採取務實而投機的立場，而非堅持民族大義之纛，必求邊疆問題的徹底解決。乃至於國民政府在西藏的作為，意外地為中共政權行使對西藏的主權提供途徑。[6]

換言之，現實上追求主權的挫折，並未在意識形態上妨礙現代中國民族國家的建構，而是更促成中國菁英對主權的維護。就西藏這樣的前清內藩而言，她在近代中國國族建構過程中被安排的主題位置，即是如何將前近代帝國朝貢體系下階序性、異質性的藩屬，轉化為邊界確定、高度同質的現代國家「地理體」（Geo-body）[7]之一員。在大清帝國之後，西藏始終是現代中國的民族成員與地理疆界想像的重要成分，西藏並未因現實上的非中國主權之地而逃逸於中華民國之外。反之，不止在官方檔案裡，在各種教科書、撰譯者、考察報告、日記、旅行、畫報等文本中，與西藏相關的各種

---

6 Lin, Hsiao-Ting, *Tibet and Nationalist China's Frontier: Intrigues and Ethnopolitics, 1928-49* (Vancouver: UBC Press, 2006).

7 地理體（Geo-body）這一概念，援引自 Thongchai Winichakul。在 *Siam Mapped: A History of the Geo-Body of a Nation* (Honolulu: University of Hawaii Press, 1994) 一書中，Winichakul 以泰國東亞民族國家為例，在與英、法殖民主義者的鬥爭協商過程中，通過現代製圖學塑造現代泰國的應有版圖，進一步以地理體的歷史來區分泰國性與非泰的他者，而在國族性（nationhood）建構過程中，指責帝國主義成為現實挫折感的辯護。

報導反覆提醒時人，藏人是中華民族的一員，西藏是有待重申主權的疆域。

以下將從五族共和與中華民族的爭論為起點，在漢人而言，雖然中華民族更像是一個由單一地理體區辨出的一元化族群，但對非漢族群而言，五族共和會帶來不同的族群統治政策。五族共和與中華民族的區別，也反映在官方檔案中對中藏，或者漢藏關係的定調。藉由「漢藏」與「中藏」這些詞彙的變化，來說明國民政府其實並非一開始就意識到西藏的存在是國家之內民族差異的問題。第二，由於英國始終是中藏交涉過程裡最關鍵的第三者，因此，大英帝國主義始終是中華民族國族性在面對西藏時需要超越、克服的恥辱感；對英帝的想像，甚至可依附於清中葉一則關於鐵路修築計畫的傳聞。面對現實局勢與主權想像之間的落差，乃至為了證明漢藏之間的文明優劣，而產製偽造遊記。第三，為了在主權統一後的將來實現中華民族的現代化復興，漢人菁英為西藏規劃了規模宏大的現代化事業方案，西藏宗教革新正是其中的重中之重。

第一節　「漢藏」與「中藏」的修辭

雖然孫中山在民國初年一度接受五族共和的概念，然而，經歷民國初年的政治亂象，和 1919 年五四運動的民族主義風潮，以及五族共和所蘊含的一種可能性——多民族演變成多個民族主義的危險，孫中山轉而徹底反對，將之指責為是「世襲底官僚，頑固底舊黨，復辟底宗社黨，湊合在一起，叫做五族共和」。[8] 因此，孫中山提出，構成中國的民族組成，當以「美國為榜樣……拿漢族來做個中心，使之同化於我」，「將漢族改為中華民族，組成一個完全的民族國家」。[9] 也就是將其他滿、蒙、回、藏同化於漢族而成為單一中華民族所構成的民族國家。由此，這個基於三民主義體系的「中華民族」，乃成為國民黨與國民政府關於民族主義的官方主張。[10]

1929 年 9 月，蒙藏委員會成立後，即提出對藏第一要務乃在去除中央與西藏之隔膜，並設立藏事處處理西藏事務，擬定「解決西藏問題具體辦法」條款。蒙藏委員會隨後計畫召開蒙古會議與西藏會議，後者未曾召開，而前者於 1930 年 5 月 29 日召開。會中，中央黨部代表譚延闓（1880-1930）在訓詞表示，中國人民「無所謂五族之分」，[11] 也就是中華民族是中華民國的唯一

8 〈在中國國民黨本部特設駐粵辦事處的演說〉（1921.3.6），廣東省社會科學院歷史研究室、中國社會科學院近代史研究所中華民國史研究室、中山大學歷史系孫中山研究室（合編），《孫中山全集》，第 5 卷（北京：中華書局，2006，第 2 版），頁 473。

9 〈在中國國民黨本部特設駐粵辦事處的演說〉（1921.3.6），頁 474。

10 關於孫中山對五族共和一詞的使用，及從五族共和主張轉向提出中華民族概念的過程，見：村田雄二郎，〈孫中山與辛亥革命時期的"五族共和"論〉，《廣東社會科學》，第 5 期（2004），頁 121-128；林冠群，〈試論孫文「五族共和」思想〉，《中國邊政》，第 169 期（2007），頁 1-17；松本ますみ，《中國民族政策の研究——清末から 1945 年までの「民族論」を中心に》（東京：多賀出版，1999），頁 95-106；王柯，《20 世紀中国の国家建設と「民族」》（東京：東京大学出版会，2006），頁 92-109。

11 蒙藏委員會編譯室（編），《蒙藏委員會簡史》（臺北：蒙藏委員會，1971），頁 62。

國族。但對少數非漢族群而言，中華民族看似取消五族（或更多族），但中華民族的真正主體將只有漢族，同化是唯一的結果。相較之下，五族共和的架構下非漢族群還能保有自身的存在。

對於民族政策這個議題，國府最高領導人蔣介石當然以孫中山遺教為依。即便如此，中日戰前他曾一度認定，在中央政府實力不夠的情勢下，自然要採取過去的羈縻政策。甚至師法「蘇俄『聯邦自由』之意，依五族共和之精神標明『五族聯邦』之政策⋯⋯簡言之，即採允許邊疆自治之放任政策。」[12] 然而，抗戰期間，日本倡議的「大東亞共榮圈」，以及拉攏中國境內各少數族群的動作，危害著國民政府的國家安全。[13] 針對日相所謂「東亞新秩序」下「日滿支不可分」的聲明，蔣介石認為，這就是要將「中國民族『消融』或『鎔化』於日本民族之內」，「消滅我民族的獨立存在」。[14] 因為這表示如滿族在內的少數民族與中國民族是不同民

12　蔣介石，〈中國之邊疆問題（1934年3月7日在南昌講）〉，收入：秦孝儀（主編），《先總統蔣公思想言論總集》，第12卷（臺北：中央文物供應社，1984），頁108-109；周美華（編），《蔣中正總統檔案：事略稿本》，第25冊（臺北：國史館，2006），頁83。按：蔣介石此次演講，正值內蒙古自治運動的背景。

13　關於戰爭期間中、日雙方對非漢族群的爭取，見：Hyer Paul, "Japanese Expansion and Tibetan Independence," in Li Narangoa and Robert Cribb, (eds.), *Imperial Japan and National Identities in Asia, 1895-1945* (London: Routledge Curzon, 2003), pp. 81-85; Nakami Tatsuo, "Mongol Nationalism and Japan," in Li Narangoa and Robert Cribb, (eds.), *Imperial Japan and National Identities in Asia, 1895-1945*, pp. 90-106.

14　蔣介石，〈揭發敵國陰謀闡明抗戰國策〉（1938.12.26），秦孝儀（主編），《先總統蔣公思想言論總集》，第15冊（臺北：中國國民黨中央委員會黨史會，1984），頁577。

族，民族自立的結果將使中國分解為多個民族國家。

為了消除多民族國家的理論，蔣介石直接取消各非漢族群作為一個民族實體存在的歷史與現實，他在1942年8月27日於青海西寧對滿、蒙、藏、回的王公、活佛、阿訇的演講裡，提出中國只有中華民族，此民族由漢、滿、蒙、回、藏五個「宗族」構成，擁有共同的祖先、共同的血統。[15] 這個觀點又在《中國之命運》一書1944年修訂版裡更明確地闡揚。[16] 就此而言，藏人不但不是民族，也不會是一個在中國之外的政治體。不過，蔣介石的觀點會隨著時勢而改變，戰後，因美、蘇壓力，外蒙古的獨立將成為事實，蔣介石也一度公開表示西藏可以高度自治甚至獨立。[17] 儘管如此，在國府其他要員反對，以及內戰局面下，西藏仍被納入中華民國憲法架構內的固有領土。

關於心向國府、旅居內地的藏人如何在中華民國憲政架構內回應此議題，將於第六章處理。此處要討論的是，在中國歷屆中央政府與西藏拉薩政府的互動過程中，如何定調「中藏」與「漢藏」的修辭，反映出五族共和與中華民族的微妙區別。

民國元年北京政權混亂之際，在前清官員致十三世

15 蔣介石，〈中華民族整個共同的責任〉（1942.8.27），《先總統蔣公思想言論總集》，第19冊，頁216。

16 其最為聞名的文字：「中華民族是多數宗族融合而成的。這多數的宗族，本是一個種族和一個體系的分支……」見：蔣介石，《中國之命運》（重慶：正中書局，1944），頁2。

17 蔣介石，〈完成民族主義維護國際和平〉（1945年8月24日主持中央常會、國防最高委員會聯席會議講），《先總統蔣公思想言論總集》，第21冊，頁172-173。

達賴喇嘛的文件裡，以「漢番」定調中國與西藏的關係，這是帝制時代的用語。[18] 不久，民國臨時大總統袁世凱致達賴喇嘛的電文中，改以「五族共和」及「漢藏事宜」為基調。[19] 另方面，在西藏來說，或許是依循前例，達賴喇嘛致北洋政府的電文仍使用「至今漢番違背，皆由漢軍所致」、「漢番善後事誼」[20] 來稱呼中、藏之間的往來。不過，西藏方面很快就改變用語，首度以「華藏商辦善後」[21] 來定調與北洋政府的交涉。「華藏」一詞，竟也為袁世凱所派護理駐藏辦事長官的陸興祺（?-?）所援用，以「使開導以華藏一家」[22] 語詞電呈蒙藏局。但是，不論是漢藏、漢番、華藏，這些詞語都無法翻譯成外文 “sino-tibet”，所以，因應外交場合，在西姆拉會議前後，就需要使用「中英藏會議」、「中藏界線」、「中藏兩方」、「中藏邊界」、「中藏政府」、「英藏條約」等詞彙。[23]

---

18 〈聯豫鍾穎力主和平並望迅速返藏事致十三世達賴喇嘛咨〉（1912 年 7 月 26 日），《元以來西藏地方與中央政府關係檔案史料匯編》，第 6 冊（北京：中國藏學出版社，1994），頁 2349。

19 〈袁世凱為派員赴藏平息藏亂事致十三世達賴喇嘛電〉（1912 年），《元以來西藏地方與中央政府關係檔案史料匯編》，第 6 冊，頁 2356。

20 〈陸興祺為轉達達賴喇嘛電並請飭川軍守駐免其藉口事致袁世凱電〉（1913 年 5 月 28 日）、〈達賴喇嘛催詢大吉嶺會商事致袁世凱電〉（1913 年 6 月 7 日），《元以來西藏地方與中央政府關係檔案史料匯編》，第 6 冊，頁 2376、2397。

21 〈達賴喇嘛為川藏界限意見不合待商辦善後之際再為詳呈並催嶺議事致袁世凱電〉（1913 年 6 月 17 日），《元以來西藏地方與中央政府關係檔案史料匯編》，第 6 冊，頁 2399。

22 〈陸興祺為探報現在藏情並聞英員至江孜接護廈札來大吉嶺事致袁世凱等電〉（1913 年 6 月 23 日），《元以來西藏地方與中央政府關係檔案史料匯編》，第 6 冊，頁 2400。

23 〈藏案交涉經過情形〉，《元以來西藏地方與中央政府關係檔案南京國民政府成立後，1928 冬，山西五台山堪布羅桑巴桑（Blo bzang dpa' sangs, 1882-1954）奉十三世達賴喇嘛指示，到南京謁見蔣介石，試探新成立的國民政府的對藏態度。而後蔣介石通過羅桑巴桑攜帶回函致達賴喇嘛，信中提到：「西藏人為我中華民族之一」，「民族主義之精神，即所以求中華民族自由平等之路也。」[24] 在形塑中華民族的民族主義政策下，蔣介石首次以西藏為中華民族之一的立場，對達賴喇嘛表態。1929 年 5 月，在呈報十三世達賴喇嘛的代表貢覺仲尼表達願意參加孫中山奉安典禮的呈文裡，蒙藏委員會將雙方關係標記為「聯絡中藏感情」。[25] 對國民政府而言，這裡的「中藏」是中央政府與西藏地方的代稱。

同時，為回應班禪駐京辦公室的成立，達賴喇嘛又派貢覺仲尼於同年 9 月前往南京，聲明達賴喇嘛無聯英、無仇華、班禪出走非達賴所迫三事。隨後蔣介石也委託貢覺仲尼以「赴藏慰問專員」攜帶親筆函入藏。蔣

史料匯編》，第 6 冊，頁 2408-2418。

24 〈國民政府主席蔣介石為勸導達賴內向並尊三民主義及五族共和事致達賴喇嘛箋函〉（1929 年 1 月 22 日），中國第二歷史檔案館、中國藏學研究中心（合編），《中國第二歷史檔案館所存西藏和藏事檔案匯編》，第 6 冊（北京：中國藏學出版社，2010），頁 326-327；該箋函修改後的正式信函，見〈國民政府文官處為抄送蔣介石古應芬贊慰達賴喇嘛抵禦外侮傾誠內向信函事致藏事處處長函（附蔣介石函稿）〉（1929 年 10 月 30 日），《中國第二歷史檔案館所存西藏和藏事檔案匯編》，第 8 冊，頁 75；劉學銚，《蒙藏委員會簡史續篇．附歷任委員長簡歷》（臺北：蒙藏委員會，1996），頁 24-25。

25 〈蒙藏委員會為貢覺仲尼代表達賴喇嘛參加孫中山奉安典禮事致蔣介石呈〉（1929 年 5 月 25 日），《元以來西藏地方與中央政府關係檔案史料匯編》，第 6 冊，頁 2471。

在信函表示，這是孫中山民族主義的體現，「我中華民族務必團結一致」。[26] 為抵制西藏當局的措施，九世班禪喇嘛呼籲國民政府必須持平處理他與達賴喇嘛之間的問題。他的信函的中譯本裡，則是「中藏合作」、「漢藏合作」[27] 的詞語並用。這說明班禪喇嘛至少在與國民政府之間的正式往來，一方面同意「五族共和」的架構，[28] 另方面，他也必須承認國民政府為中央政府。在此後，九世班禪喇嘛給與國民政府的公私函電，常可見「漢藏」、「中藏」相混用。

然而，對國民政府而言，「中藏」一詞是否真恰當？這問題因川、藏於 1930 年 7 月爆發的區域性戰爭而有變化。[29]

在四川軍閥劉文輝（1895-1976）向國民政府呈報的初期函電裡，是以「漢藏兩方」、「中藏和好」、「漢藏問題」[30] 來概括事件的性質；隨後，「漢藏」的

---

26 〈蔣介石為派員赴藏宣慰事致達賴喇嘛信稿〉（1929 年 9 月 23 日），《中國第二歷史檔案館所存西藏和藏事檔案匯編》，第 8 冊，頁 17-18。

27 〈蒙藏委員會為轉送班禪陳請持平處理藏事致蔣介石函給國民政府文官處公函〉（1929 年 11 月 8 日），附〈班禪致蔣介石函漢譯件〉（1929 年 11 月 1 日），《九世班禪內地活動及返藏受阻檔案選編》（北京：中國藏學出版社，1992），頁 17-19。

28 在中文文獻中，班禪喇嘛首次使用「五族共和」一詞是在 1925 年 2 月〈班禪致善後會議消弭戰禍實行五族共和意見書〉，《九世班禪內地活動及返藏受阻檔案選編》，頁 3-4。

29 有關此次戰爭的分析，見：林孝庭，〈戰爭、權力與邊疆政治：對 1930 年代青、康、藏戰事之探討〉，《中央研究院近代史研究所集刊》，第 45 期（2004），頁 105-141；Lin, Hsiao-Ting, *Tibet and Nationalist China's Frontier: Intrigues and Ethnopolitics, 1928-49*, pp. 51-70.

30 〈一九三〇年九月川康邊防軍第二旅長馬驌呈〉，四川省檔案館、四川民族研究所（編），《近代康區檔案資料選編》（成都：

用法開始固定，劉文輝致南京政府的函電裡將四川與西藏間的爭議，定調為「不意藏方對此誤為漢藏問題」、「增進漢藏交誼」[31]。以川康當局的立場來說，川藏疆界的糾紛是四川與西藏間的問題，或許也是不同民族之間的問題；「中藏」的意涵是中央與西藏，四川當局使用「中藏」，意味著地方政府代表中央與西藏的往來，但這不是實情。而且事件的過程裡，劉文輝只是假借藏方的壓力，而向中央要求武器與財政的支持，並非真期望中央政府勢力的介入。因此，對這場戰爭與雙方爭議的概括，「漢藏」才是更恰當的定位。所以，在劉文輝呈報給國民政府關於康藏協商的《崗拖和約》、《安置大金僧民辦法》之呈文，以及這兩個協議的正文內，均冠以「漢藏條約」、「漢藏協議」[32]來表示。同樣的，除川康之外，1932 年 3 月，青海與西藏亦爆發衝突。在事件落幕雙方議和時，青海馬步芳向國民政府呈報其與西藏議定的《青海西藏和議條文》，使用的是「青藏本屬一家」、「青藏和睦」的詞彙。[33] 補充說明的是，

四川大學出版社，1990），頁 430；〈劉文輝為藏兵突襲川軍請代發擬致達賴電希即制止事致蒙藏委員會電〉（1930 年 12 月 19 日），中國第二歷史檔案館、中國藏學研究中心（合編），《康藏糾紛檔案選編》（北京：中國藏學出版社，2000），頁 28。

31 〈文官處奉轉劉文輝遵令調解大金白利寺糾紛藏方無接受誠意請求訓示辦理電致蒙藏委員會函〉（1931 年 1 月 15 日），《元以來西藏地方與中央政府關係檔案史料匯編》，第 6 冊，頁 2548-2549。

32 〈川康邊防總指揮部駐京辦事處抄報崗拖和約及簽訂經過致蒙藏委員會呈〉（1934 年 3 月 20 日），〈劉文輝為報陳與藏方簽定安置大金僧民辦法致蔣介石等電〉（1934 年 5 月 28 日），《康藏糾紛檔案選編》，頁 350-352、358-359。

33 〈青海省政府為報送青藏和約照片及最近防務情形事致蒙藏委員會咨〉（1933 年 10 月 7 日），《康藏糾紛檔案選編》，頁 318-321。

對國民政府中央來說，地方政府之間的協議竟使用「條約」等字樣，甚不合體制，下令只能使用「規約」。[34]

比較奇特的是，在達賴喇嘛給蒙藏委員會的電文裡，出現過「現在五族共和之際」、「漢番交通」、「維持漢番和平」、「得政府特派通曉漢番情誼之員就近磋商」的語詞。[35] 對此較好的解釋是，這是依循前清慣例的公文用語。稍後，藏方的西藏駐京辦事處、昌都總管在致蒙藏委員會與中方其他單位的函電裡，開始交替使用「中藏和好」、「漢藏雙方」、「漢藏親善事宜」、「中藏和平」[36] 等語詞；不過隨著「中藏和好」、「中藏和平」[37] 出現的頻率增加，「漢藏」一詞的使用率降低。稍後，中、藏雙方因班禪返藏問題又展開一輪函電往來起，「中藏」的使用頻率大於「漢藏」。[38] 雖然對藏人而言，中國即是指由漢人構成的國

---

34 〈行政院為核准沿邊地方長官互訂條款只准用規約不得擅用條約字樣事致蒙藏委員會指令〉（1934 年 9 月 1 日），《元以來西藏地方與中央政府關係檔案史料匯編》，第 6 冊，頁 2593。

35 〈達賴為聞川軍突襲速查復事致蒙藏委員會電〉（1930 年 11 月 14 日）、〈達賴喇嘛為藏軍復攻康軍及派員調停等事覆蒙藏委員會電〉（1930 年 12 月 28 日），《康藏糾紛檔案選編》，頁 19、31。

36 〈西藏駐京辦事處為報大白案發生經過並請中央嚴電制止軍事行動等情致蒙藏委員會呈〉（1931 年 1 月 25 日）、〈阿沛為遣回張知事及其眷屬並不日擬來甘商談事致唐柯三函〉（1931 年 8 月 12 日），《康藏糾紛檔案選編》，頁 44-45、169。

37 〈西藏駐京辦事處為大白糾紛請呈另派公正專員前往負責辦理事致蒙藏委員會呈〉（1932 年 4 月 1 日）、〈貢覺仲尼等為奉轉達賴略述康邊衅起經過情形來諭事致蒙藏委員會呈〉（1932 年 7 月 24 日）、〈貢覺仲尼為奉達賴電請詢四川發生軍事行動中央作如何辦法事致蔣介石電〉（1932 年 8 月 5 日），《康藏糾紛檔案選編》，頁 259、278、282。

38 西藏當局使用「漢藏」一詞的指稱，如「現因漢藏問題尚未解決，若遽派官員軍隊前來，深恐人民發生誤會，與漢藏施主關係阻礙

家，「中藏」、「漢藏」並無意義上的差異；不過，或許可以如此理解，藏方進一步理解到中文裡「中藏」的稱呼，也可意味著中國政府與西藏政府的對等性。藏方也對國民政府與四川當局使用的「康藏糾紛」一詞感到疑心，因為「康藏」的對稱等於承認中方對西康劃地建省的主張，違背拉薩對康區的主張，因此，在達賴喇嘛致蒙藏委員會的電文裡又改用「川藏解決糾紛」[39] 來代替「康藏糾紛」一詞。

事件初期，國民政府內部很快就有人意識到「中藏」一詞的問題。首先的理由是，這起事件是兩個地方政府的爭議，並非中央政府與西藏地方，定位為「中藏」實不恰當，故改以「康藏界限」、「康藏糾紛」[40] 來表示。再進一步的疑問，則是「中藏」一詞本身是否也真可行？在行政院各單位的討論中，蒙藏委員會對所提辦法冠以「解決中藏問題條件」。行政院對此認為，「中藏非對等地位，不宜並稱，應改為解決西藏問題條件」；「中藏應恢復原來密切之關係」，要改為「西藏對於中央應恢復原來密切之關係」。[41] 對中、藏之

極大」。〔見：〈西藏駐京辦事處為轉呈噶廈反對中央護送班禪官員衛隊入藏事電致蒙藏委員會代電〉（1936年9月14日），《九世班禪內地活動及返藏受阻檔案選編》，頁 344-345〕由於西藏駐京辦事處轉呈噶廈的藏方函電都經過中譯，未能理解原來的用詞，或許藏文原檔能有助於解釋此問題。

39 〈達賴喇嘛為大白糾紛案委劉文輝辦理殊感駭異事致蒙藏委員會電〉（1932 年 3 月 29 日），《康藏糾紛檔案選編》，頁 258。

40 〈馬福祥為解決康藏糾紛事再覆達賴喇嘛函〉（1931 年 8 月 4 日），《康藏糾紛檔案選編》，頁 166。

41 〈蒙藏委員會擬籌解決康藏糾紛和西藏問題方略致行政院呈〉（1931 年 9 月 19 日），《康藏糾紛檔案選編》，頁 194。

間往來性質的定調，國民政府最高領導人蔣介石也意識到，所以，在他給達賴喇嘛的信函內，不再出現「中藏」，而是改為「漢藏問題純屬內部事務」、「不允外人插手」、「漢藏早為一家」的修辭。[42] 儘管如此，中藏之間的官方往來，仍習慣使用「中藏關係」的語彙。[43]

待 1933 年底十三世達賴喇嘛圓寂，國府任命參謀本部次長黃慕松（1884-1937）為致祭專使，入藏弔唁致祭。[44] 在藏方看來，藉著黃慕松的來到，最重要者是解決藏中之間各問題，特別是藏中邊界。[45] 但對南京政府與黃慕松而言，中藏問題的商談必須在西藏同意「在中央統治下恢復原有政治關係」的前提下，更具體地說，就是恢復清乾隆五十七年（1792）以後中央與西藏在政治上的統屬關係。[46] 這注定雙方的歧見無法在這一

---

42 〈蔣介石為中央與西藏問題純屬國家內部事務絕不允許外人插手並允派員赴藏商討務使維護祖國統一事致達賴喇嘛電〉（1932 年 12 月 29 日），《元以來西藏地方與中央政府關係檔案史料匯編》，第 6 冊，頁 2582。按：這裡的「外人插手」，是因為他接到外交部關於英國插手「中藏糾紛」的報告，見：〈羅文幹為報英國插手康藏糾紛及與英使館交涉情形致蔣介石代電〉（1932 年 10 月 18 日），《康藏糾紛檔案選編》，頁 302-304。

43 如：〈蒙藏委員會為報與西藏代表貢覺仲尼等接洽概略情形致行政院呈〉（1932 年 7 月），《元以來西藏地方與中央政府關係檔案史料匯編》，第 6 冊，頁 2643。

44 〈國民政府特派黃慕松為致祭專使〉（1934 年 1 月 12 日），中國第二歷史檔案館、中國藏學研究中心（合編），《十三世達賴圓寂致祭和十四世達賴轉世坐床檔案選編》（北京：中國藏學出版社，1990），頁 14。

45 〈黃慕松密報四噶倫提出先磋商中央與西藏問題而後舉行典禮致行政院等電〉（1934 年 9 月 16 日），《十三世達賴圓寂致祭和十四世達賴轉世坐床檔案選編》，頁 61。

46 〈蒙藏委員會為照黃慕松意見解決中央與西藏問題事致行政院呈

次飾以宗教性面貌的會見解決。

從雙方的第一次正式會談起，藏方表明過去「漢藏和好」的檀越關係與現今必須解決的爭議。在黃慕松看來，那是「中藏之光榮歷史」，目前需處理改善者是「中藏關係」與「中藏問題」。[47] 此後噶廈送來的正式公函的中譯本，根據黃慕松的報告與電文，使用的是「漢藏檀越關係」、「漢藏和好」、「漢藏平等檀越關係」。[48] 對黃慕松來說，「中藏問題」的正確意義就是中央與地方的統屬關係，所以他訝異噶廈政府的來函裡「以漢藏政府並稱」。[49] 以致於在將離開拉薩前回覆噶廈的說帖中，黃慕松忍不住寫到「中央政府非漢政府之謂，實吾等大家之政府也」。[50] 不論是他在拉薩期間發

函〉（1934 年 9 月 22 日），《十三世達賴圓寂致祭和十四世達賴轉世坐床檔案選編》，頁 65；〈黃慕松為中央與西藏關係恢復乾隆五十七年以後辦法難以辦到事致行政院電〉（1934 年 10 月 8 日），《十三世達賴圓寂致祭和十四世達賴轉世坐床檔案選編》，頁 81。

47 《黃慕松奉使入藏冊封並致祭達賴大師報告書》，收入：中國第二歷史檔案館、中國藏學研究中心（合編），《黃慕松 吳忠信 趙守鈺 戴傳賢奉使辦理藏事報告書》（北京：中國藏學出版社，1993），頁 23、31-32。在發回南京的電文裡，黃慕松的紀錄是「中藏問題」，見：〈黃慕松密報四噶倫提出先磋商中央與西藏問題而後舉行典禮致行政院等電〉（1934 年 9 月 16 日），《十三世達賴圓寂致祭和十四世達賴轉世坐床檔案選編》，頁 61。從這個用語上的差異來看，黃慕松確實有意避免「漢藏」一詞。

48 《黃慕松奉使入藏冊封並致祭達賴大師報告書》，頁 35-36、38-39、42-44；〈黃慕松陳報十七日噶廈覆函全文致行政院等電〉（1934 年 10 月 19 日）、〈黃慕松為婉拒噶廈十三項口頭建議事項致行政院電〉（1934 年 11 月 6 日），《十三世達賴圓寂致祭和十四世達賴轉世坐床檔案選編》，頁 91、98。

49 〈黃慕松為噶倫提出中央與西藏為檀越關係並要求解決康藏川藏界務事致行政院等電〉（1934 年 10 月 5 日），《十三世達賴圓寂致祭和十四世達賴轉世坐床檔案選編》，頁 78。

50 《黃慕松奉使入藏冊封並致祭達賴大師報告書》，頁 41。

給南京的電報，或者是回南京接任蒙藏委員會委員長後他給藏方的函電，都是使用「中藏交涉」、「中藏結一條約」[51]、「中藏問題」、「溝通中藏消息」[52]這些語詞。

有趣的是，護送班禪回藏專使誠允（1881-1944）在一份呈報專使行署的計畫裡提到「消除畛域，則漢藏本為一家」。[53]黃慕松回覆誠允專使所遵十條原則裡，則是指示他若在行署完成任務後，威望建立，乃接洽「漢藏問題」。[54]由於誠允是滿人，或許是此緣故，誠允更能體會漢、藏之間的互動性質應該要定位在民族之間的關係。不過，隨後誠允向蒙藏委員會報告他與拉薩三大寺代表見面的成果時，卻又使用「中藏關係將益密邇」、「中藏前途」等字眼。[55]之後接任護送班禪回藏專使的趙守鈺（1881-1960），他在函電、報告內亦採用「中藏關係」的語彙。[56]總之，在黃慕松時

51 〈黃慕松密報與首席噶倫晤談情形致行政院等電〉（1934 年 9 月 10 日），《十三世達賴圓寂致祭和十四世達賴轉世坐床檔案選編》，頁 57-58。

52 〈蒙藏委員會為轉達對中央官員駐藏西康建省暨班禪回藏諸事意見致西藏駐京辦事處代電〉（1935 年 6 月 5 日），《九世班禪內地活動及返藏受阻檔案選編》，頁 158-159。

53 〈行政院祕書長奉轉護送班禪專使行署條陳整個計劃呈文致蒙藏委員會函〉（1936 年 2 月 1 日），《九世班禪內地活動及返藏受阻檔案選編》，頁 259。

54 〈蒙藏委員會擬定護送班禪專使行署護送班禪回藏應行注意事項及應遵原則十條〉（1936 年 4 月 26 日），《九世班禪內地活動及返藏受阻檔案選編》，頁 305。

55 〈誠允報聞哲蚌寺代表昂旺堪卻表示中央本和平主張班禪入藏絕無阻礙情事致蒙藏委員會電〉（1936 年 6 月 20 日），《九世班禪內地活動及返藏受阻檔案選編》，頁 310。

56 如：《趙守鈺護送班禪回藏工作報告書》，收入：《黃慕松 吳

期，蒙藏委員會在處理與西藏相關的函電中，表示中央與西藏的「中藏」一詞使用得很固定。當時在拉薩的參議蔣致余所發回給南京的電文裡，也一律使用「中藏問題」，他最大的呼籲就是中央儘速護送九世班禪喇嘛回藏，[57] 以及他的請辭內調。

直到由下一任蒙藏委員會委員長吳忠信（1884-1959）接手，過去習慣的「中藏」一詞開始改為「漢藏」、「漢藏問題」。[58] 對此變化，最有可能的原因是，由於藏方也使用「中藏」一詞，隱然雙方對「中藏」的真正內涵有不同的理解。就國府的立場而言，雖然「漢藏」的對稱就是五族共和之下的意義，不符合中華民族是一個的論述，不過「漢藏」對稱不會引伸出獨立平等的漢政府與藏政府的意義，因為中華民國是由五族構成，漢人只是中華民國政府成員之一。這個改變相當明顯地出現在 1940 年吳忠信入藏參加十四世達賴喇嘛坐床典禮時的日記。日記中，雙方的關係就是中央與西藏，如行文有必要聯稱，則使用「漢藏交通」、「漢藏歷史」、「漢藏關係及情感」，[59] 而極少出現「中藏關係」一詞。[60] 他在工作報告裡所記噶廈與攝政熱振公私

忠信 趙守鈺 戴傳賢奉使辦理藏事報告書》，頁 366、369。

57 〈蔣致余為請中央派兵護送班禪回藏事致高長柱電〉（1935 年 4 月 14 日），《九世班禪內地活動及返藏受阻檔案選編》，頁 117。

58 〈蒙藏委員會為噶廈所提班禪勿帶員兵勿運槍械入藏等事擬具答覆意見致行政院祕書處公函〉（1937 年 4 月 27 日），《九世班禪內地活動及返藏受阻檔案選編》，頁 406。

59 《吳忠信入藏日記》，收入：《黃慕松 吳忠信 趙守鈺 戴傳賢奉使辦理藏事報告書》，頁 259、265、298、312。

60 《吳忠信入藏日記》，頁 300。日記此處，吳忠信自評，此行辦

信函的中譯本裡，使用的也都是「漢藏施主情誼」的語彙。[61] 此後，將西藏事務定調為「漢藏」關係成為國民政府的慣例，「中藏」一詞只是偶而出現。[62]

當國府中央逐漸以「漢藏」取代「中藏」的用語時，地方軍閥反而又偏愛「中藏」一詞。就在前述1946年西藏國大代表上呈文要求西藏自治等事項後，國府內部為如何回應藏人要求而研議。漢藏界線事涉西康省，劉文輝亦就此表達他的意見。有趣之處即在此，此時劉文輝是以「中藏關係」來定調中藏交涉，對藏人在呈文裡使用「漢藏關係」、「大國」、「小國」等詞彙，劉文輝批評，儼然以國家自居，將國民政府列為「漢政府」，不承認西藏為中國疆域的地方之一。雖然難以推斷劉文輝是否特意與國府中央官員不同調，不過劉文輝所指的「中藏」，其意涵即是中央與西藏地方。[63]

理達賴轉世事宜至為圓滿。雖然藏人拒絕金瓶掣簽儀式，但攝政熱振仍具文報告經過與請免掣簽，並呈國府核准。故此篇藏文呈文，應成為「我國家對於中藏關係中之重要文獻」。看似樂觀的筆調，其實三個月前吳忠信還曾因熱振公文格式不具而大怒退回，見《吳忠信入藏日記》，頁247。吳忠信也清楚，國民政府並無絕對實力可命令拉薩當局，在各種「引導」體制完備的過程裡，僅能勉強取得中央「指導」藏人的表面成就。

61 《吳忠信奉使入藏主持第十四世達賴喇嘛坐床典禮報告》，收入：《黃慕松 吳忠信 趙守鈺 戴傳賢奉使辦理藏事報告書》，頁152-153。

62 如1943年入藏任駐藏辦事處代表沈宗濂（1898-1978）曾使用「中藏關係」字眼，見：〈國民政府政務局為沈宗濂請示西藏國大代表可否敦促起程事致蒙藏委員會函〉（1945年10月31日），《元以來西藏地方與中央政府關係檔案史料匯編》，第7冊，頁2990。

63 〈戴傳賢呈與吳鼎昌、張羣、劉文輝會擬處理西藏僧民大會呈請九項要求辦法〉，附件三：〈劉文輝對藏方要求逐項應付之意見書〉（1946.12.26），〈西藏國大代表問題處理（三）〉，《國民政府從北洋時期的「漢藏」，到國民政府由「中藏」改為「漢藏」，這個用語的變化說明，國民政府並非一開始就將少數非漢族群的存在視為民族差異，而是無身分差異的共和國國民。由於川青藏戰爭的影響，促使國民政府瞭解到西藏問題並不是中央與地方的關係，而是不同族群之間需要調和的利益，從而將中國與西藏之間定位為漢藏關係。然而，對西藏而言，中國政府就是漢人政府，隱藏在中藏與漢藏修辭的背後，是中藏間對過去歷史認知的差異。

第二節　主權的認知與帝國主義的干涉

近代中藏關係的關鍵性變化，乃是起於清末時英國在喜馬拉雅高地地帶的一系列擴張與尋求商務活動，從而刺激清政府調整對藏區的應對，逐步以內地行省化的措施取代過去相沿的帝國藩屬舊章。[64]

1904 年，由於英軍侵藏[65]與十三世達賴喇嘛的出

檔案》，國史館藏，典藏號：001-059200-0006。

64 有關清末康區的變化與影響及改土歸流措施，見：盧雪燕，〈趙爾豐經營川邊之研究（1905-1911）〉（臺北：國立政治大學民族研究所碩士論文，1994）；馮明珠，《近代中英西藏交涉與川藏邊情：從廓爾喀之役到華盛頓會議》（臺北：國立故宮博物院，1996），頁 209-254；馬菁林，《清末川邊藏區改土歸流考》（成都：巴蜀書社，2004），頁 133-190；吳彥勤，《清末民國時期川藏關係研究》（昆明：雲南人民出版社，2007），頁 25-87；Wang, Xiuyu, *China's Last Imperial Frontier: Late Qing Expansion in Sichuan's Tibetan Borderlands* (Lanham, MD: Lexington Book, Rowman and Littlefield Publishing Group, 2011), pp. 115-236.

65 對英軍侵藏的詳細研究，見：Peter Fleming, *Bayonets to Lhasa: The First*

走，[66] 為了解決英藏之間所訂《英藏條約》的問題，清廷先後派唐紹儀（1862-1938）與張蔭棠（1864-1935）負責對英談判議約及入藏查辦藏事。在與英人交涉過程中，清朝將其自清初以來在西藏所享有的權力視為「主權」（sovereign）的行使，拒絕英人所提出的「宗主權」（suzerainty）。[67] 最終表現在 1906 年議定的《中英續訂藏印條約》，使得中國得以藉之聲明對西藏的「主權」，以外交手段鞏固滿清在西藏的權利，成為此後歷次中、英會商西藏議題時的最核心原則。[68] 換言之，西方的入侵，刺激了清廷對邊疆地區主權的主張與民族主義的想像，在接受了西方民族國家關係模式的新框架下，滿清官員利用英國確認清廷的宗主權，從而對外聲言清廷對西藏的主權，並進一步以軍力強化對中部西藏及康區的統治力量。

民國政府成立後，面對俄－蒙、英－藏這兩組外交與邊疆相互糾纏的事務，臨時大總統袁世凱承襲清政府

Full Account of the British Invasion of Tibet in 1904 (New York: Harper, 1961).

66 Fabienne Jagou, "The Thirteenth Dalai Lama's Visit to Beijing in 1908: In Search of a New Kind of Chaplain-Donor Relationship," in Mattew T. Kapstein (eds.), *Buddhism between Tibet & China* (Boston: Wisdom Publication, 2009), pp. 349-377.

67 有關清末中英西藏交涉及唐紹儀、張蔭棠的議約過程，及中方在「主權」、「宗主權」之爭，見馮明珠，《近代中英西藏交涉與川藏邊情：從廓爾喀之役到華盛頓會議》，頁 119-184。

68 關於清末中國對俄、英交涉過程中「主權」、「宗主權」的含意，以及民國政府的應對，見：岡本隆司，《中国の誕生：東アジアの近代外交と国家形成》（名古屋：名古屋大學出版会，2017），第 12 章。岡本隆司，「「主権」の生成と「宗主権」——20 世紀初頭の中国とチベット・モンゴル」，收入狹間直樹編，《近代東アジアにおける翻訳概念の展開》（京都：京都大学人文科学研究所現代中国研究センター，2013），頁 185-215。

的主張。在 1913 年 10 月西姆拉會議（Simla Conference, 1913.10-1914.7）上，袁世凱政府雖然遭受來自英國的強大壓力，最終並未承認談判代表已畫押的協定。[69] 對藏人而言，西姆拉會議最主要的目標是確立中、藏之間的界線，藉此為西藏取得自治的法律基礎。為此，藏人在主權之爭上退讓，接受英人提出的宗主權概念；[70] 並且作條件交換，英、藏雙方同意定下藏、印間領土界線——麥克馬洪線——藏人將西藏南部與印度阿薩姆邊界、包括在文化與政治上屬於西藏的達旺割讓給英印政府。條件即是英國必須使中國接受西姆拉會議，從而藏、中之間將會有清楚的界線，西藏獨立也會成為事實。然而，既然中國沒有接受西姆拉會議，因此麥克馬洪線也是無效的。[71]

既然前清並未在主權聲稱上做出任何妥協，對內、對外均戴著民族主義面貌的國民政府，自更不能拋棄對「固有」主權的繼承。此後，歷屆漢人中央政權，不論外交上的困境，或內政上的紛亂，在中藏議題上，始終

---

69 中、藏雙方的主張與會議過程，見：馮明珠，《近代中英西藏交涉與川藏邊情：從廓爾喀之役到華盛頓會議》，頁 307-350；Alastair Lamb, *The McMahon Line: A study in the Relations between India, China and Tibet, 1904-1914.* Vol. 2 (London: Routledge & Kegan Paul, 1966), pp. 477-529.

70 小林亮介，〈チベットの政治的地位とシムラ会議——翻訳概念の検討を中心に〉，岡本隆司編，《宗主権の世界史——東西アジアの近代と翻訳概念》（名古屋：名古屋大学出版会，2014），頁 262-290。

71 Alastair Lamb, *The McMahon Line: A study in the Relations between India, China and Tibet, 1904-1914.* Vol 2, pp. 546-547；拉魯·次旺多傑，〈德里祕密換文未曾得到原西藏地方政府的承認〉，《西藏文史資料選輯》，第 10 輯（北京：北京民族出版社，1989），頁 8-10。

堅持主權統一的前提。從西姆拉會議至 1951 年，西藏的國際地位即處於實際上獨立而法理上卻曖昧不明的處境。關於民國時期，歷屆北洋政府及國民政府與西藏拉薩當局的互動，已有先行研究釐清，此處無須贅筆重複。[72]

為了彌合主權想像與破碎現實之間的落差，中國民族主義者在責怪西藏邊民不服教化之餘，也強調外在帝國主義壓力，進而演繹出各種虛幻想像，乃至出現供社會大眾消費的流行性文本。

漢人菁英在邊疆議題上持民族主義的強硬立場，其另一面即是認定帝國主義對中國邊疆的野心，認為西藏背後有外人撐腰，離間中藏關係。這樣的看法長期主導漢人看待西藏議題。民初，孫中山關於西藏的看法即是：「達賴背叛，純係外人運動所致。」[73] 國府領導人蔣介石對「英帝」有更深刻的體會。1941 年起，處於抗戰最艱困的期間，中藏因中印公路修築、印藏驛運、藏方成立外交局等一系列問題，關係迅速惡化，蔣介石於日記中忿怒地寫下「西藏態度頑梗，全受英國之操縱，未到其時，只有忍痛」。[74]

而英國對西藏的影響，帶來國土與主權不完整的國恥。自 1911 年起藏人關閉由青海、康區進藏的通路

72 Lin, Hsiao-Ting, *Tibet and Nationalist China's Frontier: Intrigues and Ethnopolitics, 1928-49*；朱麗雙，《民國政府的西藏專使（1912-1949）》（香港：香港中文大學出版社，2016）。

73 〈在北京的談話〉（1912.9.2），《孫中山全集》，第 2 卷，頁 437。

74 《蔣中正日記》（未刊稿），1941 年 11 月，本月反省錄。

時，英印當局控制的進藏要道，就成為中國官民首先必須面對的「恥辱感」。民國初年，《小說月報》曾刊出一篇遊記，作者自稱是光緒年間入藏，初為駐藏大臣記室，嗣棄從商。民初藏人驅漢，因而離開拉薩。作者謝絕友人建議取道亞東轉印度鐵道的建議，「自念以中國之人，行中國之地」，「轉而假道於外人，吾人之奇恥大辱」，「因決由拉薩東歸」。[75] 1930 年 2 月，入藏調解尼泊爾、西藏糾紛的譚雲山（1898-1983），亦痛苦地感言：

> 以本國人前往本國領土，須假道外國，已屬一種恥辱，且假道外國而須祕密喬裝，更是恥辱上復加恥辱。而寄往拉薩之函電，又須由印度經過，種種不自主與不自由，實堪令人痛哭！[76]

國恥感是因為主權受到侵犯，也就是將過去雙方模糊曖昧的前近代關係視為國界明確、同一族裔的現代國家共同體。

自 19 世紀中葉起，在清廷看來，西藏問題的產生

75 心禪，〈西藏歸程記（未完）〉，《小說月報》，第 5 卷第 8 號（1914），「遊記」欄，頁 1。

76 〈文官處為抄送譚雲山報告隨謝國樑赴藏及返京經過呈文和處理藏事建議致行政院公函〉（1931 年 7 月 16 日），《元以來西藏地方與中央政府關係檔案史料匯編》，第 6 冊，頁 2539。類似的文字，亦見於報刊上，如《世界日報》的報導，見：〈治藏七大方策 對藏外交宜採強硬政策 懷柔藏人使之心誠悅服 譚雲山條陳國府及蒙藏會〉，《世界日報》（北平），1931 年 7 月 17 日第 3 版，「世界要聞」。

即是英人對主權的侵犯。除了在外交談判上力爭主權與宗主權之辨，並開始在衛藏、康區強化對西藏的控制。經營西藏的理由，除了主權之外，重要的原因是就地緣政治上所見的中國地理體。對中國本部來說，西藏高原在西南的地理形勢有不可忽視的國防地位，西藏「不但為川省之背障，且為天下之背障」，西藏「東能蔽川、滇，西可達回部，於南則走印度，於北則捍新疆」，「西藏高原為吾國黃河、揚子江二源所從出，為中國本部之首領，有高屋建瓴之勢。苟為英人所得，則彼之勢力由巴蜀直達揚子江，更以師船由海而下，水陸交攻，吾西南各省必無一寸乾淨土」。英得西藏，俄必生心，各國皆「欲得一片土以自立，而瓜分之說驗矣」。[77] 這種現代中國地理體的認知，從清末貫穿至整個民國時期，是當時討論西藏議題的基本「起手式」。國府駐藏辦事處代表在返國的述職報告中亦指出，英人對藏政策的目的，即是「利用以為中英俄緩衝地區」，將來相機併吞，「以廣印度殖民區域，控制黃河長江上游」。[78] 不過，也正是由此開始，出現了超越現實的想像。

從清末起，就有人呼籲，除了東北滿洲之餘，也應

77　茗夫，〈西報論中國經營西藏問題續論（未完）〉，《廣益叢報》，第一百五十四號（第五年第二十六期，光緒三十三年十月二十九日，1907 年 12 月 4 日），「專件」，頁 1B-3A；天僇生，〈西藏大勢通論〉，《廣益叢報》，第一百七十二號（第六年第十二期），1908 年 6 月 18 日（光緒三十四年五月二十日），「專件」，頁 1A-2A。

78　〈國民政府蒙藏委員會卸任駐藏辦事處處長孔慶宗述職報告〉（1945 年 6 月 1 日），張羽新、張雙志（編纂），《民國藏事史料彙編・民國藏事檔案編年（民國二十九年至三十八年）》，第 7 冊（北京：學苑出版社，2005），頁 270。

該注意西藏。因為英、俄兩國正競逐西藏，西藏失則蜀隴危，將招瓜分中國之禍。最大的傳聞，即是英國正建築印藏鐵路，甚可延長入川。[79] 這個英國修築印藏鐵路的傳聞，直至國民政府派員駐拉薩前，一直甚囂塵上，並且被勾勒為大英帝國獨霸全世界佈局的一個重要關鍵。在 1930 年代前後，有幾本以「西藏問題」為名的著作出版。這些討論西藏的著作章節結構類似，從歷史、政治、地理，以及最重要的「中英藏」交涉關係來敘述西藏。可以說，英國的侵略才是構成西藏問題之所以出現的理由。英國圖藏的背後有個更宏遠的計畫，即是通過鐵路構築對中國的「長江三角形大包圍」。而這個傳說的來源起自嫻熟國際事務的黃郛（1880-1936）。

大英帝國一直以來對非洲、印度與遠東的殖民及侵略企圖，最顯著地表現在海陸兩方面的交通計劃。黃郛指出，清光緒年間郭嵩燾（1818-1891）出使英國時曾呈報告李鴻章，見到一英人的鐵路計劃圖。黃郛描述，此鐵路計劃大致是由印度經緬甸之阿薩姆，直入雲南，然後其中一路由四川經漢口至上海，另一路由四川至廣州，再北上接漢口。這個連接印、緬與中國的鐵路線網，是英國陸上「三 C 政策」之引伸。所謂「三 C 政策」，乃是以鐵路將非洲開普敦（好望角）、開羅與

79 袁仲，〈西藏〉，《大同報》〔東京〕，第二號（光緒三十三年六月二十七日，1907 年 8 月 5 日），收入：張玉法（主編），《清末民初期刊彙編》第 12 冊，（臺北：經世書局，1985），頁 118。

印度的加爾各答三角形連接，以完成印度洋防線。不只如此，英國又有海上「三 S 聯絡政策」相呼應。「三 S 聯絡政策」是將上海、新加坡、蘇伊士（運河）三點盡掌握於手。三 C 政策之引伸與英國海上三 S 聯絡政策並用，以印度德里為中心，則英國在南亞洲之領土、經濟勢力莫可限量。西藏在這其中的地位，是英國對波斯與印度 3C 政策引伸，這是目前西藏問題的遠因。[80]

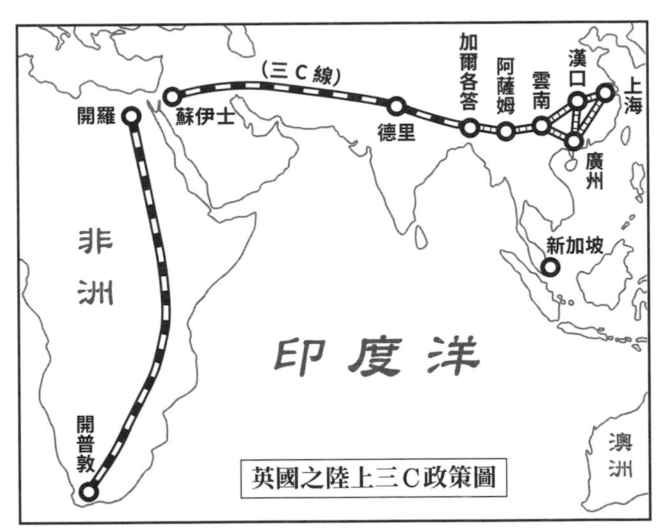

民國歷史文化學社編輯部繪製。

黃郛將西藏放在一次世界大戰後的世界局勢來討論，規模宏遠。如此一來，就能清楚地解釋英人謀藏之最初動機。因此，討論西藏問題的時論、專著便加以援

80　黃郛，《戰後之世界》（上海：中華書局，再版，1922），頁 186-187、282、331。

引發揮：英人利用達賴侵略西藏後，一來可以進一步伸向青海、蒙古；其次，鞏固印度邊防，特別是來自蘇維埃俄國的威脅；三者，進窺四川，呼應上海，將長江上、下游連成一氣；最後，增進印藏貿易及開發西藏礦產。[81] 由於當時英印官員 Charles A. Bell 的著作通過中譯本已經廣為關心西藏問題的專家所知，所以這些西藏問題的著作更能證明，在政治上，西藏中立對印度的安危非常重要，用以對抗俄國的行動；經濟上，英國必須以長江流域和西南來打通緬甸，保衛印度。[82] 英人不可能放棄謀藏。

黃郛立論的根據，是來自郭嵩燾。不過郭嵩燾的原意則與黃郛有別。郭嵩燾的立意必須放在推行洋務運動的環境。這個鐵路圖緊接在通商之後出現，更像是英國向清廷的建議，目的是藉築路攫取中國的利益。郭嵩燾點出這個問題，但興築鐵路確實是圖強的緊急事業。同樣的英人鐵路圖，在另一外交官員劉錫鴻（？-1891）看來，正好是拒絕興築鐵路的理由。[83] 兩人的衝突反映

---

81 王勤堉（著），壽景偉（校），《西藏問題》（上海：商務印書館，1929），頁 21-22；洪滌塵，《西藏史地大綱》（南京：正中書局，1936 年初版，1947 年滬 1 版），頁 170-172。冷亮，〈西藏問題之真相及其解決辦法〉，《東方雜誌》，第 31 卷第 9 期（1934），頁 21；冷亮，〈康藏劃界之問題研究〉，《東方雜誌》，第 32 卷第 9 號（1935），頁 52。

82 陳健夫，《西藏問題》（上海：商務印書館，1937），頁 45-46。

83 郭嵩燾的文字是：「去冬道上海，見格致書院藏一火輪車道圖。由印度直通雲南，一出臨安以東趨廣州；一出楚雄以北趨四川，以達漢口。又由廣州循嶺以出湖南，而會於漢口，乃由南京至鎮江東出上海，又東出寧波，北出天津，以達京師。見之怪咋，謂雲南甫通商，即籌及火輪車路也。及來倫敦得此圖，知已出自十餘年前。凡其蓄意之所至，無不至也。」見：郭嵩燾，〈上合肥

當時推行自強運動的時代背景。[84]

除了鐵路之外，英人在藏的強大，還包括逼令藏人學習英語，實行「滅國」、「滅語言」之政策，並將後藏班禪驅逐。[85] 英人甚至勾結新黨，攫取政權，訓練藏兵。英官員還要求開發全藏礦山。[86] 這些「西藏問題」的著作，無意中透露矛盾：西藏是中國主權所有，但西藏卻又是一個在中國之外的國家。在漢人知識分子看來，藏人的現代化作為，無助於國家整體進步，只能為英國侵藏作嫁。

類似的觀點也反覆出現在一本名為《西康問題》的著作內，作者陳重為希望向大眾暴露大英帝國主義於中國西南勢力，藉此解決西藏問題，並求開發西康。[87] 其實陳重為還另署名「陳重生」出版《西行豔異記》，該書因充斥對西藏女性的情色獵奇書寫而大為流行。[88] 在

伯相書〉，邵之棠（輯），《皇朝經世文統編》，第10冊（臺北：文海出版社，1980），卷一百，《通論部一》，頁19A（4117）。劉錫鴻的文字是：「馮觀察示以洋人所獻鐵路一圖，由五印度取道關外以達京師，自北而南竟成一線，始知其心非猶占埠通商之故智矣。當軸若不立意堅拒之，則海疆辦事諸人喜新悅奇，將中其陰謀而不知悟。……鐵路一成，全局安危變於俄頃，非細故也。」見：劉錫鴻（著），朱純、楊堅（校點），《英軺私記》，《走向世界叢書》，第7冊（長沙：岳麓書社，2008），頁49。

84 鍾叔河，〈"用夏變夷"的一次失敗〉，《走向世界叢書》，第7冊，頁11-37。

85 王勤堉，《西藏問題》，頁96；華企雲，《西藏問題》（上海：大東書局，1930），頁244；洪滌塵，《西藏史地大綱》，頁242-243。

86 白眉初，《西藏始末紀要》（北平：北平建設圖書，1930），第4卷，頁51-52。

87 陳重為，《西康問題》（上海：中華書局，1930），「自記」，頁2。

88 此書的進一步討論見第五章。

虛構性事豔跡之外，《西行豔異記》也呈現了對帝國主義及漢藏關係的想像。

陳重生以在場的經驗屢屢警示帝國主義，告訴讀者西藏已成為英國囊中物，而英人又通過密佈的教會對西康進行滲透。[89] 陳氏從成都首途出發，即向讀者表明他具有教徒身分，並且是與傳教士同行。故事進入第二部起，陳氏在康定計畫孤身入藏遊歷，「但在達賴境內游歷，非托英人，必不能達，乃再訪韋爾牧師」，請其在寧靜、昌都、碩督等地佈道友人協助，「可保無虞」。[90] 具有教徒身分的陳氏，跨越在藏、中、西三者之上；教會作為侵略的象徵，符合時人對西藏存在帝國主義及殖民地地位的想法，更藉以對比當地中國邊軍及土匪的不堪，又暗示了中央政府必須介入的正當性。由於英人在此如太上政府，所以陳氏屢屢求助教會友人，其一紙文書勝於吾人千百人。[91] 或者是如在德格時經由美以美教會漢人牧師得訪藏官，由彼給一文書為沿途備搜查之證。[92] 當陳氏在寧靜前往巴塘為駐軍刁難時，陳告以「余等自寧靜英領事署來」，並出示英人牧師的名片，而對方「立即束手退去」。[93] 強大的帝國主義，權

89 陳重生，《西行豔異記》（上海：時報館，1940，重印本），頁306。

90 陳重生，《西行豔異記》，頁 151。

91 陳重生，《西行豔異記》，頁 305-306。

92 陳重生，《西行豔異記》，頁 396-398。類似的描述，也在昌都、江達等地出現，分見：頁 425、452。

93 陳重生，《西行豔異記》，頁 321。西方帝國主義的勢力，也表現在西北、內蒙。在寧夏，得福音堂漢人牧師的介紹信，才不致為地方軍隊留難。在包頭，也對為難的稅卡員及警察示以教會中

威高於西藏政府，也高於中國。

由於對現代化與英國勢力的過度想像，由拉薩控制的康區西部不僅能出現教會，傳教士甚至還可以電話電信互相聯絡，為陳氏旅行取得方便及協助，而這些長途電話是英人教堂所設。[94] 陳氏認定藏區會有相關的郵電事業，所以藉著康定郵政局長及電報局長的口，指出康定至拉薩的郵電由於治安不定，已經停辦；但是從康定起至巴安、昌都、江達、拉薩一線還可以通電通話。[95] 此外，陳氏還偽造繪製出德格、巴塘、拉薩三城草圖，圖上除了地方政府與寺院外，還能標出英領事行署、教會、福音堂、英商調查處、電報局等。[96] 實際上，1921 年以後，西藏當局才開設從拉薩至江孜的有線電報線，拉薩至昌都之間，仍使用傳統傳驛；1935 年後，康區東部的西昌、康定、雅安與滇北才能互相通話。

除了遊覽名勝外，遊記也通過歷史考訂和實況報導來表達對地方局勢的評估，所以陳氏為讀者報導他在現場的觀察。1917 年，寧靜「藏人受英人嗾使，大舉東犯，遂踞於藏人」，現「已成英人侵略中國西部之第一攻取線」，寧靜副領事台克蠻（按：Eric Teichman, 1884-1944）是中堅人物。[97] 英人的侵略手段，除了提供藏人槍械對抗中國，「英國派兵入駐前藏各要地，迫

人身分。分見：頁 604、607、615。

94 陳重生，《西行豔異記》，頁 306、312。

95 陳重生，《西行豔異記》，頁 151-152。

96 依序分見：陳重生，《西行豔異記》，頁 397、335、484。

97 陳重生，《西行豔異記》，頁 305-306。

藏人學英語，為種種目無中國令人髮指之事」；四出傳教強迫藏人讀英文本聖經，而不為藏人辦科學知識的學校。所以他旅途所見所聞的藏人，「無一人有科學思想，所有無非迷信」；其經濟侵略毒辣，十年之內英茶將取代川茶在藏的地位。[98] 儘管藏人「有維新自強之遠圖，但囿於見聞，普通知識尚未備，遑論有其他新政治之創造，以此，除由駐在之英人代為經營交通市政外，其他政務之腐敗退化，與內地亦可頡抗也」。[99] 陳氏在此乃是以上海租界的情況來想像藏人無現代化的自我管理能力，因而由英人帝國主義代勞。在拉薩，他也能「調查」出城內有英國總領事署，英商八十人，軍官十八人，教育官五人，法律官三人，政事顧問官二十一人。西藏全境〔按：陳氏所說的西藏全境，是指衛藏地區〕英人教堂約二十二處，信徒七百餘人，牧師皆英人而擁有土地、房屋與資產。全境英人與印度商店共計一千六百處，因此奪去中國之市場地位。[100]

英人之外，部分在此漢人，也是此殖民共謀的一分子。在工布江達的福音堂，有一四川漢人牧師得教會之護符免除稅捐。該牧師更希望英人完成印藏鐵路後，闢支線連通拉薩、工布、緬甸，以貫穿此高原。陳氏氣憤地指出，該牧師語氣不認為中國為其祖國，可見「教會之害」，「使人痲木」，難怪英人覬覦西南得以日月寸

98 陳重生，《西行豔異記》，頁 174、321、438。
99 陳重生，《西行豔異記》，頁 398。
100 陳重生，《西行豔異記》，頁 481-482。

進，乃仗此「漢奸為之嚮導」。[101] 但是陳氏自己也透過該牧師由「江達政府」發給遊歷證明，應也算是倚靠帝國主義的力量。不論如何，陳氏確實是塑造了一幅正處於英帝國主義侵略危機下的西藏圖景；反過來說，其實也是時代的氛圍刺激了《西行豔異記》這一文本的出現。

第三節　籌藏的現代化方案

在多數漢人的觀念裡，西藏問題的出現即是帝國主義對國家固有主權的干涉，藏人大半只是處於被動、無知的地位受到離間；藏人眼界狹隘，不可能表達出真正對中華民國全體有利的方案。國府駐藏代表蔣致余根據他在藏的觀察指出，「藏人因未開化，狡黠多端，反復無常，本其性根即如此」，「不能責野蠻民族以信義」。[102] 沈宗濂（1898-1978）則提供與「落後又專制封閉的西藏政教上層人物打交道」的心得，「不但要施之以威，還要誘之以利，在器量和魄力上都壓過他們，否則是會被他們小看的。」[103]

101 陳重生，《西行豔異記》，頁 451-452。對於藏印鐵路與高原鐵路的傳聞，也同樣出現在《西康問題》一書，見：陳重為，《西康問題》，頁 3、41。

102〈翁文灝函外交部轉蔣致余電稱藏方正積極備戰決意抗拒班禪回藏乞速定大計〉（1937 年 5 月 15 日），葉健青（編），《西藏史料彙編：班禪返藏之路．民國二十四年至二十六年》（臺北縣：國史館，2009），頁 302。

103 張令澳，《我在蔣介石侍從室的日子》（臺北：周知文化出版，1995），頁 143。

同時，西藏社會也與中國社會一樣，都需要將傳統的惡勢力加以革除。由於藏人（乃至於其他非漢族群）的文化程度不夠，現代化工程需要由漢人主導。由於認定藏人愚昧，因此藏人不可能有自我進化的能力，其現代化的事物必定來自別有用心的英人，這促成藏人無民族國家的觀念。入藏官員在攝政熱振接見晤談後，記下此種觀察，如熱振竟問「南京有無拉薩大？」、「內地是否到處皆山？」這位官員鄙視連西藏一代權威於內地情況都不能明瞭，當然也不存著愛護民族國家的想法。[104]

就藏事官員來說，他們觀察到的西藏，是封建落後、男女苟合無人倫、軍備及經濟落後的中古世界。在清人的形容裡，藏人的愚昧表現在諂佛；在共和國時代，開始改以「神權政治」的現代語彙來稱呼。[105] 官員入藏後，親見西藏社會「一切習俗尚滯留中古時代」，故步自封，社會階級森嚴，政治為貴族壟斷，導致民生困苦。[106] 黃慕松入藏沿途，見民生凋弊，官員貪汙過甚，不斷有各地康藏人民來訴苦，「無日不思脫離藏屬，歸順中央」。[107] 所以，中央政府有提高西藏文化、

---

104 朱少逸，《拉薩見聞記》（上海：商務印書館，1947），頁 15。

105 如：陸興祺，《西藏交涉紀要》，下編（出版地、出版者不詳，1931），頁 62。

106 吳忠信原著，王文隆主編，《吳忠信日記（1940）》（臺北：民國歷史文化學社，2020），頁 230。

107 《黃慕松奉使入藏冊封並致祭達賴大師報告書》，頁 10-11、16、85。

改善生活的責任。[108]

對西藏的整體政策來說，外交、軍事與政治必然是中國內政問題，由中央統籌。[109]進一步的作為，黃慕松提出兩種辦法。緩進政策是選派幹員駐藏、羅致藏方青年來京求學、改善中央與西藏交通、鼓勵兩方商貿、加強宣傳溝通感情等。至於激進政策，則是統一四川，移兵西康殖邊，可允許藏人自治。[110]吳忠信同樣認為，如欲鞏固西藏，實力之外，要從建設青、康兩省做起。[111]中央高層官員的這種微妙態度，地方軍閥了然於心。[112]為調整藏務，戰時外交部提出更全面性的計畫。經濟上，加強漢藏商業經濟關係，由政府補助鼓勵收買西藏產品，並補貼國產品運銷西藏，與英印貨物競爭。政治方面，首先要務是對西康、青海積極經營，剷除舊軍閥勢力使中央政令得以暢行。其餘則為設法增強佛教與回教徒的國家觀念、儘速改流尚未設縣之地。開發交通上，開築舊徑入藏三路。宗教上，利用宗教，溝通語言及文字隔膜，故需加強設立藏民學校、獎勵入學，資助漢僧入藏研究佛學，賦予聯絡漢藏情感任務；

108 《吳忠信奉使入藏主持第十四世達賴喇嘛坐床典禮報告》，頁159。

109 孔慶宗，〈黃慕松入藏紀實〉，《西藏文史資料選輯》，第5輯（1985），頁77-79。

110 《黃慕松奉使入藏冊封並致祭達賴大師報告書》，頁113-114。

111 吳忠信原著，王文隆主編，《吳忠信日記（1940）》，頁108。

112 舉例而言，在1943年4月蔣介石因藏方停運物資而下令青、康、滇軍隊向西藏邊境開進時，康、滇並未配合。伍培英，〈蔣介石假征藏以圖康的經過〉，中國人民政治協商會議全國委員會文史資料研究委員會（編），《文史資料選輯》，第33輯（北京：中華書局，1963），頁140-150。

並增加寺廟佈施。機構上，加強、提高駐藏辦事機構功能與地位，改善駐藏人員聯繫。宣傳上，通過報刊、電台、駐藏人員、漢僧等加強宣傳，並著重三民主義與黨國政策。衛生事業上，因藏人不重衛生，男女交往過濫，日飲奶茶，致肺癆、花柳與水腫極為普遍，死亡率高，生殖力又減，藏族存亡極為可慮，故在駐藏機構附設診所醫院，改善醫藥救治。對英辦法，堅持對藏主權與固有疆界，西藏一切事務舉凡交通、關稅、治安、駐軍等均為中國內政問題，均不為談判內容。對外方面，加強親善尼泊爾、錫金、不丹小國；印度獨立問題與西藏問題無關。[113]

外交部的規劃，亦大致見於蒙藏委員會駐藏辦事處的工作計畫。以駐藏辦事處 1943 年度的工作計劃綱目為例，其工作計劃內容：一，情報：成立特務組，展開特務工作，探查日偽間諜與情報。二，調整駐外人員：在昌都、印度等地設置視察員、聯絡員。三，政治：加強中央與西藏聯繫，與英、尼、不丹在藏人員切取聯繫，保護在藏漢、回民利益，漢民、漢僧戶籍登記、救助，以及整理漢民保甲。四，教育：在各地創辦、擴充小學。五，經濟：成立國家銀行拉薩分行，推行法幣，籌設工藝傳習所、消費合作社等，取消康藏之間稅卡。六，建設：創設民眾診療所、公眾體育場。七，交通：

113 〈藏案紀略〉、〈說帖：調整藏務之書函〉，外交部（編），《外交部檔案叢書．界務類》，第 5 冊，《西藏卷》（一）（臺北：外交部，2005），頁 71-75、333-337。按：由內容「上年駐藏辦事處與藏當局發生誤會」判斷，文件應寫於 1944 年。

取消內地入藏的限制，促辦開闢航空，辦理通訊組織。八，宗教：早日解決九世班禪轉世案，補助三大寺格西考試，試辦轉世活佛登記調查，熬茶佈施。九，調查：赴西藏各地、不丹、尼泊爾調查。十，宣傳：放映電影。[114]

不過，這些治藏任務實際上落實的部分並不多，一為依照清例取得旅藏漢、回民司法管轄權，[115] 二為熬茶佈施與補助留學西藏漢僧，[116] 三為興辦小學。[117] 以熬茶佈施一項來看，這確實於人心有迅速之功，特別是西藏僧人。國民政府確實在佈施上耗費大量金錢，然而國民政府很清楚這不只是藏人所說的單純的檀越關係，國民政府對檀越關係的認知就是將宗教關係政治化。隨吳忠信入藏的朱章（字少逸，1907-？），記下吳忠信「供養」達賴之事。他對此特以解釋，供養與佈施不同，佈施是施主對僧眾贈與金錢，而供養是施主對神或宗教地位崇高者贈與實物。也就是說佈施只是純粹的宗教信仰，「供養」才能將此宗教事務混上政治性質。[118]

114〈蒙藏委員會駐藏辦事處三十二年度行政計劃〉（1942 年 7 月至 12 月），蒙藏委員會編譯室（編輯），《蒙藏委員會駐藏辦事處檔案選編》，第 3 冊（臺北：蒙藏委員會，2005），頁 559-679。

115〈行政院向第二屆國民參政會第二次會議所作工作報告〉（1941 年 10 月），《元以來西藏地方與中央政府關係檔案史料匯編》，第 7 冊，頁 2970-2971。

116 有關在藏漢僧的情況，見：楊嘉銘，〈民初遊學西藏的漢僧及其貢獻〉，張駿逸（主編），《歐陽無畏教授逝世八週年紀念論文集》（臺北：蒙藏委員會，2000），頁 56-88。

117 進一步詳情，見：黎裕權，〈駐藏辦事處的設置、功能與影響——兼論國民政府的西藏政策〉（臺北：中國文化大學史學研究所碩士論文，2004），頁 52-83。

118 朱少逸，《拉薩見聞記》，頁 82-84。

只是，在漢人看來一向對漢最為友好的三大寺僧人，在漢藏佛教交流的事務上也有所保留。1943 年 4 月，蔣介石接受時為中國佛學會會長太虛大師（1890-1947）的建議，為使「西藏傾誠內向起見」，要留藏漢僧組織漢藏佛教（協）會，以加強「結納藏中官僧首長，宣達中央德威」。[119] 然而發起籌備時，為免藏人起疑，特意與駐藏辦事處撇清關係。[120] 又正值噶廈停止驛運物資的緊張時機，最後此協會未告成立。[121] 至於拉薩小學，在邢肅芝（1916-2014）接辦後學校聲譽大有起色，第二年起即有藏人貴族子弟入學，這對一向看不起在藏漢人的藏人而言，確實是一項成績。[122]

在國民政府規劃的西藏現代化方案裡，教育與文化交流始終是重要一環。就宗教交流來說，民國時期最主

119〈吳忠信電孔慶宗為使西藏傾誠內向擬囑留藏漢僧組織漢藏佛教協會結納藏中名僧首長宣達中央德威並請徑行負責指導〉（1943 年 4 月 2 日），《蒙藏委員會駐藏辦事處檔案選編》，第 8 冊，頁 424。

120〈蒙藏會孔慶宗轉碧松等告知漢藏佛教協會組織要點並以中國佛教會理事長等為會長會章名冊領款亦函中國佛教會轉該會〉（1943 年 4 月 10 日），《蒙藏委員會駐藏辦事處檔案選編》，第 8 冊，頁 426。

121〈大剛等電蒙藏會轉太虛法師藏俗守舊無集會結社之習且噶廈監視干涉藏僧決難自由參加假若籌備有損無益〉（1943 年 4 月 24 日），《蒙藏委員會駐藏辦事處檔案選編》，第 8 冊，頁 431；〈駐藏辦事處函滿月法師等轉達熊處長來電關於組織佛教協會事刻下萬難進行〉（1943 年 6 月 23 日），《蒙藏委員會駐藏辦事處檔案選編》，第 8 冊，頁 434-435；〈吳忠信呈暫停進行組織漢藏佛教會經過及給予西藏駐京辦事處補助辦公費及捐助經堂修建費〉（1943 年 6 月 29 日），〈藏務（二）〉，《國民政府檔案》，國史館藏，典藏號：001-059200-0017-002。

122 邢肅芝〔洛桑珍珠〕（口述），張健飛、楊念群（筆述），《雪域求法記：一個漢人喇嘛的口述史（修訂本）》（北京：生活．讀書．新知三聯書店，2008，第 2 版），頁 335-338。

要方向是漢人對西藏佛教密宗的熱潮，這一點將在第三章進一步討論。雖然就宗教的影響力來說，藏人對漢人的影響遠大於漢人對藏人的影響，但是這並不妨礙將藏人宗教與神權政治視為有待改革的對象。黃慕松即認為，如達賴、班禪等宗教領袖，在坐床之後，要接受漢文化教育。「余意政府整理佛教，必先令高僧轉世之小童，學習漢文，成年時考試及格始准其承襲，統治上之必要。」[123] 針對此種企圖，漢傳佛教界卻有不同的意見。太虛的弟子滿智（？-1937）即認為，從清季以來，「治藩者」、「惟知嫉惡其風俗宗教，欲行改革，以致結怨蒙藏」。他並反對蒙藏委員會有些言論主張以三民主義同化蒙藏、推翻蒙藏之宗教的計畫。[124] 對於國民政府試圖加強對喇嘛與活佛的管制，太虛另一弟子法舫（1904-1951）即批評，在立法院於 1935 年 11 月 29 日通過的《管理喇嘛寺廟條例》的第二條規定，「喇嘛轉世，以曾經轉世者為限，其向不轉世者，非經中央核許，不認為轉也。」法舫認為該條文「根本與佛法及喇嘛教規不合」，因喇嘛轉世者，「為其修行用功之結果」，「發願轉生人間，再修佛法」，「本為個人生死修行自然的自由行動，今須要由中央核許，豈非笑話！」[125]

123 黃慕松，《使藏紀程》（出版地、出版者不詳，1947），頁 25B，收入：張羽新、張雙志（編纂），《民國藏事史料彙編》，第 17 冊，頁 183。

124 滿智，〈世界佛學苑漢藏教理院之使命〉，《海潮音》，第 13 卷第 1 期（1932），「特載」欄，頁6、18。

125 法舫，〈喇嘛轉世也由中央核許〉，《海潮音》，第 17 卷第 1 期另一種透過宗教進行同化工作的想法，則是以漢僧為前驅，除了外交部與蒙藏委員會的規劃外，漢人喇嘛歐陽無畏（1913-1991）[126] 提出最激進的構想。歐陽無畏批評時人以為辦藏事的成功要訣有三：提高駐藏官員素質、以武力解決、熟悉藏語藏文。然而，具備這三條件的清末，正是藏事最敗壞。他進一步檢討民國時期的對藏政策，認為達賴喇嘛在世時他才是解決西藏問題最重要的重心，可是政府官員卻只注意班禪。歐陽重新評價達賴十三世是政治天才，未丟失尺寸國土，與英國只是互相利用，在中、英間保持恰好位置。1929 年貢覺仲尼奉使南京，本是解決藏事好機會。但當時主持邊務者缺乏眼光，無法同意達賴喇嘛提出的康藏界務。實際上界務不是中藏之間的問題，因為西藏無實力對抗中

（1936），頁 8。

126 歐陽無畏，字鷙，江西興國人。1930 年畢業於東北馮庸大學政治系，1933 年，任教青海省立第一師範，開始學習藏文。1934 年，隨黎丹所率之西藏巡禮團入藏，於拉薩哲蚌寺果莽札倉習經，後剃度出家，法名君庇亟美，在藏共計七年。曾自拉薩出發，進行藏尼之旅，1938 年，祕密完成《藏尼遊記》、《大旺調查記》〔即達旺〕調查報告。1941 年，離藏至重慶中央大學和政治學校教授藏文。1945 年起兼任國防部邊務研究所藏文教席。1948 年再度入藏，修習顯密教法，肩負為國防部第二廳蒐集情資任務。1950 年底，因解放軍即將入藏，在未及進行格西辯經考試前，越藏、尼邊境，輾轉抵達臺灣。1955 年，任光復大陸設計委員會委員兼祕書，1956 年起，受聘任政治大學邊政所等系所，講授藏文、西藏歷史、地理、文化等科。自 1975 年退休後，歐陽無畏在家中自設絳帳，依藏文原典，按照格魯派的教育學程，循次第講授「印度佛教史」、「西藏佛教史」、「基礎因明」、「宗義」、「般若」、「中觀」、「量論」等藏學重要論著。臺灣目前有能力和志業從事藏文、藏學研究者，多出君庇亟美喇嘛的門下。參見：不著撰人，〈歐陽無畏老師事略〉，《歐陽無畏教授逝世八週年紀念論文集》，共 3 頁，無頁碼；蕭金松，〈歐陽無畏教授（君庇亟美喇嘛）事略〉，《蒙藏季刊》，第 20 卷第 1 期（2011），頁 56-71。

國，西藏需要中國保護藏、印邊界。當時應由中央提供資金、技術與人才，交由達賴喇嘛自己去推行新建設即可，如此一來也就可以灌輸新精神與教育。不過達賴喇嘛死後情況不同，需改以強勢手段重新塑造西藏的新重心。[127]

歐陽無畏的想法正是透過宗教與教育政策的相互搭配，重新改造西藏。宗教使藏民愚蠢，官吏使得藏人貧苦，所以治藏之要在於教育，廣播革命種子。[128] 對藏的宗教政策方面，以達賴、班禪、三大寺為中心，進行政教分離，由政府統制一切宗教事務。對藏的教育政策上，專心寄託在下一代的西藏人，使西藏人成為民國人民，忠於國家與中華民族，栽培西藏政策的服從者。具體的步驟是：第一，派遣大量漢僧來藏學經，成為堪布，在西藏最高國政會議中擁有發言權與監察權，成為政治上的最高原動力的重心。第二，將西藏的教育分作初、中、高三等級階段，並加以統制，造成西藏一切事業運用力的重心。第三，培植在西藏經商的內地商人，造成經濟力的重心。第四，在達賴喇嘛與班禪喇嘛未成年時，教授漢文，灌輸民國觀念，透過「一個合於民國精神的良好的活佛教育來令新轉生的達賴來接受」，造成信仰力的重心。這樣的過程自然需要長期的進行。他形容，西藏對中國的意義，像是築橋填坑，必須拿無量的金錢去填平，這自然是一種援助弱小民族來達到世

127 歐陽無畏，《大旺調查記》，手稿本。

128 歐陽無畏，《藏尼遊記》，手稿本。

界大同的長期過程。[129] 他的構想對照當今西藏現況來說，十分具有現實性。

其實並非無人檢討過國民政府的治邊政策，以國民政府高層戴季陶（1891-1949）來說，他曾批評，由於清代理藩院絕不用漢人，所以漢人無治邊理藩經驗。民國以來，「動輒以開發邊疆，集中統制，廢藩置縣，改土歸流，擴張農田，消滅宗教等」，非真實平允的治邊之道。[130] 他的檢討不乏真心附和者，只是一般知識分子在談到治邊的言論時，總難避免流露出漢人中心的想法。更甚者，認為要改善當時西南邊遠的土司流弊，當以蔣介石所推行之新生活運動的宗旨來徹底改造。其口號綱目是軍事化、生產化、藝術化。生產化是因西康民眾迷信宗教，「不工不商，不農不賈」，與廢人無異。所以，生產化的整頓，使其從事勞動，自食其力，一改從前豪奢、怠惰、游蕩習性。藝術化則由於康民粗鄙成風，野而不文。藝術化的提倡，能使之肅儀循禮、整齊清潔。軍事化的要求是因康民狃於獵，毫無組織團結。軍事化的整編可使之嚴紀律守秩序。[131]

從討論吐蕃、西藏的起源開始，漢人菁英就試圖在西藏與中華民族之間找出同源關係。漢藏之間的歷史研究也欲證明，西藏的主權一向由中國監管。然而共和革

129 歐陽無畏，《大旺調查記》，手稿本。

130 戴季陶，〈致教育部陳部長書〉（1937 年 2 月 9 日），戴季陶（著），陳天錫（編訂），《戴季陶先生文存》，第 1 冊（臺北：中國國民黨中央委員會，1959），頁 304-305。

131 胡巨川，〈西康土司考〉，《西北問題季刊》，第 2 卷第 1、2 期（1936），頁 194。

命導致漢藏之間通過清帝聯繫的紐帶消失，民國時期的政治與知識菁英必須重新建立可以溝通的紐帶。只是從五族共和到民族主義的訴求，對藏人而言都無吸引力。另一種從宗教文化上的努力，則是訴諸於同是佛教的紐帶。這一點除了表現在拉攏所謂「親漢」僧首與佈施之外，還由漢傳佛教的信徒來推動民間的交流。究竟漢人如何看待西藏佛教，此點將是第三章、第四章的討論方向。

當 1930 年代起漢藏雙方開始直接對話後，直接負責藏事的官員，無時無刻不在想著如何恢復固有主權。所謂恢復中藏或漢藏歷史上的關係，指的乃是乾隆時期的前清舊例。即使在雙方出現爭議而欲訴諸武力時，官員們想到的就是康雍乾時代大軍進藏，或者清末趙爾豐的邊軍與新軍進藏。但正如隨沈宗濂入藏的李有義（1912-2015）所分析，藏人十分痛恨前清。[132] 不過，當時旅居中國內地的少數藏人，則同意中國對西藏的主權。這一點將在第六章進行討論。

再者，由於西藏是中華民族的一部分，西藏也有資格一同享受現代化事業發展的成果。然而，阻礙西藏邁向現代化者，是那被視為保守的神權統治與中世紀封建社會的過時秩序，促使菁英們提出各種現代化的籌藏方案。最激進的計畫，則是全盤改造被視為需要極力拉攏的宗教領域，這種矛盾並沒有因民國政權遭到取代而結

132 李有義，〈西藏問題之分析〉，《邊政公論》，第 7 卷第 3 期（1948），頁 1。關於李有義的論述，第四章將進一步處理。

束。實行這些方案的先決條件，必須是收回主權之後。當前藏人背後有外人離間，帝國主義便是問題的一部分。至於西藏正開始推動現代化與國家建設的過程，也只能是有害而非進步的，西藏的現代化只能通過中國主權的行使來進行。

第三章　「喇嘛教」與密宗論戰

金庸的武俠小說對華人而言可說是經典文學，膾炙人口，更不必說將之改作成漫畫、動畫或翻拍為電影、電視影集。但是，隨著金庸小說一起經典化的，則是其中喇嘛的角色。一提到鳩摩智、靈智上人、金輪法王、雪刀老祖這些「番僧」，他們在小說裡都居於負面與邪惡的角色。武功高強、狡猾奸詐、粗魯愚笨、暴力嗜殺、擅長咒語以及貪淫好色。塑造番僧這些形象，並非始於金庸的小說，實際上，是漢人長久以來的認知。

漢人以「喇嘛教」一詞來稱呼藏傳佛教的開端，起自明代萬曆年間。[1] 不過，當時喇嘛教一詞並未有太多意涵。即便如此，在「喇嘛教」一詞的使用還未定型之前，漢人史籍裡就已經充滿對西藏佛教的負面敘述。元明清時期，漢人更習慣以釋教、番教、紅教、黃教、象教來稱呼西藏人的佛教。沈衛榮指出，從元、明兩代起，西藏佛教即已貼上負面的色彩。元史以及明代文人筆記中，對番僧批判最烈者，即是所謂的「祕密大喜樂法」、「演揲兒法」。[2] 然而，正如沈衛榮所言，在文

1　沈衛榮，〈“懷柔遠夷”話語中的明代漢、藏政治與文化關係〉，《國際漢學》，第 13 輯（2005），頁 213-240。

2　卓鴻澤針對「演揲兒」、大喜樂法進行歷史語文學的探討。「演揲兒」是回鶻語 yantïr（梵文 yantra 的對音，是指一種類似曼陀羅的幾何圖形）一詞的對音，屬於噶舉派那妻瑜伽。「大喜樂

人筆下，這些祕密法的具體修行方式，都是演繹自房中術經典的《素女經》。由於這些番僧在政治上的得志，一方面士人對此將之解釋為帝王不是出於個人的宗教信仰才對密宗有興趣，而是為了治國的權術與方略，將帝王個人的宗教行為予以政治化的詮釋。另方面，又將之視為中國佛教的對立面，將喇嘛教當成鬼教，喇嘛或者是神祕莫測、法力無邊的妖僧，或者活佛的神通乃是騙術。[3]

直到清末，受到日本與西方的影響，漢人開始習慣用「喇嘛教」來稱呼西藏佛教，同時也接收這一詞所蘊含的部分負面意義。不過漢人所使用的「喇嘛教」，更多的內容是來自中文史籍的傳統。同一時間，對西藏佛教的稱呼，還有真言宗、密宗、密教、西藏密教、西藏密宗、藏密、西藏佛教等等。只是，這些都比不上「喇

法」，是噶舉派「大手印」密法，一種運氣調息的拙火法。元順帝修習大喜樂法，乃欲證得「大喜樂之身」，離諸病惱，也就是出於求壽目的。這些密法遠非漢士儒生筆下的淫樂邪法。見：卓鴻澤，〈"演揲兒"為回鶻語考辨：兼論番教、回教與元、明大內祕術〉，《歷史語文學論叢初編》（上海：上海古籍出版社，2012），頁 126-167。另一個同被當成淫戲的是宮廷中所傳的「十六天魔舞」。依沈衛榮、李嬋娜的考證，「十六天魔舞」應是吉祥上樂輪中圍或喜金剛中圍儀軌裡十六天女（明妃）供養，經薩迦派和噶舉派的傳承，於西夏、蒙古宮廷廣泛流傳。見：沈衛榮、李嬋娜，〈"十六天魔舞"源流及其相關藏、漢文文獻資料考述〉，沈衛榮（主編），《文本中的歷史：藏傳佛教在西域和中原的傳播》（北京：中國藏學出版社，2012），頁 499-564。

3 Shen, Weirong & Wang, Liping, "Background Books and a Book's Background: Images of Tibet and Tibetan Buddhism in Chinese Literature," in Monica Esposito (ed.), *Images of Tibet: in the 19th and 20th Centuries* Vol. I (Paris: École française d'Extrème-Orient, 2008), pp. 267-300；沈衛榮、汪利平，〈背景書和書之背景：說漢文文獻中西藏和藏傳佛教形象〉，《九州學林》，第 7 卷第 2 期（2009），頁 206-249。

嘛教」一詞所具有的「畫龍點睛」意味。當漢人知識分子開始對西藏有更深的認識後，才開始質疑「喇嘛教」一詞的不恰當。[4] 由於這些名詞是本書討論的對象，為了契合文字的脈絡，筆者仍會使用。

在西語中「喇嘛教」一詞的使用最早出現於 18 世紀末。不過，有意識地使用喇嘛教一詞，並暗示這種宗教是喇嘛所捏造，為印度佛教的不肖子孫，則起於 T. W. Rhys Davids（1843-1922）、L. A. Waddell（1854-1938）等人關於印藏佛教的著作。[5] 以喇嘛教來稱呼西藏佛教，即使是傑出的藏學家亦不認為有什麼不妥。如，在法國知名藏學家石泰安看來，由於西藏佛教的實踐，是以喇嘛作為主體，因此喇嘛教一詞的稱呼沒什麼不好。[6] 義大利藏學家圖齊（Giuseppe Tucci, 1894-1984）則在其著作裡的第三章以「喇嘛教的特徵」（general characteristic of lamaism）為題來闡述西藏佛教。[7]

在「喇嘛教」一詞之外，西方學界另有幾個與西藏佛教密切相關、並具有高度含混爭議的名詞，如：怛

4　如：蔣君章（1905-1986），〈我對於喇嘛教的認識〉，《邊疆通訊》，第 2 卷第 1 期（1944），頁 3-5；李安宅，〈拉卜楞寺的護法神——佛教象徵主義舉例（附印藏佛教簡史）〉，《邊政公論》，第 1 卷第 1 期（1941），頁 87 等。按：蔣君章時為軍事委員會侍從室組員。

5　Donald S. Lopez Jr., Prisoners of Shangri-La, *Tibetan Buddhism and the West* (Chicago: University of Chicago Press, 1998), pp. 32-42. 按：L. A. Waddell 並非專業學者，而是英印當局駐大吉嶺官員，1904 年英軍侵藏時擔任隨軍醫官。感謝匿名審查人提示此點。

6　Rolf A. Stein, trans. by J. E. Stapleton Driver, *Tibetan Civilization* (London: Faber, 1972; Original published as *La Civilisation Tibétaine.* Paris: Dunod Éditeur, 1962), p. 165.

7　Giuseppe Tucci, *The Religions of Tibet*, p. 29.

特羅佛教（Tantric Buddhism, Buddhist Tantras）、佛教密宗（Buddhist Esoterism, Esoteric Buddhism）、金剛乘（Vajrayana），這些詞彙都是作為顯教（Exoteric Buddhism）的相對詞，其中的關鍵即是怛特羅佛教特指與密教（Tantrism）相結合的另一種佛教。19 世紀起的歐洲東方學家，即以這種二重對立模型來解釋整個佛教發展史，也就是確實來自佛陀觀點、本質的、純哲學的「真佛教」，對立於派生的、崇拜超自然力量、夾雜土俗信仰的「次等佛教」（lesser Buddhism）。[8] 由於怛特羅（Tantra）與密教如此具爭議，幾代以來的學者不斷試圖歸納出其定義、起源、特徵、具體內容；然而，將密教當成是一高度抽象、有清晰定義的實體，正是 19 世紀以降東方學家與殖民活動的產物，成為一「極端的東方」（The Extreme Orient）。作為西方的特異他者，在西方文化中形成的密教範疇，是通過兩種極端的辯證過程來發展：維多利亞時代對怛特羅實踐中性放縱的厭惡，以及反方向對怛特羅哲學的辯護與淨化。[9]

大致上，關於怛特羅信仰的源頭，西方宗教社會學家們有兩種解釋，一是前雅利安起源，另一是吠陀（Veda）起源。詞源上，怛特羅（Tantra）一詞最早使用的記載見於吠陀經典，原意是伸展、編織，擴展成解

---

8 關於佛教密宗研究之學術史的批判，見：Christian K. Wedemeyer, “Tropes, Typologies, and Turnarounds: A Brief Genealogy of the Historiography of Tantric Buddhism,” *History of Religions*, Vol. 40, No. 3 (2001), pp. 223-259.

9 Hugh B. Urban, “The Extreme Orient: The Construction of ‘Tantrism’ as a Category in the Orientalist Imagination,” *Religion*, 29:2 (1999), pp. 123-146.

釋、贊同，之後用來命名某一類特殊的文本（密續，密教文獻）。一般認為，正式以怛特羅命名的文本出現於3-7世紀的佛教文獻，至10世紀才發展至頂峰。不過，佛教文獻裡並不常用怛特羅一詞，更常見的詞彙是金剛乘（Vajrayana, diamond vehicle, thunderbolt vehicle）或真言乘（Mantrayna, mantra vehice），它們指出一條超越小乘、大乘之外的新道路。[10] 也就是說，怛特羅是在與經（sutra）類文本的對比中才起作用。因此，怛特羅之路是 sutra 之路的一種補充，它修復了圓滿的教法，將自己想像成是小乘、大乘之後更優越、更方便的成佛之道。[11]

這類文本，旨在通過各種密咒（mantra）、禪定（dhyana）、手印（mudra）、曼荼羅（mandala）等等方式來召喚神祇和獲得種種成就。進行怛特羅修行，不是要為了解脫而犧牲現實世界，而是在救贖的角度上用不同的方式恢復此世。通過欲望與紅塵萬象，可以取得現世與超世的喜樂及成就，並達到生命解脫。這些修行方式，更廣泛地見於亞洲各地，至少從1世紀中葉起就出現，影響了印度教、佛教、耆那教等傳統。故從最廣泛的定義來說，怛特羅是一種獲取、並使用絕對神性（absolute godhead）的能量或覺悟的活動。它主張神性

10 Hugh B. Urban, "Introduction: Diagnosing the 'Disease' of Tantra," in Hugh B. Urban, *Tantra: Sex, Secrecy, Politics, and Power in the Study of Religion* (Berkeley: University of California Press, 2003), pp. 23-31.

11 Donald S. Lopez Jr., "The Heart Sutra as Tantra," in *Elaborations on Emptiness: Uses of the Heart Sutra* (N.J.: Princeton University Press, 1996), pp. 92-93.

孕育並維繫這個宇宙，我們所感知的宇宙只是這種神能的具體顯現。怛特羅試圖以各種方法，在人類的中千世界中通過儀式接近神能，並與此神能溝通。[12]

於是，這導向那些在外界看來違悖常理、充斥不道德的儀式，包括供養「五肉」、「五甘露」以及「五摩」修行法等駭人的內容。對大乘佛教而言，情感欲望乃是成佛之路的障礙。但在怛特羅修行者來說，不淨的情欲乃是解脫的一部分。如何理解密教裡這些有違常理的成分？其中一種解釋借用羅蘭・巴特（Roland Barthes）的符號學概念，認為這些儀式、符號的喻義，乃是表達修行者對淨穢無二的覺悟狀態。以最淺顯的文字來說，一個修行者在儀軌中極樂地食用汙穢的五肉而無恙，正表示他獲得了無二本覺（non-dual gnosis）的覺悟。[13] 另一種則指出，金剛乘文本原型本非佛教儀軌，而是來自濕婆派密教。在借用改造的過程中，佛教賦予新的內涵，掩蓋濕婆派的來源。[14] 以最有爭議的性瑜珈來說，在印度教早期怛特羅裡，性液是供奉諸神的首選，男性無此神液，只能從女性性器官獲得。兩性交

---

12 David Gordon White, ed., "Tantra in Practice: Mapping a Tradition," introduction to *Tantra in Practice* (N.J.: Princeton University Press, 2000), pp. 7-9.

13 Christian K. Wedemeyer, "Beef, Dog and Other Mythologies: Connotative Semiotics in Mahayoga Tantra Ritual and Scripture," *Journal of the American Academy of Religion*, vol. 75, No. 2 (2007:6), pp. 383-417.

14 Alexis Sanderson, "Vajrahana: Origin and Function," in Dhammakaya Foundation ed., *Buddhism into the Year 2000: International Conference Proceedings* (Bangkok and Los Angeles: Dhammakaya Foundation, 1994), pp. 87-102

合，是代表女性的般若（Prajna，即智慧）與男性方便善巧相（Skill in Means）的結合。而後，多數密宗教派都將此種修行改造成更精神化的修行，將之內化成瑜珈結合體，取代原先性器官作為實踐目標的手段。[15]

至於藏人，當然不會用「喇嘛教」來標記自己的宗教信仰，藏人認為自己的宗教就是「佛教」（chos, Sangs rgyas kyi chos），信教者稱為「內道」（nang pa），意思是站在佛法之內的人；非佛教徒稱為「phyi pa」，即站在佛法之外的人。出家的僧人，除了居住在寺院的僧人外，尚有雲遊的密咒師（sngags pa）與修行者（ri khrod pa）。[16]

清末民初起，皇家禁律鬆弛，蒙藏僧侶為求生計廣與外界互動，民間漢人逐漸接觸到西藏佛教信仰。西藏密宗進一步成為公眾性議題，乃是出於兩個因素的推動。一者是漢傳佛教在自身的改革運動中，從西藏佛教看到希望，並將此種希望導向政治性的功用，試圖證明佛教能為現代國家的建設做出正面的貢獻，以佛教連結漢藏情感。再者，恰好班禪喇嘛等蒙藏高僧也在同一時間來到內地，因此密宗的信仰一度成為熱潮。正是在民國時期的密宗熱潮裡，更能檢視中國佛教界是如何看待西藏佛教。

---

15 Alexis Sanderson, "Saivism and the Tantric Tradition," in Stewart Sutherland et al., *The World's Religions* (London: Routledge, 1988), pp. 679-680; David Gordon White, "Tantra in Practice: Mapping a Tradition," pp. 15-17.

16 Giuseppe Tucci, *The Religions of Tibet*, pp. 111, 156.

第一節　「不」純淨的喇嘛教？

由於西藏成為帝國主義侵略中國危機下突出的議題，清末起漢人關於西藏的著述開始增加。自然，也將前人的錯誤一併抄襲下來，其中影響最為深遠者，正是第一章所討論的魏源關於西藏史的敘述。雖然魏源認為黃教本出於紅教，然而，他仍懷疑其信仰是否得當。除了對當時喇嘛在家俗服感到不解之外，他亦抨擊那些番僧所帶來的歡喜佛，其「圖像供設，恬不為怪」，「官府亦不禁之，此不可解二也」。[17] 魏源的反感並非特例，元明兩代不論，早於清初康熙朝，士子杜昌丁即特別記下西藏佛像其「最重歡喜佛，裸體交媾」。[18] 他們的態度正好代表一般漢人士子對西藏佛教的觀感。相對於皇室對黃教的信奉，清代讀書人質疑喇嘛教比佛、道更不入流。同光時代的士子陳康祺（1840-1890）在其筆記中，對朝廷「言事諸臣」「無建議裁抑〔喇嘛教〕者」感到不直。朝廷優禮「喇嘛教」，本只是羈縻外藩。然而這些徒眾「出則橫行街市，莫與誰何，糜帑惑民，於義無取」，道德上「飲酒食肉」，「娶婦女，無復戒律」。更為荒誕的是，「黃教能畫符治病，唪經咒。紅教至能攝人生魂，睚眦之讐，咒詛立死。」[19] 這

17 魏源，《聖武記》，卷五，〈國朝撫綏西藏記・上〉，頁 9B。

18 杜昌丁，《藏行紀程》〔楊復吉（編），《昭代叢書・辛集別編》，第二十五卷，吳江沈楙悳世楷堂藏板，道光十三年（1833）刊〕，頁 7A。按：杜昌丁是康熙 59 年（1720）入藏。

19 陳康祺，《郎潛紀聞・初筆・二筆・三筆》（北京：中華書局，1984），上冊，卷一，頁 7-8。

種批評喇嘛教具有巫術神通、不守教規犯戒，以及將喇嘛教政治化的觀點，從元明的士人開始即有。前述《西藏新志》一書，即抄錄《元史》中相關的材料，痛批「演揲兒法」，也就是所謂大喜樂法，乃是「男女裸處，不以為褻」，因此國政「誤於西僧，不亦甚乎」。[20] 但是，從清末起，漢人開始在妖邪的指控之外，通過各種外國的著作來探討喇嘛教的根源、教義，及其與純正佛教信仰的相違之處。

原來漢人在喇嘛廟裡見到的佛像「皆狀貌猙獰」，[21] 其來源乃是印、藏的混合物。在《東方雜誌》刊出的一篇應該是傳譯自日人的文章裡，指出西藏的宗教雖來自印度佛教，但北印度諸神入藏的同時，也將西藏原信奉的群神降為群魔。這些成為後世邪魔變狀的西藏古神，「形容怪陋，面目猙獰，其大齒牙中嘗含有人血，身四周各有地獄之火，以為如是則可令其民驚魄動魂，恃有喇嘛為護符而避凶趨吉。」[22] 這些經驗，不僅漢人有之，日人與西方人亦有同感。對於日人所指西藏佛像中，少有「表示慈悲、忍辱之相」，而多是「奇怪、猥褻之佛像」[23] 的現象，一位西方記者指出，這樣的宗教

20　許光世、蔡晉成（纂），《西藏新志》，中卷．政治部，頁 62，299。

21　心禪，〈西藏歸程記（未完）〉，《小說月報》，第 5 卷第 8 號（1914 年 11 月 25 日），「遊記」欄，頁 2。

22　不著撰人，〈西藏之宗教民俗（錄《中外日報》）〉，《東方雜誌》，第 5 年第 12 期（光緒三十四年十二月二十五日，1909 年 1 月 16 日），頁 40。

23　林有任（譯），〈喇嘛教之研究（上）〉，《地學雜誌》，第 8 卷第 4 期（總第 82 號）（1917 年 4 月 25 日），頁 70。按：由文中名詞的漢譯來推測，此文應是譯自日文。

完全與旨在「參禪及普渡眾生」的佛教背馳，故「應別之為喇嘛教」。喇嘛教的「宗旨僅止禱求菩薩，乞福消災而已」。看到那些繪於頭門壁間的「牛鬼蛇神之菩薩」，「驚惺可累日也」。[24]

事實上，在歐洲學界，以喇嘛教來貶抑西藏佛教者，正是始於印度佛教史專家。雖然從 1820 年代起，歐洲學者如 Eugène Burnouf（1801-1852）與 Isaak Jakob Schimit（1779-1847）在研究印度佛教時即已注意到藏文佛典及西藏佛教，西方現代藏學之父 Csoma de Kőrös（1784-1842）亦已從事藏文字典的編纂；[25] 但是，對歐洲學者來說，喇嘛教裡充滿了怛特羅（tantra）的內容，而怛特羅代表原始佛教裡偉大莊嚴的形上學，屈服於神祇、巫術與神祕儀式符咒等迷信宗教，喇嘛僧人以欲望的滿足取代樸素的道德規戒。因此，相對於具有與基督宗教同等倫理意涵的原始佛教，西藏佛教由於具有咒語、巫術、土俗等內容的怛特羅，而給與墮落的批判。當中以 L. A. Waddell 的著作最常被日本人與漢人作者引用。

前述日人太田保一郎所編纂的《西藏》一書，即向

---

24 John Claude White（著），陳世騄（譯），〈拉薩遊記〉，《東方雜誌》，第 14 卷第 3 號（1917 年 3 月 15 日），頁 82。按：John Claude White（1853-1918），曾任英國駐錫金政治專員（Political Officer of Sikkim），見：Alex McKay, *Tibet and the British Raj: The Frontier Cadre, 1904-1947*, pp. XXII-XXIII, 9-10.

25 關於歐美佛教研究的學術史回顧，見：狄雍（J. W. de Jone）（著），霍韜晦（譯），《歐美佛學研究小史》（臺北：華宇出版社，1985），頁 24-26。

讀者介紹 Waddell 的著作是研究喇嘛教問題之津梁。[26]根據 Waddell 的介紹，進一步引出一可疑的事實，也就是喇嘛教所吸收的佛教，根本非純正的釋迦佛教，實在是「混合印度教、幽鬼教而產出者」。[27]「腥羶奇穢，吹人骨喇吧」的喇嘛不過藉著佛教外表的掩飾，來「愚弄蒙昧頑蠢人民，凝固其心」。[28]然而，靜穩柔和的佛教為什麼會吸收西藏原來的幽鬼崇拜？這其中的道理即是，在佛祖寂滅之後，佛法裡即混入瑜珈派（Yoga，《西藏》一書的漢譯為「月喀」），乃聯合一切外道而成「怛特羅教 Tantrism」，（《西藏》一書的漢譯為韃多里），其「崇拜天然力，或依神女及其他之諸形狀」，正好與西藏本有的「幽鬼崇拜相結合」。[29]

太田保一郎於《西藏》一書的說法，隨後由抄錄、轉譯其文的中文著作加以保留。相隔近三十年後，一位署名曼苛的作者於〈西藏神祕的宗教〉一文裡，即照搬此說。[30]接著，當漢人知識分子不再透過日人為中介，而直接引述 Waddell 等人的研究後，亦能解開喇嘛教的神祕內容。究其實際，「乃一包有神祕教、巫術、笨教〔按：這個貶抑性譯名也是特意選擇〕、及印度西藏之

26 太田保一郎（編），四川西藏調查會（譯），《西藏》，頁 50。
27 太田保一郎（編），四川西藏調查會（譯），《西藏》，頁 41。
28 太田保一郎（編），四川西藏調查會（譯），《西藏》，頁6。
29 太田保一郎（編），四川西藏調查會（譯），《西藏》，頁 51-52。
30 其大意是，當西藏佛教開山祖師寂滅後，即混入龐雜份子與外道，如瑜伽派及怛特羅〔曼苛分別譯為約卡、坦妥〕，見：曼苛，〈西藏神祕的宗教〉，《海潮音》，第 14 卷第 4 期（1933），頁 27-28。按：本文原刊《國聞週報》，第 8 卷第 12、13、14 期（1931）。

俗神等，然後飾以佛教之大乘教理」。這樣的教義同樣主張「報應倫理，此點於宿命論之藏人頗獲其同意」。[31]

認為喇嘛教只是外表披上佛教的迷信宗教之觀念，亦可見於北京的大眾媒體。北京自元、明、清以來，由於皇室宮廷的崇奉，一直存在著西藏佛教寺院，黃寺、雍和宮即是最著名的西藏佛教寺院。清末起，由於朝廷無力繼續供養，喇嘛與寺院對社會敞開大門。然而，即使是處於有此背景的城市，當時的《世界日報》對喇嘛教的報導也如同漢人知識分子般的態度。在一篇刊於「問題解答」欄目的報導裡，編者針對讀者的提問，對喇嘛教的沿革作一敘述。可以看得出，編者應該參考了中文以外的資料；但是，文章裡專有名詞使用混亂甚至錯誤，對史實敘述錯誤也多。而所謂喇嘛教，編者指出，雖然是根據佛教，但其特色是大乘佛教的變形，傳授龍樹與無著的神祕思想。喇嘛教雖然有道德戒條，但「實行之者頗少」。[32]

雖然藉助歐、日的著作而確認喇嘛教是佛教的變形；不過，另一方面，同樣來自日本的途徑，促使漢人同時也注意到，從教義上來說，西藏佛教確實是純粹的大乘教義。在晚清《東方雜誌》一篇未署名作者的文章裡指出，印度佛教分傳為南方佛教、北方佛教及西藏佛教，而初傳入西藏的紅教世系是從世親而來。其後，紅教為黃教所取代，黃教教義則確實是根據龍樹的教理。

---

31 周長海，〈西藏宗教研究〉，頁 17。

32 鄭正（問），編者（答），〈喇嘛教沿革〉，《世界日報》（北平），1935 年 6 月 27 日第 9 版，「大眾公僕 問題解答」欄。

這篇應是譯自日人著作的文章，從西藏紅、黃教的相繼之中，看到來自印度佛教史上更深遠的背景，即是龍樹一系的中觀論與無著、世親一系的瑜伽行之論爭。甚至更進一步肯定，黃教真理「幽深宏遠，非日本之真言宗所可及」。[33]

由於缺乏相關的文獻，難以進一步探討這篇文章的脈絡。事實上，能就佛教思想史的流變來觸及西藏佛教脈絡的討論，並不多見。就《東方雜誌》而論，在清末民初的時間點關於西藏歷史的介紹，仍以依據魏源的典範來立論者居多。但是，〈蒙藏宗教譚〉這篇文章的簡單引述，為接下來中國佛教界關於西藏佛教的爭論留下開端。同一時間，漢人在家居士與佛教界已經開始注意「密宗」及「真言宗」對於改革中國佛教界現狀的作用。相對於「喇嘛教」一詞所帶有的貶抑性評價，「密宗」、「藏密」的稱呼，至少在語詞上暗示著西藏佛教仍是佛教的一支，只是顯密有別。

第二節　密宗在現代中國的復興與批評

自清末起，中國佛教界本身即展開佛教的現代化革新。以創設南京金陵刻經處的楊文會（1837-1911）為起點，引發佛教界內的改革意識與現代佛學研究的新趨

33 不著撰人，〈蒙藏宗教譚〉，《東方雜誌》，第 7 年第 1 期（宣統二年正月二十五日，1910 年 3 月 6 日），「附錄第二 雜纂」，頁 5。

勢。後者由楊文會的學生歐陽竟無[34]所創辦之支那內學院為代表；而佛教界內反傳統的改革力量，則以太虛大師所領導的中國佛教復興運動為主流。在太虛的現代佛教復興方案中，一個沒有「密宗」的中國佛教乃是殘缺不全，他要創造一個顯密兼具的中國佛教；同時也企圖證明，佛教並非歷史的殘餘，而是能服務於國家民族的重建。[35]

太虛的這一企圖，具體地表現在成立於四川近郊的漢藏教理院。[36]該院以「研究漢藏佛理、融洽中華民族、發揚漢藏佛教、增進世界文化」[37]為宗旨。由於

34 關於歐陽竟無（1871-1943）生平與思想，見：程恭讓，《歐陽竟無佛學思想研究》（臺北：新文豐出版公司，2000）。

35 Holmes Welch, *The Buddhist Revival in China, with a Section of Photographs by Henry Cartier-Bresson* (Cambridge: Harvard University Press, 1968), p. 166. 關於太虛的生平、思想與其人間佛教的主張，亦可進一步參見：洪金蓮，《太虛大師佛教現代化之研究》（臺北：法鼓文化，1999，修訂一版）；江燦騰，《太虛大師前傳（1890-1927）》（臺北：新文豐出版公司，1993）；侯坤宏，〈從太虛大師到印順法師：一個思想史角度的觀察〉，《真實與方便：印順思想研究》（臺北：法界，2009），頁 13-107；Don. A. Pittman, *Toward a Modern Chinese Buddhism: Taixu's Reforms* (Honolulu: University of Hawai'i Press, 2001).

36 該院全名為「世界佛學苑漢藏教理院」，院址位於四川嘉陵江縉雲寺。其成立緣起於四川在家居士的奔走，並得到四川軍閥劉湘的支持，1932 年正式成立。時由第二十四軍軍長劉文輝為名譽董事長，四川省長劉湘為名譽院長，太虛任院長。1933 年起由法尊法師任代理院長，實際主持院務，至 1950 年結束。課程以藏文學習及漢藏佛學為主要內容。除教學外，該院另一主要工作為譯經事業，以格魯派經典為主。並另接受國民政府教育部委託，編有《藏文課本》等中小學教科書。關於該院成立的詳細過程、院務運作及評估該院對溝通漢藏文化的意義，可見：梅靜軒，〈民國以來的漢藏佛教關係（1912-1949）——以漢藏教理院為中心的探討〉，《中華佛學研究》，第 2 期（1998），頁 251-288；何潔，〈漢藏教理院（1932-1950）研究〉（重慶：四川師範大學中國近現代史碩士論文，2004）。

37 〈世界佛學苑漢藏教理院簡則〉，《海潮音》，第 13 卷第 1 期（1932），頁 68-69。

「藏佛教久為蒙滿民族文化與夫藏族之奠居西藏遍布於康青甯諸省，實為構成大中華民族而建立大中華民國之柱石」，[38] 這可向俗世政權證明，若西藏是現代中國不可分的一部分，那麼佛教亦能服務於民族重建事業。同樣的，在現代中國佛教復興過程中，西藏佛教亦是不可缺少的一個組成。對此，Gray Tuttle 在其專著裡指出，佛教作為現代漢藏之間共同語言及鏈結的角色。對佛教界僧侶如太虛來說，面對毀教興學的壓力，[39] 他在西藏佛教看到救教的希望。對俗家居士而言，則受到密宗儀式的吸引，以求息災救國的精神慰藉。[40]

不過，此處要討論的是，在民國時期的密宗熱潮裡，究竟佛教界僧眾與居士是如何討論西藏佛教。雖然漢地佛教界將西藏視為「世間之佛國」，但同樣存在著將西藏佛教「詆為婆羅門等異說」。[41] 西藏與西藏佛教的形象是如何顯現在此完全對立的意見中？更值得推敲的是，太虛雖為漢傳佛教界中最早對密宗做出積極回應的僧人，然而，在顯教與密宗的爭議中，太虛本人與其門下弟子對西藏密宗的看法卻並非全然是正面與一致。在漢人批評密宗的言論裡，有常見的斂財、不守戒律，

38 太虛，〈發刊詞〉，《世界佛學苑漢藏教理院年刊》，第 1 期（重慶：漢藏教理院，1934），頁 1，收入：辛迪（責任編輯），《民國佛教期刊文獻集成補編》（北京：全國圖書館文獻縮微復制中心，2008），第 53 卷，頁 189。

39 關於毀教興學活動與宗教界的回應，見：康豹（著），陳亭佑（譯），《中國宗教及其現代命運》（新北市：博揚，2017），第 1 章。

40 Gray Tuttle, *Tibetan Buddhists in the Making of Modern China*, p. 69.

41 恆演，《西藏佛教略記》（上海：佛學書局，1931；臺北：佛教出版社，1978），頁 77。

以及對政府要員應否支持宗教活動的批評。但是，由於密宗並非當時漢傳佛教所熟習，漢人又從特殊性的面向，對西藏佛教的教史與教義展開批評。太虛提倡的佛教改革運動，是從服務於民族國家的立場出發，這個立場促使太虛對「異國殊族」的西藏佛教有一定的排拒。也就是說，在漢傳佛教界對西藏佛教的論述中，帶入種族性的論斷，從本質上將西藏佛教視為有異的宗派。

密宗重新受到中國內地的重視，嚴格說來，仍可追溯到楊文會，而且是先受到日本密宗、亦即真言宗的啟發，[42] 構成中國佛教界重新認識密宗的重要管道。不過他本人並未真正接觸到日本密宗，而其弟子桂伯華（1861-1915）雖於 1910 年東渡學密於高野山，但 1915 年即病逝。[43] 最早將日本密教引進中國，是潮州在家居士王弘願 [44] 及其教團，並獲得太虛在《海潮音》上的聲

42 日本學界對於如何界定真言乘（mantrayana）及金剛乘（vajrayana）有稍不同的解釋，以《大日經》、《金剛頂經》為首的密教經典稱為真言乘（Shingon Buddhism），而將印度後期無上瑜伽密續當成左道密教，稱為金剛乘。密教之稱，意味著在顯教之外存在著一個獨立的真言乘之密教。這與日本真言宗的起源有關。早期怛特羅佛教大致是在 7 世紀前期傳入中國，在中國的稱呼是密宗、唐密、真言宗、漢傳密宗等。九世紀初，由空海、最澄傳入日本，發展為東密與台密兩支，見：松長有慶（著），（譯者不明），〈印度密教研究之現況及其研究方法〉，收入：藍吉富（主編），《世界佛學名著譯叢》，第 72 冊，《密教研究法》（臺北：華宇出版社，1986），頁 13-19；平川彰（著），莊崑木（譯），《印度佛教史》（臺北：商周出版，2002），頁 446-447。

43 呂建福，《中國密教史》（北京：中國社會科學出版社，2011），頁 738-740。

44 王弘願（1878-1937），本名慕韓，署名「師愈」，以示仰慕韓愈，別號圓五居士，廣東潮安人。王幼年喪父，家道衰落，二十歲時，補博士弟子員（秀才）。清季，嶺東風氣大開，刻苦自學，遂能

援。然而，1927 年起，由於王弘願以居士傳法引發爭議，遂引發以太虛為首的僧界全面批判王弘願教團與日本真言宗。太虛自此對東密的態度有所保留。[45]

讀東文書。四十歲後，在潮州僧人啟發下轉向學佛，關注密教。偶然機緣中得閱《顯密圓通成佛心要集》，遂對密法一見傾心。1918 年，獲得真言宗新義派豐山流權田雷斧（1846-1934）大僧正《密宗綱要》一書，並將之譯為中文，太虛亦將之編入覺社叢書。1920 年，王弘願又譯出權田雷斧的《曼荼羅通解》，太虛也於《海潮音》第 1 卷第 9 期「密宗專號」上全文刊載。1924 年 6 月，經王弘願邀請，權田雷斧一行抵華，於潮州開元寺為王弘願及純密等僧人灌頂傳法。以此為契機，王弘願乃在潮安、汕頭組震旦密教重興會，設立密教講習所，弘傳日本密教。1926 年，經由日本駐汕頭領事館內田五郎申請，日本政府撥付庚子賠款資助王弘願赴日，再從權田雷斧受傳法灌頂阿闍黎位。回國後，創辦《密教講習錄》、《佛化季刊》，成為傳布東密的刊物。1927 年夏，王弘願在潮州、廣州、汕頭等地開壇，為僧俗男女傳法灌頂，引發居士傳法爭議。1932 年 7 月，王弘願受解行精舍信眾邀請，在六榕寺舉行灌頂法會，信眾多達五百餘人。王又為廣州《解行精舍特刊》撰序，以十條批評顯教，引發《海潮音》在第 14 卷第 7 期「密宗問題專號」上全面回擊。雙方顯密爭議，至 1937 年王過世後，不了了之。王弘願生平，可見：陳歷典，〈圓五居士王弘願先生之歷史〉，《圓五居文集》，卷下（潮州：震旦密教重興會出版，1933），頁 4-12；馮達庵，〈真言四十九世先師王大阿闍黎傳〉，《佛學半月刊》，第 147 期（1937），頁 5-6。權田雷斧（1846-1934），真言宗學僧，新潟人。一度轉修曹洞宗，後歸豐山，任豐山派管長、豐山大學校長，著有《密教綱要》等書。見：須藤隆仙，《世界宗教用語大事典》（東京：新人物往來社，2007），上冊，頁 391。

45 除王弘願外，事實上僧界中人更早東渡學密，包括純密（1901-1970）、大勇（1893-1929）、持松（1894-1972，即密林）、顯蔭（1902-1925）等人。關於東密的流傳、王弘願教團與僧界的論戰及相關的顯密爭議，見：梅靜軒，〈民國早期顯密佛教衝突的探討〉，《中華佛學研究》，第 3 期（1999），頁 251-270；陳永革，〈民初顯密關係論述評——以密教弘傳浙江及其效應為視角〉，《普門學報》，第 24 期（2004），頁 139-180；劉婉俐，〈民國時期（1912-1937）漢傳佛教的現代化轉折：兼談藏傳佛教傳入民間的互涉與影響〉，《世界宗教學刊》，第 12 期（2008），頁 29-68；黃英傑，〈太虛大師的顯密交流初探——以日本密宗為例〉，《玄奘佛學研究》，第 14 期（2010），頁 135-163；東初，《中國佛教近代史》，上冊，頁 411-415；呂建福，《中國密教史》，頁 793-814 等。相對於將太虛當成是現代中國佛教復興運動核心人物的觀點，施陸（Erik Schicketanz）則認為，就在僧界批判王弘願教團的同時，另一股從華北蔓延開來的密宗熱潮亦同時展開。當民國初年中國內地僧俗界開始注意東密時，華北已有幾位蒙藏喇嘛進行藏密傳法活動，其中最著名者為白普仁尊者[46]與多傑覺拔格西。[47]這兩位喇嘛在華北的傳法，直接觸發太虛弟子大勇法師[48]從東密轉向藏密的興趣。

王弘願教團與其所引入的東密代表另一種佛教現代化的視角，在重組來自日本密教的概念後，為現代佛教世俗化提供正當性，見：Erik Schicketanz, "Wang Hongyuan and the Import of Japanese Esoteric Buddhism to China during the Republican Period," Tansen Sen ed., *Buddhism Across Asia: Networks of Material, Intellectual and Cultural Exchange* (Singapore: ISEAS Publishing, 2014), pp. 403-427.

46 白普仁（1870-1927），名光法，熱河東蒙古人，人稱白喇嘛，常住北京雍和宮修法。傳說事蹟許多，如降伏作亂北平西山水患之龍、為龍治病等。1924年春，太虛弟子大勇在北京結識白普仁，開始接觸藏密。1925年參見九世班禪喇嘛，賜白普仁堪布法位。臨時執政段祺瑞曾請白喇嘛於雍和宮修金光明法會。後受邀南下上海、杭州、長沙、武漢、南京等地修法會。1927年入寂北京。見：景桓，〈白普仁大師事略〉，《大雲》，第67期（1926.5），頁37-44；韓同（編），《民國六十年來之密宗》（臺北：蓮花精舍，1972，再版），頁44-49。

47 多傑覺拔格西（Dorje Tsipa, Doujie Jueba, 1874-？），打箭爐人，西藏佛教格魯派喇嘛。民國初年，多傑覺拔於蒙古弘法，傳說為盟旗長包王之子治病，顯神通將之救活。1924年，太虛弟子大勇自武漢至北平，多傑覺拔指點大勇學習藏密，並介紹大勇入藏，大勇遂決定赴西藏求法。1925年，參見九世班禪喇嘛，駐錫雍和宮，將二十多種密乘儀軌由藏文譯為漢文。時臨時執政段祺瑞請多傑覺拔開道場修法息災，乃加封為諾門罕（蒙語為法王之義）尊號。1927年，駐錫五台山，北京大學教授張怡蓀、羅庸中欲以科學實驗佛法，後卻皈依。1927至1928年，先後以佛法止息北平、東北的旱澇災。1931年，赴成都傳法，舉行多次法會，自此四川密教大為興盛。1933年10月30日，十三世達賴喇嘛在拉薩圓寂，多傑覺拔返藏，駐錫哲蚌寺。見：郭又生，〈諾們罕大喇嘛多傑覺拔格西事略〉，《西南和平法會特刊》，頁1-9，收入：《民國佛教期刊文獻集成補編》，第42卷，頁369-377；韓同（編），《民國六十年來之密宗》，頁50-58。

48 大勇法師（1893-1929），俗名李錦章，畢業於四川法政學校，1919年從太虛出家，法名傳眾，字大勇。1922年，大勇與持松師從日本高野山金山穆韶（1875-1958）阿闍黎學兩部大法得阿

九世班禪喇嘛的來到，又為藏密風潮帶來更大的動力。太虛的另一位弟子法舫[49]在回顧當時中國內地佛教

闍黎學位，1923 年冬學成歸國。受居士之請，開始傳結緣灌頂，引動武漢居士學密興趣。雖然如此，但大勇本人卻對東密評價不高。當大勇還在高野山學密法時，他曾函告太虛日本佛教界概況，內中有：「至於日本佛教全般之情形，據徒之觀察，不及吾國之點甚多。真宗惡風，遍佈各宗，西學之毒，深中僧侶。青年學生，郄見不解，故外表雖若可觀，內蘊實不足齒。」〔大勇，〈留學日本真言宗之報告〉，《海潮音》，第 4 卷第 3 期（1923），「記事欄」，頁 3。〕1924 年春，大勇在北京結識白普仁，開始接觸藏密，發願「融合日本西藏的密教而創設中國密教」。〔不著撰人，〈記留藏學法團〉，《海潮音》，第 6 卷第 6 期（1925），「事紀欄」，頁 9。〕9 月，在胡子笏等居士的支助下，發起藏文學院，學習藏文。後恐時局變壞，大勇決定先行入藏。1925 年 4 月，將該院改組為留藏學法團，啟程赴康定（打箭爐）。然而時局不安，藏人誤會大勇是中國政府特派官員而拒，以致該團困於川邊，留居四載始終無法入藏。1926 年初，因經濟困難，宣告解散。大勇、法尊等人前往跑馬山親近慈願大師。1927 年春行至甘孜受阻，而至札噶寺學法。1929 年 9 月，大勇因積勞成疾謝世。其他團員或東返，或各憑因緣，赴甘孜、留打箭爐，仰賴川邊居士及新組成的後援會接濟，或扮商人潛行入藏求法。關於大勇的生平與留藏學法團的經過，見：不著撰人，〈記留藏學法團〉，「事紀欄」，頁 8-9；大勇，〈大勇法師遺書二通并跋〉，《海潮音》，第 11 卷第 1 期（1930），頁 6-7；恆演，〈大勇阿闍黎並轉世呼都圖合傳〉，《海潮音》，第 27 卷第 9 期（1946），頁 28-29；恆演，《西藏佛教略記》，頁 69-72；法尊，《現代西藏》（重慶：漢藏教理院，1937），頁 129-133。

49 法舫（1904-1951），俗姓王，河北陘縣人，自幼父母雙亡。1921 年出家，1922 年赴武昌佛學院。1925 年秋，隨大勇所率留藏學法團入康，行到甘孜，因故不能前進。法舫以學法之事機緣未具，乃返回武昌佛學院留守。1929 年，太虛於佛學院舊址設世界佛學苑研究部，由法舫負責籌備。1930 年夏，太虛命法舫將武昌世界佛學苑籌備處及錫蘭留學團遷到北京柏林寺，同時將教理院學生改為世苑的華日文系，將錫蘭留學團改為世苑的華英文系，常惺任院長，法舫任世界佛學苑籌備處書記，並在柏林教理院任教職，主講《俱舍論》。1932 年，柏林教理院因經費無著停辦。年底，法舫奉太虛之命，將世苑遷回武昌，成立「世界佛學苑圖書館」，法舫任圖書館主任，同時接手主編《海潮音》。1938 年，入川進漢藏教理院任教務主任。1940 年，太虛率團訪問印度、錫蘭等地歸來後，商得教育部同意，派遣法舫以傳教師名義，於 1941 年與白慧、達居出國，停留緬甸年餘。1943 年，赴印度入國際大學修學梵文、巴利文及英文。三年後，轉往錫蘭，從事巴利文及上座部教理研究。1947 年，太虛示寂，法舫返國至雪竇寺

界的現狀時，追溯藏密流行的來龍去脈，「藏密在中國有雛形」，實「多傑格什上師〔按：即多傑覺拔〕之賜」；隨後班禪喇嘛啟建時輪金剛法會，遂宏揚最盛。[50] 九世班禪喇嘛於 1923 年底離開札什倫布寺後，經青海、內蒙前往中國內地。當班禪喇嘛抵達北京後，除接見各政要名人外，亦包括佛教界人物，帶動一股對西藏佛法的風靡。這點可以由大勇所率的藏文學院團員為例。1924 年 3 月，一位團員在謁見班禪喇嘛後，倡言其神效體驗：「回院頓覺精神清爽，身心快暢，如飲清涼，法力無量，真有不可思議之境。」[51] 當時中國社會對密宗的崇奉，表現在各省競相舉辦的法會上，密宗被視為所有修法途徑中最殊勝便捷的法門。直系軍閥吳佩孚就以他曾為軍政領袖的經驗指出，從白普仁、多傑覺拔、大勇，而至班禪喇嘛國師、章嘉國師、諾那呼圖克圖等，「皆先後徇四眾之請，設立道場，弘宣祕法，乃知大毗盧遮那如來真言乘教，寔超諸乘究竟真寔也。」[52]

陳榮捷認為，宋代以降，漢傳佛教各宗已縮減為淨土一宗，禪宗則滲入其他各教派，禪靜與念佛遂成為漢

禮其舍利，旋繼任雪竇寺住持。1950 年，以戰事而轉往錫蘭，任教錫蘭大學，主講中國佛學。1951 年病逝錫蘭。見：東初，《中國佛教近代史》，下冊，頁 898-900；惟善，〈太虛大師的衣鉢傳人——記當代高僧法舫法師〉，《法音》，第 1 期（2012），頁 40-44。

50 法舫，〈中國佛教的現狀〉，《海潮音》，第 15 卷第 10 期（1934），頁 24。

51 晤一（記），〈三月初十十六兩日受班禪喇嘛傳法記〉，《海潮音》，第 6 卷第 4 期（1925），「事紀欄」，頁 11。

52 吳佩孚，〈蒙藏佛教史序〉，妙舟，《蒙藏佛教史》，頁 1。

傳佛教最大的特色，卻也面臨暮氣過深的衰敗。[53] 對於當時各界對密宗的熱中，時人從反身自觀的比較觀點去探討。居士唐大圓（1885-1941）以「禪宗之直指心性，見性成佛」，和「淨宗之帶業往生，念佛成佛」來與密宗相比較，密乘力言「三密加持，即身成佛」，實「尤為直切了當，殊勝高妙」。[54] 兼通華嚴、天台、唯識、禪、律各宗的常惺法師（1896-1939）在親自研修東密後，指出其中差別：大小顯乘重脩證，然而念佛、參禪、止觀並無法得到眼前立即的效果，因而不容易得到信仰，不合於現代社會。密教的殊勝則是積極救世，「即身成佛」。[55] 多傑覺拔的追隨者更認為，當今最具轉移人心的宗教，首推佛教。佛教復興，必恃印度支那，而「印度支那佛教之興，必資乎西藏」。[56]

這些觀察就如同陳榮捷的研究總結：密宗的風行，其原因是中國的律宗、禪宗皆已喪失其精神性與生命力，無法滿足佛教徒宗教的渴望，因而部分的人在密宗追尋此種滿足。而密宗的「他力本願」之說，對講求便捷實效的漢人來說有一定的吸引力。[57] 目前的研究亦已

53 陳榮捷（著），廖世德（譯），《現代中國的宗教趨勢》（臺北：文殊出版社，1987），頁 82-94。

54 大圓，〈十五年來中國佛法流行之變相〉，《海潮音》，第 16 卷第 1 期（1935），頁 52。

55 常惺（講），胡繼羅、胡繼木（記），〈密宗大意〉，《海潮音》，第 13 卷第 2 期（1932），「理論」欄，頁 6-8。

56 狂藝，〈論西藏之佛教〉，《西南和平法會特刊》，「言論欄」，頁 8-9，收入：《民國佛教期刊文獻集成補編》，第 42 卷，頁 252-253。

57 陳榮捷（著），廖世德（譯），《現代中國的宗教趨勢》，頁 96。

具體描繪出這股密宗風潮的過程，此處不再贅筆。[58] 但是，過去的研究在討論顯密爭議時，並未著意於探討論戰的各方對密宗與西藏佛教的想像，以及這些想像所透露的西藏意象，因此有必要做進一步的討論。

就在各省爭相邀請蒙藏活佛與喇嘛啟建法會的同時，社會上亦有抨擊密宗非佛法正途的聲浪。質疑人們學密的動機：「殺淫弗禁，求財官祿，乃至妻子，無不成就。」[59] 政府當局耗費財力於這些空洞的消災法會，卻漠視真正的職務。以白普仁喇嘛應邀至湖南啟建金光明法會傳法而論，湖南省議會議員即質疑省政府以巨款迎請白喇嘛，卻束手於救濟災民。湖南市民團體抗議省政府，於「各大街小巷，遍貼壁報攻擊」。湖南學生聯合會也召集留校同學，「演講反對歡迎白喇嘛，作積極之運動。」[60]

由於班禪喇嘛的代表性聲望，同樣也少不了質疑的聲音，直接批評班禪喇嘛在法會的傳法是合歡藥。[61] 更令人反感的，是班禪喇嘛獲得政府要員的護持。戴季陶

---

58 關於民國時期藏密的流傳與顯密爭議，見：梅靜軒，〈民國以來的漢藏佛教關係（1912-1949）——以漢藏教理院為中心的探討〉，《中華佛學研究》，第 2 期（1998），頁 251-288；劉婉俐，〈民國時期（1912-1937）漢傳佛教的現代化轉折：兼談藏傳佛教傳入民間的互涉與影響〉，《世界宗教學刊》，第 12 期（2008），頁 29-80；呂建福，《中國密教史》，頁 766-793。中國內地漢人對西藏佛教的興趣，以及西藏佛教徒在中國內地的活動情形，見：Gray Tuttle, *Tibetan Buddhists in the Making of Modern China*, ch.3-ch7.

59 大圓，〈十五年來中國佛法流行之變相〉，《海潮音》，第 16 卷第 1 期（1935），頁 52。

60 〈白喇嘛蒞湘情形〉，《海潮音》，第 7 卷第 2 期（1926），頁 9。

61 昭奇，〈請問班禪喇嘛〉，《佛教月報》，第 1 卷第 3 期（1936），頁 10。

以國府大員身分提倡「誦咒救國」，[62] 並在 1931 年 6 月成為班禪喇嘛的弟子。[63] 同盟會元老以及佛學家朱芾煌（1885-1942）就出面公開對戴季陶叫陣，指責中樞大員竟「以誦咒修法為救國方便」，時輪法會只是邪迷的信仰，切望中央官員不可提倡參與。接著話鋒一轉，論辨密宗並非佛法，班禪喇嘛本人竊僭佛號又與達賴喇嘛爭政，心性可知。[64]

既然有以科學的理由來反對宗教為迷信，同樣也有以宗教為個人信仰的理由來為時輪法會辯護。更何況佛法與科學並未衝突，[65] 黨國名公也是人，同佛教徒一樣追隨佛法，並無不可。[66] 另一位自稱資深革命元老的作者則看到時輪法會背後對世俗政治所具有的輔助效用。他的論證指出，法會並非消極的舉動，而是積極應世，其正軌和範圍正好呼應提倡孝悌忠信、禮義廉恥的新生活運動，「引導整個的國家，全體的社會，都走入

62 悲華，〈論時事新報所謂經咒救國〉，《海潮音》，第 13 卷第 9 期（1932），頁 43-48。這位署名悲華的作者，是站在贊同經咒救國的立場。

63 東初，《中國佛教近代史》下冊，頁 484。

64 朱芾煌，〈與戴傳賢院長論迎請班禪喇嘛禳除國難書：由佛法真理批評密宗誦咒救國〉，《海潮音》，第 14 卷第 3 期（1933），頁 93-94。

65 一位湖南籍的居士陶叔惠，在杭州時輪法會事務所的記者會上演說，認為「時輪金剛經」包含的學術，有數學、化學、哲學、天文學、政治學、社會學等等，「時輪金剛經所演的佛法，是基築於各種實用科學之上，是指導人生觀入於整齊嚴肅的正軌之上⋯⋯。」見：陶思曾，〈時輪金剛法會之意義和解釋——陶叔惠居士在杭州時輪法會事務所招待新聞記者演說詞〉，《佛學半月刊》，第 78 期（1934），頁 19。

66 無無居士，〈時輪金剛法會釋疑〉，《佛學半月刊》，第 78 期（1934），頁 22-23。

循良美善的軌道之上。」如此一來，藏密就與當時國民黨所推崇的新生活運動節拍相合，[67] 國家維護宗教，而法會與班禪喇嘛則為國家護法。[68]

如果宗教信仰是以提升信徒道德與公眾倫理為目標，那麼傳教者自身當以身作則。然而總難避免的情況是不肖者利用宗教斂財。弘揚東密的王弘願在此點受到攻擊，[69] 同樣地，那些在中國境內活動的蒙藏喇嘛亦有高價傳法的斂財行為。[70] 斂財之外，另一項常見的指責是戒律問題。1935 年，蒙藏委員會委員格桑澤仁前往甘邊青海一帶視察，認為「各寺喇嘛，尚有不尊教義，不修戒律情事，擬請由會電請班禪喇嘛大師」、「嚴切規戒」。法舫因而藉機指出，中國國民之著迷於喇嘛，「只要看見一個喇嘛，都當作『活佛』，覺著喇嘛身上有不可思議的神妙，有莫名其妙的神通」。現在現地調查的結果指出，原來有很多喇嘛跟內地的壞和尚一樣墮落，不計其數。因此，應以理智觀察，而不應該有好奇的心理、神祕的觀念、不分皂白地迷信。[71]

不過，斂財、戒律鬆弛與怪力亂神的批評其實換成

67 新生活運動所推崇的四維八德，其實是來自救世團體同善社的出版物，見：康豹（著），陳亭佑（譯），《中國宗教及其現代命運》，頁 90。

68 高爾登，〈時輪金剛法會的立場和趨向——招待新聞記者演說詞（同上）〉，《佛學半月刊》，第 78 期（1934），頁 19-20。

69 塵隱，〈讀「答海潮音密宗問題專號」發生之感想〉，《海潮音》，第 15 卷第 6 期（1934），頁 63-72。

70 塵隱，〈禪密或問〉，《海潮音》，第 15 卷第 8 期（1934），頁 39。

71 法舫，〈蒙藏委員會規戒喇嘛嚴守戒律〉，《海潮音》，第 16 卷第 8 期（1935），頁 4-5。

其他宗教也都可能適用。值得注意的是，漢人進一步將矛頭指向西藏佛教的特殊性實踐。由於茹素是漢傳佛教在飲食上獨有的戒律，[72] 因而面對日本密宗及蒙藏喇嘛並不在此點上要求時，漢僧反應格外激烈。漢僧指責那些密宗的阿闍黎與蒙藏活佛喇嘛，娶妻生子，甚至藉詞西藏生活習慣與內地不同以及為了密咒殊勝功德而殺食眾生，全是假借佛法為旂幟的婆羅門教外道。[73]

針對素食這個問題，一位有親身學過密法經驗的漢僧則將這個問題上綱至藏人種性。在一系列以「藏密答問」為名來介紹藏密的專欄裡，這位法名為慧定的和尚，原名劉淨密，是 1934 年 4 月至打箭鑪〔爐〕拜慈願上人出家，6 月返川。雖僅至打箭爐，然而川地僧界已認為是了不起的經歷。對喇嘛食肉這個問題，慧定認為這正是藏人業習過重的表現。喇嘛「架設玄詞，公然謂食肉為最高密法」，「此種侈談，情同詐欺」。或說也有可能是康藏環境不產蔬菜所導致。但據他親見，康地「各菜咸備」，所以想當然爾，藏地也能出產。此藉口只顯得「不斷肉食者統名魔外」。[74] 且「藏中諸大祖師，奉佛正教，亦嚴禁殺生食肉」。[75] 實際上對藏人來

72　康樂指出，中國僧侶素食的戒律，是起自梁武帝，見：康樂，《佛教與素食》（臺北：三民書局，2001）。

73　奇塵，〈對於傳密宗近況之感想〉，《海潮音》，第 7 卷第 8 期（1926），「採錄」欄，頁 9-11；西滄，〈要求密宗大德給與我一個確切的解答〉，《人海燈》，第 3 卷第 9 期（1936），頁 354-355。

74　不著撰人〔慧定〕，〈藏密答問（續一）〉，《佛學半月刊》，第 95 期（1935），頁 6-7。

75　慧定，〈藏密答問（續）〉，《佛學半月刊》，第 106 期（1935），頁 14。

說，殺一頭犛牛能餵飽更多人，勝過造殺更多體型小的牲畜。

再進一步，則是針對所謂的「雙身修法」，加以抨擊。對此「非近殺染，即嫌淫汙」的祕法，慧定親身做了「智慧」的抉擇。他雖受格西傳授大威德明王大灌頂法，此尊本是雙身，但是其師「洞明內地情狀不宜雙身之法」，故所傳是單身像。慧定從而將宗教上的修行問題連接到藏人特殊的社會習俗，因藏人通行共妻，所以這種雙身法自以適應彼族彼地。[76] 對慧定而言，藏人的種性因宗教修行與家庭組織而沾染上情色化的意向。

不過，慧定言詞的另一對象，是留藏學法團團員。他痛批留藏諸僧，從而學之，協欺遠人。譏諷他們不知念佛，唯求密法，「困在轉世迷中」。[77] 然而，慧定基於親身學法的權威所展開的批評，遭到同是留藏學法團團員法尊法師[78] 的回擊。雖同樣都是漢僧學密，但對西

76 不著撰人〔慧定〕，〈藏密答問（續一）〉，頁 7。

77 不著撰人〔慧定〕，〈藏密答問（續一）〉，頁 7-8。

78 法尊（1902-1980），俗姓溫，河北深縣人。1920 年春末，因厭世至五台山玉皇廟出家，法名妙貴，字法尊。後因大勇法師等人路經講經，啟發法尊立定翻譯佛典志向。乃隨大勇法師至北京謁太虛大師，獲許可後於 1922 年轉往武昌佛學院學習。1925 年，加入藏文學院，隨大勇法師入藏學法。初抵打箭爐，先後依止慈願、札迦、安東大師學法。1930 年，法尊同朗禪前進至昌都，1931 年，再隨商人，終抵拉薩，留學三年。1933 年，因太虛勸召，自藏返漢主持漢藏教理院。1935 年，為迎安東大師至中國內地傳法再度入藏，然剛抵拉薩不久，安東大師圓寂。1936 年返漢藏教理院，主持該院最為興盛階段。1949 年，解放軍進四川後，法尊離開重慶，返鄉省親。1950 年，參加北京菩提學會翻譯組；同年，將漢藏教理院交由政府處置，結束該院。1953 年，當選為中國佛教協會理事、常務理事。1956 年，中國佛學院成立，兼任副院長。

藏佛教則有完全不同的看法。

法尊嚴厲批評慧定從對西藏的地理到對西藏佛學的認識錯誤百出。就雙身祕法一條來說，法尊指出慧定欲拒還迎的偷窺心態，「一方面批評為汙穢之法，而一面卻又想學密法以誇矜當時，學了個單身大威德修持法，便對於慈願上人讚為無上無比」，「而對於修雙身法，則罵為獅蟲為祟，災害橫流，鬼怪妖魔等事。」實際上慈願上人也修雙身法，「雖然是內地俗尚所不宜的東西，或者是汝所不能知所不能學的東西，就不能一定說不是佛法，也不能一定說是妖魔。」[79] 法尊的批評引來與慧定一同學法的慧法之反駁，法尊則是再次質疑慧定、慧法兩人假借宏揚淨土宗，實則是妄言的外道。兩人學藏密的行為，就跟王弘願學東密一樣，只圖欺世盜名。[80]

隱藏在法尊與慧定交鋒的後面，代表著一般人對顯密教的模糊認識，正如法舫所言，「昔日所學所聞均淺顯教，非究竟佛法」，修行緩慢困難，需歷無數劫難方能成佛；「今入無上祕密乘，當即有不可思議之超

1979 年文革之後，在健康惡劣情況下，仍翻譯因明學巨著《集量論》和《釋量論》。其譯著計有宗喀巴《菩提道次第》、《密宗道次第》、《辨了不了義論》等格魯派各大師之著述，以及漢文三藏闕譯要典《現觀莊嚴論》、《辨法法性論》等。有關法尊法師詳細生平、譯經事業與進一步的研究概況，見：梅靜軒，〈獻身譯經事業的法尊法師〉，《慧炬》，第 419 期（1999.5），頁 38-53。

79 避囂室主〔法尊〕，〈評藏密答問〉，《海潮音》，第 16 卷第 6 期（1935），頁 23。

80 避囂室主〔法尊〕，〈答閱評藏密答問隨筆〉，《海潮音》，第 16 卷第 11 期（1935），頁 62-69。

越平常事，意在不經久遠或廣大之修習，即可成佛妙果。」[81] 對此舉國若狂的熱潮，漢傳佛教僧界的應對有三，或是勸告，或是捍衛漢傳佛教的正統性，以及最直接的應戰。

勸告者，如太虛的祕書碧松[82] 所言：「現代學密之緇素，益多惑於即身成佛之說，甚冀以少少功力，頓證究竟妙覺。」然而，若是沒有久修實證的經驗，導致信念動搖，將由信轉疑、由疑生謗。[83]

漢傳佛教的立場，則是如同太虛的弟子法舫所提出的質疑。法舫批評流俗對於禳災祈福、傳授大法的熱中，「蓋十之八九為祕密，為好奇，為政治，為生活，而熱狂也。」[84] 這些密法的傳授並非當前中國佛教的需要。「西藏密宗，不止於儀軌，而應建築於律儀和教理

81 法舫，〈蒙藏學院與菩提學會〉，《海潮音》，第 15 卷第 9 期（1934），頁 1。

82 碧松（1916-2014），本名邢肅芝，藏名洛桑珍珠，南京人。8 歲出家，1933 年入四川漢藏教理院，並擔任太虛大師祕書。1937 年獲得國民政府公費補助與居士贊助，前往西藏拉薩修習西藏佛教密宗。1944 年，取得拉然巴格西學位。1945 年回重慶，受任為蒙藏委員會專門委員，及教育部委任為拉薩小學校長。1949 年國民政府駐藏辦事處遭西藏當局驅逐，邢肅芝跟隨撤離。1950 年移居香港，旋應西雅圖華盛頓大學之邀赴美講學定居。不過，邢肅芝的案例，其實從另一面證明藏密對漢傳佛教界的吸引力。據其自述，邢肅芝正好就是因為 1933 年班禪喇嘛至杭州啟建時輪金剛法會而對西藏密教產生興趣，進一步在漢藏教理院學習了藏文及西藏佛教經典後，於 1937 年入藏求法。見：邢肅芝〔洛桑珍珠〕（口述），張健飛、楊念群（筆述），《雪域求法記：一個漢人喇嘛的口述史（修訂本）》，頁 42-43。

83 碧松，〈送法尊上人赴藏迎安格西序〉，《海潮音》，第 17 卷第 1 期（1936），頁 91。

84 法舫，〈藏文學院諸師東返宏法〉，《海潮音》，第 17 卷第 8 期（1936），頁 3。

之上。」[85] 法舫無疑是基於太虛佛教改革事業而立論，但法舫其實還有進一步的理由，此點將稍後討論。

漢傳佛教僧界對密教最為直接的應戰，便是從教史上挖掘出密教的根源，判定密教乃是外道。所謂可「即身成佛」的密宗，「係婆羅門混入佛教者，蓋以其注重儀式，注重念咒，頗與讀〔諸〕外道相似。」[86] 這一面向的批評，從根本上否認西藏密教的合法性，除了得力於國外的佛教史研究外，並結合傳統上將喇嘛教視為禍國殃民的成見。

第三節　佛教發展史上的「外道」：西藏密教

僧界在探討藏密時，當然也會考察西藏佛教的來龍去脈。既然同樣都屬於佛教，雖有顯密之別，但在教義的溝通上或許會比一般世俗還會有更多共通的語言。然而，在此同樣可見清代以來魏源典範的影響。在一篇〈西藏佛教源流考〉的文章裡，中興西藏佛教的宗喀巴仍是出生於明永樂十五年。[87] 這種錯誤同樣表現在太虛另一親近弟子芝峯 [88] 上。

---

85 法舫，〈中國佛教的現狀〉，《海潮音》，第 15 卷第 10 期（1934），頁 24。

86 能信，〈能信法師上太虛大師函〉，《海潮音》，第 13 卷第 11 期（1932），頁 114。

87 懇覺，〈西藏佛教源流考〉，《佛化新青年》，第 2 卷第 7-8 期（1924），頁 1-9。

88 芝峯（1901-1949?, or 1971），字象賢，浙江溫州人。1914 年於溫州護國寺剃度出家。1923 年，入漢口佛教會講習所，畢業後，不過，在重複紅黃教的對立與魏源典範之餘，芝峯的批評還添加了新的元素，即是國外的西藏佛教研究。這意味著反對藏密的理論基礎，有著「客觀」研究的學理依據，呼應太虛要以現代的科學、哲學、宗教等西方知識來重建現代佛學的基礎。芝峯將《元史》裡所批評的「演揲兒」法，連結到佛教在印度時就已經有了的一個「偏差」的方向，就是「受印度女神崇拜之影響」，所以這種女神崇拜的「淫靡之風，漸浸染於西藏佛教」。總結地說，西藏佛教的密法，不僅有西藏本來的弸教（苯教）之成分，其「末流所至，竟變成元之事事無礙」。[89]

芝峯在另一篇文章裡進一步解釋，女神崇拜也就是印度性力派的外道。本來，佛教乃對機設教，密宗正是佛教中最大的方便法門，「是為著了瘋狂魔鬼之機，用大量毒藥以毒攻毒之方」。所以並非人人皆可修習密宗，而是須一定機緣。然而，印度佛教由於密宗與印度

9 月，轉入武昌佛學院。1928 年，與同學大醒（1900-1952）同時受太虛命主持廈門南普陀寺及閩南佛學院，兩人組織現代僧伽社，發行《現代僧伽》半月刊，後改名《現代佛教》，對抗當時廟產興學運動。1932 年底，太虛辭退南普陀寺住持，由常惺繼任。芝峰和大醒亦一併辭職，奉太虛之命，芝峰回武昌編輯《海潮音》月刊。由於第 14 卷第 7 期的「密教專號」，引起外界責難，辭去編務，離開武昌回浙東，芝峰自此對太虛若即若離。《海潮音》由大醒接編。1937 年中日戰爭爆發，芝峰寄居上海靜安寺，從事著述及翻譯。1943 年，至焦山講學，並從事著述與翻譯。1946 年，太虛借焦山佛學院設立中國佛教整理委員會會務人員訓練班，命芝峰擔任班主任。1947 年，太虛在上海圓寂，繼之國共衝突惡化，整理工作無疾而終。見：東初，《中國佛教近代史》，下冊，頁906-910。

89 芝峯，〈西藏佛教（附誌）〉，《海潮音》，第 14 卷第 5 期（1933），頁 110-111。

性力派相結合，結果導致印度因回教徒（穆斯林）入侵而亡。這種左道密乘由蓮花生傳入西藏，又與西藏原有魔鬼宗教硼教結合，成為卑猥化的紅教，導致元朝滅亡。而後幸有阿底峽與宗喀巴的改革才挽救西藏的命運。反觀中國的情況，是孔孟的中庸思想，理智發達，故芝峯總結道，中國佛教以禪宗為特色。[90]

芝峯的說法，接近於稍後一篇譯自日本學僧渡邊海旭[91]的著作。在日本人的密宗史考察裡，密宗是「極端肉慾主義與至真神聖之妙理合一」，因此密宗「已陷入病的狀態」。所謂病的狀態，就是指「女性崇拜，魔鬼崇拜極端發達」，還包括「奇怪猛烈之神像」。[92]

渡邊海旭的研究並不是唯一的案例，更早的日人著述，是大村西崖[93]的《密教發達志》。而且他的著作是以中文形式發表，全無語言障礙。大村西崖此書，首先抨擊龍猛開南天鐵塔受傳大法的密教起源之說，[94]實屬

90 芝峯，〈今日中國密宗的現象〉，《正信》半月刊，第 2 卷第 10 期（1933），頁 1-3。

91 渡邊海旭（1872-1933），日本淨土宗學僧，號壺月，東京人。淨土宗學本校畢業後留學德國。宗教大學、東洋大學教授、芝中學校長、淨土宗執綱（宗務總長）。與高楠順次郎監修《大正新修大藏經》。倡導戒律。見：須藤隆仙，《世界宗教用語大事典》，下冊，頁 567。

92 渡邊海旭（著），洪林（譯），〈密宗之發展觀〉，《海潮音》，第 15 卷第 6 期（1934），頁 62。

93 大村西崖（1868-1927），日本美術史家，靜岡縣人，本名塩沢峰吉。東京美術學校畢業後，在該校講授東洋美術史。以《密教發達志》（共 5 卷，東京：佛書刊行會圖像部，1918）一書獲帝國學士院賞。另著有《佛教圖像集古》、《阿育王事蹟》等書。見：須藤隆仙，《世界宗教用語大事典》，上冊，頁 156。

94 據密教傳說，密教是由大日如來傳金剛薩埵菩薩，成第二祖。釋尊滅後八百年，龍猛出世，開南天鐵塔親受金剛薩埵授密法，為

荒誕虛傳，乃後人所偽。而後論辨密教種種事相、教相，多出於印度婆羅門教與外道，所有的誦咒祭祀乃釋滅後竄入。初期佛教有所謂陀羅尼，是總持諸法義理之義，其功用不止知解記持，亦有滅罪、除障、伏魔、護法之功德；至於供養、觀想、印契、曼荼羅等密教事相，並非陀羅尼。但是形成文字的陀羅尼，漸漸與外道咒語難以分明，於是隨年代遞降，混入咒法漸多，最後出現兩部密教大經，密教乃發達大成。漸次，灌頂、咒術、結界等婆羅門外道亦循此混入。結果在密教真正祖師金剛智所傳密法裡，混有邪義胚胎，假借二根交會，五塵成大佛事，求道於行淫之中，漏鄙汙風，遂生出西藏喇嘛教。而喇嘛教中所謂無上瑜伽密法，是繼《金剛頂經》之後，教風墮落的邪教。所謂瑜伽，來自左道外教，依耽呾羅（怛特羅）以行五摩事（即酒、肉、魚供養、結印、二根交會），於行淫中入瑜伽。最終，印度密教墮落腐敗，終入西藏成喇嘛教，而其印度本源乃滅。[95]

由於大村西崖的本業是美術史研究，所以能從曼陀羅圖像及繪畫來評述密教各派壇場的源流和演變，同時又從密教經典的成立史，逐一去討論不斷添加其上的修法。因此，對不理解密教的中國佛教僧俗界而言，其學術上的權威性遠高於一般性的評論。對想要批評西藏佛

第三祖。龍樹傳其弟子龍智，為第四祖。數百年後，龍智七百歲，傳法金剛智，為五祖。金剛智即是唐玄宗時來華傳法的開元三大士之一。

95 大村西崖，《密教發達志》（共 5 卷，東京：佛書刊行會圖像部，1918；臺北：華宇出版社，1986 年影印本）。

教者而言，大村西崖的著作已經證明，佛教因吸收婆羅門教與外道而墮落成大乘密教，大乘密教又依怛特羅而添加淫穢密法，結果進入西藏變成喇嘛教。

大村西崖的研究，為當時學衡派學人景昌極（1903-1982）所援引，並吸收西方學界的看法。景昌極也曾師從歐陽竟無研究過唯識學，他的意見亦代表世俗學界對藏密的看法。景昌極同樣將密教當成是「末流之大乘佛教」，是與呾特羅教（Tantrika）同化後的產物，所以密宗佛教，「可稱為佛化之呾特羅教，亦可稱為呾特羅化之佛教」。密教所論種種修行或成就法，極附會牽合之能事，「如一大雜貨鋪」，「集玄想迷信之大成」。在簡略介紹密宗修行的原理之後，景昌極進一步就中抨擊密教的流弊。從師生關係來說，乃「絕對專制之尊師法」，不容學生「有絲毫自由批評的精神」。所謂「誨淫之輪供與雙入像等」，不問男女長幼尊卑，以「崇拜生殖為無上密義」。諸尊神佛滿天，宣導種種法門百千種，有如「以佛為商店戲團之主人，不惜迂尊枉道，惟召徠顧客之是務」。至於那些「誨殺之殺人祀天法與執兵器之像法」，則充斥著血腥暴力，「觀密教諸佛菩薩暨諸忿怒明王執金剛等像，亦每狗牙上出，三頭六臂，手中執刀鋸杵索等物，足下踐踏怨敵以示威」。釋迦「豈真有待於殺生以成其道」？密教以解脫、輪迴、業果為飾辭，然而「一切縱欲敗度」之淫樂，「惟少數特權階級，自命為利根上智者得享受之」，「此與貴族之躬行貪汙而以廉潔責其下者將毋同」。最後，從教義的思想面來說，密宗之盛行，「未始非大乘佛教所懸之理想太高有以致之」，與「人類畏難苟安，求簡便，求速效之心理，大相逕庭」。於是「有即身成佛之密教，投機而起。猶之速成學校之最為一般學生所歡迎」，「等於賣文憑」。[96] 景昌極的抨擊，簡而言之，密宗就是貴族階級化、暴力色情化以及庸俗投機與違反學術自由批評的精神。

只是，大村西崖與景昌極的研究，完全未考慮「喇嘛教」的教義與佛教有何共通之處，某種程度來說，是英國佛教研究的墮落喇嘛教說的學術進階版。相對於此，同樣來自支那內學院的呂澂（1896-1989），直接依據藏文教法史典籍去考察西藏佛教教義。呂澂挑戰治佛學者以為唯有西藏乃有純正完美之佛學、藏譯典籍精嚴準範的說法。他同樣指出，西藏佛教與印度晚期佛教密切相關。就教義來說，印度論師世親之後產生的瑜珈、中觀之爭，反映在西藏佛教教義上，是選擇中觀派。另方面，印度主宏密乘的教風，是對待婆羅門教以挽回世俗信仰，然後獨立發展，產生出作、修兩部呾特羅（怛特羅）而至瑜珈、無上瑜珈。而此密乘與中觀各家息息相關，於是密乘之學與中觀相涉不可解。總評西藏佛學，「大乘觀法獨尊中觀，唯識家言全遭屏棄，亦云憾事矣。」呂澂的惋惜，當然是因為他的唯識宗立場，所以，西藏佛學也並非完備，「以對論漢

96 景昌極，〈印度密教攷〉，《國風》，第 8 卷第 5 期（1936），收入：藍吉富（主編），《現代佛學大系 · 景昌極選集》（臺北：彌勒出版社，1984），第 51 冊，頁 639-651。

土所傳，得失短長亦有可指。」[97] 呂澂的研究，明顯區分出西藏佛教有顯、密兩面之別，如此才能解釋何以一方面藏譯佛典有純正完美之佛學，而另方面卻有驚世駭俗的怛特羅密乘。

呂澂的言外之意，得到太虛學生法舫的認同。在一篇書評裡，法舫對密宗的總結就是密乘興而佛法亡。密乘實為晚出產物而非佛親說，談密乘決不能離顯乘，否則「內部先壞，外禍自來」，密乘的興起正是導致印度佛教衰滅的原因之一。再者，西藏佛教的真髓在於顯乘而非密乘，這是建立在中觀派之龍樹學與瑜伽派之無著學上。[98] 微妙的是，呂澂與其師歐陽竟無以印度唯識學的立場來否定中國佛學的傳統，而太虛與其弟子同樣以唯識學的立場捍衛天臺、華嚴與禪宗各派。[99] 呂澂與法舫雖在唯識學的觀點上有出入，然而在對西藏佛教的判教上有共識。

在當時，也不是沒有藏密信徒對各方批評給以回應。一位署名「喇嘛信從」的作者即反唇相譏，在西藏密宗看來，「漢地完全無佛法，其所流行者，不過一種貌似佛教而已。」[100] 作者對飽受非議的雙身歡喜佛從密宗的修持給予解釋。這些世俗所稱「懽喜佛」者，

97 呂澂，《西藏佛學原論》（上海：商務印書館，1933；臺北：老古出版社，1978），頁14-16、69-70。

98 法舫，〈讀西藏佛學原論書感〉，《海潮音》，第 14 卷第 7 期（1933），頁 61。

99 關於雙方判教論爭，見周志煌，《唯識與如來藏》（臺北：文津，1998）。

100 喇嘛信從，〈法海指津〉，《西南和平法會特刊》，頁 35。

「未深明密教最高教義者，若見此尊像，未有不驚怪嘆詫，或不知而誤作下劣之想（即男女交合之想）。」事實上，這些「雙身最高祕密相（……即以金剛而抱佛母，如男女交合之相……此乃無上般若大空自在之極軌。密教至高至極處，金剛以喻菩提，佛母以喻般若……）」。此種祕法，「非深造之士，絕不易聞，以歷代祖師，均有最嚴重之禁戒故。」[101] 作者確實指出，金剛與佛母乃是象徵著方便與智慧的結合，由於少數不肖以及外人的無知，致使這些密宗最密法一直遭到誤解。而一位諾那活佛的信徒，則闡釋諾那活佛的判教：黃教修法固有次第，但直承蓮花生上師的紅教，也絕非一般人指稱搬演神通、不守戒律。[102]

不過，可想而知，這樣的言詞並沒有澄清對密宗抱持懷疑者的疑問。呂澂對這種方便與智慧說大為反感，並直接針對班禪喇嘛舉行的時輪法會作嚴厲批評。呂澂開宗明義地指出：智慧方便說只是金剛乘的飾詞，其實質是「勵行淫欲，視為大樂」。就印度佛教的發展史而言，金剛乘出現於印度佛法衰微之後，時輪又是金剛乘最後所出，為最俗化墮落，「外道崇拜女根之性力思想雜入佛法，竊取名相。」陰陽佛（歡喜佛）起源，來自金剛乘三位一體說。其一，女表空，男表識，和合以表樂，空識樂為三位一體。其二，世間之樂即涅槃之樂，故以二根交會之大樂為究竟。第三，所謂瑜伽方法，以

101 喇嘛信從，〈法海指津〉，頁 325。

102 徐少凡，〈西康昌都諾那呼圖克圖傳〉，《海潮音》，第 14 卷第 7 期（1933），頁 19-25。

男女之事為其階梯，而有所謂即身成佛。[103] 呂澂的討論都是引用文獻作逐一批評，他不認為密教經典上的那些文字是佛法上的隱喻及象徵，而是十分明確地指男女交合的事實。

既然西藏密教已被漢人佛教界僧俗判明為旁門左道，那麼，對太虛所倡導的現代中國佛教改革而言，西藏密教還能佔有何種地位？

第四節　太虛與其弟子的意見

一、太虛與法舫對西藏密教的曖昧態度

如本章第二節所述，Holmes Welch、Gray Tuttle 等先行研究都認為，太虛在西藏佛教上看到溝通漢藏的潛能，並在世俗界對教產壓迫下看到西藏佛教具有救教的希望。不過，在太虛本人的構想裡，從八宗並弘、整理僧伽制度論到世界佛教運動的體系內，西藏密教都是太虛佛教改進運動中的一個組成，[104] 卻非能與顯教相抗頡。事實上，當時的密宗熱潮還衝擊到太虛的事業，導致原先支持武昌佛學院的院董，轉而支持傳密教法的持松與大勇，武昌佛學院多數優秀職員與學僧也隨大勇北

103 持正，〈闢時輪金剛法會〉、〈闢對於時輪論者之解釋〉，《國風》半月刊，第 4 卷第 7 期（1934），頁 30-31、32-33。按：據馬長壽在〈鉢教源流〉一文的提示，「持正」即為呂澂，見：馬長壽，〈鉢教源流〉，《民族學研究集刊》，第 3 期（1943.9），頁 78。

104 太虛，〈我的佛教改進運動略史〉，《海潮音》，第 21 卷第 11 期（1940），頁 8-14；太虛，〈我的佛教改進運動略史（續完）〉，《海潮音》，第 21 卷第 12 期（1940），頁 14-20。

上至藏文學院預備入藏求法。[105]

法舫連同前面提及的芝峯，代表著太虛一系的僧界並非無條件支持西藏密教。就公開的言論來說，大致可以做一個二分法，太虛弟子裡支持藏密者，都有親身學習過密法以及進一步留學西藏的經驗。未入藏者，則藏密對有所保留。法舫曾經亦是跟隨大勇入藏的留藏學法團成員，之後因故返回武昌佛學院留守，並主編《海潮音》。然而，從王弘願教團傳布東密起，法舫即「痛心密乘傳法學法之人，不遵儀軌，不通教理，鬼怪離奇，而傷大教，而害蒼生」。[106]他更觀察到，前往康藏求法的出家人與居士，不論是從修行還是儀式禮節，都可見到康藏化的傾向，「粧摸做樣，假冒活佛」。[107]法舫對西藏佛教的態度，或許促成他後來前往印度、錫蘭留學的經歷，代表著回復到更古老的部派佛教的傳統。

以太虛本人的態度來說，他關切的問題不是密宗在修法與教義上有何殊勝，而是密宗的發展能為建設中國佛教提供何種助益。從東密的問題開始，太虛即將東密流入中國視為日本在華傳教權的產物。日本為了「獲得支那最先布教權」，「將比丘眾主教傳法之名位，授之在家男女」，從而有王弘願教團「破毀僧俗之律儀」，

105 太虛門人印順導師（1906-2005）對此評為「密宗起而大師之事業挫折」，見：印順，《太虛大師年譜》（新竹：正聞出版社，2000，新版），頁 186；事件的評述，東初，《中國佛教近代史》，上冊，頁 411。

106 法舫，〈全系佛法上之密宗觀〉，《海潮音》，第 14 卷第 7 期（1933），頁 40。

107 法舫，〈四川佛教〉，《海潮音》，第 18 卷第 3 期（1937），頁 4。

習密教者「反成以魔障佛」。[108]

戒律的問題同樣也表現在蒙藏喇嘛的弘法行為，太虛的批評之激烈，並不下於他人：

> 蒙藏喇嘛……形服同俗、酒肉公開；於我國素視為僧寶之行儀，棄若弁髦。……又世間俗人肉食則勸令茹素，而妄稱為活佛之喇嘛輩，則日非殺生不飽，且謂由殺生可令解脫。嗚呼，此非印度殺生祀神之外道耶？若然者，則彼喇嘛應先互相殺害以成解脫。或著迷著盲從者，應先請喇嘛殺而食之，何嘗靦顏食息人間也……[109]

如此的密宗，「殆已同昔年之紅教」。將歷史上曾經為禍中原的紅教再次迎入，這並非中國佛教的救教希望。因此，太虛要求的是，要將「日密藏密納於律儀教理」，「學宗喀巴以教理戒律為之軌範，建為中華之密宗。」[110]

對於中華密宗的內容以及其與東密、藏密的區別，太虛並無進一步的解釋。不過，在一篇為門徒的書所作的序文裡，太虛以宗喀巴整飭西藏佛教的成就來比擬自

---

108 太虛，〈今佛教中男女僧俗顯密問題〉，《海潮音》，第 6 卷第 4 期（1925），頁 7。

109 太虛（講），迦林（記），〈中國現時密宗復興之趨勢——中國指本部而言蒙藏在外〉，《海潮音》，第 6 卷第 8 期（1925），頁 14-15。

110 太虛（講），迦林（記），〈中國現時密宗復興之趨勢——中國指本部而言蒙藏在外〉，頁 16-17。

己的事業，其相同者三：（一），教理行果方面，以三士攝五乘，即是大乘菩提道次第的開展；（二），律儀方面，以七眾律儀戒為建立人間佛教徒集團的標準，故「吾察中國僧制之窳敗，嘗作〈整理僧伽制度論〉」，「大抵以七眾律儀為本」；（三），密宗方面，學密者其「思想必以教理為軌，行為必以律儀為範」，這是「黃教鑒于紅教之弊」所作的興革。[111] 在太虛的歸納裡，西藏佛教最值得中國佛教借鏡之處，是宗喀巴的宗教改革成就，而且是指顯教義理與戒律的重整。太虛的弟子法舫更具體地指出借鏡的要點，以及非必要的次要：

> 當如何依中國之國民性，仿覺道次第而組織教法，使教徒思想走入軌道一也。如何使密宗安立於七眾律之上二也，如何仿行黃教格西之考試制度三也，復如何建立由凡夫入大覺之修學歷程四也，此四似皆有賴於西藏佛教之助也。然後從事各部經論之傳譯，至傳宏密咒，則其次也。如或不然，多譯一部經論，至多增其一分知見而已，多譯一種儀軌，徒增一些希異之心而已。[112]

就如同他贊同呂澂的觀點，法舫認為西藏佛教的真髓在顯乘，也是宗喀巴重整黃教事業的核心，這指的是

111 太虛，〈《西藏佛教略記》序〉，恆演，《西藏佛教略記》，頁 1-2。
112 法舫，〈歡迎法尊上人主世界佛學苑漢藏教理院事〉，《海潮音》，第 15 卷第 6 期（1934），頁 7。

真正的深廣兩大教系與有組織之修行儀軌的佛法，「置密乘於七眾戒律之上，中觀瑜伽教理之中。」中國的宗喀巴即是太虛，「吾師太虛大師之志願精神與宗喀巴大師之精神吻合無間。」[113] 法舫將譯經與密咒從西藏佛教中切割出來，似乎它們並非宗喀巴宗教改革的一部分，更因為這些密教成分是「西洋鏡」式的「鈴鼓佛教」，引人熱狂的「舖壇結緣」。[114]

太虛與法舫將西藏佛教的內容限定在顯教義理與戒律重整上，而排除密宗的成分，這個解釋，反面來看，其實意味著中國佛教就是屬於漢人的佛教。在「異國殊族之種種文化」相交涉入的今日，「中國佛教中急需且要」，是「建立一新信仰之師資相承的法團」。這個目標「不必完全模仿西藏形儀，使中國佛教喇嘛化密宗化」。[115] 太虛還將民族主義的指責對準向外求法的僧界：「吾嘗怪今之漢人種性淪落，隨一習學異域異文則傾倒崇拜，極度自鄙自棄，不惟普通留學東西洋者如此，而近年學於藏學、於日學、於錫蘭之佛教徒亦然。」[116] 太虛以民族性來批判引入非漢傳佛教的僧侶，身為班禪喇嘛法會最有力的護法居士戴季陶亦不遑多讓。戴季陶的論斷同樣涉及到民族性。西藏密教能在

113 法舫，〈讀西藏佛學原論書感〉，《海潮音》，第 14 卷第 7 期（1933），頁 63。

114 法舫，〈藏文學院諸師東返宏法〉，《海潮音》，第 17 卷第 8 期（1936），頁 3。

115 法舫，〈歡迎法尊上人主世界佛學苑漢藏教理院事〉，頁 5。

116 太虛，〈閱書雜評：閱藏密或問〉，《海潮音》，第 16 卷第 3 期（1935），頁 21。

西藏土壤壯大，有歷史性的因素。密教本源是起於異教徒入侵、惑於外道毀教的佛法中衰時期，由救教者所創。「一心直指，即身成佛」，「尤為佛門中特著之異彩」。但是，密法「只能盛行於邊地，未開之民，即在自來文明發達社會平靜之中國，亦不能推廣。」[117]

更甚者，如同時人從佛教歷史與雙修法對西藏密教的抨擊，太虛亦有類似的言論。1934 年 4 月 28 日，班禪喇嘛在杭州靈隱寺發起時輪金剛法會時，太虛也正主講法華於杭州。在這樣場合上，他以歷史考證質疑時輪金剛法傳自所謂香拔拉或南天鐵塔等史實，乃無可稽查。[118]

太虛的曖昧之處，還表現在為學生法尊翻譯克主（一世班禪喇嘛）「密宗次第」[119] 一書所作之序。以此書之重要性，太虛於序文所側重者，卻是此書足以「拔除東密之立義根本」。至於「雙身之特殊修法」，太虛僅判說為紅、黃兩教共承，而未進一步說明。[120] 太虛的文字其實只是增加讀者的困惑。同樣是為法尊所著另一書《現代西藏》作序，太虛直接將雙身法與西藏女性做連結：「（西藏）一般婦女性少羞恥，曾不稍戢

117 戴季陶，〈金剛頂發菩提心論淺略識敘〉，《海潮音》，第 14 卷第 7 期（1933），頁 17。

118 太虛，〈鬥諍堅固中略論時輪金剛法會〉，《海潮音》，第 15 卷第 5 期（1934），頁 2。

119 即《密宗道次第論》，全名《密續部總建立廣釋》（rGyud sde spyi'i rnam par gzhag pa rgyas par brjod），為宗喀巴弟子克珠傑所著。此書為宗喀巴《密宗道次第廣論》（sNgags rim chen mo）一書之略論，說明格魯派密宗修道次第之所以建立四密續部的依據。

120 太虛，〈密宗道次序〉，《海潮音》，第 17 卷第 9 期（1936），頁 28。

淫亂，（此於無上密宗皆雙身法或亦有關）。」[121]

由於他一方面與班禪喇嘛的往來，並受班禪喇嘛灌頂，另方面卻又對藏密有微言，很難推測太虛對藏密的真正態度。但從他公開的言論來看，太虛同意顯密在教理上同出於大乘佛法經教。依循正理觀行而證果德，這是佛法修行的正當途徑；但若排斥顯教教理，棄毀律儀，下場則是「即身成魔」。[122]

二、法尊與留藏學法團

雖然太虛將密教的有效性縮限至教理與行持的規範問題上，但是對親身入藏學法的學生而言，其修證不只如此。在前述法尊對慧定的論戰中，慧定以淨土宗的立場指出，藏人信佛卻不知發願、不知念佛。法尊以嗤之以鼻的語調回應道：「西藏人最流行之念佛法門，較漢地高等社會人的念佛法門，尤為完善。」西藏佛教在修行法門、念佛、持咒、儀軌等各方面都遠高於傳統漢傳佛教。[123]

從留藏學法團成員入藏起，他們的實地見聞幾乎是一場異文化衝擊。內地書報輿論最常詬病康藏僧人的一點即是戒律問題，但是學法團成員一至甘孜，則正面感受到全然不同的現實。他們見聞，甘孜某大寺院的三大

121 太虛，〈現代西藏序〉，《海潮音》，第 18 卷第 5 期（1937），頁 76。

122 太虛，〈今佛教中男女僧俗顯密問題〉，《海潮音》，第 6 卷第 4 期（1925），頁 6-7。

123 避囂室主，〈評藏密答問〉，《海潮音》，第 16 卷第 6 期（1935），頁 24。

胡嘟圖（呼圖克圖），「戒律精嚴，有大威德，聞於年前曾逐破戒僧八人，數千僧家無不畏懼。」[124] 更深刻的印象則是學習西藏佛教所獲得的喜悅與成就：

> 瞻習之下，始覺西藏佛教圓滿殊勝，博大精深如值甘霖，如獲異寶……本師既智悲淵，弘誨學人尤循循善誘，扣之無盡，挹之無窮。昔時狂慢至是俱折，留學仝人之心志，由此一變知藏中佛教優美之大概，悟曩日躐等欲速之非，亦無思歸漢地者矣。[125]

或許有人會苛求這個學習證言未指出是教理還是修證方面，不過，法尊明確指出：「有人誤以為西藏之佛教皆係密教者。然就研究教理者論之，則顯教尤勝于密教。」[126] 換言之，不論是知識體系或修證體驗，西藏佛教絕不是旁門左道，而是足以挑戰漢傳佛教。

可以說，直到法尊的著述起，漢人才真正依據西藏佛教的立場闡述西藏佛教的發展史。如同呂澂的著作，法尊依據的文獻都是藏文史籍，徵引的種類亦多於呂澂。不過，同樣是討論密乘傳入西藏的過程，法尊乃是嚴格依照藏文史籍所記載的師承源流而述作；而非呂澂的作法，去追溯密乘來自印度教外道的根源。[127] 法尊

---

124 天然，〈西藏行〉，《海潮音》，第 7 卷第 8 期（1926），「採錄」欄，頁 5。

125 恆演，《西藏佛教略記》，頁 68-69。

126 法尊，〈西藏佛教概要〉，《康導月刊》，第 6 卷第 2、3、4 期（1945），頁 7。

127 法尊，《西藏民族政教史》（北碚：漢藏教理院出版，1941），

批評時人（當然是指漢人）完全不懂西藏政教史，卻以完全錯誤的認知來評論西藏。從佛法首度傳入西藏開始，漢人皆以為「蓮花生大師等乃專宏密法者，實則不然。當彼入藏後，僅將密法祕傳數人，仍以宏揚顯教為主」。至於舊教、也就是紅教的出現，是因為經過藏王朗達瑪教難後，民間仍有祕事誦經的殘餘佛教，而徐徐演化成舊教。[128] 針對漢人最喜愛的紅教、黃教二分法，法尊指出，西藏人將滅法以後重輝之佛教稱為新教，而漢人多稱為黃教，「似稍失真義」。「更有以宗喀巴大師派為黃教，餘派盡為紅教白教者，以服色而立名，那更是盲人摸象的談說了。」[129] 至於史冊裡提到會吞刀吐火、娶妻生子的元代紅教喇嘛，也就是最常被誤會的薩迦派，法尊僅提及其受元帝專寵，但並未提到番僧擾民與大喜樂法。[130] 而且，「薩嘉寶王等雖未離俗，然其所住之寺則分二院，一院傳法統，一院傳血統（亦稱法統），其法顯密皆有。」[131]

法尊以述作澄清西藏佛教顯密皆有可觀之處，其實可能會導致一個暗示：全盤引進西藏佛教以改革甚或取代原本的漢傳佛教。宏揚東密的王弘願教團即打出以日本密宗取代顯宗的口號，洋洋列出東密之於顯教的十殊

西藏社會科學院西藏學漢文文獻編輯室，《西藏民族政教史》（北京：全國圖書館文獻縮微復製中心，1991），卷三，頁 26-32。

128 法尊，〈西藏佛教概要〉，頁 5。

129 法尊，〈從西藏佛教學派興衰的演變說到中國佛教之建立〉，《海潮音》，第 17 卷第 4 期（1936），頁 39。

130 法尊，《西藏民族政教史》，卷二，頁 25。

131 法尊，〈西藏佛教概要〉，頁 6。

勝之處。[132]

法尊的本意當然不是如此。當時其他入藏學法的僧人，會著重於敘述學得何種密法、受什麼大法灌頂。相對於此，法尊更重視藏文學習、西藏佛教的正法與譯經事業，這些正是他主掌漢藏教理院的工作重點。面對當時漢人學密是著迷於密咒、神通與速成的心態與作法，法尊期望能將他的上師安東（'Jam dpal Rol pa'i bLo gros, 1888-1935）格西迎接至漢地，「建設一切西藏的正法，掃除現前密法的一切流弊」。[133]

但是，在為文歡迎法尊學成歸來的同時，他的同門法舫固然期盼法尊所學，「經論之翻譯」足以「補中國佛教之缺」；另方面卻特意強調，「密咒之傳授，非為正業」。[134] 法舫的限定性說明，總結來說，就是漢藏教理院所將建立的新法團，不是要使「中國佛教喇嘛化密宗化」；漢藏教理融會的目標，應指向太虛所追求的世界佛教運動。也就是說，傳統上以台、賢、淨、禪為

---

132 王弘願，〈解行特刊序〉，《海潮音》，第 14 卷第 7 期（1933），頁 41-45。

133 法尊，〈由藏歸來之前與法舫法師書〉，《海潮音》，第 15 卷第 5 期（1934），頁 117。據法尊自述，他之所以中斷在拉薩的學法，一方面固然是因為太虛的勸召；另方面是為了將安東格西（絳熱仁波切）迎接至漢地。前任丹甘寺法台為此更對法尊說：「你在三大寺，就熬到第一名格什，漸次升到格登墀巴（按：指丹甘寺法台），像我這樣的頭上打著一把黃傘，這也是乾枯假名，對於佛法並無多大的益處，你如今先回去把宗喀巴大師的《菩提道次第論》翻譯出來，在你們漢地建立起正法幢來，那纔對佛法和眾生做了真實的饒益，你若能設法將絳熱仁波卿——安東恩師之名——迎接出去，把宗喀巴大師的顯密教法，建立起來，那比考格什升『格登墀巴』的功德，大得多哩。」見：法尊，《現代西藏》，頁 136-140。

134 法舫，〈歡迎法尊上人主世界佛學苑漢藏教理院事〉，頁 5。

特色的中國佛教，應該改革為普容遍攝錫蘭等國的三乘共法律儀及大乘性相與西藏密法，重建中國佛教。[135]

總結來說，漢人出家眾與居士從原先以為只是單純的復興唐代密宗，而至稍後東密與藏密的引進及盛行，在顯密爭議之中，逐漸認識西藏佛教。在這場漢傳佛教界關於藏密的討論裡，對後者不滿的理由，從習見的斂財、戒律、怪異，到雙修、教義與種性各方面。這些批評，除了延續傳統對西藏佛教的認知外，還加上了當時西方和日本對西藏佛教研究的一種偏見：西藏佛教只是整個佛教發展史裡的偏門，藉以抵銷西藏佛教、特別是密宗的吸引力。這場對話，有漢傳佛教界的門派之見。同時，即使是首先主張顯密共揚的太虛，其本人對藏密的真正態度也值得玩味，甚至從中亦可窺見太虛門下因不同的經歷而對藏密有不同的包容力。由於西藏佛教就是來自西藏這個地區、而為西藏人這個種族所崇奉的宗教，這意味著西藏佛教對漢傳佛教來說，有其特殊性的限制。不過，藏密的存在與學密風潮，或多或少挑戰漢傳佛教的地位。某種程度來說，西藏佛教至少是對等於漢傳佛教。但是，宗教界對西藏佛教與密宗的著力方向，終究與俗世的政治及文化菁英有差距。漢人俗世菁英更多地採取種族性的情緒來討論西藏。

---

135 太虛（講），碧松（記），〈漢藏教理融會談〉，《海潮音》，第18卷第12期（1937），頁23-24。

第四章　封建主義之地與神權統治下的西藏

無論是教義、起源或戒律的批評，漢傳佛教界的僧眾與居士至少仍是以對等的態度看待西藏佛教，視為佛教世界裡有活力的一環，並試圖從西藏佛教汲取變革漢傳佛教的資源。相較之下，漢人的政治與知識菁英對「喇嘛教」就採取比較高的敵意。喇嘛教的稱呼，從一開始就暗示這種宗教與內地有極大的差異，視之為原始、怪異及迷信的綜合體。進而，對喇嘛教的生存環境、宗教與社會之間的支配關係展開討論。又由於喇嘛與土司在政治上對漢人的統治造成威脅，因此漢人菁英總是在如何同化與消除這些「中古」「封建」勢力的脈絡下來討論。

另方面，在抗戰的形勢下，學術界興起邊政學的呼籲與需求，從而產生一系列關於藏區民族誌的作品與實地研究；歷史地理學者也因為能實地結合藏文文獻，進入西藏政教史的脈絡去看待康區土司的歷史。此一研究旨趣與研究方式的變化，在 1940 年代產出更接近西藏人觀點的著作，乃至探問漢藏文化共通的可能性。

第一節　土司與貴族：喇嘛的共謀

一、打著佛陀旗幟實施「暴政」

相對於佛教界對西藏佛教與印度佛教關係的關注，其他的漢人菁英並未有同等的重視。對於為何藏人如此崇信喇嘛教，以及喇嘛制度能如此深入藏民人心，漢人首先採取環境決定論的解釋：因為西藏特殊的地理環境。一位作者反向假設，設若「西藏大高原的河谷平原極廣，氣候又溫和多雨，貨物的運輸亦不十分困難，則喇嘛的統治決不能持久，喇嘛教亦難狂熱地被人擁護而能持久不衰，喇嘛僧侶亦決不會有如此眾多」。[1] 然而，環境決定論卻無法解釋為何蒙古人也接受喇嘛教，因而將這問題歸咎到滿清。由於滿清欲以喇嘛教羈縻蒙古，故利誘蒙古人當喇嘛，並興修宏偉的寺院，從而削弱其反抗力，強悍的蒙古民族「才自己套上一條鎖鏈，把自己束縛起來。」[2] 但是，這樣的說法隱藏著自相矛盾，蒙古人選擇信奉帶有原始宗教色彩的喇嘛教，乃是出於自身精神上的需求；但漢人又認為蒙古人（以及西藏人）是受到物質誘惑才信奉喇嘛教，這表示他們並非發自精神上的需求。[3]

1　胡翼成，〈論康藏喇嘛制度〉，《邊政公論》，第 1 卷第 3、4 期合刊（1941），頁 12。按：胡翼成時為中央政治學校邊疆專修科地理教員。

2　李復同，〈「喇嘛」與「喇嘛廟」〉，《邊事研究》，第 3 卷第 6 期（1936），頁 46。

3　在漢人學者的眼中，蒙古的衰敗是清廷與自身信仰所遭來的禍害。Joseph Fletcher 指出，清末蒙古游牧社會及經濟的崩潰，是清官方、蒙古王公、寺院與漢商共同促成的後果。清廷藉盟旗制於是，這導向另一種最普遍也最常見的解釋，訴諸於種族性。文明與野蠻的區別即在於文明人是自己行為與自然環境的主宰，能開創冒險的事業。「未開化區域及野蠻部落之生活」，將生命的一切「完全委託於渺不可知一無標的之天命或神命」，成為宗教的奴隸。所以，宗教信仰原始取向的民族，養成狹隘固後的思想，無改善環境的創造力，實在是康藏不能進化的主因。[4] 西藏人是無自我進化能力的落後民族的想法，即使是崇信密宗的黨國高層戴季陶，也表示「西藏文明是畸形的，西藏文明是高而不廣，而且除了宗教之外無文明」。西藏人的密教修持雖高，但是宗教和科學文明則是相反的道理。[5]

順著原始民族的天性與阻礙進化的說詞，漢人菁英進而對喇嘛教的角色展開攻擊。在法尊前述〈西藏佛教概要〉一文發表的同時，《康導月刊》的編輯亦同時編排另一篇署名無畏[6]的〈喇嘛教之我見〉一文。同

度分化蒙古各部族，並在宗教上鼓勵喇嘛教的信仰。為防止蒙古出現政教合一的勢力，又鼓勵寺院興修，給予扶助。圍繞著寺院，帶動城市的出現，結果漢商因此侵入內外蒙古，漢商的勢力與能力成為寺院與王公的必需。最後，漢人移民與屯墾，又一步步縮減草原，於是摧毀蒙古原有的社會與經濟。見：費正清（編），張玉法（主譯），李國祁（總校訂），《劍橋中國史‧晚清篇（上）（1800-1911）》，第 10 冊，頁 61-69、426-433。

4　陳重為，《西康問題》，頁 6-7、183、186。

5　戴季陶，〈中藏思想溝通之重要〉（1931 年 6 月 7 日），《新亞細亞》，第 2 卷第 5 期（1931），收入：徐麗華、李德龍（主編），《中國少數民族舊期刊集成》（北京：中華書局，2006），第 59 冊，頁 23。

6　無畏即為歐陽無畏，他另外在《康導月刊》「雪山吟」專欄上發表一系列詩詞，從文句提到黎丹、碧松等人物以及透露的心境判斷，見：《康導月刊》，第 6 卷第 7-8 期（1945），「雪山吟」

是入藏學法的漢人，卻持激烈的態度批評「喇嘛教」。在他看來，西藏佛教正是因為去除了原來曾傳入的漢地佛法，因而徹底轉變成混血種的喇嘛教。西藏只有喇嘛教而無佛教，這一局面從喇嘛教的創祖蓮花生就已經奠下。在佛教初入西藏的時期，來自漢僧的禪宗學說仍風靡，雖然是機鋒重於修習的禪宗末流，但終究是邪正分明，不曾將妖魔鬼怪拉進佛教。然而，由於漢僧摩訶衍那在吐蕃僧諍中落敗，主張頓悟的禪宗遭驅逐；加上蓮花生降伏藏境內妖邪，與笨教（苯教）徒鬥爭，結果融合笨教，「被降伏而皈誓護佛的妖怪，和大部分的笨教精靈、祭祀儀式，奠定了一個混血種的喇嘛教初基。」[7]

雖然到了阿提沙（阿底峽）大師將印度後期大乘的正統派、顯密雙修的菩薩學移植進藏，淨化不少「喇嘛教的色素」；但是其他存在的派別，如噶舉派、噶瑪派都還存在著攝魂、召鬼的術法。至於薩迦派，只是將寧瑪派稍微改換，卻裝進更多笨教的成分，其寺院是妖魔邪法的集大成。[8] 無畏認為薩迦派最惡劣的作風，是薩迦教為父子相傳的家天下制度。在薩迦派之前，宗教還是站在政治以外的超然立場；但自發思巴（八思巴）捲入政治後，喇嘛遂陷於爭權奪利。將宗教帶入政治，這是無畏嚴厲批評喇嘛教的第二點。

欄，頁 82-91。

7 無畏，〈喇嘛教之我見〉，《康導月刊》，第 6 卷第 2、3、4 期（1945），頁 10。

8 無畏，〈喇嘛教之我見〉，頁 10-11。

對宗喀巴的改革事業，無畏承認他將龐雜無系統的密教歸納成嚴整的系統，禁止神怪與幻術。但是格魯派自此更「發明」喇嘛轉世的制度，其用意是門徒藉著上師轉世的幌子以便保持家財。然後當顧始汗將全藏土地和政權送給第五世達賴後，轉世制度變本加厲，於是格魯派的僧侶走上了薩迦派沾染政治的覆轍，「引起了覬覦、營謀、篡奪、舞弊、爭殺，呈現了世間上最可恥的陰謀，喇嘛教的神聖被破壞的乾乾淨淨。」無畏最後總結地說：「寺院、神像、金瓦、幡幢、祈禱、戒殺、忍辱、好施等等」，都只是西藏佛教的表面；「今日的喇嘛教還是末日的頹廢。喇嘛教的根本缺點，不在教義而在制度。」[9] 漢人知識菁英在攻擊喇嘛教的不道德性之餘，也注意到其負面的政治效應，就如無畏從政教關係的面向痛斥喇嘛教在制度面上對西藏的殘害，這一點才是僧界以外的漢人最為著力之處。

雖然在乾隆時代，駐藏大臣松筠就曾批評藏官「於仁之一字，無從聞見，固無怪其貪饕無厭。」松筠雖檄諭各營官，「教之以潔已愛民之方」，[10] 他的出發點仍是儒家傳統下愛民行仁政的思考，而不是認為宗教信仰需為政治不上軌道負責。然而，從清末起，因英軍侵藏引發外交上的交涉後，知識分子開始注意到，西

9　無畏，〈喇嘛教之我見〉，頁 11-12。

10　松筠，《鎮撫事宜．西招紀行詩》，《西藏學漢文文獻彙刻》，第 1 輯（北京：全國圖書館文獻縮微複製中心，1991），頁 2A（31）。〔按：《鎮撫事宜》又名《西招五種》，計有：《綏服紀略》一卷、《西招紀行詩》一卷、《丁巳秋閱吟》一卷、《西招圖略》一卷、《西藏圖說》一卷、附《路程》一卷，刊行時間嘉慶二年（1797）至道光三年（1823）。〕

藏在制度上與中國本部的差異性極大。如今隨著時勢的改變，應該轉變盛清時代推崇黃教的政策。如果國家要繼續經營西藏、鞏固疆土，就應該要壓抑僧權，「絀僧伸民」，西藏人民不再受制於僧權，才得盡展才智。[11]《新民叢報》上的一篇議論，則說得更直接：「宗教政治，實西藏所以自取滅，而中國之御之也，亦以此。」[12] 對漢人，或中國本部來說，宗教事務大體上區別於政治之外；但在西藏，僧人「外販釋迦之名，內行豺虎之毒」，「總以銀錢為第一義」。[13] 僧權膨脹，兼為貴族，故以平民為奴隸，壟斷整個社會的學問。[14]

「萬惡的喇嘛是西藏的禍源」[15] 之類的批評，到了民國時期，則又轉為以「現代」對抗「封建」的立論。當時還是清華大學政治系學生的鄒文海（1908-1970），以現代政治學理論來討論西藏政治中主權者權力的來源。在他看來，從人類過往中世紀的歷史可知，政教合一的制度，本是產生於低智民眾的社會裡，是專

11 陳其昌，〈經藏衛以固蜀疆議〉，《蜀學報》，第 10 冊（光緒戊戌年六月下旬，1898 年 8 月），收入：姜亞沙、經莉、陳湛綺（主編），《晚清珍稀期刊彙編》，第 20 冊（北京：全國圖書館文獻縮微複製中心，2009），頁 552-553。

12 中國之新民，〈哀西藏〉，《新民叢報》，第三年第七號（第五十五號）（光緒三十年九月十五日，1904 年 10 月 23 日），頁 1-2。

13 不著撰人，〈論西藏弊政〉，《國聞匯編》，第 4 冊（光緒二十三年十二月十五日，1898 年 1 月 7 日），收入：盧秀璋（主編），《清末民初藏事資料選編：1877-1919》（北京：中國藏學出版社，2005），頁 1。

14 不著撰人，〈西藏之宗教民俗（錄《中外日報》）〉，《東方雜誌》，第 5 年第 12 期（光緒三十四年十二月二十五日，1909 年 1 月 16 日），頁 39。

15 鄒文海，〈西藏官制考略〉，《國聞週報》，第 6 卷第 4 期（1929），頁 2。

制者假借宗教來限制民眾思想的護身符。[16] 鄒文海沒有說出的立論基礎是：就一個採行共和體制的現代國家來說，國家是由屬於同一民族的眾國民所組成。統治國家的權力，或者說國家的政權，是掌握在人民之手，或者是由人民所同意的政治菁英。這樣一套關於國家統治型態的學說，正是中國本部推翻帝制之後所追求的共和國之路。以國民政府的官方政策來說，主權在民正是民權主義的基本原理。然而，西藏的政制情況，「是從君主而僧治」的寡頭統治。[17] 再者，根據實證主義所指出的世界進化公理，人類社會是由神權進為君權而為民權時代。但西藏卻因喇嘛教的迷信思想，仍停留於神權統治時代。西康漢人冷亮認為，這點要從佛教的人生觀來探討。以時間來說，佛教是出世主義；就空間來論，佛教主張眾生平等，又為世界主義。這兩方面注定西藏「喇嘛乃係無國家觀念無民族思想之人」，與政府「培養國民之國家觀念，灌輸國民之民族思想」的政策有衝突。對於西藏佛教，他的結論是，雖然信教自由是世界通例，但是西藏的情況卻是政教不分，西藏的宗教成為進化之阻礙。[18]

喇嘛以神祕的偶像崇拜來維持統治，[19] 不僅從現代

16 鄒文海，〈西藏官制考略（續）〉，《國聞週報》，第 6 卷第 5 期（1929），頁 1。

17 鄒文海，〈西藏官制考略〉，頁 1。

18 冷亮，〈西藏宗教與政治之關係〉，《東方雜誌》，第 38 卷第 14 號（1941），頁 35。

19 文萱，〈西藏蒙古喇嘛僧之階級〉，《開發西北》，第 4 卷第 1、2 期合刊（1935），頁 25。

社會的公理來說沒有正當性可言，而且事實上喇嘛在西藏社會裡又是不勞而獲者。[20] 在漢人的描述裡，「蓋為僧以後，即可脫卻人間瑣事，度其優閒生活，不耕而食，不織而衣。」[21] 同樣的情況，在西方人的觀察裡，喇嘛日常生活，「凡服食器用，悉受人供」，「以至惰之生涯，而分極多之利益。」[22] 隨時任蒙藏委員會委員長吳忠信入藏的朱章，在參觀歷代達賴喇嘛金塔後，亦感嘆地說：「邊地生產落後，民生本極困苦，稍有所得，復盡以供養宗教領袖，財富遂集中一人，一人復用之於一塔，衡以經濟原理，其為損失，豈可數計。」[23] 對喇嘛「假佛教權威，以遂其愚弄剝削之目的」的「惡行」，當時的西康省地方當局感受又特別深。因為喇嘛與土司是漢人官員最直接的競爭者。因此，一位西康省官員以其親身至瞻化縣（瞻對）辦案的實例指出：西康喇嘛實在是「人世之蟊賊，釋教之罪人」。[24]

另一位漢人據其在康區六年的觀察與體味，描繪出僧人與寺院的運作情況。實際上，藏人的佛教不只是出世性的，也是入世的。因為寺院要維持下去，就需要經

---

20 陰景元，〈西藏佛教的檢討〉，《東方雜誌》，第 33 卷第 2 號（1936），頁 66；陳健夫，〈西藏佛教的過去與現在〉，《新中華》，第 2 年第 14 期（1934），頁 41。

21 李培芳，〈西康的喇嘛和喇嘛寺〉，《康導月刊》，第 1 卷第 9 期（1939），頁 51。

22 John Claude White（著），陳世驤（譯），〈拉薩遊記〉，《東方雜誌》，第 14 卷第 3 號（1917），頁 83。

23 朱少逸，《拉薩見聞記》（上海：商務印書館，1947），頁 18。

24 許文超，〈西康喇嘛剝削人民之鐵證〉，《康導月刊》，第 1 卷第 9 期（1939），頁 56-57。

濟基礎。寺院廟產經營畜牧、農業、商業等方面，造成「寺院是個財團，喇嘛好像是富翁，管家們就如一群財閥，一個個都長得肥肥的，面部表情異常愉快。」喇嘛的驕奢，還造成「民間奢侈思想與不良惡習」；喇嘛甚至帶頭使用外貨，「代外商作活商標的義務宣傳」，使得地方土產沒落，形成貿易的不平衡。[25] 另一位漢人則以在青海的觀察指出，宗教還成為抗拒經濟發展的利器。僧徒「依仗教勢，阻礙開墾」，雖作者並未形諸文字，其實不言而喻的意思是，邊民團結在喇嘛教的保護下，抗拒希望開發邊疆、帶來進步的漢人。漢人對宗教是現代化事業阻礙的指責，不僅針對喇嘛教，也包括回民，同樣藉宗教團結，尋仇生事、嗜殺好鬥。[26]

這些批評總是將藏人出家當喇嘛一事視為藏人貪圖物質上的享受，既然喇嘛是社會的坐食者，喇嘛寺院控制整個社會的經濟；喇嘛在政治上又掌握政權，西藏因而也就形成堅固的階級社會。西藏社會階級森嚴分明，一方面是宗教提供思想上的麻醉，「佛教輪迴，因果觀念，深入人心」，故西藏人視階級為命定，相安無怨。[27] 另方面則得益於喇嘛在政治上的盟友——土司貴族——的協助。喇嘛得到人民的信仰，土司頭人因此與寺院保持密切關係。這些「封建餘孽的留毒種子底酋

25　奪節，〈寺院與喇嘛生活〉，《康導月刊》，第6卷第2、3、4期（1945），頁24-25、28。

26　韓寶善，〈青海一瞥〉，《新亞細亞》，第3卷第6期（1932），收入：《中國少數民族舊期刊集成》，第60冊，頁714。

27　不著撰人，《西藏政教合一制》，頁5。

長，為了保持榮華富貴」，「運用寺院的神權作一己政權的爪牙」。[28]

二、土司與貴族：喇嘛的共謀

清代入藏的官員已經注意到，西藏的貴族世家控制著土地，導致西藏農業不發達。1908 年由大吉嶺入藏進行測量工作的官員陶思曾（1878-1943）觀察到，江孜田地雖然在名義上為唐古忒政府所有，但實際上全屬六姓世家采地。世家將田地交給庄頭管理，庄頭並不自作，而是招農夫承種之，於是「世家日益富而農夫終歲勤動僅糊其口而已」。[29] 到了民國，西藏這種基於土地所有制度構成的階級差異，時人改以封建時代下的農奴制度來形容。蒙藏委員會的入藏官員即認為，西藏土地制度與歐洲中古農奴制頗近，莊田的人畜物產均屬於地主，佃農並得為地主服勞役。[30] 而在一本題為《西藏問題》的著作裡，作者「具體」地指出，西藏農人受地主約束，農夫夜晚一二時起床上田，往往工作十八小時。[31]

民國時期漢人菁英對貴族壓迫農奴的這些批評，一方面是以現代觀念來抨擊地方傳統，另一面則是漢人菁英在藏區的經驗，漢人的統治遭遇到喇嘛與土司的挑

---

28 奪節，〈寺院與喇嘛生活〉，頁 30。

29 陶思曾，《藏輶隨記》（出版地、出版者不詳，1911，再刊版），收入：邊丁（編），《中國邊疆行紀調查記報告書等邊務資料叢編．初編》，第 47 冊（香港：蝠池書院出版有限公司，2009），頁 27A。

30 朱少逸，《拉薩見聞記》，頁 106。

31 陳健夫，《西藏問題》（上海：商務印書館，1937），頁 91。

戰。土司制度並沒有隨著清末在康區推展改土歸流的措施而消失，即使在民國時期劉文輝統治西康東部期間，地方政務仍須得到土司與頭人的配合才能推行。至於四川、西康、青海與甘肅交界的廣大地區，仍掌握在土司頭人之手，並不受任何軍閥與中央政府號令的約束。這種現象對於一個追求統一的現代民族國家而言並非正常，一位作者直言，西康土司喇嘛二者，「實為康省施政之最大障碍」，「干預民刑訴訟」，「據有土地，轄制人民，操縱金融，購置槍彈」。[32] 因此漢人菁英針對土司的源流與現狀展開討論。

土司制度的起源，「原由部落制度遞變而來」。「土司世官其地，世有其土；土民世耕其土，世為其民。土司制度下之土官與土民，二者之關係實因土地而發生。」由於直接統治代價過大，古代帝王採用土司制度，「不過對於原來部落齊其政不易其宜。」[33] 所以，自元明清相襲至今的土司制度，乃是古代帝王政治的遺毒。在過去帝制時代，所謂的羈縻政策被推崇為治邊的上策，實際上是君主與土酋互相利用的心理，以及以蠻攻蠻的政策。[34] 然而，土司制度對現代國家的流弊，一者土司行封建剝削，壓迫人民生活；再者，土司有土地、人民與武力，以私人利害為依歸，拒絕納捐、築路

32　邱述鈐，〈建設新西康之綱領〉，《康導月刊》，第 1 卷第 5 期（1939），頁 63。

33　凌純聲，〈中國邊政之土司制度〉（中），《邊政公論》，第 3 卷第 1 期（1944），頁 4。

34　佘貽澤，〈明代之土司制度〉，《禹貢》半月刊，第 4 卷第 11 期（1936），頁 1-9。

與徵兵，影響政令之推行。[35] 土司與僧人聯手形成的封建壓迫，還造成康藏在人口問題上的重大缺陷。除去氣候高寒、土地貧瘠的客觀因素，康藏如今種族衰落原因，就是宗教與土司。一者因佛教興盛，男子為喇嘛者，佔總人口四分之一而強，致生殖難增，人口銳減。另外則是酋豪土司，極端壓迫，人民處其積威之下，日削月割，不聊其生。[36]

不過，這些言論其實都不能說明，為什麼土司制度能長久地存在而未遭到來自當地社會的反抗。是否在強制性的暴力統治之外，土司制度有其社會基礎，土司的統治形態又是如何展開。再者，雖然西藏貴族掌握政治實權，但貴族作為卻不能逾越宗教軌範。[37] 也就是說，宗教權力超越於政治，這個情況又該如何解釋土司與喇嘛教的關係。隨著當時社會學家、民族學家與人類學者的實地研究，知識分子不再滿足於單純的道德批評，嘗試進一步理解宗教的角色與貴族土司的社會基礎及社會結構。

此處需先稍微說明晚近學界對西藏社會階級與土地制度的研究成果。關於西藏的社會階級與土地制度，首先進行全面有系統的研究是 Pedro Carrasco。但由於當

---

35 葛赤峰，〈土司制度之成立及其流弊〉，《邊事研究》，第 9 卷第 5 期（1939），頁 16-18。

36 楊仲華，《西康紀要》，頁 277。另一個同樣是出於種性而造成人口問題的因素則是性別與婚姻，兄弟共妻、姊妹同夫之制，限制人口生育。康藏研究專家任乃強已經注意到土地制度是康藏社會的階級基礎，這點又與藏人的家庭繼承、婚姻關係密切相關。關於性別和婚姻，以及任乃強著作的討論，詳見下一章的處理。

37 不著撰人，《西藏政教合一制》，頁 6。

時實地研究無法進行的限制，他的材料主要依據各種檔案、報告與旅行調查。他試圖比較 Karl A. Wittfogel 的「東方專制論」（Oriental Despotism）能否解釋西藏的政治體系。他的結論是，西藏並非典型的東方社會，因為中央官僚組織的發展，只侷限在拉薩中央政府和其他獨立或半獨立王國與部落。而位居統治層的貴族與官僚，是基於采邑封地而形成，如此所形成的階級社會與土地制度，更類似於中國周朝時期的封建社會。換言之，西藏的封建社會並不同於西歐中世紀時代的封建制度。[38]

稍後 1970 年代起，基於人類學者的田野調查研究，對西藏社會階級與土地制度有進一步的討論。從社會階級來說，在僧人之外，西藏社會分為三個等級：貴族、平民、更低層。平民階層是西藏社會最大的下層群體，藏語稱之為 “mi ser”，也就是人民之意。一般情況說來，農民必須為政府、寺院或莊園（也就是中共所堅稱的「三大領主」）提供勞役，才能使用土地與獲得農作物。若是逃走，地主有權追回他並給予處罰。地主與農民之間的權利和義務，都以書面契約記載一切。農民有法律上的身分，不僅有應盡的義務，也有受保障的權利。農民中有兩個最主要的階層：「差巴」（khral pa），意為「納稅人」（taxpayer families），與「堆窮」（dud chung ba），意為「小戶」（small householders）。主要的社會階層流動是在差巴與堆窮

38 Pedro Carrasco, *Land and Polity in Tibet*, pp. 222-227.

之間。差巴的地位比較高，其任務是對領主完成徭役、納稅的責任。差地不可分割也不可放棄，也不能被剝奪，但可以家庭的名義世代繼承，因此一妻多夫制最常見於差巴家庭，差巴亦可將土地轉租給其他人。堆窮既可依附於莊園，也可選擇當傭工，自選雇主。只要繳納稅金獲得許可後，他們即可自由離開。

最有爭議的問題是 “mi ser” 的性質與翻譯。此詞在中文、特別是 1950 年代起，常被譯為「農奴」一詞，而具有特別的政治性意涵。針對西藏社會情境下的 “mi ser” 一詞，是否等於 “serf” 一詞，西方學者曾有過討論。Melvyn C. Goldstein 將之譯成 “serf”，也就是中文最常見的「農奴」一詞。其他學者如 Betrice D. Miller、Franz Michael、Girija Saklani 等則認為將 “mi ser” 譯為 “subject”（屬民、臣民）、“commoner”（平民）更恰當。Goldstein 主張譯為 “serf” 的理由是，1959 年以前的藏人都是透過書面契約被束縛於土地上，並對擁有該土地的領主盡一定義務。他將西藏的情況與法國史家 Marc Bloch 所描述的封建制度相比，“mi ser” 的身分為世襲，不擁有個人生產資料，領主對 “mi ser” 亦有司法處置的權力。[39]

其他學者則質疑這種制度的普遍性，以及使用

39 Melvyn C. Goldstein, “Serfdom and Nobility: an Examination of the Institution of ‘Human Lease’ in Traditional Tibetan Social,” *The Journal of Asian Studies*, 30:3 (1971), pp. 521-534; Melvyn C. Goldstein, “Re-examining Choice, Dependency and Command in the Tibetan Social System: Tax Appendages and Other Landless Serfs’,” *Tibet Journal*, 11:4 (1986), pp. 79-112; Melvyn C. Goldstein, “On the Nature of Tibetan Peasantry,” *Tibet Journal*, 13:1 (1988), pp. 61-65.

“serf” 一詞的政治意涵。西藏並非是上下關係森嚴的封建制度社會。藏人確實被束縛於土地上，但多數藏人都有能力負擔賦稅。賦稅與徭役，特別是烏拉（’u lag，承擔運輸的差役）確實沉重，但其束縛主要是針對家庭而非個人。一個家庭只要能完成對領主的義務，其他成員即可自由地遷移，遠走他鄉去朝聖轉山或經商旅行。再者，過去的西藏有一個運作良好的司法體系，某些情況下農民能提出訴願。即使是在 Melvyn C. Goldstein 的調查裡，他也補充說明農奴制度一詞並不等於就是封建制度，領主對農民也非盡是慘無人道的虐待與酷刑。虐待與酷刑有違地主利益，因為他們需要勞動力。[40] 使用 “serf”、「農奴」一詞乃是暗示著一種價值判斷：西藏是慘無人道的封建主義社會，封建領主對農奴有生殺大權，而中國以共產革命解放西藏具有道德的正當性。Melvyn C. Goldstein 使用 “serf”、「農奴」一詞，其後果正是遭到中共從馬克思列寧主義的角度去誤解與引用。[41]

40　Betrice D. Miller, “A response to Goldstein’s Re-examining Choice, Dependency and Command in the Tibetan Social System, *Tibet Journa*l, 12:2 (1987), pp. 65-67; Betrice D. Miller, “Last Rejoinder to Goldstein on Tibetan Social System,” *Tibet Journal*, 13:3 (1988), pp. 64-66; Franz Michael, “Tibetan Traditional Polity and Its Potential for Modernization,” *Tibet Journal*, 11:4 (1986), pp. 70-78; Franz Michael, “Letter to Editor: Tibetan Social System,” *Tibet Journal*, 12:3 (1987), p. 78; Girija Saklani, “The Hierarchical Pattern of Tibetan Society,” *Tibet Journal*, 3:4 (1978), pp. 27-33.

41　關於此點，見：William M. Coleman, “Writing Tibetan History: The Discourses of Feudalism and Serfdom in Chinese and Western Historiography,” (Ann Arbor, Michigan: Master’s Thesis, 1998), ch3, pp. 3-13，文章內容與頁碼引自網路資源，網址：http://www.columbia.edu/itc/ealac/barnett/pdfs/link3-coleman-ch3-4.pdf。對西藏階級社會與農奴制度

第二節　邊政學視野下的西藏踏查：異己與共性

一、邊政學的興起

西藏作為漢人民族主義想像的一環，有想像與現實的落差，同時也是對非漢人群在精神上的多重整編與排除。對中國知識菁英來說，西藏必須是排除英帝國主義的西藏，同時又是與中國歷史及文化上有著長遠淵源隸屬關係的西藏。因此，時人的考據、調查、徵集資料等活動，即在證明西藏與中國由古代至現代在時間上的連續性，從而確立中國對於西藏的主權之正當性。

民族主義透過實質邊界將國族成員與外部世界的他者區分出來，在西藏，這指的是那些有害的他者：英國人、傳教士、探險家、親英派的藏人。但是在民族國家疆界內的非漢少數群體，他們既非純粹的外國人他者，卻又無法完全納入由漢人族群所構成的主要構成。沈松僑針對 1930 年代知識分子的西北旅行書寫指出，當時知識分子的西北旅行活動，既不同於傳統文人雅士耽山臥水的旅遊，也與 19 世紀以降西方社會發展出的現代旅遊事業大相逕庭，而是更接近 19 世紀末、20 世紀初伊朗知識分子所鼓吹的國族主義式的旅行模式：旅行被視為是認識國族疆土各類地理景觀、了解國族文化獨特

的討論及爭議之一般性介紹，見：安瑪莉・布隆鐸、卡提亞・畢菲特里耶（等編著），謝惟敏（譯），《遮蔽的圖伯特：國際藏學家解讀（中共版）《西藏百題問答》》（臺北：前衛出版社，2011），頁 122-130、433-441。

性，從而強化國族整合、抗禦外力侵侮的重要法門。藉此，西北地區的非漢群體，被建構成為一種極其弔詭的社會存在。他們一方面是與漢族相對立的差異性「他者」，同時又是足以使中華民族的內涵更形豐富而不可或缺的組成。[42]

但是，以西藏而言，在現實的限制下，絕大多數漢人知識分子只能以青海、西康等藏族居地來代替西藏；至於文化與地理上的西藏中心，則只能透過翻譯外人著作來投射這種想像的欲望。此處可先指出，對漢人知識菁英來說，經由譯作認識西藏，雖是中西在知識產出不對稱下的無奈，然而在閱讀效果與文本生成的過程裡，卻帶來一種世界主義的國際性，西藏成為中國與世界溝通的媒介。最典型的例子即是關於瑞典探險家 Sven Hedin（1865-1952）的旅行探勘著作。在清末，就已有期刊雜誌以譯文方式介紹他的探勘事蹟。漢人知識分子，特別是受過西方學術訓練的知識分子，對他有關外喜馬拉雅山（Trans-Himalaya）的地理發現甚感佩服。不僅翻譯他發表的文章，[43] 他的傳記 *My Life as An Explorer* 一書也有許多譯本。[44] 史地學者任乃強也以西方

42　沈松僑，〈江山如此多嬌——1930 年代的西北旅行書寫與國族想像〉，《臺大歷史學報》，第 37 期（2006），頁 145-216。

43　如：斯文赫定（著），張星烺（譯），〈羅布卓爾及最先發現喜馬拉雅山最高峰的問題〉，《地學雜誌》，第 18 卷第 2 期（1931）；斯文赫定（著），絳央尼瑪（譯），〈西藏〉，《禹貢》半月刊，第 6 卷第 12 期（1937），頁 1-20。

44　如：斯文黑廷，《西藏旅行記》（上海：中華書局，1925，譯者不詳）；斯文赫定（著），李述禮（譯），《亞洲腹地旅行記》（上海：開明書店，1934）；斯文赫定（著），孫仲寬（譯），丁道衡（校），《我的探險生涯》（出版地不詳：西北科學考查團印行，

的知識來更正西藏人自古以來對西藏的地理認知。經由知識分子的介紹，「外喜馬拉雅山」一詞進入教科書，向學生們指出喜馬拉雅山以北的山叫岡底斯山，也稱為「外喜馬拉雅山」，[45] 別稱「斯文哈定山」，[46] 並向教科書讀者介紹參考文獻，以便進一步理解他的地理發現過程。[47]

在認識西藏上倚靠外人著作，並以帝國主義作為主要主題的趨勢，在 1937 年的中日戰爭發生後情況有所改變。就政治現實而言，達賴喇嘛與班禪喇嘛兩大活佛的圓寂，一方面使國民政府在議題上頓失著力方向，需要等待下一次與西藏互動的時機。另方面，駐藏機構的成立，使國民政府開始直接獲得第一手情報。再者，熱振仁波切攝政期間，對國府較為親善，他本人也被漢藏雙方視為親漢派的代表。國際戰爭的爆發，也使得中英關係至少在表面上需靠向緊密，減少帝國主義的指責言詞。

就環境與心態上來說，由於學術機構與知識分子跟隨國民政府西遷，使得知識分子在地理與心態上更接近邊疆。在現實的需求下，為了建設這一抗戰時期的大後方，確保擁有共同的意志，以及反擊英、俄、日等帝國

1933）等版本。此外尚有其他單篇節譯本。

45 國立編譯館（主編），任美鍔（編輯），《初級中學地理》（第一次修訂本）（全六冊），第 4 冊（上海：商務印書館，1948 年 4 月，第 27 版），頁 88。

46 鄧啟東，《高中本國地理》（全三冊），上冊（南京：正中書局，1947 年 7 月初版，1947 年 9 月滬 20 版），頁 19。

47 葛綏成，《地理》（新課程標準師範適用）（全二冊），上冊（上海：中華書局，1947 年 5 月，17 版），頁 256。

主義者對中國邊疆地區的滲透，國府和知識菁英開始提倡一種建立人類學（民族學）[48] 與邊疆政治相結合的專門學問：「邊政學」，以「研究邊疆民族政治思想、事實、制度，及行政的科學」。[49] 這門學問特別之處，乃在於其不僅得從政治實用上探討社會的政治組織，而更因邊政學的研究對象是與邊疆非漢族群息息相關，必須得另從人類學、民族學的眼光來著手。

作為社會學者的吳文藻（1901-1985）與陶雲逵（1904-

48　何謂人類學？其與民族學的關係為何？這個問題並不容易回答。其原因乃民族學、人類學的名稱之出現及意義演變，是隨著學科的發展史過程而變化，同時也因西方、前蘇聯各國不同的學術傳統而有不同的主張。在近代中國，又隨著接受來自英、法、德、美、日、俄等國的知識系統而更複雜。對於人類學與民族學名稱上的爭議，有留學法國經驗的衛惠林（1904-1992）以法國民族學和人類學學科發展史之間的糾紛作說明，而後指出這兩門學科應為姊妹學科。大多數中國的民族學研究者與人類學者都同意彼此學科之間的差異，只是名稱上的不同，當他們在回憶昔日的求學與學術道路，以及回顧民國時期這兩個學科的發展史時，亦不認為民族學與人類學的研究對象、學科領域為互斥。另一個類似的問題是，同樣亦是新興學科的社會學，標榜以社會為主要研究對象的科學，又與人類學、民族學有什麼不同？民族學家楊堃（1901-1998）晚年在回顧民國時期的民族學研究時，即認為當時民族學與社會學彼此之間的界線難以區分。對民族學家和社會學家而言，民族學、社會學的任務在於透過理論來研究中國社會，了解中國社會的性質，挖掘中國俗民社會，以作為重建新國民的基礎。因此，不論是人類學、民族學、文化人類學抑或社會學等名稱使用上，呈現出交互混用的情況，同時也表現在對學者與著作的分類判定上。以下行文以「人類學」的使用為主，將「民族學」一詞視為人類學的替代語。關於 1949 年以前中國人類學史的研究，見：陳永齡、王曉義，〈二十世紀前期的中國民族學〉，收入：陳永齡，《民族學淺論文集》（臺北：子峰文教基金會、弘毅出版社，1995），頁 1-40；王建民，《中國民族學史》，上卷（1903-1949）（昆明：雲南教育出版社，1997），及顧定國（Gregory Eliyu Guldin）（著）、胡鴻保、周燕（譯），《中國人類學逸史：從馬林諾斯基到莫斯科到毛澤東》（北京：社會科學文獻出版社，2000）。

49　吳文藻，〈邊政學發凡〉，《邊政公論》，第 1 卷第 5、6 期合刊（1942），頁 3。

1944）等人均同意，在當時的中國，所謂的邊疆，其實指的就是族群與文化上的意義，而非僅只是地理上的意義。吳文藻指出：

> 國人之談邊疆者，主要不出兩種用義：一是政治上的邊疆，一是文化上的邊疆。政治上的邊疆，是指一國的國界或邊界言，所以亦是地理上的邊疆……文化上的邊疆，係指國內許多語言，風俗，信仰，以及生活方式不同的民族言，所以亦是民族上的邊疆。[50]

之所以會有「邊疆民族」、「邊疆問題」的疑問，是因為存在著與中原文化不同的「非漢語人群」，故這種「邊疆社會乃是文化的邊區」，[51] 也就是中華民族文化之邊緣。這種核心與邊緣的對比，吳文藻指出，因為「中華民族（意指國族）之所謂『我群』，其主要成分，當為最初組織中國國家之漢族，其文化之體系與其領域，早經奠定，一脈相承，至今不替」；而所謂「他群」，「則為邊疆及內地之淺化族，其語言習尚，乃至

50 吳文藻，〈邊政學發凡〉，頁 3-4。

51 陶雲逵，〈論邊政人員專門訓練之必需〉，《邊政公論》，第 1 卷第 3、4 期合刊（1941），頁 2-3；陶雲逵，〈西南邊疆社會〉，《邊政公論》，第 3 卷第 9 期（1944），頁 12。其他近似的看法甚多，如柯象峰，〈中國邊疆研究計畫與方法之商榷〉，《邊政公論》，第 1 卷第 1 期（1941），頁 47-57；吳澤霖，〈邊疆的社會建設〉，《邊政公論》，第 2 卷第 1、2 期合刊（1943），頁 1-6；衛惠林，〈邊疆文化建設區站制度擬議〉，《邊政公論》，第 2 卷第 1、2 期合刊（1943），頁 7-14；林耀華，〈邊疆研究的途徑〉，《邊政公論》，第 2 卷第 1、2 期合刊（1943），頁 15-27 等。

一切文化生活，尚須經過相當涵化作用，以漸與『我群』融合為一體。」[52]

這樣的邊政與現代國家下的一般行政技巧有什麼差別？這個問題不僅是對象在屬性上的差異性，並且還牽涉到國家政策與當前抗戰的情勢。吳文藻因此將當時的邊政學研究分為兩種路徑，一是「政治學的觀點」，另一種是「人類學的觀點」。他批評那些就政治學觀點出發的邊政研究，對邊政學採取冷淡輕視的態度，以為只要中央政治上軌道，抗戰勝利一有把握，則邊疆民族問題可獲解決。然而從人類學的觀點來看，邊政與鄉政才是當前中央政治的核心問題。唯有邊政與邊疆民族問題得到適當的處理，邊疆地方才有長治久安的可能。[53]將人類學應用於邊疆政策上，這已經是「現代歐美民族學界人類學家所正待發揮光大者」。故在中國「欲建設邊疆，則此種應用的民族學與人類學，必須急起直追，努力研求」。[54]

在從事邊疆研究的民族學家黃文山（1898-1988）看來，中國民族學的建設問題，既是如何使主流的固有文化「與西來之異型文化，調適而交流」；面對當時「國族」內「邊疆與淺化民族，受西化之影響或帝國主義之誘惑，已不斷向離心運動推進，吾人將何以恢復其對於中華民族之信仰心，使中心力量得以建立」。前

52　吳文藻，〈邊政學發凡〉，頁4。

53　吳文藻，〈邊政學發凡〉，頁2。

54　徐益棠，〈十年來中國邊疆民族研究之回顧與前瞻〉，《邊政公論》，第1卷第5、6期合刊（1942），頁62-63。

者就是「中國本位文化之建設」，後者則是「民族的國家」之建立。[55] 這意味著漢族自古以來就是「國族」的主體，而且對「他群」而言，是一個先行的存在。由於邊疆是由文化所決定，這種文化在未經過涵化之前，其「思想是保守的，生活是簡單的，制度是封建的，社會形態是獨立而固定的。變遷方式是多元的緩滯的」。[56] 因此，研究邊疆的目的就在於邊疆的現代化，「就是對於邊疆文化，因勢利導，使之與中原文化混合為一，完成一個中華民族文化，造成一個現代化的中華民族國家。」[57] 如此一來，「邊疆」一詞「也只於是地理的名詞，而無文化上的意義了。」消除邊疆的意義後，所謂的邊疆工作，就與一般專業工作沒兩樣，不必再需要特別適應於「邊疆」。[58]

在這樣的脈絡下，邊政研究的目的之一，就是邊疆民族的現代化方案，完成「邊疆文化國族化」、「邊疆政治民主化」、「邊疆經濟工業化」。[59] 指導人類學家的問題意識，則在於處理現實所見的各民族之異質性，

55 黃文山，〈民族學與中國民族研究〉，《民族學研究集刊》，第 1 期（1936），頁 22。

56 衛惠林，〈邊疆文化建設區站制度擬議〉，頁 8。

57 吳文藻，〈邊政學發凡〉，頁 11。

58 責任（李安宅），〈論邊疆工作之展望〉，《邊政公論》，第 3 卷第 1、2 期合刊（1944），頁 2。按：李安宅筆名任責，此處責任應為手民之誤，此文同刊於《燕京新聞》，1944 年第 10 卷第 17 期，頁 5。感謝黃克武教授提示此點。

59 凌純聲，〈中國邊疆文化（下）〉，《邊政公論》，第 1 卷第 11、12 期合刊（1942），頁 62-63。有關民國時期邊政學的進一步研究，見：汪洪亮，《民國時期的邊政與邊政學（1931-1948）》（北京：人民出版社，2014）。

在理論上解決中華民族的整編、構成問題。[60]

二、異己的土司與共性的他者

（一）嘉戎土司的實地研究

隨著國府西遷，過去是文化邊疆與民族邊疆的西康與青海藏人居住區，如今成為知識分子實地研究的聖地。當時在行政上屬於四川省第十六行政區的嘉戎（rGyal rong）地區，公署設於茂縣，管轄理縣、茂縣、汶川、靖化、懋功等六縣，但是卻為漢人治外之地，土司抗拒川省官員的進入。更為嚴重的是，嘉戎地區又涉及到鴉片走私與地下社會的勾結。漢人袍哥會社聯絡土司頭人，潛入嘉戎地區運銷鴉片與槍枝，不僅改變當地原來的經濟生態，而且成為漢戎間互相歧視的問題。就人類學的研究對象而言，又因此地處於漢、羌與西番之間，十分具吸引力。這是因為民國時期在中國民族史的知識架構下，羌族一方面代表古

60　誠如研究者的評論，此種國家建立型的人類學，著重在對「己」與「異己」間關係的同質性之認定，至於研究對象的主體性存在與否，則非關心所在。以此方向進行的「少數民族」的研究，其目的一方面襯托核心「漢族」的地位，另一方面在使「中華民族」的內容更具體。因此，通過歷史學、語言學、體質學、民族學、考古學的研究與調查，來探求中國裡究竟有多少「民族」，各民族的區分界線，以及過去歷史裡各族的存在、互動。對於中國以及臺灣戰後民族學與人類學學術史的討論，見：吳燕和，〈中國人類學發展與中國民族分類問題〉，《國立臺灣大學考古人類學刊》，第 47 期（1991），頁 36-50；王明珂，〈臺灣地區近五十年來的中國西南民族史研究〉，收入：徐正光、黃應貴（主編），《人類學在臺灣的發展：回顧與展望篇》（臺北：中央研究院民族研究所，1999），頁 281-317；何翠萍，〈從中國少數民族研究的幾個個案談「己」與「異己」的關係〉，收入：徐正光、黃應貴（主編），《人類學在臺灣的發展：回顧與展望篇》，頁 364-376。

代民族集團，隨著歷史過程不斷融入華夏，另方面，羌又是漢、藏以及西南、西北各非漢族群的連結。在抗戰時期，大禹與西羌的關係，又隱喻著「華夏起源於四川」的歷史想像。[61] 對嘉戎地區民族問題的解剖，將有助於澄清中華民族的起源與融合。依調查時間先後，有黎光明（1901-1946）、王元輝、李有義、于式玉（1904-1969）、蔣旨昂（1911-1970）、凌純聲（1901-1978）、馬長壽（1907-1971）、林耀華（1910-2000）[62]、陳永齡（1918-2011）[63] 等人前往

61 王明珂，《羌在漢藏之間：一個華夏邊緣的歷史人類學研究》（臺北：聯經出版公司，2003），頁 159-165。

62 林耀華，福建古田縣人。1928 年入燕京大學社會學系，1932 年畢業，1935 年獲燕京大學研究院社會學碩士學位，留校任助教。1936 年經吳文藻推薦入哈佛大學人類學系，1940 年獲博士學位，1941 年完成 *Golden Wing*（《金翼》）寫作，回國任雲南大學社會學系教授。1942 年起，任燕京大學社會學系教授兼主任，至 1952 年止。1943 年入大小涼山從事田野調查，1945 年與陳永齡入川北嘉戎地區調查。1951 年任赴西藏社會科學考察組組長，1952 年起任北京中央民族學院教授，兼任藏族研究室主任。1954 年率領雲南民族識別調查組進行民族識別工作。1978 年，中央民族學院民族研究所成立，任所長。主要著作有：《金翼》（1944）、《涼山彝家》（1947）、《涼山彝家的巨變》（1995）等。參見：潘守永，《林耀華評傳》（北京：民族出版社，2009）；林耀華，《在大學與田野間：林耀華自傳》（北京：北京大學出版社，2011）。

63 陳永齡，籍貫江蘇淮陰，出生北京。1937 年入燕京大學，初學新聞學，繼轉社會學系。1941 年畢業，入該校研究院社會學部攻讀碩士學位。經吳文藻推薦，1942 年赴新疆學院任教，1944 年 8 月遭盛世才逮捕入獄。次年初出獄，回成都入燕京大學社會學系，師從林耀華；1945 年 7 月，陳永齡隨林耀華入川北嘉戎地區考察。1947 年完成碩士論文〈理縣嘉戎土司制度下的社會〉，1948 年任燕京大學社會學系講師。1952 年調中央民族學院研究部。1980 年起任民族學院民族研究所副所長等職。參見：陳永齡，《民族學淺論文集》（臺北：子峰文教基金會、弘毅出版社，1995），「陳永齡教授簡歷」，書前無頁碼；互動百科：http:// www.baike.com/wiki/ 陈永龄 %5B 中国民族大学民族学系教授 %5D。

調查。[64]

對還是學生的陳永齡而言，這次調查[65]不僅是為取得研究資料，貢獻中國邊疆民族學裡系統的比較研究，他也希望研究結果能有助於邊政設計與推行。[66]人類學應用於邊政問題的研究，在英國已經有功能學派人類學應用於殖民地行政的經驗，官員並受人類學的訓練，與人類學家合作擬定政策。[67]因此，陳永齡建議，若能在一個團結進步的中央政府領導下，推行「一種由人類學家所設計的教育計畫，有技巧的實施在嘉戎社區中」，其結果當能改變土司政治，啟發土司治下之土民有自發的勇氣與覺悟去爭取民權。[68]

關於此地居民族群的類別與分佈，民族學家意見並不全然一致。大體上來說，林耀華、馬長壽、陳永齡都

64 民國時期先後進入此區調查者當然不只此數，還包括西方傳教士與學者。研究者的主要目的是想釐清「羌」、「漢」、「藏」的分野，「嘉戎」的分類來自英籍傳教士陶倫士（Thomas Torrance）。詳細的情況，見：王明珂，《羌在漢藏之間：一個華夏邊緣的歷史人類學研究》，頁 197-205。

65 1945 年夏季，當時的燕京大學社會學系接受美國羅氏基金會及哈佛燕京學社專款，指定調查川康少數民族。時為社會學系教授的林耀華，協同其他民族學家、語言學家以及他的學生陳永齡，從成都出發，深入嘉戎地區考察，歷時兩個多月（7 月 29 日至 9 月 29 日）。見：林耀華，〈川康北界的嘉戎土司〉，《邊政公論》，第 6 卷第 2 期（1947），頁 33-44。

66 陳永齡，〈四川理縣藏族（嘉戎）土司制度下的社會〉，收入：陳永齡，《民族學淺論文集》，頁 325-326。按：本文原題〈理縣嘉戎土司制度下的社會〉，為陳永齡 1947 年燕京大學社會學系碩士畢業論文。

67 陳永齡，〈四川理縣藏族（嘉戎）土司制度下的社會〉，頁 325、382。

68 陳永齡，〈四川理縣藏族（嘉戎）土司制度下的社會〉，頁 390、391、406。

同意，嘉戎民族與藏族密切相關。在追溯過族群與土司的歷史起源之後，人類學者試圖理解，何以此區長期「停滯於封建社會」，土司制度的社會根源與結構又是如何？陳永齡開宗明義指出，「嘉戎社區之文化核心為土司制度」，其社會特徵是階層嚴謹區分，分化為土司、頭人、百姓三級。由頭人承上啟下為系統聯繫。此階級系統，「包含著一套固定之關係權利義務與歷史傳統」。因為社會階層區分嚴謹，加上世襲權威地位重要，故嘉戎民族在婚姻關係上堅持階級門第聯姻制。由此形成的社會特徵，乃是門第婚姻、階級固定、寡頭獨裁、富一家貧萬戶的剝削，加上宗教得到土司衛護，成為加重統治人民的思想與生活的力量。[69]

這些社會特徵都是基於嘉戎民族最基本的社會組織，也就是家屋團體。嘉戎的家族沒有姓氏，但家屋必有專門名號。家屋包含一整套物質與非物質的內容，土地、財產、世系、階級地位、納糧服役、社會地位等，都規定在家屋名號之下，而此房名永不可變。家屋繼承與家族繼承相配合，實際上是二合一。繼承法為雙系制，男女皆可，但每代只傳一人，「蓋為維持家屋與土地分配之均衡關係。」至於雙系並傳十分罕見。此種家屋繼承制度的產生，最重要者為經濟原因，蓋為適應此間貧瘠山區生活困難的環境，藉此使家族土地不分散。[70]

69 陳永齡，〈四川理縣藏族（嘉戎）土司制度下的社會〉，頁 314-315、322。

70 林耀華，〈川康嘉戎的家族與婚姻〉，《燕京社會科學》，第 1 卷（1948），頁 412-413；陳永齡，〈四川理縣藏族（嘉戎）土司制度下的社會〉，頁 354-361。

與氏族社會（也就是漢人社會）因血統團結而產生的社會組織相較，氏族社會會不斷擴大，彼此也有許多共同責任與義務。但是，藏民此種雙系繼承制，無法使家族之上更大的親族團體團結凝聚，也就沒有氏族村落的社會組織。[71] 或許在人類學者的研究過程中，很難完全避免將研究對象與自己的社會作對比。是故，林耀華的語氣有點惋惜雙系制的社會是落後的社會組織，而非較為先進的漢人氏族社會。他又認為，「差民之對於土司，其地位遠不若佃農之對於地主。」[72] 由此推斷下去，同樣都是剝削，藏人土司的角色應比漢人地主更為惡劣。他也注意到，清末以來康區普遍存在漢官支差的現象是對藏民的第三層壓迫；然而，「差民實即封建時代的農奴」，[73] 批判農奴存在一事的對象是針對土司、喇嘛。陳永齡更認為，由於雙系制的社會結構與此地的物質環境相配合，阻滯嘉戎社會的人口及家庭遷徙流動。世代相守房地，永為土司之民，社區內均衡局面維持不變，而造成嘉戎固執保守的現象。也就是說，土地制度為土司政治之核心。[74]

在解析土司制度之謎後，土司與宗教的關係又是如何？既然喇嘛在當地社會是宗教、政治、經濟、社會的特權階級，土司與喇嘛兩者之間在社會功能上應該有一

71 林耀華，〈康北藏民的社會狀況（下）〉，《流星月刊》，第 1 卷第 3、4 期（1945），頁 13。

72 林耀華，〈康北藏民的社會狀況（中）〉，《流星月刊》，第 1 卷第 2 期（1945），頁 24。

73 林耀華，〈康北藏民的社會狀況（中）〉，頁 25。

74 陳永齡，〈四川理縣藏族（嘉戎）土司制度下的社會〉，頁 360。

定的聯繫與協調。陳永齡認為，在土司制度的階層控制下，「喇嘛教的富有階級性的特色，正好配合政治之控制，政治上之特權階級——土司頭人，與宗教上之特權階級——喇嘛，彼此承認相互優越性與特殊性」。這「兩大逆流在嘉戎民族中吸盡了社區的一切精華，它們是永無窮盡的消費者，是永遠填不滿的深淵」，「造成全社區經濟枯竭貧乏的重症」。[75]

在陳永齡的解釋下，土司與喇嘛兩者特權並存而不衝突，成為維持嘉戎社會均衡的支柱。陳永齡推斷，因為土司制度已經劃定階級範疇，確定人與人之間的權利關係與義務，因此，唯有從喇嘛教獲得補償。子弟學成喇嘛，可提高家人的社會地位，滿足心理與精神的榮耀。[76]然而，此種政教協調聯合統治裡，土司與喇嘛到底何者才是整個社會最終權威與文化核心？喇嘛見土司需跪拜，而土司見活佛又需下跪參拜，[77]究竟何者更具絕對性權威？這一點，正如研究者陳波所論，制度本身不會帶來堅固的信仰，林耀華與陳永齡並未解釋土司的權威來自於何種信仰。受到當時社會人類學功能論的強大影響，將宗教視為社會結構的一個環節，對宗教的研究著重其在政治、經濟、社會與教育文化上所扮演的功能。[78]如果整個僧人群體只是超然於被統治者之外的

75 陳永齡，〈四川理縣藏族（嘉戎）土司制度下的社會〉，頁317、409、424。

76 陳永齡，〈四川理縣藏族（嘉戎）土司制度下的社會〉，頁422-423、426。

77 陳永齡，〈四川理縣藏族（嘉戎）土司制度下的社會〉，頁372。

78 陳波，《李安宅與華西學派人類學》（成都：巴蜀書社，2010），

統治階級，那麼就很難解釋，何以嘉戎民族的婚姻、家庭、承襲、傳代，莫不受宗教影響。在功能之外，宗教能崁進社會制度的核心，其中應該有精神上的因素。

（二）漢藏共通性的可能

陳永齡解釋土司制度能長期壟斷嘉戎地區以至於康區社會，是基於以土地分配為中心的家屋團體。同樣受到吳文藻所代表的北派人類學影響，[79] 李有義 [80] 則以功能論來分析喇嘛寺院在經濟方面所發揮的

頁 176-178。

79 1949 年之前，中國人類學研究上可區分出兩個派別，北派以燕京大學為中心，理論上偏向英國功能學派人類學，著重漢人鄉村社會的調查，或可稱之為社會人類學，而 1949 年之後，北派重要人物在政治立場上多半選擇留在中國；南派則以中央研究院為中心，傾向於歷史學派，主要領導人多半有留學法國的背景，研究對象以非漢族為主，或稱民族學派，長於民族誌的調查，1949 年之後，以凌純聲為首的人類學者選擇到臺灣，成為戰後臺灣人類學研究的主導力量。見：唐美君，〈人類學在中國〉，《人類與文化》，第 7 期（1976），頁 1-9；李亦園，〈民族誌學與社會人類學——臺灣人類學研究與發展的若干趨勢〉，《清華學報》，第 23 卷第 4 期（1993），頁 341-360；黃應貴，〈光復後臺灣地區人類學研究的發展〉，《人類學的評論》（臺北：允晨文化公司，2002），頁 10-15。李紹明則認為，這樣的說法忽略以李安宅為首的「華西學派」之人類學者的貢獻，見：李紹明，〈略論中國人類學的華西學派〉，《廣西民族研究》，第 3 期（2007），頁 43-52。

80 李有義，山西清徐縣人。1931 年考入燕京大學新聞系，受系主任吳文藻啟發，隔年轉入社會學系。1936 年畢業後留校任助教，吳文藻介紹英國社會人類學者 Alfred Reginald Radcliffe-Brown（1881-1955）為李有義導師，隨他進行研究和學習。1937 年考入燕京大學研究生部。七七事起，隨燕大撤至昆明。1939 年畢業後，任雲南大學社會學系專任講師，期間到路南縣撒尼族地區從事社區調查，寫出〈漢夷雜區經濟〉。1944 年，經吳文藻推薦，隨蒙藏委員會駐藏辦事處處長沈宗濂入藏，任第二科科長主管宗教、教育，並進行研究調查，訪問各地寺院。1947 年 12 月離藏，至清華大學任教，開始發表一系列有關西藏論著。1956 至 1961 年，參與並帶領調查組深入藏區進行社會歷史調查。1958 年 6 月，調至中

社會功能。李有義是於 1941 年 8 月，參加華西四所大學合組的大學生邊疆服務團，進入同樣位於第十六行政區內黑水地區考察。[81]

他指出，僧人並非出家後就與家庭中斷一切關係，僧人仍要靠家中供給，這稱之為「靠娘窩頭」。這種制度，也是番民的社會制度。僧與民的身分不二分，而是結合在一起。李有義運用文化對比來說明，「靠娘窩頭」就如同漢人家裡出了舉人、進士是一樣。番民送子弟入喇嘛寺院，不只是宗教，亦有經濟、社會的成分，就跟漢人子弟上大學受教育是一樣的。所以出家僧人之間也會有貧富階級的差別，這就是漢人所見華麗喇嘛的來源。除了「靠娘窩頭」外，喇嘛還經營事業，如：經商、放款、念經。喇嘛經營事業，就跟士人經商一樣，由於文化的威望，無形中得到比較多益處與信任。[82]

李有義此時的分析，具有異文化互相對比的意味。在一般批評藏人社會政教不分的言論裡，漢人菁英常以宗教不干涉政治的立論來批判喇嘛。在企圖革除藏人政教不分的背後，其立論基礎是將宗教領域視為神聖與道

國科學院哲學社會科學部民族所。1978 年起，擔任中國社會科學院民族學研究室主任，重建中國民族學學科。1985 年退休。見：李有義，〈九十自述〉，格勒、張江華（編），《李有義與藏學研究：李有義教授九十誕辰紀念文集》（北京：中國藏學出版社，2003），頁 7-143。

81 李有義，〈黑水紀行〉，收入：易君左（等著），《川康游踪》（出版地與出版者不詳，1943），《民國史料叢刊》（鄭州：大象出版社，2009），第 860 冊，頁 307。〔按：本書選自《旅行雜誌》中有關川康之遊記三十篇〕

82 李有義，〈雜古腦喇嘛寺的經濟組織〉，《邊政公論》，第 1 卷第 9、10 期（1942），頁 20-24。

德性，並以漢傳佛教的十方叢林制度，來要求喇嘛寺院應該退出俗世及政治。可是誠如李有義的比喻，喇嘛本身就是社會的一部分，而非出世性及非政治的，喇嘛在社會中的功能，跟明清漢人社會中通過科舉制度而形成的士紳社會是一樣的。

另一位署名涂仲山的作者對康藏佛教的分析也與李有義相似。他同意從清代以來最流行的意見，亦即康藏民族原本強悍之氣經由「佛教僧伽潛移默化」後得以馴化。但這並非用以證明西藏民族性的原始及迷信，而是說明佛教有多方面的功能。由於呼圖克圖（活佛）為天才教育，使優秀份子易於出類拔萃。寺廟公產貸款民間，可調劑農村。「平時以喇嘛為人民導師，有事以寺廟為集合會所，凡人民之思想行動，均統於宗教領導之下，整齊劃一」，有益於人民風俗。[83]

涂仲山對康藏佛教功能的描述，換個方式來說，就跟明清時期士紳的功能接近，士紳在鄉里教化人民，成為溝通帝國上層與下層人民的中介。就功能分析的結果來說，涂仲山的解釋與其他主張佛教馴化康藏民族論者並無不同：康藏民族特殊的優點均為佛教之養成。不過他的文字卻可以得出另一種意義，相對於將佛教當成是西藏社會落後的獨特象徵，只是原始民族的泛靈崇拜的觀點；涂仲山與李有義所指稱的康藏佛教是具有文化比較的意義，康藏佛教就如同其他文化裡主流的宗教和意

83　涂仲山，〈康區佛教之整理〉，《康導月刊》，第 6 卷第 2、3、4 期（1945），頁 19。

識型態一樣，扮演多方面的功能。換言之，康藏民族與其宗教的異己性被降低。涂仲山甚至走得更遠。從物質文明的眼光來看，西藏社會「生產落後，守舊性強」，「不免為社會進化之障礙」。但物質文明的高低不足以評判康藏人民是否開化。反而在物質文明破產的今日，其精神文明似乎是「人群退化、世界大同之理想區域」。[84] 這更賦予康藏佛教對抗西方文明的評價，就如同梁啟超在 1920 年代以後對儒學與東方文化的重新評價一樣。

然而，李有義個人或許是後來因入藏成為蒙藏委員會駐藏辦事處官員有實地觀察的機會，以及他思想在 1948 年的轉向，[85] 李有義逐漸將西藏社會視為對立的異己。西藏社會所帶有的中世紀封建文化面貌，乃是西藏文明的特徵，藏文明不再有能與漢文明相互比較的資格。西藏問題從清廷統治時即已注定，滿清利用宗教的麻醉懷柔活佛喇嘛，使西藏在文化方面「有意的使它和內地分離」。[86] 因此，李有義直言，唯有「西藏活佛制度消滅之日」，才是「其封建制度崩潰之時」。[87]

84 涂仲山，〈康區佛教之整理〉，頁 19。

85 依據李有義的回憶，1944 年在吳文藻的推薦下，隨蒙藏委員會駐藏辦事處新任處長沈宗濂入藏。1947 年 12 月，李有義離開拉薩，入清華大學任教。1948 年年底，他已經與中共地下黨有聯繫。見：李有義，〈九十自述〉，格勒、張江華（編），《李有義與藏學研究：李有義教授九十誕辰紀念文集》（北京：中國藏學出版社，2003），頁 26、73。

86 李有義，〈西藏問題之分析〉，《邊政公論》第 7 卷第 3 期（1948），頁 1。

87 李有義，〈西藏的活佛〉，《燕京社會科學》，第 1 卷（1948），頁 130。

第三節　李安宅的藏學研究

如上所述，在林耀華、陳永齡的嘉戎土司研究裡，並未說明在以土司制度為中心的社會裡，嘉戎人民的宗教信仰佔有何種地位。李有義對雜谷腦寺的研究，進一步從經濟面向說明宗教的社會功能，但是當他進一步討論西藏佛教時，他已將之定位為封建殘餘物。

陳波在以李安宅[88]為中心的研究專著裡認為，1949

88 李安宅（1900-1985），河北遷安縣白塔寨村人，字仁齋，筆名任責。1923年入山東濟南齊魯大學，1925年轉入北平燕京大學社會學系，因通英文，由李大釗引見於加拉罕（Lev Mikhailovich Karakhan, 1889-1937），由張家口蘇聯領事館聘為英文祕書，並加入中國共產黨。1929年畢業，完成《儀禮與禮記之社會學的研究》畢業論文，1930年與于式玉結婚。1934年，獲洛克菲勒基金會資助，赴美國加州大學、耶魯大學人類學系。1935年夏，至美國新墨西哥州及墨西哥從事祖尼（Zuni）印第安人的調查和研究，並翻譯英國人類學家馬林諾夫斯基（Bronistaw Kaspar Malinowski, 1884-1942）的《巫術、科學、宗教與神話》、《兩性社會學》等著作。1936年回國，任教於燕京大學社會學系。1937年，北平淪陷，接受陶孟和、顧頡剛的建議，以教育部邊疆視察員身分，與其妻于式玉至甘肅省拉卜楞寺，從事調查研究。1941年，李安宅離開拉卜楞寺到成都，應聘為華西協和大學社會學系主任並創辦邊疆研究所任副所長。1944年，與張逢吉、任乃強等人到西康南北兩路進行社會調查，完成〈喇嘛教薩迦派〉、〈西康德格之歷史與人口〉等文。1947年應美國耶魯大學的邀請，任該校研究院人類學系客座教授，並完成《藏族宗教史之實地研究》一書。1948年秋，赴英國考察和講學。1949年2月回國。1950年12月，應賀龍之邀，隨軍進藏，參與解放軍第二野戰軍第十八軍政策研究室組建，至昌都後，1951年與于式玉一道創辦昌都小學。1951年到達拉薩，在西藏軍區政治部協助解放軍辦藏語文培訓班，兼任西南軍政委員會委員。1952年3月，參與創辦拉薩小學，並擔任該校副校長。1956年調回成都，任西南民族學院副教務長，1962年調四川師範學院，任外語系主任，擔任英語教學工作。文革期間被歸類為反動學術權威、美蔣特務。1985年3月4日在成都去世，享年85歲。參見：李紹明，〈李安宅〉，四川省地方志編纂委員會省志人物志編輯組（編），《四川近現代人物傳》，第6輯（成都：四川大學出版社，1990），頁321-326；王先梅，〈五十書行出邊關，何懼征鞍路三千——憶李安宅、年以前中國的人類學，以結構功能主義人類學為主流，這個傾向很明顯地表現在吳文藻、費孝通、林耀華、李有義、李安宅等人的研究上。功能論提供一種工具、手段，讓研究者去追蹤文化的整個體系。但結構功能主義無法觸及到研究對象的文化本質，未能說明功能與意義之間的關係，也就是缺乏對研究對象作進一步的文化詮釋。相對於此，同樣接受功能主義的訓練，但是李安宅的學術關切並不限於功能主義。以他的藏族研究為例，李安宅不只說明西藏佛教的社會功能，更注意到西藏佛教在藏人社會所具有的文化意義，從藏人的宗教信仰來解釋藏人的社會與政治制度。由於他將西藏文明放在現代性與漢文明的對等地位來反省，使得李安宅對藏人宗教給予極高的評價。[89]

一、藏人宗教的研究意義

對習慣農業文明的漢人而言，草原民族的游牧習性令人感到害怕，直接與暴力相連結。因此，最有效的文明教化，就是將之轉變為編戶齊民的農業民族。一位論者如此說到，藏族農民為邊區開發的先鋒，社會要從游牧到定居，文化才會進步，「政府佈政施教才易著手」。[90]

于式玉教授〉，《中國藏學》，第 4 期（2001），頁 125-137；汪洪亮，〈藏學界的「天涯同命鳥」——于式玉與李安宅的人生與學術〉，《民族學刊》，總第 5 期（2011），頁 32-41；陳波，《李安宅與華西學派人類學》。

89 陳波，《李安宅與華西學派人類學》，頁 197-213。

90 陳恩鳳，〈藏族農民與邊政〉，《邊政公論》，第 3 卷第 12 期（1944），預設這樣的先見，對李安宅與于式玉[91]夫婦而言，阻礙了更全面認識研究對象的機會。于式玉在進入黑水地區考察後，[92]從顏色的意象上重新修正一向被視為黑暗的黑水地區。青山綠水的詞句，是幽閒靜雅、心曠神怡的情緒，而黑水的意象則是畏懼、凶險、野蠻。加上黑水人風俗習慣不同，以及赳赳武夫氣概，黑水更為黑。然而，黑水人「仍是衣冠楚楚、男耕女織的老百姓」，「多數仍天真爛漫，並非兇惡殘暴的魔王。以誠

頁 24。按：陳恩鳳時為中國地理研究所自然地理組研究員。

91 于式玉，山東臨淄縣，民初教育家于明信長女，1926 年赴日本奈良女子高等師範學校留學。1930 年歸國，於北平女子文理學院及燕京大學任教，並兼任燕大圖書館日文部編目工作。後經長兄于道泉介紹與李安宅結婚。1938 年，拒絕出任日偽開辦的北平女子文理學院院長，夫妻離開北平同往蘭州。李安宅當時是按 1937 年燕京大學與蘭州科學教育館合作計畫，赴蘭州從事實地調查研究。隨後于式玉至拉卜楞寺展開研究，並創辦拉卜楞女子小學，學習藏語文。1942 年被迫離開，前往成都華西大學與李安宅會合。李安宅時應聘華西大學社會系主任，並創辦華西大學邊疆研究所，于式玉在該所任研究員。1943 年又深入黑水藏區實地考察。1946 年夏赴美國，應聘於哈佛大學漢和圖書館及耶魯大學圖書館擔任日文中文圖書編目。1947 年李安宅亦應聘赴美，在耶魯大學研究院任客座教授。1948 年二人轉赴英國。1949 年 10 月自英返中國，同年 12 月，應賀龍之邀，參加第二野戰軍第十八軍政策研究室組建，隨軍入藏，籌辦昌都小學、拉薩小學。1956 年轉入西南民族學院，1963 年調入四川師範學院外語系任教，1969 年 8 月 6 日病故成都，享年六十五歲。參見：不著撰人，〈于式玉教授小傳〉，《于式玉藏區考察文集》（北京：中國藏學出版社，1990），頁 1-2；王先梅，〈五十書行出邊關，何懼征鞍路三千——憶李安宅、于式玉教授〉，頁 125-137；汪洪亮，〈藏學界的「天涯同命鳥」——于式玉與李安宅的人生與學術〉，頁 32-41。

92 1943 年 1 至 2 月，于式玉與華西大學社會系蔣旨昂教授隨理番縣小學教師十餘人，由茂縣青年團主任曾仲牧率領，進入黑水地區考察。這次考察是理番縣長與華西大學邊疆研究所合作。見：于式玉，〈黑水民風〉，《康導月刊》，第 6 卷第 5-6 期（1945），頁 10；于式玉，〈記黑水旅行〉，《旅行雜誌》，第 18 卷第 10 期（1944），頁 59。

相待之後，還能成為肝膽相照、患難與共的朋友。」[93] 這當然不表示所有黑水人都是良善與正直，于式玉也在〈黑水民風〉與〈記黑水旅行〉等文內記下行李遭搶竊及言語上受到歧視的事。對於藏民飲食不注重衛生的習慣，李安宅則記下，在眼見藏民殺羊灌腸的過程，經歷過震撼，去除內心的嫌惡與噁心感，「我與藏民打成一片了」。[94] 李安宅願意從藏人的文化生活中去理解與自己文化標準相異之事。

關於土司、頭人與百姓間的「封建階級秩序」，于式玉並不是將之標記為藏人社會的獨特印記，而是從人的普遍性來看。在旅行過程中，她見到烏拉（差民）用自己的牛馬馱運他人，自己卻步行照顧牛馬，即使是下雨也沒有帳篷避雨。其他階級高的藏民則不在乎烏拉的境遇。于式玉批評他們埋沒了人類應有的惻隱之心。[95] 對當時盤踞一方的各土司，于式玉並未重複描寫土司抗拒中央政府權威，彼此明爭暗鬥、以強欺弱及魚肉人民的行徑。于式玉注意到，黑水頭人蘇永和審問官司時，以技巧來鬆動訴訟人的緊張恐懼情緒，使他們感到頭人的和悅可親，百姓因而感激。在于式玉的文字觀察裡，不會特別讀到土司與人民間強烈的階級壓迫。[96]

---

93 于式玉，〈黑水民風〉，頁 9。

94 李安宅，〈藏民祭太子山典禮觀光記〉，《李安宅藏學文論選》（北京：中國藏學出版社，1992），頁 66-67。

95 于式玉，〈到黃河曲迎接嘉木樣活佛日記〉，《新西北》，第 3 卷第 2 期（1940），頁 81。

96 于式玉，〈麻窩衙門〉，《邊政公論》，第 3 卷第 6 期（1944），頁 41-42。

「藏族社會是圍繞著土司或者一個具有暫時權力或兼有政治權力和寺廟統治的宗教秩序進行的。」[97] 李安宅對藏人社會的這個論斷並不特別。關鍵的問題是，如何看待宗教。

李安宅並非將宗教視為是現代與科學的對立面。從人類心靈的需求來說，信仰的功能在於提供人生「信之彌深仰之彌高」的情緒。至於表現信仰的神話及方式，都是信仰的附從。只有信仰本身才是宗教的實質，信仰具有擴大、提供、加強人生意義的功能。人因為信仰而有熱情的態度，也就是說，認真的人生必有信仰，不論這信仰是火、山、禽獸、太極、本體、造物主、政黨的主義、科學與藝術的真善美，除非是行屍走肉。有信仰才有內容充實的人格，因而能有「富貴不能淫、貧賤不能移、威武不能屈」力量，從而能將天地萬物視為一體。於是能夠犧牲，能夠成就。[98]

無論程度如何，信仰是人人所共具，信仰本身也就不成問題，更談不上彼此歧視。既然如此，「不妨以同情的態度欣賞童話，欣賞創世紀」；也可以使信徒「養成寬容的態度」，不再反科學。如此，宗教與科學就沒有矛盾。況且即使科學再怎樣進步，宗教也沒有消滅的一天。因為科學的領域之外永遠有人類不知的領域。對此種不知，人在心理上必定要求有某種處置，此種處置

---

97 李安宅（著），張登國（譯），〈藏族家庭與宗教的關係〉，《李安宅藏學文論選》，頁 266。

98 李安宅，〈宗教與邊疆建設〉，《邊政公論》，第 2 卷第 9-10 期合刊（1943），頁 13-14。

不知的態度就是信仰，也就是宗教的根本。[99]

李安宅從功能主義出發，進一步進入對宗教本質的探討，現代或不現代化不再是評價宗教的唯一標準。既然信仰是宗教的核心，其他都只是手段和應用，那麼各種宗教都是平等，不會因其種族外觀、所謂歷史進化階段而有高下之別。

二、象徵主義的解釋

既然不以現代性作為評價標準，李安宅提出，要理解藏人社會，就不能將佛教當成只是一種社會制度，佛教是藏人文化的樞紐，一切意義的來源：

> 喇嘛教是一種多功能的制度……滲透到藏語民族生活的各個方面和他們的心靈深處。這裡體現著他們全部教育與文化。這裡有他們的經濟制度……政治制度……也可看出他們的社會機制，通過它，沿著社會階梯往上爬的計畫得以實現，社會等級的距離得以維持，公眾輿論得以形成和傳播，各種聲望和價值觀念得到認可……除非將喇嘛教作為一種社會制度加以研究，否則便不能理解蒙藏民族的生活方式……[100]

首先要解釋，李安宅使用「喇嘛教」一詞，並非表

99 李安宅，〈宗教與邊疆建設〉，頁 14-15。

100 李安宅（著），陳觀聖、王曉義譯，〈薩迦派喇嘛教〉，《李安宅藏學文論選》，頁 202。

示他同意這一詞的內涵。除了在這篇論文裡檢討「喇嘛教」一詞的不當外，他也多次在他處表示同樣的意見，[101] 並批評 L. A. Waddell 的著作裡有若干的錯誤。[102] 李安宅對西藏佛教的研究歷程，也具有人類學者與田野對象不斷對話與反省的意義。舉例來說，在他剛至甘肅拉卜楞寺地區開始研究時，曾在文章裡依照魏源的典範記宗喀巴為永樂年間降生與黃教、紅教對立的錯誤，[103] 並同樣將轉世制度當成是黃教發明的。[104] 他在說明西藏佛教史時，多少仍有意將藏地正統的喇嘛教與佛教對比，由於從印度傳入的佛教與苯教妥協，稍有不純，[105] 大致上西藏佛教與印度晚期佛教相差不甚遠，所異者是添加藏地固有神祇。[106] 李安宅後來都逐一修正這些說法。不過，嚴格說來，李安宅對印藏佛教史的敘述，在深度與廣度上，並未超過前述呂澂、法尊等人的著作。

101 如：李安宅，〈拉卜楞寺的護法神——佛教象徵主義舉例（附印藏佛教簡史）〉，頁 87；李安宅，〈薩迦派喇嘛教〉，頁 201-202；李安宅（著），張登國（譯）譯，〈噶舉派——喇嘛教的白教〉，《李安宅藏學文論選》，頁 233。

102 如，批評 Waddell 將西藏僧侶的分類弄錯，見：李安宅，〈拉卜楞寺的僧官暨各級職員的類別〉，《李安宅藏學文論選》，頁 7；或者是教法史的錯誤，見：李安宅，〈噶舉派——喇嘛教的白教〉，頁 235。

103 李安宅，〈拉卜楞寺概況〉，《邊政公論》，第 1 卷第 2 期（1941），頁 28。

104 李安宅，〈拉卜楞寺的護法神——佛教象徵主義舉例（附印藏佛教簡史）〉，頁 90。

105 李安宅在後來的文章修正這個見解，他同意應該反過來說，苯教吸收許多佛教的因素，實際上是西藏佛教的教派之一。討論西藏佛教的特色時，不必考慮它受苯教的影響，見：李安宅，〈噶舉派——喇嘛教的白教〉，頁 234。

106 李安宅，〈拉卜楞寺的護法神——佛教象徵主義舉例（附印藏佛教簡史）〉，頁 84-90。

李安宅針對密宗的教義與歡喜佛的解釋，在儀式與器物之外，從藏人的立場討論其本質。前面說過，李安宅認為信仰本身才是宗教的實質，信仰提供人生意義，至於表現信仰的神話及方式，都是信仰的附從。所以，怖畏貌的護法神像、歡喜佛等外觀與儀軌，不能從表面上見到的暴力、咒術、誨淫來解釋。以怖畏金剛（又稱大威德金剛）為例，詳細解釋祂為文殊菩薩的忿怒相，祂的九頭二十七眼各象徵善靜、忿怒、武勇、慈善和平等意義。三十四臂各執物件、十六條腿壓閻王，身為藍色裸體，謂離塵垢界，這些也都各有象徵的意涵。怖畏金剛擁明妃，依照密宗的解釋，男身代表方法，女身代表智慧，兩者合一，謂方法與智慧雙成。「男女相合為一單位，為一完人」，此「修證所得，即為快樂」。此快樂為「信念的現象」，「非真有男女的關係」。[107] 一旦將神像（本尊）所對應的各種象徵視為自然，「到了最後階段，神像不再需要，所有在身體內部有的東西，都可自由進入軌道。當自己可以自由地指揮一切」，「免於生命輪迴的，即在此時此地進入涅槃（nirvana）。[108]

李安宅進一步指出，密宗如此特殊的實踐儀式，必須從顯、密教義上的差別來尋找。顯教乃是棄世之道，

---

107 李安宅，〈拉卜楞寺的護法神——佛教象徵主義舉例（附印藏佛教簡史）〉，頁 76-78。于式玉同樣對紅教（寧瑪派）喇嘛的外觀及其儀軌採象徵主義的解釋。她並指出，這些紅教僧人眼中的意義，是「我居留藏民區三年，能說他們的話，得到他們的信任」，才發現的。見：于式玉，〈拉卜楞紅教喇嘛現況與其起源及各種象徵〉，《華文月刊》，第 1 卷第 1 期（1942），頁 30。

108 李安宅，《藏族宗教史之實地研究》（上海：上海人民出版社，2005），頁 56。

其方法為努力提昇自己的智慧，以求不受物質限制。而物質性的身體則是精神的桎梏，惡的淵藪，是精神所懼怕的東西。但密教在理論上較為進步，將物質與身體視作方便法門。密教相信：人不能使自己離開汙染而孤立的生活，使生長的機體脫離營養它的東西。唯一的希望是使兩者提高到新水平。正視物質的存在，而非將心靈與物質看成矛盾對立，這就是自由本身，才是解脫、得救、永存的意義。[109]

所以，李安宅特別強調必須澄清一個錯誤的誤解：宗喀巴的改革使喇嘛教清除出咒術的作用。事實上，密宗佛教本來就包括咒術，宗喀巴絕對沒有避免咒術，密宗對他的重要性並不亞於哲學顯宗的佛教。宗喀巴更注重哲學討論的改良以及寺院紀律，這影響到其他派別的自覺。由於密宗佛教是為完成受戒選定的喇嘛保留，而他們宣誓以關心他人的福利為唯一宗旨。任何存在的東西都是必要的存在，而不是放棄或分開它，如此才能達到完滿成就的境界。由於中觀論指導著密宗，要在物質的存在與絕對的空之間尋求平衡，這種智慧，即是「現代字眼所說的在認識論上和社會文化上的相對論」。[110]

如此說來，在今日西方文明當道之際，藏人宗教生活所展露的智慧並非完全無當。雖然從表面上客觀的物質條件來說，藏人生活水準低；但是人生還有其他價值，有精神需求。藏人只吃糌粑，但藏人比漢人健康多

109 李安宅，《藏族宗教史之實地研究》，頁 41、55-56。
110 李安宅，《藏族宗教史之實地研究》，頁 210。

了。藏人對於靈性發展以外不必要的東西，是不會享受的。藏人對於生活和理想的側重，其文化比較的啟示，是對西方文明的一種平衡。[111]

當他人批評喇嘛教在政治上的負面作用時，李安宅的提問是：「為什麼寺院在與其他勢力競爭的時候，能夠變得越來越強，而不像旁的政治實體逐漸變壞？」

答案在於轉世制度。李安宅認為，寺院制度有某些民主特點，是貴族統治之下所沒有的。活佛轉世制度選出寺院領袖，是自由選擇的結果，所以人選上會優於受到家庭影響的貴族世系。活佛制度勝過貴族制度的優點是，繼續性、威望、能力。由於活佛在靈性上是與前世同一，代代相傳，所以活佛享有人民全部的信仰，活佛選出後也需在寺院內嚴格訓練。活佛的權威，還需受制於議會和參贊，無法不顧公共利益。在這種意義下，可以說，「寺院與立憲的專制，是沒有多少區別的。」[112]

三、辯經制度所蘊含的漢藏文化溝通之潛能

李安宅對藏人宗教生活所給予的評價，多少有言過其實的美化，他的觀點當然是從相對意義上而言，而且也與他對寺院教育制度的評價有關。甚至可以說，漢藏文化溝通的關鍵，是在西藏佛教的教育制度所帶來的啟示。在介紹過拉卜楞寺僧侶教育養成與取得學位的制度後，李安宅認為，寺院作為僧侶的教育機構來說，兼有

111 李安宅，《藏族宗教史之實地研究》，頁 13、209。
112 李安宅，《藏族宗教史之實地研究》，頁 208-209。

書院制度與課室制度的長處，並值得以此來重估漢人的教育制度。[113]

一個藏人僧侶出家乃屬上學性質，並不像內地寺院一樣斷絕與家庭的關係。學僧不納學費，教師沒有薪津亦不給學分，「使師徒純以道義結合」，不受分數制度與商業空氣（如學費、薪水、升等）的限制，也就不是販賣知識。紀律既要求學生，也要求教師，道德紀律成為全體僧人的公共信仰。師生兩者，都是出於對知識和靈性的共同要求而結合在一起。[114]

在這個外部形式下，西藏佛教的教育制度，其最獨特的宗教實踐是背誦與辯論，也就是講經與辯經制度。李安宅指出，文化的一切意義來自語言，注重背誦與辯論的效果，學僧不會誤解經典，可得明確知識，以及在辯經過程中不主觀用事，勝義日出。[115] 講經的方式一方面使生徒可有個別適應，進退自由，沒有固定不變的機械辦法或形式主義；另方面又有「以班級為單位的標準化的作用」。所謂的標準化，李安宅的意思是指程度上具有一定的水準與品質。標準化的鍛鍊，也及於師長，大家鍛鍊出來的學問，的確是科班造詣，無海派名流的危險。在廣場上公開進行的辯經與考試，於萬目睽睽的局面下，師生自然都會兢兢業業求精進。李安宅特

113 李安宅，〈喇嘛教育制度〉，《力行月刊》，第8卷第5期（1943），頁67。

114 李安宅，〈喇嘛教育制度〉，頁68；李安宅，《藏族宗教史之實地研究》，頁207。

115 李安宅，〈拉卜楞寺大經堂——聞思堂——的學制〉，《新西北月刊》，第2卷第1期（1939），頁114。

地再三地將這種教育方式與內地大學制度相比，不似內地教師，浮光掠影、朋比盜名、儼然名流。[116] 辯經制度更大的意義是能促成宗教群體在知識上的前進。假若在辯論過程中，某人能證明自己的論題，甚至是一個新的論題，這論題就會變成公共財富。因為那是在公共場合之下被證明的，沒有妄想的餘地；或者只為個人滿足而作為自由思想的貨色。李安宅的意思是，知識經過錘鍊成為共有，而不是個人在自由思想的大傘下，自以為是的構思。[117]

對辯經制度的推崇，並非李安宅的孤見，亦見於其他的知識分子。如陰景元在觀察其運作過後，即指出辯經有助於「闡微揚奧」，免於「主觀的鄙見」。[118] 少數漢人知識分子之所以在西藏佛教辯經制度上感受到活力，某種程度來說，剛好正是對應西藏佛教裡最為理性及知識論色彩的一面。辯經制度雖是佛學裡因明量論在教學上的體現，但又不只是訓練學僧思維能力與佛學知識的學習，其更深一層信念是，通過理性證成宗教信仰。因為格魯派拒絕佛陀真理是所謂的不可言說或不可思議，真理、真諦、殊勝義一定是可以通過語言為理性所把握。此即西藏佛教寺院的辯經制度最重要的精神所在。不過，即便如此，也不是說理性的辯論精神就能凌駕宗教權威之上。事實上，自 20 世紀初起，寺院僧人

116 安宅，〈喇嘛教育制度〉，頁 69、72。

117 李安宅，《藏族宗教史之實地研究》，頁 208。

118 陰景元，〈拉卜楞寺夏季辯經大會〉，《邊疆通訊》，第 4 卷第 6 期（1947），頁 13。

即是反對西藏現代化改革最力的保守集團。[119]

對辯經制度的推崇，並非就是說藏人的宗教生活是完美無瑕。對此李安宅指出，第一，寺院教育有其限制，藏文的學習亦過於困難，寺院壟斷社會一切的知識，除知識分子外民眾皆文盲。第二，藏人宗教確實被巫術淹沒，不能利用科學對於自然界進行有效的適應。世界的現狀也說明，藏人應該更有效地提高生產與文化水平，以便他們的宗教可以興盛。[120]

然而，李安宅並非以漢人為中心的教化主義者，主張限制宗教勢力或呼籲政教分離，或者是由漢人主導一切事業。問題必須從藏人宗教的再興來討論。如果宗教作為藏人社會的核心制度有其缺點，那麼改變是要以宗教為中心，與喇嘛這個菁英階層合作進行改變。如果藏人需要現代化的改革，則此種工作需由藏人自己做起，也就是以藏人文化本位來思考藏人的前途。

就教育制度而言，漢藏都面臨同樣的挑戰，漢人的教育制度仍需對抗儒學傳統遺留下的八股文遺產。漢藏正可互相借鑑。要使教育富於生命，知識分子必須積極參加廣大文盲群眾的實際生活。李安宅感性地提到，倘若不將自己隔離在象牙塔之內，他們完全可以使自己在

---

119 關於西藏佛教辯經制度的佛學理念，劉宇光有簡要的介紹，見：劉宇光，〈藏傳佛教學問寺辯經教學制度的因明實踐及背後所依據的佛學理念〉，《哲學與文化》，第 27 卷第 6 期（2000），頁 564-572。關於西藏僧人的寺院生活與教育養成的進一步介紹與研究，見：Georges B. J. Dreyfus, *The Sound of Two Hands Clapping: The Education of a Tibetan Buddhist Monk* (Berkeley: University of California Press, 2003).

120 李安宅，《藏族宗教史之實地研究》，頁 211。

學術與靈性上豐富起來。所以假定藏族教育要現代化，必須要有來自傳統權威中心的力量。[121] 李安宅以拉卜楞寺為例勾勒這個前景，並且正由五世嘉木樣活佛（1916-1947）直接推廣。由於寺區行政上隸屬夏河縣，是安多地區中較接近漢人地帶，縣內設有普通教育學校。年輕的僧侶在漢人僧侶黃明信（1917-2017）成立的漢文中學學習漢文。這種直接的文化接觸最有意義。[122]

在李安宅的現代化方案裡，漢藏文明是雙向接觸學習，而非單向的文明教化。在檢討中國歷代至今的治邊政策後，李安宅以人類學者的身分提出他的方案：區域分工原則。包括蒙、藏、回在內「邊疆」一詞的出現，其意義一定是相對於內地而言。內地與邊疆的區分，從先天來說，是地形而非區位；就後天而論，是文化的種類而非文化的程度。內地為精耕文化，邊疆為游牧文化，然而兩者也都需要工業化。只有先理解這點，才不會有建設邊疆即是開墾移民的成見，才能跨越農耕與游牧的界限。[123]

超越兩者對立而統一的辦法，即是區域分工原則。這又分為物質與精神兩方面：生產的區域分工和精神的區域分工，前者體現為工業化原則，後者則是公民原則。李安宅進一步解釋，漢人與邊民在生活與產業上的不同，內地與邊疆之分，即是因為兩者在功能上無法形

---

121 李安宅，《藏族宗教史之實地研究》，頁 206。

122 李安宅，《藏族宗教史之實地研究》，頁 206。

123 李安宅，〈宗教與邊疆建設〉，《邊政公論》，第 2 卷第 9-10 期合刊（1943），頁 17-18。

成互補，成為更大的統一單位。在生產的區域分工原則下，政治措施必在於改善、提高、擴充適合於邊疆的生產方式。所以「內地所宜者，如精耕之類，不必強向邊疆推進了。內地所缺乏者，如畜牧產品之類，得到豐富的供給了」。[124] 同樣的，在公民原則下，邊民地位的提高不是依賴於壓制邊疆的殊異，而是承認此種個殊：

> 既有全國一致的國語，又有各地不同的方言；既有中心思想，又有各派宗教；既同樣屬於中華民族，又有血統的分別；既有統一的典章制度，又有各別的設置與習慣。蓋在過去，分則離心，合則不平。今後則要一中有多，多中有一。多以成其複異豐富，一以成其莊嚴偉大。……這種在統一中求得各別的適應，又在各別適應中達成真正統一的原則，普通的說法叫作公民原則。換個說法亦可叫作精神的區域分工。[125]

簡單地說，就是統一的多民族國家內承認少數差異的存在，在國族之民的身分上，進行「公民原則」的轉換。「因為公民是以地緣與業緣站在一起，遵守共同的法律」，「以公民的資格，共享權利，共盡義務」，而不必過問原來的血緣、種族如何。[126]

---

124 李安宅，《邊疆社會工作》（上海：中華書局，1946，再版），頁 4-5。

125 李安宅，《邊疆社會工作》，頁 6。

126 編輯部，〈文化運動與邊疆建設〉，《邊政公論》，第 3 卷第 2 期曾在拉卜楞地區進行實地調查者當然不只李安宅、于式玉。稍晚到訪拉卜楞的社會學家俞湘文，[127]也因進一步的接觸而提出不同於時論的看法。在漢人對藏人社會的批評裡，最常見的即是藏族人口將因宗教而導致滅種的人口問題。俞湘文指出，這一點並不能全歸罪於喇嘛教。她依據自己對家戶與部落人口的統計得出，喇嘛教並非是影響藏族人口遞減的唯一原因。更適當的說法是，喇嘛教的因素在量來說並非嚴重。反而是質的影響較大，因為喇嘛是藏人社會裡的精英，並挑選聰穎男孩為生徒，對後代稟賦遺傳不利。[128]

影響藏族人口更主要的原因，是包括花柳病在內的疾病與缺乏醫藥衛生。這個問題的解決必須從多方面下手：一，廣設衛生機關、巡迴醫療隊；二，普及現代教育；三，提倡生產事業；四，便利交通運輸，輸入糧食，輸出畜產品，也就是互通有無。[129]雖然統計資料證明花柳病佔藏民四大疾病第一位（依次為腸胃科、眼疾、風濕），此病又因藏人性開放而來，但俞湘文認為，防治方法仍在糾正未婚男女的性放任風氣。[130]漢人

（1944），卷首，無頁碼。

127 俞湘文，女性。1941 年初，參加教育部拉卜楞巡迴施教隊工作。該年 8 月 17 日，施教隊向西進入甘青川康四省邊界的游牧藏區，為期兩個月，歷經十餘部落。同行還有葛赤峰、劉倫潔協助調查，李平西翻譯，並得到保安司令黃正清的協助。見：俞湘文，《西北游牧藏區之社會調查》（上海：商務印書館，1947），自序，頁 1-3。

128 俞湘文，《西北游牧藏區之社會調查》，頁 57。

129 俞湘文，《西北游牧藏區之社會調查》，頁 61-64。

130 俞湘文，《西北游牧藏區之社會調查》，頁 96-99。

的想法著重在必須控制藏人的性行為，而不是從更安全的性行為與更普及的醫藥上著手。

由於實際調查的發現，俞湘文反對指責喇嘛教，而是從對藏民最有益的方面下手。她的結論並非特別解藥，這些建議亦常被提出，然而論者多是空泛地從國家發展去討論問題，忽視中華民族其實是有著各種差異的組成。就教育方面而言，俞湘文觀察到，在黃正清（1903-1997）的支持下，拉卜楞藏民小學校的辦學成績雖好，但卻面對藏民的質疑。原因是學生畢業後，不升學者回家鄉沒特別職業可作，與不讀書無異，等於是勞動力與家計的浪費。即使赴內地升學，但頗多水土不服而客死他鄉，或者留戀內地生活享受不願返鄉，還有遭學校開除缺乏川資回家者。事實是單設學校、認識文字對藏民來說並無用處，教育事業必須與交通、工業、商業等同時舉辦，提供容納受教育的藏民有經濟出路，且必須是對藏民有益的機構。[131]

不過，處身漢人知識菁英的位置，期待經由現代科學的診斷而自我印證，俞湘文還是希望能由漢人主導藏人社會的改良。與李安宅相比，俞湘文仍將藏人宗教信仰置於現代化的對立面。因為喇嘛看破紅塵，並不研究宗教以外的學問，無法負起改良社會、提倡教育的責任。宗教雖有益人類，解除精神痛苦，但是，「如藏族同胞之趨於盲目的迷信，那就害多利少」。[132]

131 俞湘文，《西北游牧藏區之社會調查》，頁 82、86。

132 俞湘文，《西北游牧藏區之社會調查》，頁 92-93、115。

李安宅的藏學研究案例說明，如果暫時擱置原有的成見與概念，不急於將研究對象單純視為施展科學與社會責任的應許之地，那麼實地調查的研究對象對研究者來說，就是充滿各種可能性，研究者置身其間而又懷疑一切。在這個認識與重新反思的過程中，提煉概念，重組詮釋體系，才有可能更好地理解研究對象的社會脈絡。認識異文化的目的與意義，並非否定其主體性，李安宅與于式玉以文化互相學習的態度來對待藏人文化。

不過，如同李安宅、于式玉採取文化相對論的立場來看待西藏者終究只是少數。更多的漢人知識分子痛斥喇嘛與土司，視之為中世紀封建毒瘤，階級社會之剝削者，寡頭統治之獨裁者。土司透過家屋繼承與土地制度牢固地控制著屬民，又由於與漢人劣等分子勾結，鴉片與地下社會問題與土司發生關係，土司制度為任何新制度改變的強大阻力，成為邊政的癥結。西藏宗教的主事者喇嘛，在經濟上是寄生階級，其不勞而獲的基礎在於喇嘛與寺院是封建地主的一環。喇嘛活佛同時又透過轉世制度掌握西藏政權，在思想上以宿命輪迴麻醉藏人，西藏因此就是無法從內部產生自我變革需求的神權統治社會。

這些批評反映漢人自身對現代社會的新想像，自由權利的獲得需先弭平一切外表上的階級差異，社會平等的建立首先需解放遭封建等級制的社會所牢困的身分。漢人菁英毫無猶豫地將藏人的宗教信仰當成是阻礙現代化的來源，卻不像自身對待儒家傳統時愛恨相交的矛盾心理。

其實，民國時期漢人菁英已經完成西藏是封建農奴制社會的論述。除了從民族主義來論證漢人有權支配西藏外，又配備現代化的意識型態以驅逐一切前近代的軀殼。1951 年完成對西藏的軍事控制後，中共治下的漢人菁英特意就封建農奴制社會的論述再加以發揮，以此來證明漢人統治、改革西藏的正當性。這個特色由人類學史來體現。1949 年以後，在馬克思主義的要求下，結構功能主義的人類學者致力於功能主義與馬克思主義的結合。當 1953 年開始進行民族調查後，功能主義學派學者仍是主流。在藏族研究上，林耀華、李有義、宋蜀華等人的藏族民族志編寫成為主流，其調查結果對藏族社會更偏向於負面評價，充斥著漢人中心論點。至於李安宅，雖在 1950 年時為賀龍（1896-1969）所拉攏，進入國家體制，不過，李安宅的學術路線並非主流，他本人此後的學術之路則告終結。[133]

第四節　過渡與轉換：李有義與柳陞祺的西藏觀

在 1949 年前後的轉折時代裡，雖然官方意識型態完全翻轉，但是知識分子對西藏的認識，並未一下子完全轉變，這可以柳陞祺、李有義兩人為例說明。兩位皆曾隨沈宗濂入藏任職，對研究西藏一事均感興趣。不像

133 關於 1949 年以後在中國馬克思主義影響下中國人類學的轉向，及其在民族調查、民族志編寫的應用，與李安宅夫婦此後的命運，見：陳波，《李安宅與華西學派人類學》，頁 213-232、254-284。

李安宅 1949 年之後就不再能發表與西藏相關的文章專著，兩人仍持續活躍於中國藏學界。

一、李有義

如前所述，李有義在 1949 年之前即已以「封建主義」的概念來分析西藏社會。在新舊政權的過渡之間，李有義的理論體系轉換並無太大困難，這表現在他 1949 至 1952 年之間發表的幾篇關於西藏的作品。由於李有義有親身的經歷與調查，駁斥過去外國人的書裡，或者故意歪曲造謠，將喇嘛講成吃人肉、喝人血、咒術驅屍體等黑暗世界；或者將西藏描寫成世外桃源。他認為，歷經七百年的宗教統治和封建勢力剝削，使西藏民族又弱又窮，近百年來還加上帝國主義的侵略，「已接近地獄的邊緣」。新民主主義的革命，表示西藏民族真正翻身的日子將要來到。對於民國時期常見將西藏比喻為新金山，李有義轉換這個比喻，解放後的西藏，「將是我們的西伯利亞」。[134]

隨著 1949 年的局勢已經底定，共產黨擊敗國民黨建立政權，就統一的目標來說，所剩者即是尚待「解放」的西藏與臺灣，而最大的阻礙即是帝國主義。在李有義看來，西方人那種要使西藏成為中、印之間「緩衝」的說法，只是帝國主義侵略的一個「烟幕」。他沿用清末以來流行的說法，英國帝國主義侵略西藏的目

134 李有義，《今日的西藏》（天津：知識書店，1951），收入：格勒、張江華（編），《李有義與藏學研究：李有義教授九十誕辰紀念文集》，頁 312、347、314。

的，是想要通過西藏高原找到一條通往中國內地，特別是長江流域的捷徑。[135]而此說也是此後各種有關西藏著作裡對於西藏近代史的經典敘述。

李有義的帝國主義論述裡，與過去民國時期不同者，即首號帝國主義的位置已由英國轉換為美國，連帶及於印度。這不難理解，共軍進藏是在韓戰期間，茨仁夏加即認為，韓戰的爆發，引起中國對西藏是中國國家安全重要佈局的警覺。[136]

由此，1947 年西藏派出的商務考察團訪問美、英一事，就成為美國帝國主義插手西藏的證據。此後美國人源源不絕來到，新聞記者、軍事人員、探險家一批批地抵藏，美式軍火武器也開始輸進。[137] 由於李有義當時在拉薩，所以他亦以親歷證明當時拉薩外事機構確實就討論如何加入聯合國一事與美國人往來。[138] 帝國主義的行徑，同樣見於前殖民地的印度。獨立後的印度，總理尼赫魯（Jawaharlal Nehru, 1889-1964）的作為與西方帝國主義本質相同，印度積極侵略西藏邊境，並唆使

135 李有義，〈帝國主義侵略西藏的史實〉〔原刊：新華時事叢刊社（編），《待解放的西藏》（上海：新華書店，1950）〕，收入：格勒、張江華（編），《李有義與藏學研究：李有義教授九十誕辰紀念文集》，頁 174、166。〔按：此文由兩篇文章組成，篇名與出版情況分別是：〈揭穿帝國主義侵略西藏的陰謀〉，原載《新建設》，第 1 卷第 2 期（1949）；〈西藏“獨立”的真相〉，原載《進步日報》，1950 年 1 月 29 日。〕

136 茨仁夏加（著），謝惟敏（譯），《龍在雪域：一九四七年後的西藏》，頁 70。

137 李有義，《今日的西藏》，頁 448-450。

138 李有義，〈帝國主義侵略西藏的史實〉，頁 176-178。

西藏獨立，邀請藏人參加泛亞洲會議。[139]

帝國主義的角色與手段還能透過對西藏社會進行階級結構的分析而更為彰顯。確定西藏社會是處於人類歷史發展階段中的封建社會階段後，李有義斷定西藏的商業是封建官僚資本形式，且在帝國主義侵略下，西藏的商業受其操縱，走向殖民地化。[140] 這可由在西藏經營商業的外商資本得證。這些外商有尼泊爾幫、西康幫、青海幫、雲南幫、北京幫，這些商幫都與西藏官僚有相互依附的關係，因此是封建勢力和帝國主義的附屬品，其目的在直接或間接地把西藏殖民地化。[141] 不僅如此，西藏的商業經營又與內地緊密相連。西藏的進出口呈現入超形勢，而進口的貨物大半轉到內地，內地轉運至西藏的貨物價值又抵不上進口運來貨物的一半。也就是說，在帝國主義影響下，西藏是中國經濟上的一大漏洞，帝國主義藉此間接刮去中國的金銀。[142]

至於西藏社會性質的分析這點，可以見到李有義如何將材料溶入馬克思列寧主義理論的過程。在 1951 年的文本裡，李有義斷定唐代時文成公主的下嫁是藏、漢兩個民族文化交流的開端，[143] 代表西藏民族由部落時

---

139 李有義，〈帝國主義侵略西藏的史實〉，頁 175-176。

140 李有義，《今日的西藏》，頁 390-391、398。

141 李有義，《今日的西藏》，頁 391-393。不過這些商幫仍有區別，前三者都是官僚資本的一環，這表示，西藏解放後，雲南幫、北京幫（也就是漢人資本）若能與政府合作，將可在推進內地與西藏的商務上盡一點力量。

142 李有義，《今日的西藏》，頁 394。

143 李有義認為，在文成公主賦予西藏民族歷史的開端之前，西藏民族並未形成。他不像過去的著作般，從三苗、三危、羌、戎等傳

代進步到統一的民族形成時代。吐蕃王朝的成就是：封建制度的建立、喇嘛教的興起、文字的創制、生產技術的改進。[144] 也就是說西藏是從 7 世紀起進入封建社會。

封建制度社會從土地關係來說，一個是由政府、世家、寺院組成的地主階級，另一個是農奴階級。[145] 於此已可見到三大封建領主剝削封建農奴的雛形。李有義進一步指出，政府莊園是由「差巴」包租，差巴再轉租給農奴耕種。像「強佐」、「涅巴」等頭人，以及差巴，都可對殘酷對待農奴。甚至就法律來說，西藏是「我國境內最黑暗的一個角落」，有許多原始而殘酷的刑罰，作者就親見其中一種酷刑。[146] 這樣的分析雖進一步釐清地主與農奴兩個階級更清楚的情況，但似乎暗示差巴並非農奴，然而差巴卻又非地主階級。

在一篇 1956 年未公開發表的文稿內，由於更多實地調查與官方檔案，李有義對西藏社會階段與土地制度有更詳細的解釋。西藏歷史的分期需要參照土地制度，如此才能更清楚的定義出社會歷史發展階段。這個過程大致是：6 世紀以前是氏族公社階段，土地共有、集體

說去追察藏族的起源，因為就斯大林關於民族的經典定義來看，那都是「不科學」的附會。真正的藏族應該是指「在統一的民族形式之下，過著共同的生活，有著共同的社會組織和共同的歷史語言，具有共同的民族意識之的一群人」。見：李有義，〈一千五百年來的藏漢民族關係〉，《新建設》，第 6 期（1952），收入：格勒、張江華（編），《李有義與藏學研究：李有義教授九十誕辰紀念文集》，頁 187；李有義，《今日的西藏》，頁 334。

144 李有義，《今日的西藏》，頁 339、344。

145 李有義，《今日的西藏》，頁 373。

146 李有義，《今日的西藏》，頁 374-375、379、355。

勞動生產。7 世紀松贊干布開國後，形成部落奴隸主聯盟的政權，藏族進入階級社會，大量使用奴隸，因此是奴隸制社會。9 世紀至 13 世紀，從奴隸制社會向封建制社會轉化，形成割據領主經濟。13 世紀中葉，在元朝統一與管轄下，出現政教合一的政權，形成采邑制的土地制度，農奴被束縛於土地上，因此西藏社會開始進入封建制時期。封建制社會就此固定，16 世紀以後，黃教重新統一西藏，形成政府、貴族、寺院三分天下的局勢。[147] 總之，西藏進入封建社會並非是 7 世紀，而是更晚的歷史。

相較於對西藏社會階級的分析之豐富，李有義對西藏宗教的看法卻秉承魏源的典範，只是他將紅教改為花教，由宗喀巴（將其生卒年記為 1417 至 1478 年）提倡宗教改革，創立與舊教相區別的黃教。李有義雖然批評《西行豔異記》一書（該書的討論見下一章）的不實，然而他筆下的喇嘛除黃教外其他教派都是可以結婚的。某些舊教寺院，喇嘛可與尼姑發生性關係，其子女再成為喇嘛與尼姑。甚至紅教喇嘛經典中有幾種男女合修的密法，包含傳授性知識的部分。李有義似乎不平地辯護，這不能解釋為淫亂，因為在藏人看來它和醫術一

147 李有義，〈西藏土地制度二題〉，收入：格勒、張江華（編），《李有義與藏學研究：李有義教授九十誕辰紀念文集》，頁 207、208、210-211、213-215、215-217、219。按：該文節錄自《西藏土地制度》，《西藏土地制度》文稿於 1956 年由西藏社會歷史調查組編寫，文稿中「歷史演變的探測」、「階級結構」由李有義執筆。該書編寫完成後，並未正式出版，僅供內部參考，見第 205 頁的編者說明。

樣，是為了增進人們幸福。[148] 但這些所謂親見親聞的由來令人不解。不論如何，在政治體制與意識型態截然不同的時代裡，李有義的藏學知識體系順利轉換，他本人也帶領各種調查工作的進行。

二、柳陞祺

另一位藏學家柳陞祺的著作，則呈現較大的斷裂，甚至更多地受到西方的影響。在一篇 1948 年發表的文章裡，如同 Francis Edward Younghusband（1863-1942）、Sir Charles A. Bell 等人的觀點，柳陞祺寫到，公平地說，若非俄國，就不會有 1904 年「楊赫斯本遠征隊」（Younghusband Expidition）一事。在「西藏」（而非「中國西藏」）取得優勢的英國，其政策以保持西藏現狀為第一要務，使西藏成為印度北邊的緩衝地帶。因此，儘管英國有數次機會可以公然兼併西藏，但仍行此緩衝政策。[149] 在另一篇研究西藏政治的手稿中，柳陞祺還認為西藏政界如夏格巴的維新派，傾慕歐西物質文明，因此對外界認識較深，「所以並不如一般人所猜想的，會輕易地受到外人的利用。」[150] 這是一篇中國官員頗深入的西藏政情分析。

當然，當共軍進藏後，柳陞祺不再持此觀點。在一

---

148 李有義，《今日的西藏》，頁 345、404、431。

149 Shenchi Liu（著），朱正明（譯），〈英國侵略西藏簡史〉，《亞洲世紀》，第 3 卷 2-3 期合刊（1948），頁 21-22。

150 柳陞祺，〈西藏政治〉（1947 寫稿），收入：《柳陞祺藏學文集》，漢文卷 · 下冊（北京：中國藏學出版社，2008），頁 474。

篇 1964 年未正式出版的文稿裡，帝國主義勢力對中國西藏的入侵成為敘述的主軸。從 17 世紀起進入西藏的西方教會與傳教士，是帝國主義勢力中的第一批先鋒人物；19 世紀後半，各國探險家、旅遊家繼之，由於此種對外關係而引發藏人對清政府怨恨對立的情緒，「西藏地方」與清政府的矛盾從而形成。另方面，俄國利用宗教，選擇布里亞特蒙古僧人德爾智（Agvan Dorzhiev or Agvan Dorjieff, 1854-1938）為侵藏人物。如同李有義的看法，英國假借通商之名，要打開西藏門戶作為進窺腹地的捷徑，此後直接武裝侵略，並勾結培植西藏一小撮上層反對勢力策劃分裂西藏的陰謀。此外，美、日等帝國主義列強也利用喇嘛教勢力來推行侵略計畫，甚至與臺灣的蔣政權呼應，妄想「在我國西藏地方打開一個缺口」。[151]

柳陞祺更特別的西藏觀則體現在 *Tibet and the Tibetans*（《西藏與西藏人》）一書。此書雖署名為沈宗濂（Shen, Tsung-lien）、柳陞祺（Liu, Sheng-chi）合著，不過依據柳陞祺本人及相關人的回憶，此書實際執筆人為柳陞祺。1950 年他將書稿寄去美國，由沈宗濂聯繫閱定，而於 1953 年出版。[152] 再者，柳陞祺寫作此書之前，至少於

---

151 柳陞祺，〈西藏喇嘛教與國外關係概述（初稿）〉（1964 年，未正式出版），收入：《柳陞祺藏學文集》，漢文卷．下冊，頁 689-713。此觀點同見於：藏族簡史編寫組，《藏族簡史》（拉薩：西藏人民出版社，1985），第 12-16 章，頁 257-379。這部分由柳陞祺負責撰寫，收入《柳陞祺藏學文集》時改題為〈藏族簡史——17 世紀西方勢力入侵至西姆拉會議〉。

152 見：柳陞祺，〈關於在蒙藏委員會拉薩辦事處期間的回憶〉，《柳陞祺藏學文集》，漢文卷．下冊，頁 761-774；鄧銳齡，〈序文〉，沈宗濂、柳陞祺（著），柳曉青（譯），《西藏與西藏人》（北京：中國藏學出版社，2006），頁 1-6；柳曉青，〈譯後〉，《西

1947 年時已完成〈西藏政治〉、〈西藏地理〉、〈西藏宗教〉、〈西藏歷史〉等手稿。[153] 這幾篇手稿與《西藏與西藏人》一書相比較，有諸多相似、甚至一致之處。因此，可以推定，《西藏與西藏人》是由柳陞祺完成於 1947 至 1950 年之間。由於此書，使柳陞祺此後在精神上不斷承受壓力。

面對政權轉換的關鍵時刻，可以推測《西藏與西藏人》一書的觀點，亦受到時局的影響。在駐藏期間，柳陞祺主要是與拉薩上層僧俗精英往來，所以能直接觀察到西藏政府的運作。關於西藏的神權政體，他借用藏人之口指出，其特色是由神組成、被神統治、並為神服務的政府。[154] 雖然藏人自認為聰督（Tshon-Du）〔按：指西藏僧俗會議、民眾大會，Wylie: "Tshogs 'du chen mo"）是他們的民主立法機構，柳陞祺評論道，實際上既不民主也不立法。它體現西藏政治的特徵：表面的集體負責制。[155] 這些生活於世界潮流之外的上層特權人物，以及此種神權、封建的獨裁統治之得以存在，是由於西藏平民大眾的無知及對政治的冷漠。柳陞祺不免評論，一旦西藏老百姓醒悟過來，有什麼能壓制他們的憤

藏與西藏人》，頁 252-256。

153 見：柳陞祺，《柳陞祺藏學文集》，漢文卷·下冊，頁 425，編輯說明。

154 Shen, Tsung-lien and Liu, Sheng-chi, *Tibet and the Tibetans* (New York: Octagon Books, 1973), p. 89.

155 Shen, Tsung-lien and Liu, Sheng-chi, *Tibet and the Tibetans*, p. 106；柳陞祺，〈西藏政治〉（1947 寫稿），《柳陞祺藏學文集》，漢文卷·下冊，頁 464、467。

怒呢？[156] 這些評論雖也常見於中外各界關於西藏的著述，但在柳陞祺的行文脈絡中，更像是贊同中國共產黨即將為西藏帶來的變化。

不過，《西藏與西藏人》全書更為明顯的企圖，是與西方世界的對話。一個外人剛來到拉薩，心理需重新適應，因為那感覺像是進入「一個凝固在數世紀之前的社會」。但西藏的地理與人文景觀並未因此就是一片漆黑的原始游牧大地。西藏的風景，既是荒涼、貧瘠與寂靜，也有香格里拉的一面。[157] 西藏的歷史也有變化，他寫道，從羌塘高原進入西藏谷地，即能「身臨其境地感受人類從原始到文明的進化過程」，「戲劇性地重演歷史經歷的各個發展階段」。[158] 同樣使用封建社會的字眼，然而應可判斷柳陞祺使用封建（feudal）一詞並非是在馬克思列寧主義的意義下。這可從他對西藏宗教的評論來對照。如果是作為三大封建領主之一的寺院，那麼他就不會只寫下西藏佛教的轉世制度，純粹是各個經濟集團用以延續其存在的工具；也不會認為這種設計，是為了避免內部分裂，以保護延續這個合法團體；[159] 更不會同意格魯派本來的精神是「極為民主」；[160] 以及西藏的孜仲制度（rtse mgron，僧官體系），是一個提供給

156 Shen, Tsung-lien and Liu, Sheng-chi, *Tibet and the Tibetans*, pp. 64, 125.
157 Shen, Tsung-lien and Liu, Sheng-chi, *Tibet and the Tibetans*, pp. 119, 116.
158 Shen, Tsung-lien and Liu, Sheng-chi, *Tibet and the Tibetans*, pp. 15-16.
159 Shen, Tsung-lien and Liu, Sheng-chi, *Tibet and the Tibetans*, pp. 85-86.
160 柳陞祺，〈西藏宗教〉（1947 寫稿），收入：《西藏的寺與僧（1940 年代）》（北京：中國藏學出版社，2010），頁 99。

非貴族出身的子弟晉升之階的民主制度。[161]

再者，柳陞祺筆下的西藏農民形象並非像李有義的版本，生活於黑暗的剝削之中。柳陞祺所敘述的西藏下層人民，樂觀、歡樂、幽默、虔誠、肅穆，精神生活滿足。在標題「應許之地的居民」一節裡，西藏的農民與牧民是純樸樂天。牧民有強健的體魄，高貴的姿態，不免讓人想到印地安人，能自給自足過上富裕的生活，是西藏最幸運的人群。相對的，定居的農民，則被束縛於土地上，並受土地的主人所奴役，精神生活的空間更加狹隘，[162] 但其農業生產是能自給自足。[163]

柳陞祺也進一步分析西藏的社會階級。在神權政治之下，達賴喇嘛與其子民的關係，可描述為領主（Jin-Da, lord）與農奴（Mi-Sairs, serf）的關係。[164] "serf" 一詞確實是指中世紀時期的農奴，不過在 1947 年的手稿裡，柳陞祺並未使用「農奴」一詞，而是使用「子民」與藏文音譯來表示。一個西藏子民，得永遠依附在出生的土地上。而一個「勤達」（主人之意，按：也就是 Jin-Da 一詞的音譯）對密賽（子民、黎民之意，按：也就是 Mi-Sairs 一詞的音譯）的責任是「給予生活、安全，使其能生能養，不受別人的侵凌」；「密賽對其勤達應盡的義務，便是當差」。這種主人與子民的關係，

---

161 柳陞祺，〈西藏政治〉（1947 寫稿），頁 450。

162 Shen, Tsung-lien and Liu, Sheng-chi, *Tibet and the Tibetans*, pp. 116-119, 130.

163 柳陞祺，〈西藏地理〉（1947 寫稿），《柳陞祺藏學文集》，漢文卷．下冊，頁 509。

164 Shen, Tsung-lien and Liu, Sheng-chi, *Tibet and the Tibetans*, p. 103.

概括西藏一切人的關係，擴及寺廟、貴族、僧俗官吏等，也就是說，凡是藏人都有一個隸屬關係，由達賴喇嘛總其成，是一切僧俗的主人，「這就是現實西藏封建制度的一般」。[165] 柳陞祺以藏文詞義來解釋西藏的政治、宗教與社會，對外行者來說，可能會產生閱讀上的不習慣，不過如此一來卻不需要反覆使用「貴族」、「農奴主」、「農奴」等具有特定價值評斷的名詞。

但最為特別之處，是在於如何敘述過去中藏／漢藏的關係。柳陞祺並未著墨在西藏是中國自古不可分割的一部分，從元朝歷代以來中央政府均對西藏地方行使主權的詞句。相反地，柳陞祺同意藏人與西方著作以「檀越關係」（patron-chaplain relationship）來解釋中國與西藏的互動。在敘述薩迦派和格魯派興起及其與中國互動的兩節裡，「施主與僧侶」（patron and chaplain）成為標題。[166] 相對於西藏的另一方，他使用的名詞有中國、蒙古、滿洲、元朝、明朝、清朝等，包括「中國－西藏關係」在內（Sino-Tibetan relationship）的這些措辭很難使讀者讀出西藏臣屬中國的主張，而是會將西藏作為對等於中國的另一方。

從元朝第一個皇帝忽必烈與薩迦派的互動開始，柳陞祺寫下「蒙古人並與西藏組成精神一世俗聯盟

165 柳陞祺，〈西藏政治〉（1947 寫稿），頁 437、438、442。

166 "The Patron and the Chaplain: Political Unification under Sa-kya Papacy," "The Patron and the Chaplain Re-established: The Fifth Dalai Lama Priest-King," Shen, Tsung-lien and Liu, Sheng-chi, *Tibet and the Tibetans*, pp. 38, 42. 或許由於此因，《柳陞祺藏學文集》並未收入同樣寫於 1947 年〈西藏歷史〉一文的手稿，而《西藏與西藏人》的中譯本也未完整譯出這些段落。

（spiritual-temporal alliance），以此駕馭著整個中國」。明朝雖政治上未實際控制過西藏，仍延續過去的傳統，授予西藏各教派首領國師、法王頭銜。明末清初，五世達賴喇嘛衡量中國的變化，而將忠誠獻給滿洲人，他於1652年前往北京，再次建立檀越關係。1716年準噶爾蒙古的侵藏，則是首次對清朝與格魯派之間的政治一宗教聯盟（politico-religions partnership）的測試。至此，以達賴喇嘛、班禪喇嘛為一方，中國皇帝為另一方，雙方檀越關係臻至頂點。他強調，不能將檀越關係僅只視為宗教上的互動，不只是元，明、清三代的「中國」施主都體認到「喇嘛教」具有的政治效用，這已由蒙古人與藏人從凶猛戰士轉化為愛好和平性格的事實所證明。為了帝國北部與西北的安寧，清帝更需維護這種關係。所以，檀越關係從來就不是單向，而是中國與西藏雙方相互的合作關係（reciprocal partnership）。[167] 柳陞祺的這些論辨，更像是商榷將檀越關係限於藏人是主動一方的觀點。

因此，柳陞祺佩服藏人對政治適應的天賦能力，其神權政治是建立在算計中國的霸主地位之最小化。檀越關係更進一步地說，並非固定而是有伸縮餘地，從西藏一方來說，與中國此種彈性的檀越關係，其闡述方式在於將政治融入宗教裡。當西藏宗教領袖為了統一、鞏固自己的地位以及為了抵抗外國的入侵，而有求於中國

---

167 Shen, Tsung-lien and Liu, Sheng-chi, *Tibet and the Tibetans*, pp. 39-40, 44-46, 42-43.

的政治與軍事實力，霸主地位意味著有效的主權，並擁護中國為有力的施主及護法，而自己滿足於純宗教的角色。但當中國衰弱，以及僅對西藏握有那未有事實依據的宗主權時，霸主地位淪為僅只是名義上的關係。中國只限於宗教上的施主地位，西藏才是佛教的主宰，從而欲確立管理自己的一切事務。[168]

無庸懷疑，《西藏與西藏人》的這些觀點當然不可能繼續存在於 1953 年之後。在 1964 年一篇內部印行的文章中，藏文音譯名詞不再使用，西藏社會須更簡化地以農奴制和封建農奴主來敘述。柳陞祺也必須指出，在社會主義革命後，「喇嘛教作為一個維護農奴制的統治工具，上層喇嘛作為擁有宗教特權的封建農奴主的地位，將隨同這個制度和農奴主階級的消滅，而不復存在。」[169] 針對西方藏學研究者的藏族史觀，柳陞祺則批評他們往往否定中國是多民族國家的事實，將中國、蒙古、西藏等詞對立使用，將中國人（Chinese）等於漢人，這些別有用心的觀點都是以歐洲中心論來觀察西藏歷史。[170]

柳陞祺與李有義的對比顯示出，在政治與意識型態轉換之際，並不是每一個人都能順利將原有知識體系跟著轉換。1949 年之前存在的知識與技能，也並非一夕可拋。然而矛盾的是，柳陞祺與李安宅的藏學著作，

---

168 Shen, Tsung-lien and Liu, Sheng-chi, *Tibet and the Tibetans*, pp. 89-90.

169 柳陞祺，〈西藏喇嘛教與國外關係概述（初稿）〉，頁 710。

170 柳陞祺，〈評西方若干藏學研究者的藏族史觀〉（1980 打印稿），《柳陞祺藏學文集》，漢文卷．上冊，頁 367-393。

就可讀性、精確度及深度而論，是 1950 年代之前中國人關於西藏著作中最佳的代表作。[171] 當兩人以英文面向西方世界完成寫作之後，卻也遭遇此後藏學研究轉向的時代背景。柳陞祺在新的知識架構裡繼續從事藏學研究，並批判昔日曾闡述過的觀點。而李安宅卻連繼續研究的空間也消失，並遺忘所習得的藏語。

171 李安宅的 History of Tibetan Religion: A Study in the Field 原著，是 1949 年赴英研究時將稿件寄至美國以待出版。但時局變化導致原書未能出版。1980 年代，日本學者中根千枝取得手稿後帶回日本，經過刪改以 *Labrang: A Study in the Field by Li An-che*〔Li An-che, Nakane Chie (ed.), *Labrang: A Study in the Field by Li An-che*（東京：東京大学東洋文化研究所附属東洋学文献センター刊行委員会，1982）〕書名出版，而後 1994 年由中國新世界出版社以 *History of Tibetan Religion: A Study in the Field*〔Li An-che, *History of Tibetan Religion: A Study in the Field* (Beijing: New World Press, 1994)〕書名出版，最後又由李安宅本人親自將英文原本譯為中文本。見：李安宅，〈出版前言〉，李安宅，《藏族宗教史之實地研究》，頁4；陳波，《李安宅與華西學派人類學》，頁 199。

第五章　情色化的西藏：對西藏婦女的情色化想像

對於異己族群及其文化的歧視，以及地理空間的排他性獨佔，或許是人類的通性。自古以來，在中國人的世界觀裡，描述夷蠻戎狄等非漢族群的觀念非常普遍，相關文獻的記載也多帶有種族主義的偏見。以華夏文明為天下中心的世界觀，對四方非漢族群的描述冠以鳥獸的指稱，其生理外觀及地理環境的差異，成為文化低劣的象徵。據此在中國與蠻族之間劃下界線，從而建構出階序性的種族概念，並透過龐大的文獻與儒學體系相沿承襲。[1] 晚近，對於清代繪製的《百苗圖》之研究，也從另一個側面顯示出帝國中心對於邊疆他者的認識與想像。《百苗圖》的製作，代表著清帝國對他者民族志上的興趣。通過《百苗圖》所映射的他者位階，乃是該族群與漢族中心的文化距離。即是以儒家文化的「禮」為準則來判定非漢族群的文明程度。其中，對於求偶、婚姻與家庭生活的描述，表現出對性的關切，而這也是漢人對非漢族群的再現中一個永恆的主題。從父權社會

1　Frank Dikötter, *The Discourse of Race in Modern China* (Stanford: Stanford University Press, 1992), ch1, pp. 1-30.

的眼光來看，會特別注意那些儒家文化所禁止的求偶儀式，也就是自由、苟合、隨意及貞操。[2]

鄧津華（Emma Jinhua Teng）在論及清代文人對於臺灣「蕃族」社會的認知時特別指出，其論述中的一個特點，包含著運用「性別族群化」（ethnicizing of gender）的修辭策略將殖民對象加以異己化。清代文人所觀察到的所謂母系社會中男性的角色，有如父系社會的女性，是無自主性、無自由權力的客體。因而蕃人母系社會中性別倒置（gender inversion）的現象，正好成為建構族群差異的最佳材料。這種論述方式，乃是出於中國文人長久來對於四周族群的認識論：南方民族的女性化與北方民族的男性化。[3] 不過，對漢人來說，西藏與其他「蕃族」尚有不同之處。西藏社會裡不僅兩性角色顛倒，更為怪異的是婚俗竟存在著一妻多夫現象。因此，漢人對藏人的想像及再現不僅止於性別族群化，漢人對藏人婦女的描述，更充斥著各種情色化（eroticization）的修辭。

西方世界對西藏同樣充滿虛構與偏見。David Spurr對西方關於非西方世界的書寫，歸納出十二種修辭方式，其中包含著情色化的修辭方式。隱藏在客觀研究的外表下，西方對於非西方的再現，並非科學的、非政治

2 Laura Hostetler, "Introduction: Early Modern Ethnography in Comparative Historical Perspective," in David M. Deal& Laura Hostetler Trans., *The Art Of Ethnography: A Chinese "Miao Album"* (Seattle: University of Washington Press, 2006), pp. xvii-lxvii.

3 Emma Jinhua Teng, *Taiwan's Imagined Geography: Chinese Colonial Travel Writing and Pictures, 1683-1895* (Cambridge and London: Harvard University Asia Center, 2004), ch7, pp. 173-193.

的與追求知識的紳士，而是暗示西方對於帝國權力與征服事業的欲望。[4] Dibyesh Anand 亦針對西方人有關西藏的書寫方式提出批判。通過本質化與成見化的手法，形成關於他者最本質而片面的刻板印象，從而成為西方與他者之間最根本的區分，據以支撐帝國主義統治的理念。西藏的東方主義化，通過檔案化、凝視、分類、理想化、情色化及自我肯定與自我批評等書寫策略來呈現。[5] 即使並非是直接的性暗示書寫，西藏仍處於白種男性與東方女性的架構裡。20 世紀以來，西方世界關於西藏的文學與電影等大眾文化作品中，西方白人代表著陽剛、誠實、積極、探險、現代等精神，而西藏人代表著陰柔女性、不誠實、內向消極、宿命懶散、落後、傳統等對立面。[6]

情色化的修辭不僅出現於對藏人婦女的書寫，情色化的想像還擴及到對西藏的歷史、地理、宗教、文化等各方面的描述。民國時期，西藏情色化的形象不僅出現於一般輿論及報刊，即使是康藏研究專家及民族學者，也採取此種方式來討論藏人女性與西藏。因此，西藏作為一個相對於漢人的少數民族，整個西藏族群被性別化（gendered ethnicity），也就是陰性藏族是陽性漢族的

---

4 David Spurr, *The Rhetoric of Empire: Colonial Discourse in Journalism, Travel Writing, and Imperial Administration* (Durham: Duke University Press, 1993).

5 Dibyesh Anand, *Geopolitical Exotica: Tibet in Western Imagination* (Minneapolis: University of Minnesota Press, 2007), pp. 17-36.

6 H. Peter Hansen, "Tibetan Horizon: Tibet and the Cinema in Early Twentieth Century," in Thierry Dodin & Heinz Räther (eds.), *Imagining Tibet: Perceptions, Projections, and Fantasies* (Boston: Wisdom Publications, 2001), pp. 92-94.

對立面。不過，在族群性別化的主旨之外，對西藏婦女的描述，又隨著漢人作者的需求而呈現出不同的表現方式。藏人婦女身軀上的強健任勞、自由與主動，在民國時期的婦女運動脈絡下，得到正面評價。然而藏人婦女其實是作為漢人婦女的對照組，僅是浪漫化的想像而非基於實際性的調查。另方面，康藏婦女被比喻為具有某種改變族性的潛在力量，成為民族的道德表率，因此有必要鼓勵漢藏通婚。同時，為了改善西藏的落後狀態，在文明與開發的現代化旗幟下，又蘊含著對西藏加以征服的欲望。儘管當時已有少數的旅行者及人類學者，對西藏婦女及兩性婚姻關係作出相當正確的觀察與研究；然而，在更為廣大的文本裡，情色化的西藏廣為流傳。將西藏最為徹底地妖魔化者，則是出現在一本署名陳重生所偽造的遊記——《西行豔異記》。甚至，該書的想像力，亦表現在連當時的學者都相信此一著作的某些真實性。進而，康藏的一妻多夫制是康藏問題的來源，將西藏的落後性歸咎於西藏婦女，於是現代國家必須對康藏的婦女與性加以監管。

為便於後文的解釋，先摘引晚近學界對西藏一妻多夫制的研究。西方對西藏多偶制（polygamy）婚姻的人類學實地研究，從 Melvyn C. Goldstein 開始。Goldstein 認為，過去以一妻多夫制乃是為適應自然環境生存之說法並非真正原因。田野調查指出，雖然經過分家後的兄弟沒有土地，但其實仍能生存。因為西藏缺乏勞動力，可以提供其他經濟上的選擇。此外，也有一貧如洗的家庭不行一妻多夫，且是不斷地世代分家。這種家庭主要依靠出賣勞動力、手工、服勞役謀生，兄弟留在家裡沒好處。因此沒有家產的家庭實行一妻多夫制沒好處。也就是說，兄弟共妻（fraternal polyandry）只存在於土地所有者階層，包括貴族及擁有少量土地的富裕農奴。這必須從西藏的社會階層與家庭結構來分析。如前章所言，差巴被束縛在莊園主的土地上，但可以家庭的名義世代繼承，每個家庭的差地不可分割也不可放棄；堆窮則向莊園主提供勞役服務。由於家庭世襲繼承原則，差巴的婚姻以單一家庭（主幹家庭）為主，每一個世代只能構築一個婚姻，所以會有一夫一妻（娶妻或招贅）、一夫多妻（polygyny，姊妹共夫）、一妻多夫（兄弟共妻）等形式發生。而堆窮的勞役是以個人為單位來計算，維持家庭世襲權利財產的重要性降低，因此分家分居的一夫一妻制最普遍。堆窮也是西藏農村最主要的主體，所以一夫一妻制才是西藏人婚姻的主要形式。除了那些少數富裕並想提升社會地位的堆窮，為了避免財產分散才會採取一妻多夫制。對藏人來說，一妻多夫制並非普遍的婚姻制度，而是為了維護老家的生產資源，使財產原封不動地世代相傳，避免家產被瓜分，維持家庭的社會地位，同時也可以集聚家庭勞動力，擴大再生產。其功能就像長子繼承制一樣。[7]

7　分見：Melvyn C. Goldstein, "Stratification, Polyandry, and Family Structure in Central Tibet," *Southwestern Journal of Anthropology*, 27:1 (Spring, 1971), pp. 64-74; Melvyn C. Goldstein, "Fraternal Polyandry and Fertility in a High Himalayan Valley in Northwest Nepal," *Human Ecology*, 4:3 (1976.7), pp. 223-233; Melvyn C. Goldstein, "Pahari and Tibetan Polyandry Revisited", *Ethnology*, 17:3 (1978.6), pp. 325-337; Melvyn C. Goldstein, "When Brothers Share a Wife: Among Tibetans, the Good

第一節　族群性別化的西藏

除了對西藏佛教的厭惡之外，在中文文獻裡關於西藏的描述，同樣引人注意的是對於藏人婦女與婚姻的描述。清乾隆時代的文獻記載：

> 西藏風俗，女強男弱。夫婦明媒正娶者少，多皆苟合。其差徭輒派之婦人，故一家弟兄三四人，只娶一妻共之，如生子女，兄弟擇而分之。其婦人能和三四弟兄同居者，人皆稱美，以其能治家。凡做買賣亦屬婦人，如種田禾、紡毛線、織辮子、當烏拉，人皆笑其無能。然不以淫亂為耻，父母不之

Life Relegates many Women to Spinsterhood," *Natural History*, 96:3 (March, 1987), pp. 39-48. 其他學者也得出相近的結論，參見：Barbara Aziz, *Tibetan Frontier Families: Reflections of Three Generations from D'ing-ri* (New Delhi: Vikas Publishing House, 1978); Nancy E. Levine, *The Dynamics of Polyandry: Kinship, Domesticity and Population on the Tibetan Border* (Chicago: University of Chicago Press, 1988). 相關研究回顧：Jeff Willett, "Tibetan Fraternal Polyandry: A Review of its Advantages and Breakdown," *Nebraska Anthropologist*. p.113, 1997. Web-link: http://digitalcommons.unl.edu/cgi/viewcontent.cgi?article=1112&context=nebanthro ；六鹿桂子，〈チベット族における兄弟型一妻多夫婚の形成理由の考察〉，《多元文化》（名古屋大学大学院国際言語文化研究科国際多元文化専攻），第 11 号（2011），頁 145-157。中國方面的研究：陳慶英（主編），《藏族部落制度研究》（北京：中國藏學出版社，2002），頁 415-419；格勒（等編著），《藏北牧民：西藏那曲地區社會歷史調查報告》（北京：中國藏學出版社，2004，第 2 版），頁 196-202、205-209；張建世，〈康區藏族的一妻多夫家庭〉，《西藏研究》，第 1 期（2000），頁 78-82；堅贊才旦，〈論兄弟型限制性一妻多夫家庭組織與生態動因——以真曲河谷為案例的實證分析〉，《西藏研究》，第 3 期（2000），頁 9-22；馬戎，〈試論藏族的"一妻多夫"婚姻〉，《民族研究》，第 6 期（2000），頁 33-44、106；堅贊才旦、許韶明，〈論青藏高原和南亞一妻多夫的起源〉，《中山大學學報》（社科版），第 46 卷第 1 期（2006），頁 54-61 等。

> 禁，夫婦不之怪，如有外交則明告其夫，曰某為我之英獨，其夫怡然。夫婦悅則相守，不願同處，則自擇所欲而適焉。[8]

在這段對西藏風俗的描述裡，女強男弱與兄弟共妻構成最醒目的主題。相關的地方志，也有相近的文字描述。嘉慶年間成書的《四川通志．西域志》近乎全文引用；[9] 與中原禮教秩序裡男外女內、男耕女織的倫常相反；藏人社會裡，男女角色顛倒錯位，婦女不僅承擔差徭、家務，且藏人婦女竟然是以婚配兄弟於一家者為社會輿論所稱道，不以淫亂為恥，藏人男子則欣然於從屬地位。如此風俗簡直不可思議。中國文人或許還能容忍「商貿經營，婦女尤多，而縫紉則專屬男子」[10] 的男逸女勞現象；然而兄弟共妻，則是泯滅倫常的獸行。

文獻上的傳聞，也由曾親訪西藏的官員們所證實。清代最後一任駐藏大臣聯豫如此評道：「兄弟數人共娶一妻室」，「蔑倫至此，儼同禽獸，實為生平所未聞。」因此實有必要「先設蒙小學堂，使之略明理義」。[11] 其他曾親至西藏的官員文人（當然都是男性），都在他們

8　不著撰人，《西藏誌．夫婦》（臺北：成文出版社，1968），頁46A-46B。

9　楊芳燦（等撰），《四川通志》，卷一百九十六，〈西域志餘．六〉，第10冊（臺北：華文書局，1967，據嘉慶二十一年重修本影印），頁14A（5669）。

10　黃沛翹（編），《西藏圖考》（臺北：文海出版社，1965年影印本），頁372-373。

11　張其勤，《爐藏道里最新考》，收入：吳豐培（編），《川藏遊踪匯編》（成都：四川民族出版社，1985），頁393。

的各種記行中對藏人婦女的角色加以記錄並給予惡評。不過，稍早時的姚瑩則進一步記下他實地採訪的結果：「西蕃兄弟共娶一婦……余詢土人云，蕃俗重女，治生貿易，皆婦主其政，與西洋同。計人戶以婦為主，蕃人役重，故兄弟數人共婦以避徭役。」[12] 也就是說，兄弟共妻的奇特現象，是由於社會經濟的結構性因素所導致。姚瑩不再只是限於奇風異俗的獵奇報導，而是試圖理解此種「蕃俗」的社會背景。清末，任張蔭棠入藏時欽差大臣行署醫官的全紹清（1884-1951），對藏人兄弟共妻的風俗也有進一步的解釋，此乃合於經濟原則，「使祖宗之遺產，永遠不至分散」。[13] 然而，不論是否真出於何種因素，如此異俗，正好成為漢人筆下對異己族群加以族群性別化的資料庫。

性別角色的錯亂以及父權宗法倫常的失序，代表著藏人的族群性質在道德上有極大的缺陷，必須從文化上加以改造。當清末清廷在英國的刺激下，決心對西藏加以經營時，中國的邊疆大臣也將注意力放到西藏婦女上。1906 年 4 月，張蔭棠入藏查辦藏事。隔年，他向全藏僧俗各界發佈〈傳諭藏眾善後問題二十四條〉，除去善後事宜外，張蔭棠並對藏人提出在文化習俗上應改進的三條。第二十一條為「女人首重貞潔，只宜管理家務、紡織細工」，「一婦宜配一夫」；第二十二條是

---

12 姚瑩，《康輶紀行》，卷二，〈蕃俗兄弟共婦〉，頁 11B。

13 斯東（記述），〈西藏宦遊之回憶〉，《旅行雜誌》，第 4 卷第 6 期（1930），頁 5。按：此文是全紹清於 1930 年應北平清華邊疆問題研究會之邀所作演講，由斯東筆錄後投刊於《旅行雜誌》上。

「潔淨為衛生之要義」；第二十四條提出佛教「原不禁人娶妻生子食肉」，「喇嘛仍可充農工商兵諸業」。[14] 宗教、性別及衛生問題，幾乎是每位入藏的官員文人一定會提到的。為了要藏人依照漢人禮儀改造原本的社會性別分工，在〈頒發訓俗淺言〉中就五倫「夫婦有別」一項，張蔭棠要藏人務須「夫在外謀生計，婦在內理家務，各有分別。男女同姓，不得為婚。兄弟不得同娶一婦。男子成丁，與姊妹姑嫂不得同床而睡」。[15] 而在〈頒發藏俗改良〉中，對婚俗與婦女貞潔提出更具體的條目，分別是：「一婦只配一夫，兄弟不得同娶一婦」、「不得私通苟合」、「不得同坑臥宿」、「夫死，其婦宜留以侍養翁姑，撫育兒女，不宜改嫁」、「婦人配定一夫之後，必不可與人偷合」；甚至針對兄弟共妻的後果給以社會達爾文主義的解釋：「兩兄弟同娶一婦，則生育子女必寡」，「生齒日寡則國弱」。[16] 同一時間，川滇邊務大臣趙爾豐也在川邊康區強力推行改土歸流。除了改定官制、改革賦稅差役、興辦教育與振興實業等措施外，趙爾豐亦對風俗問題加以重視。除了反對天葬、水葬等「獸行」外，他也以倫常綱紀飭令禁止兄弟共婦，並要「蠻民」知辨族之義，議定百字令百姓承認為姓以詳世系。[17]

14　張蔭棠，〈傳諭藏眾善後問題二十四條〉，《張蔭棠駐藏奏稿》，收入：吳豐培（編輯），《清代藏事奏牘》，下冊，《西藏學漢文文獻匯刻》，第 3 輯（北京：中國藏學出版社，1994），頁 1336-1337。

15　張蔭棠，〈頒發訓俗淺言〉，《張蔭棠駐藏奏稿》，頁 1353。

16　張蔭棠，〈頒發藏俗改良〉，《張蔭棠駐藏奏稿》，頁 1355-1357。

17　楊仲華，《西康紀要》，頁 376-378。

清人這種對於藏人族群性別化的論述方式，也同樣一脈相承地出現在民國時期。清末民初，在一本名為《西藏新志》裡關於西藏男女角色的記載仍是「男子怠惰，女子強健。普通男子所持之業在藏中大抵為婦女之職務。或耕作田野，或登上采樵，或負重致遠，或修繕牆壁，建造房屋。」[18] 之後，胡樸安（1878-1947）作為近代著名文字學家及藏書家，曾於 1923 年編著一本《中華全國風俗志》。書中分別地區，從直隸起，迄於西藏，展示中華各地風俗。對於西藏婦女，行文上近似前引的《西藏志》等文獻：

> 西藏男子怠惰，女子強健。普通男子所操之業，在藏中大抵為婦女之職務……誠異聞也。然西藏婦女有外遇，則明告其夫，其夫亦怡然不之咎。悅則相守，反目則更適他人，固無所謂貞淑節操也。[19]

這一方面說明對藏人女性的刻板印象是如此深入漢人心中，將整個藏人社會想像成男逸女勤的世界，一方面也顯示漢人對於西藏的認識其實貧乏而無新意。

漢人對西藏婦女的想像乃是出於以漢人中心的漢番對立架構，但同時也溶入當時社會進化論的語言。西藏社會若要隨時代進步，西藏女性的陋俗就必須加以革

18 許光世、蔡晉成（纂），《西藏新志》（上海：自治編輯社，1911），收入：張羽新（主編），《中國西藏及甘青川滇藏區方志彙編》，第 3 冊（北京：學苑出版社，2003），頁 296。

19 胡樸安（編著），《中華全國風俗志》（臺北：啟新書局，1968），下篇，卷十，〈西藏〉，頁 12-13。

除。與此相對的，由於西藏婦女的角色具有突破父權宗法社會的潛能，西藏婦女在兩性關係中是處於主動的一方，這成為漢人婦女運動中追求兩性平等的想像素材。因此，在漢人對西藏婦女的論述裡，出現情色化與浪漫化的對立看法。

第二節　作為漢人婦女對照組的浪漫化想像

民國元年，一位關心蒙藏問題的參議員提到，藏人婚姻可以就社會階層來區分。上流社會結婚手續繁複，費用甚巨，與內地相近。下流社會則是結婚自由，不拘泥於手續，頗有歐美文明氣息。[20] 加入了以西方文明作為評價的基礎，這一點是西藏風俗勝於內地者。然而，他接著指出，一妻一夫是「人類正道」，所以藏人「兄弟多人共娶一妻」仍為「禽獸所不如」。這不僅只是藏人種族上的問題，也是迎向共和時代下中國境內「五大民族中之汙點，所急宜改革者」。[21] 作者所評論的一妻多夫，完全是以一夫多妻的反面來推想一妻多夫，也就是妻子可以任意置娶多夫，而非探討一妻多夫在藏人社會中更具體的脈絡。不過，在共和時代的新氛圍中，藏人女子具有了某些正面與男性化的氣質。一方面，強健

20　李安陸，〈西藏風俗記（續）〉，《西北雜誌》，第2期（1912），收入：徐麗華、李德龍（主編），《中國少數民族舊期刊集成》，第1冊，頁367-370。

21　李安陸，〈西藏風俗記（續）〉，頁370-372。

的藏女並沒有內地婦女纏足的惡習；[22] 另方面，藏人男性仍被女性化，藏人男子就像漢人女性一樣放棄應有之天職：「我國女子為男子之附屬品與西藏男子為女子之助手，同是拋棄天職之食報。」[23] 而且藏人男子在外表上衣飾華麗而長髮，「好以女子自居，極易修飾獻媚於女界」。既然藏人男子成為女性的附屬品，那麼也難怪藏人女子不以淫行為恥，「遇有外交即明告其夫以為戲弄」。[24]

在多數對西藏婦女的負面印象與描述之外，民國時期亦有為西藏婦女辯護的言論。藏民的結合乃是「純潔而自由的愛」；[25] 西藏婦人主持家政「對男性不甚拘束」，「所事不亞於男人」；而且藏人婦女並非醜陋野蠻，「一般閨女，均甚美麗，身段婷婷，笑容可掬，且體質健康，眼睛明澈，齒小面白，步履安閒，美似畫圖」，「非為一般作家之想像中描寫藏之婦女如何醜陋」。在性的問題上，「女孩大抵為清潔之身，決無姦淫苟合之行」，「夫婦從無半路遺棄者」。[26] 這些作者翻轉了藏人婦女在外表與道德上均屬低劣的印象，然而其根據，只是宣稱出於西藏友人的講述，而非出於具體

22 李安陸，〈西藏風俗記〉，《西北雜誌》，第 1 期（1912），收入：徐麗華、李德龍（主編），《中國少數民族舊期刊集成》，第 1 冊，頁 182。

23 李安陸，〈西藏風俗記〉，頁 178。

24 李安陸，〈西藏風俗記〉，頁 178、181。

25 穆建業，〈青海藏族的婚姻〉，《旅行雜誌》，第 6 卷第 11 期（1932），頁 54。

26 張癡僧，〈西藏風俗摭拾〉，《中央亞細亞》（北平），創刊號（1942 年；香港：龍門書店影印本，1966），頁 58-59。

與實證性的調查。另一種對藏人婦女的浪漫化想像之文本，則是寄託著鼓舞漢人婦女解放意識的情緒。

藏人女性的地位雖然仍處於五大民族上的汙點，然而身軀的強健任勞，社交上的開放自由以及性關係上的主動能力，這些特點都成為漢人女性的強烈對照。因此，當中國輿論界開始舉起女性自主意識與婦女運動的旗幟時，藏人婦女正好烘托出漢人婦女有待自我轉化的對照，從而肯定藏人婦女。

民國時期創辦了不少以婦女運動及婦女解放為宗旨的雜誌，在性別意識之外，這些雜誌及文章的編輯與作者是否又另外注意到族群的問題呢？經過檢視，僅發現其中出現少數論及藏人女性的文字，通過檢證這些文字，在婦女運動的宗旨下，藏人女性成為漢人女性構築政治意識的浪漫化想像之素材。

《女子月刊》是 1933 年姚名達、黃心勉夫婦於上海創辦的一份號召婦女解放與婦女運動的刊物，〈發刊詞〉裡宣示要「供給一切女性的需要，能夠把最好的，最新的，最有趣味的思想，智識，文藝和圖畫貢獻給讀者」，女子應走出家庭之外，「把愚魯的自己聰明，把痛苦的自己解放，把怯弱的自己健壯。」[27] 在此脈絡下，對比漢藏女性的處境似乎具有解放的意義。因為康藏女性承擔起家務與勞動，是社會的生產者，在當時中國知識界所號召的婦女運動的脈絡下，這意味著她們的

27　不著撰人，〈發刊詞〉，《女子月刊》，第 1 卷第 1 期（1933），頁 1-2。

身分能獨立於男性之外。《女子月刊》的編輯部指出，相對於上海都會，僅只是為了滿足男性消費欲望下淪為玩物的女性，西康的婦女是「人」。而西康的兩性結合自由，一妻多夫制之盛行，較之於一般封建社會的婚姻更屬自然。[28] 這篇短文其實是編輯部的補白文章，同期另外介紹中外各地的婦女，外國包括英、日、比、土耳其、美國，中國則有蒙古、廣東、廣西、貴州、苗民以及西康。另一篇據稱來自康定的特約通信，報導「康藏番女」的禮貌、溫和、熱情，稱讚「勇敢的番女」是一家兄弟的「無上領袖」。作者一方面以自己與番女交際的經驗批駁番女是獷悍淫浪的主觀錯誤認知，但又指出在 1921 年以前，康定番女有過強邀漢人男子過夜的習俗。作者解釋，這事不能說是番女淫浪，而是因有五分之一的婦女沒有結婚的機會才導致的可憐事。[29] 在以漢人女性為主體的對照下，西康婦女雖然受到讚揚，然而這是因為西康婦女的角色能夠反抗漢人父權宗法封建主義下的兩性關係，其實仍只是空洞地論說康藏婦女，西康社會是否真的就不那麼的「封建主義」並不是重點。

相對於只是在上海想像藏族婦女地位的文本，民國時期當然也有基於親自在藏民生活地帶旅行所得的介紹。一位曾在安多藏人社區旅行過幾個月的作者，也在一份發刊於戰時重慶的《婦女月刊》介紹藏族婦女的生

28 不著撰人，〈西康的婦女生活——以女性為中心的西康社會〉，《女子月刊》，第 3 卷第 10 期（1935），頁 5172。

29 向尚，〈女性中心社會的康藏（特約通信）〉，《女子月刊》，第 4 卷第 2 期（1936），頁 110-112。

活。作者同樣讚揚藏族婦女負擔一切家務，對藏人男性的疏懶給予「可恥」的批判。至於藏族婦女的自由戀愛與社交公開，也同樣寄予浪漫主義的讚賞，「一切都是自然而且純潔的」，「沒有經濟的背景，沒有政治的作用」。文章也進一步提到更具體的情況，那些不願出嫁的婦女，可以同時有一個以上的未婚夫，未婚生子完全合法。因此男女愛情與婚姻，是純潔、快樂與幸福。但是婚後則不容不貞。若妻子外遇而被殺，不算犯罪；丈夫外遇可要求離婚得到賠償。而且，藏族婦女婚後就不會再與婚前的舊日朋友接觸，對丈夫服從體貼忠實。有時丈夫長期外出，由兄弟暫時代替丈夫的位置，又或接待另外的朋友，但都是暫時偶然的。至於說藏族是一妻多夫制，至少在青甘草地不存在。由於必須對藏族婦女予以正面而浪漫的評價，因此作者雖然提出男、女之間生命價值上的不對等，然而還是以民族學的口吻指出，藏區是母系社會，女性有婚姻上的自由及經濟上的平等。但是卻對女性在宗教與政治上地位的不利未提出進一步的解釋。[30]

在抗戰時期由新生活運動促進總會婦女指導委員會文化事業組主辦的《婦女新運》裡，另有一篇文章針對藏人是母系制度社會的說法提出修正。就法律面來說，西藏婦女的地位是稍不平等，但因為社會是兩系制，男女都有繼承權。如此說來，西藏婦女婚姻自由，「比內

30　蕭瑛，〈藏族婦女的生活〉，《婦女月刊》，第 7 卷第 1 期（1948），頁 17-21。

地封建制度禮教束縛下的女同胞幸福多了。」[31] 這些對西藏女性的地位給與正面肯定的文章，其實言外之意都是期望漢人女性能以此為參照，擺脫「封建」傳統的桎梏。大體說來，在以婦女運動為主旨的刊物裡，將性別解放的意識投射到西藏婦女的身體與性，故而有了前引諸篇對於西藏婦女給以正面肯定與浪漫評價的文本。

當然，也有文章針對西藏婦女的地位與婚姻作更進一步的探討。如日佔時期在北京發刊的《婦女雜誌》裡，署名希哲的作者指出，實際說來，西藏婦女還是由父母主婚為多，並非絕對自由不受限制。至於一女多夫的現象，作者分別引用了美國外交官 William Woodville Rockhill 與英印官員 Sir Charles A. Bell 對此問題的探討。希哲批評漢人對於多夫制的刻板想像，指出在西藏仍以一夫一妻制最為通行，「常常有人在地理教科書裡讀到西藏的多夫制度，便以為西藏人都行多夫制度，那未免錯讀了」，其實一妻多夫跟內地娶妾一樣都是少數。[32]

另外，亦有作者根據實地考察，提供了更進一步的報導。署名鄧舍的作者，以安多拉卜楞藏區（當時已改劃為甘肅夏河縣）的藏民為主要考察對象。藏民「男女結合之容易離婚之自由」，男女兩情相悅即可私奔「試婚」，同居後再回來正式結合。女子出嫁後亦可離婚，

31 鄧舍，〈藏民家系制度和婦女地位〉，《婦女新運》，第 7 卷第 1-2 期合刊（1945），頁 16。

32 希哲，〈西藏婦女的婚制與教育〉，《婦女雜誌》，第 4 卷第 12 期（1943），頁 8-9。

男孩歸父，女兒歸母。[33] 針對常遭詬病與批評的花柳病問題，作者指出，「年青的婦女是最驕傲的黃金時代，她們無節制的和男子接觸，認為接交的男子愈多才愈顯光榮，因此花柳病之猖獗，不堪言述」。然而，作者更報導出另一現象，拉卜楞地區藏民受到漢化的影響，帶進了內地風俗及資本主義〔按：作者的意思是指作為商品性質的性交易〕，於是拉卜楞不少婦女便成娼妓，別名「明星」。[34] 即便藏民女子表面上看來似乎社交非常自由，然而她們承擔家庭生產及完納公家錢糧；真正在公眾正式場合聚會的露面或部落之間的接洽，都是男子專屬權力，女子一年只有三、五次公開場合聚會。[35]

除了上述對藏人女性的浪漫主義想像之外，更為奇特的，是將藏人男女性別關係加以想像性地翻轉，而出現完全空想的文本。《婦女雜誌》這一份在民國前期影響力最大的女性刊物，就提供了一篇非常特殊的文章。文章題名為〈西藏女子之自述〉，在「譯者按」裡指出原作者是耐克庫密希伐。這位「或許」是西藏女子的自述指出，西藏女權極大，七百年來握政治大權，甚至在軍事上是男子為兵、女子為軍官。女子同時也是社會上重要機關發號施令者，就連司法官吏也以女子充之，所以「右女而左男」，使男子無有外遇、離婚者。西藏女子之能得以掌握西藏的政教大權，乃是藉著誘使男子「傾其聰明才力」、「歸向於喇嘛」，以制服男子，於

33　鄧舍，〈藏民家系制度和婦女地位〉，頁 13-15。
34　鄧舍，〈藏民家系制度和婦女地位〉，頁 15。
35　鄧舍，〈藏民家系制度和婦女地位〉，頁 15-16。

是養成一女多夫之俗。因作者不願屈服於必定得多夫的西藏社會習俗，因此逃亡至俄，獲得新知。從而得知婦女握政治、藝術大權，「其禍西藏也實甚」，乃「幡然有擯斥女權之志」。故命其夫先歸西藏，致力於男性運動，鼓吹男女平等。[36]

無論這篇文章作者的真實身分，顯然作者非常有意地翻轉西藏男女性別角色與偽造西藏歷史，將西藏一妻多夫制作為架空歷史的背景與前提，描繪出一幅遠西奇幻的婦女國國度。不論作者是否敵視女權，其實這篇文章也說明了在民國初期，中國的知識及輿論界確實完全不瞭解西藏，因此能夠以一妻多夫的傳聞來創造出這份雜誌所關心的漢人女性議題。這類故事並非個案，舉例來說，一份日佔時期在北平發刊的《新光雜誌》裡，名為〈西藏的女權〉一文幾乎依照同樣的邏輯，描繪出西藏是婦女專制的世界，用宗教麻痺男子，因「女權滋盛，陰陽倒置，男子沒有剛健的氣概，所以他們的國家不能振興」。[37]《三六九畫報》則刊出一篇文章，假托法蘭西遊歷家親見西藏男子遊行示威要打倒女權，並有照片披露於巴黎報紙。[38] 有趣的是，《婦女雜誌》曾於第 14 卷第 1 期與第 2 期的「生活號」專輯裡，向讀者徵集全國各地婦女生活狀態，然而卻沒有來自青康藏的

36 天風無我（等譯），〈西藏女子之自述〉，《婦女雜誌》，第 3 卷第 9 期（1917），頁 1-5。

37 永安，〈西藏的女權〉，《新光雜誌》，第 1 卷第 2 期（1940），頁 46-47。

38 郭苑，〈西藏男子謀解放——反對女權發達〉，《三六九畫報》，第 5 卷第 2 期（1940），頁 12。

報導；第 14 卷第 7 期則是「婚姻號」，專門雜談國內各地婚俗，同樣沒有關於青康藏的介紹。

誠如王政的研究所指出，對當時的知識分子而言，婦女解放是手段而非目的，他們真正的關懷在於民族主義。[39] 游鑑明則認為，對於女子健美的討論，固然有追求女權解放、兩性平權的意義，然而女性的身體仍關乎國家命脈，唯有女子的健康美才能促成種族優生化。[40] 白露的研究顯示，從傳播媒體廣告到知識分子的論述，都傾向於採取社會學式的語言來討論中國婦女問題。這些論述彼此間最基礎的共識，是夾雜著達爾文主義科學觀的演化論、優生學及個人主義的綜合性理論。女性具備生殖能力的身體、女性的性擇以及繁衍過程，都關乎國家人口、種族品質與科學文明，使得女性成為當時社會科學論述中的核心。[41] 因此，儘管中國的知識及輿論界確實完全不瞭解西藏，但卻能夠以一妻多夫的傳聞，創造出漢人知識分子所關心的婦女論述。

西藏是因為陰陽倒置，致使剛健之氣為女性的專制所壓制；然而這也表示康藏婦女具有某種改變族性的潛在力量，並能成為民族的道德表率，改造國民品質。與

39 Wang Zheng, *Women in the Chinese Enlightenment: Oral and Textual Histories* (Berkeley, Calif.: University of California Press, 1999).

40 游鑑明，〈近代中國女子健美的論述（1920 年代 -1940 年代）〉，收入李貞德主編，《性別、身體與醫療》（臺北：聯經出版公司，2008），頁 241-275。

41 白露（Tani E. Barlow）著，苗延威譯，〈有所需求—— 一九二〇年代的自然科學、社會科學和女性〉，收入羅梅君（Mechthild Leutner）等著，張瑾等譯，《共和時代的中國婦女》（臺北：左岸文化，2007），頁 205-254。

漢人婦女相比，西康婦女體健勤勞，忠厚純樸，寡欲安貧，所以，對男性漢人作家來說，西康婦女是最能夠實行為了改造國民性而進行中的新生活運動。西康人種又是最優，故而漢人也願意與西康婦女通婚。[42] 那麼，對西藏進一步的情色化想像，即是由國家及男性來監管西藏及其婦女。

第三節　康藏史地性別化

民國時期，參與討論西藏議題的作者始終還是以男性漢人為多，而在這些作者筆下的西藏，則包含更多負面想像及情色化的修辭，並指向種族歧視與道德退化的指責。比如，康定「風俗甚劣，女子發育成熟，即可任便性交」。[43] 又如，稱青海番民風尚社交公開，女子人盡可夫，所以不能稱為婚姻，「僅可言種族繁殖法」。[44] 對藏族婦女情色化想像的同時，還給予其種族劣化的評斷：「康定人之特點」乃「皮厚髮粗女子乳房不發展」，「目光似凶，額上易生縐〔皺〕紋，故人謂蠻不經老」，這些特點乃「民族歷史短期之徵象」，而此一歷史生命淺短的民族，又正面臨著人口日漸減少的危機。總結來說，兄弟共妻與喇嘛教人口正是造成此危

42 黃仁謙，〈西康婦女的生活與風俗〉，《婦女月刊》，第 2 卷第 5 期（1943），頁 32。

43 梅心如，《西康》（南京：正中書局，1934；臺北：正中書局，1970，台一版），頁 6。

44 《新西北》通訊社南京總社（編），《邊疆異俗漫譚》（南京：編者刊，1935），頁 117、105。

機的原因。[45]

西藏婦女道德的缺陷，代表種族的劣化。西藏婦女身體的病態，又進一步連結到國家榮辱，是導致西方帝國主義勢力入侵的原因。根據上海《立報》的一篇報導，西藏一妻多夫的出現，是因嫁娶風俗特別奢侈，需花費萬藏元以上，所以普通男女略去婚禮而隨便苟合。婦人不以另有新歡為恥，並以私通喇嘛為最光榮，尚有婦女款客惡俗。這造成西藏的花柳病普遍流行。英國人正是利用這一弱點，開設許多花柳病院，西藏人從而願受英人的支配。[46] 在診斷出社會病理後，西藏女性所導致的種族不健康狀態，正是帝國主義趁虛而入的根源。西藏女性有待現代國家加以進一步管理。

1930 年代前後，在一系列以「西藏問題」為書名的著作裡，也重複抄錄自《西藏志》以來關於男羸弱女強健的文字；[47] 隨後進一步指出，關於一妻多夫的形成有兩種說法，一種是「兄弟數人共婦以避徭役」，另一種則是「或云西番金肅殺，所以免外番多丁之道也。」而作者進一步評斷，「兩說中當以後者為近似，蓋山嶺高原之地，食物不甚豐富，土地難施改良，欲圖生存，惟有減少人口之一法，一妻多夫，正減少人口之法則也。（減少人口之法，端在移民，然藏人愚魯，不足以語此

---

45 《新西北》通訊社南京總社（編），《邊疆異俗漫譚》，頁 93、94、100。

46 滌滄，〈沒靈魂的西藏婦女〉，《立報》（上海），1936 年 1 月 2 日第 3 版。

47 華企雲，《西藏問題》（上海：大東書局，1930），頁 31。

也。）」[48] 也就是說，在作者眼中，藏人智力只及於屈服環境之下，藏人社會連發展出複雜的經濟結構都談不上。種族的低劣化與種族的性別化論述互為表裡。即便是進入漢藏交界地帶的旅行者，也以親身實地的見聞對此加此確認。一位奉命至康定的禁煙督察官員，印證了「藏人的確如書上所載：男懶女勤」的「不合理現像〔象〕」，追究起來，「大約與文化開啟的早遲有關吧？」[49]

當然，在種族與道德劣化的指責之外，仍有針對藏人婚姻與兩性關係稍作考察者。四川報人沈與白就認為：

> 西藏法律，禁同族人與在七世中之血族聯婚；此律現已為藏人所蔑視，彼等恆與三世或四世之妻族訂婚，就中如娑波（Pobos）及康伯（Khamba）〔按：分指波窩與康巴〕二種人，其婚制尤為紊亂，兄弟可娶其姊妹，姪甥可娶其叔嬸或舅母，普通藏人於同父異母之兄弟姊妹，可以互相嫁娶。[50]

其實沈與白至少已經瞭解到藏人對於通婚範圍有嚴格的血緣禁忌，而可以接受與親戚的配偶發生性關係；

48 華企雲，《西藏問題》，頁 36。

49 王清泉，〈蓉康旅程〉，《旅行雜誌》，第 13 卷第 9 期（1939），頁 14。

50 沈與白，《西藏社會調查記》，收入：《東方雜誌》社總纂，張其勤、沈與白（合著），《西藏調查記》（上海：商務印書館，1924），頁 71-72。按：所收張其勤的著作為《西藏宗教源流考》。

然而在漢人宗法倫常觀念的限制下，未能更進一步探討藏人的婚姻制度。

民國時期，拉薩政府所控制的藏區並不對中國開放，因此除了經商商隊、少數政府官員與漢人僧侶外，中國內地的旅行者少有能親自進入中部藏區。也因此，分別由地方軍閥掌握的康區東部與青海安多地區就成為旅行考察者的田野基地。

抗戰期間，一位旅行者根據他在拉卜楞地區旅行所得，指出：「內地人士，對於藏民社會，流行一種觀念，認為藏民係女權社會，社會上婦女之地位，高於男子；然就記者在拉卜楞及草地〔按：指河曲藏區〕調查所得，至少，這一帶藏族男子之地位，絕對高於女子。」[51] 關於藏民社會的性別與婚姻，他僅只記載如此，而未進一步渲染一妻多夫或者其他「淫亂」的風俗。只是這樣的情形其實很少。當然，也有男性漢人也願意對西藏婦女的自由與開放給予正面評價。這裡以一首〈七筆鈎〉為例來說明。

民國年間，康區普遍流傳這首〈七筆鈎〉，根據當時一般的說法，它乃是清朝果親王於雍正十二年，奉詔送七世達賴喇嘛自泰寧回藏時所作，並刊刻於康定武侯祠石碑，然而時至今日尚未有正式的拓本與圖片證明其存在。亦有另一種說法，它乃是當時康區漢人假借果親王之名所作，用以諷刺藏人。無論如何，〈七筆鈎〉所刻畫的藏民形象，確實流傳甚廣。其全文是：

51　葛赤峰，《藏邊采風記》（重慶：商務印書館，1944），頁54。

萬里遨遊，西出鑪關天盡頭。山徑雄而陡，水惡聲似吼。四月柳條抽，花無錦繡。惟有狂風，不論昏合〔和〕晝。因此把萬紫千紅一筆鈎。（詠景物）

出入驊騮，慣做君家萬戶侯。世代承恩厚，頂戴兒孫有。凌閣表勛猷，榮華已夠。何必執經，去向文場走。因此把金榜題名一筆鈎。（詠土司）

蠻寨圈中，人住其間百尺樓。遍地喪家狗，滿屋屎尿臭。亂石砌牆頭，彩旂前後。經幢標杆，獨立當門右。因此把雕梁畫棟一筆鈎。（詠番屋）

無面羊裘，四季常穿不肯丟。白雪堆山厚，盛夏涼風透。紗葛不須求，氆氌耐久。一口鐘兒，哈達當胸扣。因此把錦繡綾羅一筆鈎。（詠番服）

客到不留，奶子煞〔熬〕茶敬一甌。蠻冲青稞酒，糌粑拌酥油。牛肘與羊腿，連毛入口。風捲殘雲，食盡方丟手。因此把山珍海味一筆鈎。（詠飲食）

萬惡光頭，鐃鈢喧天不竟休。口唸糊塗咒，心想鴛鴦偶。兩眼黑油油，如禽似獸。偏袒肩頭，黑漆鋼叉手。因此把三皈五戒一筆鈎。（詠喇嘛）

大腳丫頭，辮髮蓬鬆似冕旒。細摺裙兒縐，半節〔截〕衫無鈕。褪〔腿〕褲不遮羞，春風透漏。方便門兒，儘管由人走。因此把禮義廉恥一筆鈎。（詠番女）[52]

52 這首〈七筆鈎〉尚有其他流傳的版本，文字稍有不同，如：洪裕昆，〈旅康寶鑑（續）〉，《康導月刊》，第1卷第4期（1938），頁33-38。此處所用版本，是依任乃強所錄，見：任乃強，《西康圖經．民俗篇》（南京：新亞細亞學會，1934），頁239。

始於窮山惡水的敘述，藏人世家土司不知文禮，食衣住等居處器用原始，宗教信仰低下如獸，兩性關係混亂而不知恥，這些都是訴諸於本質化的修辭，最容易將比喻的對象加以形象化，也最容易深入人心。

對此，1938 年，馬鶴天出於同樣景物與康俗，有觀點之不同，而作〈反七筆鉤〉以為抱不平：

> 萬里遨游，漫道西康是荒陬，清流隨處有，山嶺峻而秀，草木綠陰稠，花開錦繡，夏鮮蚊蠅，溫泉遍地覯，因此把絕塞窮荒一筆鉤。（咏康地）
> 馳騁驊騮，山巔水涯牧牛羊，河谷耕田畝，胝足又胼手，早起事虔修，體健人壽，勤勞誠樸，性情兒忠厚，因此把懶惰虛偽一筆鉤。（咏康民）
> 野地高丘，半是毳幕半碉樓，守戶有猛狗，亂石砌牆厚，山環水抱周，日光照透，獨木為梯，屋頂隨意走，因此把湫隘囂塵一筆鉤。（咏居住）
> 我有羊裘，歐美絨呢不須求，革履家有牛，皮帽山有獸，何必緞與紬，氆氌耐久，博帶寬衣，古風今仍舊，因此把洋服舶品一筆鉤。（咏衣服）
> 客到即留，茶麵酥油不索酬，自製青稞酒，自割牛羊肘，萬里任遨遊，糌粑即夠，生活簡單，飲食何嫌陋，因此把口腹縱欲一筆鉤。（咏飲食）
> 林滿山頭，遍地黃金任取求，草地可牧畜，山中可獵狩，倘使便車舟，商賈輻輳，寶藏開發，民足國亦富，因此把地瘠民貧一筆鉤。（咏物產）

> 赤足丫頭，步履便捷莫與儔，家事一身負，善舞恃長袖，戀愛本自由，吉士免誘，健康為美，似染歐風久，因此把纖弱嬌羞一筆鈎。（咏婦女）[53]

馬鶴天將原來的詠土司易為詠康民、詠喇嘛易為詠物產，這不難理解，在漢人，特別是具有中央政府官員身分的馬鶴天看來，土司、喇嘛正是阻礙康藏社會進步及中央力量的來源。他似乎也對漢人女性纖弱嬌羞的傳統形象不以為然，而崇尚康藏自由健康的女體，但西方始終是最終的價值參照。這首〈反七筆鈎〉也試圖翻轉人們對康藏社會的刻板意象，因此由居住到康地，馬鶴天從親近大自然的觀點，完全顛倒往昔對康藏的蠻荒地景意象。讚揚藏民衣服，意味著康藏有富足的物產，無須在經濟上依靠著來自帝國主義的工業產品。歌詠康人好客，過著粗茶淡飯的儉樸生活，這也符合時代標準，尤其是在抗戰建國的年代下。不過，是否也暗示著康人無法自我孕育出改善生活水平的動力呢？歌詠遍地黃金的物產，說明康藏正需要國家的力量來加以開發，前面詠歎純樸民風，後面則是地瘠民貧。或許馬鶴天在無意中也暗示了康人的現代化需要由漢人來扶持。

此處無須特別苛責馬鶴天文墨如何。然而，極富對照意味的，是《康導月刊》的編輯在同一期，也安排另一篇論及〈七筆鈎〉的文章。這位作者雖然同意果親王

---

53 馬鶴天，〈反七筆鈎〉，《康導月刊》，第1卷第9期（1939），頁67。

此作是不嚴肅、不正統的描述，帶有貴族意識，並種下了離間民族感情。但仍認為〈七筆鈎〉寫實而「普遍的專一的詳細的用美妙的辭句，描出了整個康藏一般的景況」。那些指責〈七筆鈎〉的人，或者沒去過康藏，或者只是走馬看花。如果能像作者一樣實際去體會，就會得到跟果親王一樣的結論，他以權威的口吻表示其親身而在場的不可質疑。愚劣正是康人的本性。至於談到婦女及一妻多夫制，作者提出，一種是幾個來自不同地方的男子上門作一位姑娘的丈夫；一種是幾個兄弟共同合娶一個姑娘。其存在少部分是為了繼承保持家庭財產，及增加勞動分子；然而，「大多數」都是為了女子過剩而幽會公開。康女服裝類似日本女人和服，少有下衣，隨時可以寬衣解帶。所以作者極為肯定果親王這一筆鈎之「極忠實」。[54] 多數男性漢人真正在意的，始終就是藏人女性性關係上的混亂。

至於藏族婦女自身如何看待呢？國民政府時代，基於五族共和的理念，在政治上歡迎少數族群菁英的參與。反之，同樣也有非漢族群菁英願意投身國民政府所代表的中央正統及其意識型態，接受五族共和的號召。

馮雲仙（1909 -？）[55] 是少數具有中文寫作能力並

54　蘇里虛生，〈從七筆鈎上去體察康藏的風情〉，《康導月刊》，第 1 卷第 9 期（1939），頁 68-71。

55　馮雲仙，藏名格桑雀珍，西康著名女性學者，曾任國民政府蒙藏委員會委員、制憲國大代表等職，其夫為著名藏學家楊質夫（1907-1961）。1949 年 10 月，馮雲仙受行政院院長兼國防部部長閻錫山派遣回西康老家，以探父為名組織藏民打游擊，對抗共軍，1950 年在成都被捕入獄，1975 年 12 月獲釋，後定居青海省西寧市。

活躍於中國內地政治及社會舞台的康籍女性藏人。在性別與婚姻議題上，她確實接受了漢人禮教觀，並同意代表時代潮流與新生革命的國家力量有必要改變現狀。在她看來，其故鄉的寧遠婦女「仍處於封建未進化的時期」，未出嫁時可公開隨便交往，雙方同意即可達到肉慾上的交誼；出嫁後，在夫家生活地位降低，痛苦異常，全聽男子支配，「痛苦於男子父系極盛壓迫」。受到漢禮教化者，已漸能知此道理。因此，她期望「革命的勢力，早達此未開化的社會」，「使得歸化我漢禮，適合乎仁道」。[56] 如果處身現代世界的進步女性，也同意女子不應回到廚房去的說法，那麼邊疆將是創造事業的好地方，中國邊疆的前景將會是亞洲的瑞士及加州。[57] 馮雲仙認同於先進中央與落後邊陲的區分，同時也以男性作家慣常使用的文字來隱喻著邊疆地理的性誘惑：「猶如一批少女一樣，正在等待著被人垂愛。多誘惑人。」[58] 在現代化的進步觀之下，使用具有性暗示意味的修辭，來表達男性主體對地理客體的征服與渴望，或許是跨族群與跨性別的現象。

然而，對異己族群的征服，最終還是只能由男性漢人來完成。此點，可以當時最著名的學者任乃強[59] 為例

---

56 馮雲仙，〈川康寧遠夷族婦女生活譚〉，《婦女共鳴》，第 51 期（1931），頁 17-21。

57 馮雲仙，〈婦女應該到邊疆去〉，《婦女月刊》，第 6 卷第 1 期（1947），頁 4。

58 馮雲仙，〈一個理想的婦女工作區——大小涼山〉，《婦女月刊》，第 1 卷第 2 期（1941），收入：《中國近現代女性期刊匯編（一）》，第 1 冊（北京：線裝書局，2006），頁 120。

59 任乃強，字筱莊，四川南充縣人。現代藏學、歷史地理學、民族

來說明。作為現代藏學、歷史地理學、民族史和四川地方史學者的任乃強，期望他的著作能打破國人對康藏的

史和四川地方史學者。1915 年在張瀾的協助下入北京農業專門學校本科。畢業後，一度於《晨報》供職。1921 年隨張瀾返南充推行地方自治。1929 年經川康邊防軍邊務處處長胡子昂介紹，為劉文輝任為川康邊區視察員，於 1929-1930 年首次考察西康東部九縣，完成視察報告及繪製地圖。期間迎娶藏族女子、上瞻對甲日土司之女羅哲情錯為妻。此次考察定下日後專門從事康藏史地研究和川邊經濟開發的目標，並將考察所得雜記以《西康札記》發表於《邊政》月刊，1931 年由南京新亞細亞學會正式出版。同時又據考察資料重新整理成《西康詭異錄》，於 1930 年 5 月起在《四川日報》副刊連載，而於 1931 年春停止供稿，另行出版。1930 年，由劉文輝聘為第二十四軍軍部經濟建設委員會委員，籌備四川各縣經濟建設事宜，並開始撰寫《西康圖經》於 1932 年起連載於《新亞細亞》月刊，再由新亞細亞學會分別出版《西康圖經・境域篇》（1933）、《西康圖經・民俗篇》（1934）、《西康圖經・地文篇》（1935）專冊，被譽為邊地最新良志，開康藏研究之先河。1935 年秋，任西康建省委員會委員、西康縣政人員訓練所副所長，兼授「康藏史地」課程。1936 年再次入康考察。1938 年底，為解決康區烏拉問題及運輸困難，創辦牧運公司。1939 年，西康省政府正式成立，受聘為西康省通志館籌備委員會主任委員。同時，以現代圓錐投影法、經緯度定位、漢藏英三種文字對照，繪製成百萬分之一《康藏標準地圖》及十萬分之一《西康分縣地圖》。1943 年，接受華西協和大學之聘，到李安宅主持的邊疆研究所任研究員。1944 年，隨李安宅所率華西大學考察團再次入康著重於德格土司及寺廟的考察，1945 年底返校。1946 年，由四川大學農學院聘為專任教授，7 月，募捐成立康藏研究社，創辦發行《康藏研究月刊》，並加入中國民主同盟。1950 年受賀龍等西南軍政委員會領導人委託，為解放軍進藏提供意見，及主持進藏地圖的繪製。後被任為西南民族事務委員會委員，參與籌建西南民族學院。1957 年雖被劃為右派，仍完成《川康藏農業區劃意見》、《四川州縣建置沿革圖說》、《《華陽國志》校補圖注》多部著作。1978 年平反後，仍持續學術研究，受聘擔任四川省社會科學院特約研究員，主編《川邊藏歷史資料選編》，1989 年 3 月 30 日病逝，終年九十六歲。參見：任乃強（著），任新建（編），《川大史學・任乃強卷》（成都：四川大學出版社，2006），「前言」，頁 1-7；王雨巧，〈任乃強（1894-1989）學術及其治學特點之研究〉（四川師範大學碩士學位論文，2011）；王建民，〈中國近代知識分子與邊疆民族研究——以任乃強先生為個案的學科史討論〉，《西南民族大學學報》（人文社會科學版），第 10 期（2010），頁 45-50。

無知，[60] 提供解決康藏問題的線索，並為西康建省與西康的建設提供專業建言，[61] 其著作也確實有廣大影響。他於 1929 至 1930 年間以川康邊區視察員身分首次考察西康東部後，除提交視察報告及繪製地圖外，1931 年起先後發表了《西康札記》、《西康詭異錄》、《西康圖經》等著作，開康藏研究之先河。通過檢視他的著作，更能瞭解到漢人知識分子是如何看待康藏的種族與性別。

在任乃強眼中，「今日西康之社會程度，僅如我國周秦間」，[62] 康定土人「男女社交絕對公開，皆可有外遇，無漢俗所謂之貞操也」。[63] 更可異者，西康「喇嘛飽食無事，情慾縱逸，狎婦女者百分之九十九。非惟喇嘛誘女子，女子亦誘喇嘛」。[64] 任乃強依據他的實地見聞，指責「喇嘛戒盜不戒淫」，在《西康詭異錄》裡採錄了多條喇嘛與人共妻之事。[65] 如同一般漢人的成見，

60 任乃強，《西康圖經．境域篇》（南京：新亞細亞學會，1933），「自記」，頁 1-2。

61 任新建，〈任乃強先生對西康建省的貢獻〉，《西南民族大學學報》（人文社會科學版），第 10 期（2010），頁 51-57。

62 任乃強，《西康圖經．民俗篇》，頁 76。

63 任乃強，《西康札記》（上海：新亞細亞月刊社，1932，再版），頁 7。

64 任乃強，《西康札記》，頁 66。

65 任乃強，《西康詭異錄》（四川日報社，1931），第二篇「宗教與迷信」，第三十八條「喇嘛戒盜不戒淫」。按：本書 1930 年 5 月起在《四川日報》連載，署名為任筱莊，後連載未完，任乃強另行出版。內容計四篇「康民與其生活」、「宗教與迷信」、「土司與頭人」、「物產與生業」，共 533 條目。然而，以筆者手中所見版本，原書出版時應即無頁碼，因此引用時僅能註明「篇」與「條目」，謹祈見諒。

任乃強在要求參觀寺院後，對於兇惡貌護法神及歡喜佛擁女體感到厭惡，降法神則陰森怖人。即使喇嘛對此加以解釋，但任乃強仍認為佛家無須有此妙諦。[66] 當然，他也記下自己對於西藏佛教的親身體驗及驗證。基於好奇的欲望以及官方視察員身分的便利，因此得以直窺堂奧，參觀寺院與訪問著名喇嘛。其中幾次，喇嘛所展現的神祕力量，使他不由得不相信，如不由自主地下跪誠服，試服喇嘛所製含有喇嘛屎尿的「甘孜丸」而感到有效用，經過測試而相信喇嘛確實有「前知」這種預測能力[67] 等。儘管有些負面看法，基於喇嘛在康人心目中的地位與治康的政治需求，任乃強不認為有必要去剷除喇嘛教，而是要像清代一樣對喇嘛教採取懷柔政策。[68]

不僅只有喇嘛教沾染了性的問題，西康的歷史也在某種程度上呈現出情色化的一面，在修辭上這一點是與原始的西康互相得證。任乃強為了證明西康「番族」文明與中國周秦之際相當，從他所考察得到的康人社會現況列舉出番族仍保有先秦舊俗古風的要點：人性質樸、萬國分理（如中國上古封建諸侯的時代）、均田制、階級制度、嬪媵之制（陪嫁）、奴隸之制、嫡子庶子、賦

66　任乃強，《西康詭異錄》，第二篇「宗教與迷信」，第四十八條「歡喜佛」、第五十條「法神」。

67　任乃強，《西康詭異錄》，第二篇「宗教與迷信」，第二十五條「訪札呷喇嘛」、第二十八條「甘孜丸」、第三十條「替人吹牛」、第三十一條「我所見之瘋子喇嘛」、第三十二條「所聞之瘋子喇嘛」。

68　任乃強，《西康詭異錄》，第二篇「宗教與迷信」，第一四零條「喇嘛教宜維護」、第一四一條「班禪佛宜利用」。

稅徭役、衣服裝飾、席地枕肱、迷信巫覡、燔燎之祭、淫亂之風、歌謠之風、板屋茨牆。[69] 這些列舉出來的特點，其實都是表示康人的文化、歷史與時間，被凍結在二千三百年前的中國，並未隨著時代而進化。所謂「禮失求諸野」的探討，意味著康人其實是中國文化的博物館，西康以處身於 20 世紀的現代來展示遙遠過去的上古時代。既然如此，那麼東周時代桑間濮上、狐綏抱布等記載在《詩經》古籍內的淫風，正是現下西康社會淫亂之風的寫照，因此「淫娃蕩婦，隨處目成」。[70]

對於康人婦女，任乃強以實地見聞指出，「西番婦女，人盡可夫，不知貞操為何物」；[71] 並以在場的權威駁斥 Mrs. Louis King [72] 以藏人女性的身分所作的否認。在西康由於「男子缺乏，養成西康淫風」，「任何粗鄙男子，求妻於康，易如反掌」，連「漢人入邊者，概有夷妻」。不只有兄弟共妻的情形，其一夫多妻乃是入贅夷家，「贅一女則其姊娣寡母寡孀輩皆夫之」，此贅婿不能執掌家政，「特供全家婦女性慾之需」。[73] 正是出

69 任乃強，《西康圖經・民俗篇》，頁 235-238。

70 任乃強，《西康圖經・民俗篇》，頁 237-238。

71 任乃強，《西康圖經・民俗篇》，頁 103。

72 按：Mrs. Louis King 之藏名為 Rin Chen Lha Mo，其夫為 Louis Magrath King，曾任英國駐重慶、成都領事。兩人合著 *We Tibetans* (London: Seeley service & Co. ltd., 1926)。民國時期這本書有二種中譯本：倫琴拉木（著），汪今鸞（譯），《西藏風俗志》（上海：商務印書館，1931）。另一譯本，書名則為《余之西藏觀》。此書將於下一章進行討論。

73 任乃強，《西康札記》，頁 66。或許是出於傳統史家的意識，任乃強當然也為番女亦有性情剛毅的烈女立傳，其事乃孔撒土司下的香資頭人之長女，與甘孜漢人縣官朱文憲之姪兩情相悅私通，卻為兩家家長所反對。香資之女因此而入寺為尼迄今不悔。見：

於這種番女淫蕩的刻板印象，所以任乃強在視察期間與其他漢人以「換妻」、「假離婚」等惡作劇來作弄幾位嫁給漢官的番婦。[74]

除了在種族、宗教、歷史等方面對西藏加以性別化之外，西藏的社會經濟及地理也被性別化，並且相互強化。由於農學與地理學的學科背景，任乃強很務實地指出，康藏並非如一般空言是遍地黃金的寶藏之地，不僅康藏地理資源沒想像中豐富，康藏也不是可以任意開發的新天地。[75]西康由於氣候與地形高度的限制，從而深深影響了康人產業的分布及區別。西康人的職業大致上可分為牛廠娃與莊房娃兩大類，牛廠娃是接近原始時代之康人牧民；而莊房娃為其已進化者，物質享用較優，社會組織、風俗禮儀也較繁複。[76]而西康為特殊的均田制社會，每份田業由一家人承耕，也是一差糧單位，耕此業者即為差民一戶，稱為吃莊房。田業均屬土司、頭人所有，非百姓私產，可世代相傳，但不能把田業分給諸子，只能由一個兒子繼承。所以其餘諸子都需自謀生活，如學喇嘛、入贅、苦力、充頭人奴僕，或者承領其他無主莊房。若無子，可招婿承業。若兒女俱絕，則由頭人另覓親族補吃。除上糧外，百姓還得支差，承擔各種力役，在土司、頭人苛索下，最苦民百倍，故許多吃

任乃強，《西康圖經．民俗篇》，頁134-135。

74　任乃強，《西康圖經．民俗篇》，頁105-107。

75　任乃強，《康藏史地大綱》（雅安：建康日報社，1942），下冊，頁101-104；任乃強，《西康詭異錄》，第四編「物產與生業」，第一〇六條「小邊礦產」。

76　任乃強，《西康圖經．民俗篇》，頁21。

莊房者都棄業遠逃，導致西康荒地多、民戶少。[77] 至此為止，任乃強很具體地勾勒出康區階級社會的形貌。

然而，他更進一步發現，西康產業的分佈與民族分佈相符合，也在語言及文化上呈現出一致的區別：

> 漢人概居河谷區域，從事農業，行漢語，守漢俗，有學校教堂，不奉喇嘛教。番人之純粹者皆住高原，事畜牧，行藏語，守番俗，奉喇嘛紅教者多，無學校教堂。其漢番雜配者之子孫，則處高原與河谷之間，兼營農牧業，每能兼通夷漢語，奉喇嘛黃教者多，雖從番俗，而親漢官，多喜自稱漢人，即稱番民，亦慕漢化，為現代漢政府統制下之社會中堅。故欲調劑西康之產業，當從調和血液做起。欲使西康政治穩固，亦需從調和血液做起。[78]

也就是說，人文地理與產業分布的區別即是漢／番、農／牧、文明／非文明的分野。不僅經濟與地理被種族化，同時任乃強也由此進一步指出西康政治的方向，其關鍵在於調和血液之同化。他特地指出，番漢混血的扯格娃，遺傳了漢人的優點，學習漢語文化容易，也多擔任通司，「自較純粹番人高出一等」。這也有現在留學平、京的西康學生為證，他們都是漢番混血。因此同化最妙的方法，「莫如提倡漢番雜婚」。[79]

---

77 任乃強，《西康圖經．民俗篇》，頁 22-23。
78 任乃強，《西康圖經．民俗篇》，頁 25。
79 任乃強，《西康圖經．民俗篇》，頁 234。

除了以扯格娃作為漢人同化藏人的例證外，任乃強也從民族歷史的幼稚性，來證成漢人同化的必要性及可行性。首先，西番從未建設過統一國家，未有獨立自雄之偶像。其次，喇嘛教主張和平，不含有褊狹的民族主義與排外思想。再者，西康地廣人稀，衣食有餘，無生存競爭之激烈，性情寬和雍睦，虛懷能容。最後，中華文化高，「啟其豔羨傾慕之忱」。因此，任乃強昭示出，一個沒有歷史的民族，自然不會有民族主義的欲望及欠缺民族國家想像的能力。西康原有的文化宗教也不會對抗中國的民族主義。況且，與一般對於康藏可怕貧瘠的地理想像相反，西康其實容易生存，西康沒有天演競存的危機，當然也養成了其溫馴而無自主性的民族性格。漢人較番族「先進二千二三百年」，番族自然容易為「我族同化」。[80]

康人幼稚而停滯的歷史不僅是容易同化的證明，過去漢番交往的歷史，也足以說明此點。任乃強先區分出藏人、康人（西番）乃是兩個不同的民族，與中國戰爭者乃是藏人，漢與西番之間並無芥蒂。因為藏、番有別，所以番與藏原無交涉，是由於後來佛教征服西康才發生關係。但既然西康容易被佛教征服，那麼也表示康人不排斥域外文化，中國文化當可輕易輸入。回顧清初以來，天全、漢源、大小金川、打箭爐都相繼漢化（此處任乃強未提到乾隆朝武力征服的一面），其他各要地，如巴塘、理塘、甘孜、鑪霍等，也有相當漢人勢

80　任乃強，《西康圖經・民俗篇》，頁222、235。

力。凡是「漢民較多之地，即治權最固之地，亦即國防最堅之地」，故西康只需要少數漢民便能固邊。[81] 任乃強更以自己所娶藏族妻子和嫁給英人的倫琴拉木為例，說明康人文化淺白，很容易以高等文化加以教化。他的本意是要以親身實例告知讀者，通婚乃是民族融合的最佳途徑，但也在無意中將西康隱喻為容易開發征服的客體。

康人雖然進化不多，然而西番亦有仁愛、節儉、從容、有禮這四種美德，為內地漢人所不及。[82] 他以自己的「番婦」為例，來代表一般番人性格，戲稱她為「番人之標本」。[83] 回顧當初與羅哲情錯（1909-1949）[84] 女士結婚的目的，一方面因欲決心研究邊事，乃藉她之力詳知番中風俗語言及一切實況。另方面因當初在瞻對時曾重懲劣紳土豪，慮其途中報復，藉與上瞻對土司的姻親以自衛。不料非但能滿足此二目的，更能協助持家育子。三年以來，「固有劣性」已漸革去，固有美德則「培植益厚」，「生活技能之漢化亦已完成。使放此婦

81 任乃強，《西康圖經・民俗篇》，頁 219-222、284。

82 任乃強，《西康圖經・民俗篇》，頁 98。

83 任乃強，《西康圖經・民俗篇》，頁 99。

84 羅哲情錯，西康白玉縣得窪酋長甲屋村批之女，幼年父母為仇家所殺，由舅父撫養。曾任西康省政府宣化員、西康婦女會常務幹事、西康省白玉縣國大代表、國民政府憲政督導員。其舅父奪吉郎嘉是瞻對上瞻總保甲日家族頭人，大致崛起於趙爾豐改土歸流時支持漢官。1932 年起與劉文輝第二十四軍發生衝突，因而於 1934 年支持諾那呼圖克圖，又於 1939 年加入班禪行轅及孔撒土司在甘孜攻殺第二十四軍軍團。而後流亡於德格草界。見：任乃強，〈悼羅哲情錯〉，《康藏研究月刊》，第 28-29 期合刊（1949），《《康藏前鋒》《康藏研究月刊》《康導月刊》校勘影印全本》，第 7 冊，頁 4016-4038。

回康，至少能改革贍化一部分之風俗習慣，與增益其向漢之心。使攜此婦赴京，亦可宣泄西康民眾之真實心願於國民矣。余甚幸余之娶有此婦。」[85] 任乃強雖是真情展現與藏妻之間的情感，[86] 然而也在無意中顯示：男漢女藏的通婚模式可以革除康藏人民原有劣性，培植固有美德，達成文明化的教化。

在文化上同化西康的方法，有人物的交流、語文的交流、文化的交流、血液的交流，[87] 因此他開出的同化方案，分別是：（一）改良譯政，溝通語言；（二）對徙番漢調劑情感（也就是民族混居）；（三）提倡雜婚融和血液；（四）獎勵佛學馴擾性情；（五）改良吏治誘進慕化；（六）開發產業促成合作。[88] 為了向讀者證明西康容易生存、適合漢人殖民，他就當時移居康地漢人的情況加以介紹。他記下了幾個客民小傳，[89] 都是從事剃頭、三富三敗小商販及苦力等的底層人物。任乃強其實是在告訴讀者，漢人在康地謀生容易，而開墾農業才是正道。並列舉移居西康必須的技能。[90] 至於那些失敗案例的原因，任乃強總結地說，不外是吸食鴉片、性的戕賊、屢遭劫匪、習於懶惰、氣運不佳。所謂性的戕賊，則是「草地娶妻納妾偷情狎妓太容易」，「青

85　任乃強，《西康圖經．民俗篇》，頁 102-103。

86　羅哲情錯女士後來逝於 1949 年，任乃強另有悼文追憶。見：任乃強，〈悼羅哲情錯〉，頁 4016-4038。

87　任乃強，《康藏史地大綱》，下冊，頁 110-111。

88　任乃強，《西康圖經．民俗篇》，頁 222-223。

89　任乃強，《西康圖經．民俗篇》，頁 255-284。

90　任乃強，《西康圖經．民俗篇》，頁 293、295-296。

年到此，不識利害，枉死者甚多」，將男性漢人的性慾歸咎給藏族婦女。此外，那些失敗的漢人，也非草地經商的正型。「不過舉在這裡，挑逗省人探險邊地的興趣」。[91] 任乃強對漢人移民力量的期許，其實也是勾勒出對漢藏權力關係的樂觀想像。此種樂觀期待，則在另外的虛構文本裡編排出令任乃強亦深為認可的「現實」。

第四節　情色化的西藏與種族的性征服：《西行豔異記》

任乃強的著作有其經世史學傳統及親身實地考察所得。但是，在一本署名為陳重生的《西行豔異記》裡，則是完全地充斥著對異己西藏的虛構與情色化的想像，而此種妖魔化的西藏，卻被當成真實的存在而廣為傳布。《西行豔異記》並非特例的存在，而是 1930 年代對西藏婦女情色化想像的代表性文本。當時聞名上海的女性雜誌《玲瓏》，曾以幾篇短文「報導」西藏婦女與婚姻，對西藏女權與性關係的開放加以讚賞。[92]「神祕」、「浪漫」、「活潑」等特質構成西藏婦女的「引

91 任乃強，《西康詭異錄》，第四編「物產與生業」，第二條「移民的榮枯」，第十三條「行商不如坐賈」。

92 如：秀玉，〈西藏婦女之地位與其殊俗〉，《玲瓏》，第 4 卷第 5 期（1934），頁 277；一波，〈西藏之女性中心家族制〉，《玲瓏》，第 5 卷第 30 期（1935），頁 1997-1998；不著撰人，〈西藏女子的裸體風俗〉，《玲瓏》，第 6 卷第 14 期（1936），頁 1026-1027。

誘力」。[93] 在這些浪漫化想像的短文之外，還有更進一步的情色化的渲染。漢人驚異於西藏「新奇」的社會組織，[94] 也對西藏女子在經商、修道、公務上的特殊貢獻給予讚揚，從西藏女子的性格來看，西藏的前途無可限量。[95] 但是在描述、探討西藏的女權問題時，筆觸仍不免轉向獵奇。部分文章在嚴肅地討論西藏一妻多夫制出現的社會背景後，或將「西藏兩性間關係」定位於「商業上契約行為」，[96] 或者是康藏民族脫離母系社會未久的表現，甚至著墨在康藏婦女隨意地滿足性欲、勾引喇嘛，[97] 或寫出新婚夫婦在典禮上以交媾排泄物展示親友的字句。[98] 不過，與《西行豔異記》一書相比，只是小巫見大巫。

《西行豔異記》自 1930 年 2 月起在上海《時報》連載，而後集結出書多次再版。此書作者署名為陳重生，據書前的「介紹與自序」，其父陳國葆清季隨左宗棠入川，得保薦川省知縣。[99] 這表示他對四川情形非

93　堅如，〈西藏的婦女——神祕——浪漫——活潑〉，《時代生活》（天津），第 4 卷第 3 期（1936），頁 96。

94　小白，〈西藏的男與女之間（通訊）〉，《文藝戰線》，第 3 卷第 45 期（1935），頁 12。

95　國屏，〈西藏婦女的祕密〉，《新人週刊》，第 2 卷第 38 期（1936），頁 758。

96　國屏，〈西藏婦女的祕密〉，頁 757。

97　陳志良，〈記康藏的一妻多夫制〉，《華安》，第 2 卷第 11 期（1934），頁 10-11。

98　開瓊，〈康藏風俗漫談（下）〉，《國防週報》，第 2 卷第 8 期（1941），頁 14。

99　陳重生，《西行豔異記》（上海：時報館，1940，重印本），「介紹與自序」，頁 1。請注意，筆者使用的版本已經是 1940 年的重印本，亦可說明此書所受歡迎。

常熟悉，川邊土人因尊敬其父，愛屋及烏也給予特別的崇敬與照顧。在故事架構上，已先預設一地位高於任何土人的旅行敘事者。他撰寫此書的緣由，是 1924 年因父喪回國，中斷在日本師範的學業。當時年方十七歲，由於「性好奇，有四方志」，遂遊歷川西、川邊。故事的高潮則是他得「與蠻女杜幸生結合，賴女貲助，遍歷西藏青海新疆內蒙等地，沿路日記積存四十萬字。」他的旅行並非著意於風花雪月，享受閒情暢意，乃是對於邊疆山川物產、風土人情及歷史外交，都加以「詳搜博採，多為書報所未見，誠補徐霞客遊記所未備，可供目下留心邊境者之參考，非第可作筆記觀也。」[100] 陳氏一開始即提示出藉旅遊向國人報導邊地以經世報國的遠大志向，同時也切合時人缺乏包括西藏在內邊疆知識的心理，宣示他要以在場的觀察者向國內讀者提供第一手邊情。關注邊疆的口號也是《時報》社發表《西行豔異記》一書的理由，「希望社會能轉變眼光，注意於邊疆開發」。[101]

然而此書連載沒多久，即遭到各方質疑。著有《西康紀要》一書的西康漢人楊仲華，「年中來館〔按：指《時報》社〕相告，內中西康一部所記，甚有不盡實在之處」。[102] 而作者的真實身分，亦有人指出應為陳重為。陳重為以陳重生為筆名發表此書，對康藏作不忠實

100 陳重生，《西行豔異記》，頁 1。

101 陳重生，《西行豔異記》，「寫在西行豔異記後面」〔按：時報社編輯所作之附錄〕，頁 625。

102 陳重生，《西行豔異記》，頁 625-626。

的描寫與過分的形容，該書實際上是陳氏在江南山水之地憑其想像所造。其反響熱烈，也使許多康人對陳甚難諒解。[103] 至於陳重為本人，則在同一時間出版《西康問題》一書，除了僅知其人曾於 1930 年短期間於川北任綏靖屯殖督辦處實業處長外，[104] 其生平有待更進一步查考。在《時報》社社方列於《西行豔異記》一書之後的附錄中，附有楊仲華的專文批評，他以在地的西康人指出，陳氏該書的西康部分，許多地名連生長在西康的人都沒聽過，甚至是人人必經的大道，如瀘定縣與瀘定橋是同一地方，亦能扯謊成兩處。「最可惡而可恨的」，「每到一處都有當地婦女陪他睡覺，並且捏造出許多事，實侮辱西康人民，違於極點。」[105] 即便如此，文後加上的「編者按」卻表示：「我儕此時殊雖認有其他部分完全出於虛構」，但是「以之發表，慰情聊勝於無，我人又安可一筆抹殺」。國人關於康藏著述十分稀少，反而外國文獻充斥，「聞均為著者實地考察所書，以語言等等之隔睽，當亦不能十分可靠」。[106] 由於西藏是神祕之國，未能為外界所認識，所以虛構的文本與實地考察無法偏廢，在再現西藏上都具有同等的效力。《時報》社社方更直接表明，雖然「一時苦無熟悉

103 張蓬舟，〈陳重為．西行艷異記．及其他〉，《康藏前鋒》，第 1 卷第 2 期（1933）。按：張蓬舟即為張映壁，《大公報》記者。

104 莊學本，《莊學本全集》，上冊（北京：中華書局，2009），頁 103。

105 楊仲華，〈評所謂「西行豔異記」〉，陳重生，《西行豔異記》，頁 628-631。

106 楊仲華，〈評所謂「西行豔異記」〉，陳重生，《西行豔異記》，頁 632。

邊疆之人能為指正」，不過「記中本多誌異說怪之處，如讀山海經，空中樓閣，引人入勝，在目下，我輩固不妨暫以一種普通小說目之」。[107] 不論真實的西藏為何，漢人想滿足的只是對遠西異己的獵奇想像。

陳氏著作能以造假的方式生存於諸多關於康藏著作之林，除了「認識邊疆」的口號外，獵奇與情色化的想像才是此書流行的原因。另一位評論者即道出此種心態，此書發表後，許多人都躍躍欲試，「想一探豔跡」。雖然《西行豔異記》所記多事過於離奇，也有辦蒙藏事務二十年的蒙藏委員會職員指責陳氏「根本沒有到過康藏，一味胡說」；但這位署名天岸的評論者反詰，若陳氏沒有去過，「無論如何不能閉戶造車去寫日記式的游記」；也很有可能是「康藏人諱言家鄉醜事」，康藏人的反駁「不能作為信史」。[108] 正是由於刻板化的想像，所以排除了那些與此想像相矛盾的論述，以漢人日記形式問世的材料具有真實性，其可信程度超過了康藏人的自我表述。任乃強亦指出這種情色獵奇的心態而加以批評：

> 談邊地風俗者，每喜故為邪說，聳人聽聞。近世性學公開，青年男女，好聆穢事。遂有投機者流，捏造事實，欺世騙錢，厚誣邊民，殊可恨也。有陳重生者，剽竊西人遊記，道路傳說，鋪張附會，捏造

107 陳重生，《西行豔異記》，「寫在西行豔異記後面」，頁 626。
108 天岸，〈關於西行豔異記〉，陳重生，《西行豔異記》，頁 627。

> 《西行豔異記》一書，在《時報》發表，其文十九皆記男女性慾之事，言之鑿鑿，若可徵信，其實皆虛構也。[109]

對異己的情色化想像，可以從1930年代中國上海性解放與性學風潮的背景來理解，而陳氏則將這種意淫投射在異己種族上。

陳氏此書共分七部，分別是「四川西區情形」、「西康東部情形」、「西康西部情形」、「神祕之西藏 冷僻之西藏」、「從青海到新疆」、「甘肅、寧夏印象」、「綏遠印象」。令人驚訝的是，從1925年6月25日自成都出發〔按：陳氏此書首先在日期上即有錯誤，在他記為1925年7月1日星期一的那天，實際上是星期三〕，而在1926年6月9日抵達北京，除了在西北利用到公路、鐵路、河舟之外，陳氏以騎、步方式僅花一年時間即完成他的「西行」壯舉。在清代，官員從打箭爐出發的進藏路程，一般來說是三個月。就以1934年作為特使的黃慕松進藏行程為例，在國民政府的支援下，他也花了近三個月，[110]更遑論在當時一般商隊往返康定與拉薩路程，即需一年時間。而陳氏於藏區旅行，竟無須烏拉或跟隨商隊，僅憑一兩匹馬即可安頓行李。除了少數夜晚宿營野地外，陳氏也都有辦法能就宿於民家、客店、頭人、官府等建築物內。確實是將

109 任乃強，《西康圖經·民俗篇》，頁128。

110 黃慕松是該年6月1日由康定出發，8月28日抵達拉薩，見：黃慕松，《使藏紀程》，頁29A、128B。

江南山水投射在藏區。儘管內容錯誤百出，然而其書具有的魅力，即在於似真似幻之間營造一幅切合時人想像的西藏。任乃強對此即有表示：

> 《西行豔異記》可謂近世之魔書。……謂其為真實遊記，則所記路線地名，完全與實在地位不合；所紀景物民風，不合者十之六七。謂其嚮壁虛搆，則繪聲繪色，多有似處，又非足跡未至該地者所能辨也。余曾反覆推校，知此人足跡未嘗至康，但集多數西人遊記連綴編纂而成此書；故其所記人物皆有實影，並非全出捏造。……故其倘恍迷離之中，仍含若干真實材料，未可全廢也。[111]

在陳氏所最著力渲染之情色化西藏外，那幅在虛幻與真實之間未可言廢的擬真，即是漢藏關係的想像。

一、漢藏政治力量的描述

如前述對帝國主義在西藏勢力的誇張描寫，陳氏也對康藏地區的漢藏力量加以想像性的刻劃。陳氏在道途初始即展示了漢蠻之間的主從關係，在川西首度與蠻人相見，蠻人即「跪而迎客」，主人權威盡現，使他感嘆「使日本下女見之，必謂吾道不孤矣」。[112] 蠻人因文化低落而崇仰漢人，「上自土司喇嘛下至一班小

---

111 任乃強，《西康圖經．民俗篇》，頁 267-268。

112 陳重生，《西行豔異記》，頁 23-24。

蠻子，無不以羨慕漢文能說漢語為榮者，漢人往往在土人家中，猶可覩漢文之紅紙對聯也。」[113] 由於親身探險觀察所得，陳氏告訴讀者康民對中國仍有良知，「附漢之心，於今為烈，不但不以達賴之壓迫及漢官吏過去之橫暴而減少或改變其初衷，並且隨時隨地表好感於漢人，與漢人圖恢復舊宇之舉」，只希望漢人「毋賤視彼等為異種」。所以康定政府若能自強，遠交進合，當可恢復疆土，開發富藏，教育社會，鞏固國防，驅逐英人勢力。[114]

但目前中國在康藏確實是政治失敗，這一方面是漢官的問題。據川西汶川縣張姓漢人知事的民情報告，汶川人民知識低，畏官府如蛇蝎，官府貪得實勝虎狼。[115] 巴安的地方漢官則對陳氏談論為官之道。除了擺出滿清時代的官場架子外，還以「資本主義托辣斯」政策來剝削土人，其方法是：鴉片、放債及洋貨進出口業。這不僅破壞當地自耕自牧、自給自足之生活，漢化的土人，也競相仿效奢侈的惡習。[116] 番人雖然從原始的番性被漢化了，但卻是走向腐化的方式。

另方面，漢人移民者「多為遊氓土匪及逃難與落魄文人。彼等所發揚之漢化，均為下流為不正當之行為」。[117] 其知識程度落後，僅讀幾本書居然就是私塾

113 陳重生，《西行豔異記》，頁 61。
114 陳重生，《西行豔異記》，頁 455-456、321。
115 陳重生，《西行豔異記》，頁 62-63。
116 陳重生，《西行豔異記》，頁 341-344。
117 陳重生，《西行豔異記》，頁 38。

先生，足以傳授蠻人漢文化，並以不當的迷信宗教來蠱惑作祟土人。[118] 他們也必須為過去的漢番衝突負責。在巴塘，陳氏追敘清末鳳全事件，為了解釋事件中不止滿漢官員被殺，也有外人遇難教堂被毀——否則就會與康藏正處於英人掌握、教會密佈的敘述相矛盾——因而引入義和拳來解釋，番民反洋是受漢秀才愚蠢的煽動而釀成事端。[119] 至此，應該可以辨識出陳氏的論述方式：土民並沒有政治上的自我意識，也服氣於漢官的統治與漢文明。儘管漢文化有教化土人的魅力，但邊疆吏治的敗壞使國家邊陲陷於危險。為了解釋漢人在康藏地區的失敗，所以歸咎於洋人勢力的入侵與漢人的貪暴。同時也進一步顯示，土民需要更正宗的漢人（也就是陳氏）來教化。所以，在大金川的某寨，土民聆聽「余縱談火車汽車，不啻講天方夜談也」；[120] 在理化附近的村落，陳氏立志「他日讀書有成，必將以所學致力於此」，「教育之、開化之」。[121]

陳氏所安排的特別又魔幻寫實的場景，就此展現。

118 陳重生，《西行豔異記》，頁 61。陳重為在《西康問題》一書裡，亦表示目前西康教育現況，「漢文之傳播於康境者，類皆千字文三字經百家姓等書，一二土人，能讀大學論語，則吐辭舉步之昂闊，不啻國內之一班留學生回國時之神氣。」見：陳重為，《西康問題》，頁 160。其實這或許更反映出知識界的氛圍與陳重為的心理感受。相對於那些能留學國外名牌學校的大知識分子而言，一般知識分子或多或少在心理上感到嫉妒。而留學歸國的知識分子多半並不以邊疆問題為研究的對象，因此如陳重為者，即就此點加以諷刺，批評他們闊談歐美世界，卻昧於國內邊氓頃刻之危。或許是另一種心理補償作用。

119 陳重生，《西行豔異記》，頁 331-332。

120 陳重生，《西行豔異記》，頁 86。

121 陳重生，《西行豔異記》，頁 198。

在稻城縣，陳氏再一次重複他所發現的「中國中世紀近世紀邊事之中心論之主幹理論」，商耕漢人對土人財產的欺騙榨取，康區的漢人漢官「所傳播於土人之所謂漢化者，亦無非市井下流之浪態」。既然現存的陳舊漢人勢力是中世紀異端，這就重新賦予正統漢文化同化康藏的正當性。進一步，陳氏終於為讀者挖掘出，在國家的蠻荒邊陲找到具有正統漢文明的知識分子，漢文化同化康藏的正當性，得到在場的證明。同樣在稻城，陳氏尋訪到一位漢人閔景謙（六十二歲），現任稻城縣西南二鄉民團總防局長，讀過顧炎武、黃梨洲、王船山、龔定庵、魏默深及近代格致書院之書。其身懷經世之能，卻不見知於清末趙爾豐，乃憤走稻城。舉凡立私塾、耕種灌溉、保甲制度、民團制度、禮儀改革、漢文普遍、施藥所，以「兵法部勒民團」，「村政井然有序」。在具有正宗漢文化涵養的閔氏面前，土人一切劣性畢露無遺，閔氏以「峻法束縛其野性，務期盡化其父母之野性，另灌入為人之正路」，因此贏得陳氏相當尊敬。只是，陳氏仍然暗示閔景謙有若干缺點，如「無論何事，必取決於卜筮」，而非現代科學；對於地方治安，採取前清封建舊制，「仿傚綠營制度」；閔氏有強大的保甲武力，並有奴僕三十餘人，所以是地方豪強。[122] 這也進一步暗示，土人很容易治理，只需舊中國的封建文化即可管理妥當，更何況是走向現代化進程的中國。由於這個情節隱喻了由漢人在荒服之地所建立的桃花源，即

122 陳重生，《西行豔異記》，頁 216-221。

使是大力批評此書語多鑿空的任乃強也深深相信，閔氏如「今世之箕子，令人深羨。稻成〔城〕余未曾至，然余深信確有此人」，[123] 並將陳氏此段文字全文抄錄於《西康圖經》。

除了稻城的閔氏外，類似的人物也出現在瞻化的危姓土司與德格的楊姓土司，知禮懂漢文，舉止得體，鑿地為田，開闢人間樂土。[124] 然而，最為戲劇化的情節，則是陳氏本人與蠻女幸生的結合。在貢噶縣城附近，陳氏往訪舊土司，竟有兩名自比諸葛、張良的漢人軍師大言不慚。其主摩達土司亦大膽謀興王定霸之業，與喇嘛寺有所勾結，欲圖舉事進攻貢噶縣城。對此志大才疏、孤陋寡聞的土司與漢人軍師，陳重生展示了來自中國首都的知識力量：先談「海外各國及世界新形勢，彼等為之一驚」；繼論「有色人種應當聯合抵抗白色人種之侵略之原理」，及「中國混亂之現狀，及國人應有之努力」；並指斥「達賴叛祖國而附英，將來只有同於印度王公之命運」，再言真正「佛教之真諦」。最後訴諸種族團結與天演競存，證成「新社會進化中，人類應有之努力」與「工業政策之適合時代潮流」。[125]

緊接著，土司之女（名亞真）登場。經過優雅的唱和與餐桌文明儀式，陳氏為讀者探測出她曾遊歷印度、緬甸等處（所以並非是真正的西方），已稍習染歐化，能說簡單的英語，能讀線裝書、洋裝書，談吐間已有高

123 任乃強，《西康圖經．民俗篇》，頁 268。
124 陳重生，《西行豔異記》，頁 370-371、414-415。
125 陳重生，《西行豔異記》，頁 232-234。

中中文程度，以及，對陳重生頗有好感。在獲得土司允許後，與土司之女約定一同旅行至拉薩，而後她再赴外求學。摩達土司在藏有勢力，旅途上正可提供助力。[126]土司之女並非如陳氏書中其他反覆出現的情色化女體，而是可以詩詞唱和、讀書知禮的女性，具有中西文明的涵養，故而配得上從日本師範遊學東歸的自己，陳氏不再有昂首遠千丘的寂寞之感。於是，由陳氏為之另外定名「幸生」，「取樂觀積極之義」。[127]由此，全知主體的他賦予她新生。幸生並非是其他一般淫蕩的藏女，而是有教養的「女性」。經過同行多日的接觸，幸生知道陳氏的家室及為人，並願意與陳氏訂婚。因此，在鹽井縣找到福音堂，由荷蘭人牧師證婚，與幸生正式結婚。[128]雙方的結合出於莊重，得到眾人祝福，以及有西方人證婚的正式婚禮，並非是隨便在路邊與番婦的野合。此後，夫唱婦隨，在幸生的協助下陳氏得到草地旅行知識，成為旅途中的通譯，並且提供資金；而陳氏則以算術物理等現代科學教授幸生。[129]女性化的西藏提供豐富的物質資源，男性化的中國則啟蒙其理性精神。通過與幸生在物質、精神上的互動，陳氏完成了他對西藏的性征服。

126 陳重生，《西行豔異記》，頁 235-238。

127 陳重生，《西行豔異記》，頁 241。

128 陳重生，《西行豔異記》，頁 281、292。

129 陳重生，《西行豔異記》，頁 407-408、245、246、426、300。

二、情色化與妖異化

相對於幸生一人，陳氏筆下的康藏婦女則遭到最嚴重的情色化。他不僅照抄重女輕男、女勤男逸、女可任意更換夫婿[130]的既定材料，並發揮出更多樣的虛構與意淫的想像。在故事一開始，即告訴讀者蠻女可欺，在仍是漢地的灌縣，「（蠻人）婦女初來，類多偃臥於地，不設帳幕，漢人就而淫之，伊亦不敢較」。[131]而在川西「（漢人）婦女以數嫁為榮」，「風俗之異一至此哉」。[132]漢人婦女因接觸了異己文化，其貞潔程度跟著劣化。

接著從陳氏首次參加土司蠻女的夜宴舞會起，對蠻女的形容都充斥著色情性慾與汙衊的筆法。蠻女在衣著上是短袴〔褲〕、有裙無袴、半裸，或者直接裸露，以各種象徵性慾的外觀及言行登場。禮法之外的異族女性主動挑逗，伴宿男性漢人，男性漢人則是無辜被動。陳氏以儼然社會田野調查的口吻，藉由蠻女之口道出，「少女之求伴侶」，是因為「伊慕漢人之文明，以一親密為榮耀，余等男子若就而淫之」，雖「不為伊所拒，然與伊之所求者相遠矣」。[133]

對於那些主動的性誘惑，陳氏「唐僧心不動」地予以拒絕，因為他具有道德的自制與自救，進而救人、救國的能力。相比之下，同行友人沒有道德上的自制能

130 陳重生，《西行豔異記》，頁 98。
131 陳重生，《西行豔異記》，頁 7。
132 陳重生，《西行豔異記》，頁 21-22。
133 陳重生，《西行豔異記》，頁 52。

力，而「余乃私自正告之」。為了澄清自己並非獵豔下流的漢人，陳氏安排僕役黃差遣向自己詢問，「君夜擁諸女，日行百里，得毋生病？」陳氏正告，「余喜與女性同臥，為余特有之天性，然不實行性交」，「即或互相愛好，撫摸則有之」。不過，人非聖賢，「惟是夜不能自己」而自討苦吃。[134]

陳氏安排番女宣稱自己先祖是漢人的橋段，再由他「細探其皮膚及骨骼，已深知之，漢人之皮膚細滑，骨骼平生，番族骨骼橫生，毛髮倒長，皮膚粗陋，且有油光」，據此，判定「彼為番種漸同化於漢人者」。[135] 不只在漢番之間，康藏之間的種性區別，亦表現在女性的外貌體質上，康區「婦女頗白皙」，而「藏人則反是」。[136] 甚至還可以進一步推及藏人之外的族群，蒙女面目粗陋，與男子同；而回女年過二十即「容色摧殘如老婦人」。[137] 種族在體質外觀上的生理性差異，在此加以醜異化、種族化、本質化與情色化。情色化的修辭也具有階級性的意涵。能伴宿陳氏的女體，多是土司、頭人家族婦女，且具有性象徵意涵的「白肌」反覆

134 陳重生，《西行豔異記》，頁 58、193、62。

135 陳重生，《西行豔異記》，頁 122。

136 陳氏應該是由《西康建省記》得知江達為清末時清廷對藏所提出的官方界線，以及藏人、康人彼此在文化上的自我互相區別，因此陳氏也跟著指出「習俗則二，人種亦稍有歧別，康地土人，自是絕跡，以西皆藏人矣。言語則變為純粹之藏語，婚姻則一夫一妻或一夫多妻極盛行，法律習慣，則女重貞操，男尊女卑，殺人姦淫，皆處死罪。習俗則活佛為萬能主宰。」見：陳重生，《西行豔異記》，頁 452-453。

137 陳重生，《西行豔異記》，頁 533、539。

出現，如「不袴而裙，風吹裙角，白肌隱約可覩」。[138] 相較於此，其他階級的女性以醜女、壯女、黑女、裸體的外觀作為對比。

情色化的書寫還包括情色化的異俗及事物。如土人結婚當日，當眾大談性經驗；或對待上賓，「主人當以女妻伴客，始為禮」；或新郎新娘依照習慣「立試其性交之禮」。[139] 漢人所想像的多夫制，即是亂倫，陳氏更依此製造出異常的近親亂倫習俗，並結合對喇嘛教刻板化的想像，如某「紅教徒中公妻奇俗」，以五兄合嫁一長女。陳氏進一步以窺視且意淫的眼光來為讀者提問，「卿五夫，每夜就寢，則如之何其分配」，甚至主動伸手戲探該姝身體，[140] 可任意征服的女體。類似的下流想像，也見於陳重為的筆下。在描述西康的婚俗時，「土人之習慣為奇特」，「有裸舞者，有當眾賓之前高擊其婦者，有眾賓擁婦狂擲男奪出門即成禮者，有以新夫婦性交之證據示眾即成禮者，有俟生子後始賦同居者，有以雙方同意賦同居即為禮者……。」[141]

與情色化作為一體兩面的策略，則是童貞幼體化。異族女性姣憨令人可愛，對此「天真爛漫光瑩純潔」的少女，陳氏發出感嘆，如能「有新知識，運用其固有之

---

138 陳重生，《西行豔異記》，頁 80。

139 陳重生，《西行豔異記》，頁 76、95、328。

140 陳重生，《西行豔異記》，頁 184-185。或者是在甘孜境內某地，此地風俗每年有數日「快樂日」，郊外嬉戲〔按：陳氏不知何據，將「快樂日」平均分配一整年，所以西康連冬天都有「快樂日」可進行郊外活動〕，並將此「快樂日」予以情色化：男裸女蒙面，由女摸夫等等，見：頁 382。

141 陳重為，《西康問題》，頁 193。

一切能力，則何事不可為，何地不開化」。因此許願自己將來能竭盡所能，「在良心上為之幫助，使此可母儀國內」。[142] 純潔誠樸的女性，是值得拯救的異己。同時對照的，則是對多夫制異俗及人口問題的性別監管。

「地大人稀之川邊，有此一妻多夫，妻又避孕，所生子女，又半為喇嘛，人口過少，開發無望，致起他人之覬覦，殊非本族人生存永久之道」。[143] 瞻化土人因性交太濫，花柳病盛行，並「遺傳於小孩」，所以這對於川邊人之繁殖問題有絕大關係，當局需注意。而巴安以北土人，因生育太繁，女子又多，溺女之風較內地為烈，當局需嚴禁。川邊廣大地區僅每平方公里二人，欲將此「與鬼為鄰之區域，改變為將來同於內地之富庶省區」，陳氏開出的藥方是：禁止溺女、獎勵生育、禁止人民當喇嘛與尼姑。將西康的女性與性定位為整個西康問題的中心後，陳氏的規劃是，以土人性慾和生殖力之強，生育子女較漢人強三、四倍，若能「以漢人之血統混合之，想亦不難改變其劣性」。[144] 是故一面加以發展文化事業的同時，另一面就是人口管理。所謂的人口管理，其實在陳氏顯而未能言出的意識中，即是男性漢人對藏人女性的性征服想像。女性化民族的監管權由男性化主體民族來擔任，女性化民族自然是一無能動性的客體，其民族的歷史也停滯於遙遠的過去，啟動革新、賦予新生的力量也只能由男性化民族從旁灌注。

142 陳重生，《西行豔異記》，頁 56。

143 陳重生，《西行豔異記》，頁 441。

144 陳重生，《西行豔異記》，頁 359-360。

陳氏的另一種征服策略，即是常見的開發論。陳氏以其旅行者客觀的現場報告指出，川邊康區遍地藥材，金、銀、煤、鐵、硫磺礦隨處可見，大森林綿綿不絕，土地極多荒蕪未墾。英人的報告還指出，西藏石油蘊藏量可供世界使用三百年。[145] 既然土人懶惰，地棄其利，「自己無知識為增加開發之謀」，「終於保守在三千年前之生活中」，[146] 所以有必要由漢人以新式生產方式經營開發，而成「我國西部之樂土」。[147] 至於西藏，陳氏藉著某一商旅以在地人的觀點指出，多數喇嘛甚恨達賴喇嘛近年銳意改革社會。但陳氏又自相矛盾認為，西藏人數千年好懶惰之習性，深入社會，「保守此太古生活於廿世紀」，無法產生適當人才以吹活頑固人民的腦筋，所以西藏之「武漢式革命」不容易實現。[148] 陳氏證明西藏社會停滯不變，無法存在於現代，也無法產生自我解放與前進的能力。不過土人蘊含著一股富有潛力卻有待加以開發掌握的能力。土司採行按戶徵兵制，有極大的武力與組織，雖「無文明思想以改進」，卻是「軍國主義極完善之行為」。[149] 野蠻好鬥是漢人對異己想像中最常見的元素，所以有待將此野蠻族性轉化為民族主義的力量。陳氏以親自的接觸證明，這

145 陳重生，《西行豔異記》，頁 313。類似的描述也見《西康問題》，甚至寫出英人以西康石油蘊藏量世界第一、金礦為加州第二的資料，見陳重為，《西康問題》，頁 2。

146 陳重生，《西行豔異記》，頁 453。

147 陳重生，《西行豔異記》，頁 77。

148 陳重生，《西行豔異記》，頁 512-514。

149 陳重生，《西行豔異記》，頁 70-71。

並不難，因為土人頭腦簡單，情感好動，所以集體意識強烈，講義氣。過去漢蠻之間爭執，是「漢族多不明事理」。[150] 也就是說，只要漢人認識蠻人這種「單純」個性，即可治理。

陳氏此書尚有許多對康藏妖異及怪力亂神的敘述，限於篇幅無法再做更多的討論。總結來說，中國當時對西藏的瞭解十分有限，因此沒有產生以西藏為主題的文學創作與通俗娛樂。相比之下，英人 James Hilton（1900-1954）於 1933 年出版小說《消失的地平線》（*Lost Horizon*）一書，並於 1937 年由哥倫比亞電影公司將之改編成電影。由於其暢銷及流傳，進而在英語世界裡創造出「香格里拉」（Shangri-La）此一新詞彙與神聖地景，廣大影響力至今可見。[151]

然而，陳氏的文本，是將西藏情色化、妖魔化的代表性文本。任乃強在批評陳氏的同時，也以親身實例加以反駁。[152] 可是，任乃強的反駁，其實從反面來看，亦可推想漢人對藏人女性的情色化想像是如何普遍，因此才會有「垂涎番女」的慾望。再者，陳氏此一惡意虛

150 陳重生，《西行豔異記》，頁 31-32。

151 Peter Bishop, *The Myth of Shangri-La: Tibet, Travel Writing, and the Western Creation of a Sacred Landscape* (Berkeley and Los Angeles: University of California Press, 1989), p. 211; Orville Schell, *Virtual Tibet, Searching for Shangri-La from the Himalayas to Hollywood* (Henry Holt& Company, Inc, 2000), pp. 241-248.

152 任乃強以自己的考察經驗反駁「番女伴宿」的情節，指出：與任同行考察的青年，「頗有垂涎番女，百方誘之，竟不獲一真個銷魂者。」又曾有某丹巴知事楊某，因案宿番家，「誘逼其女同寢，竟不肯從，傳為笑柄」。任接下來評論：「番女甚尊漢官，以能偶漢官為榮，萍水相逢，尚不肯就，能對於行路之人輒往伴宿。」見：任乃強，《西康圖經．民俗篇》，頁 132-133。

構的文本，連 1940 年代的民族學家在進行嚴肅的討論時也加以引用，這更說明陳氏此種情色化想像的文本及其修辭是如何具有普遍的影響力。

第五節　對西藏的性別監管

民國年間知識分子除了承襲轉抄清代以來的說法，也進一步援引外國人的西藏著作裡相關的說法。在常被援引的著作中最早出現者，乃是清末美國駐華外交人員柔克義的著作。柔克義認為一妻多夫制出現的原因，是西藏環境嚴酷，可耕地少，家庭收入亦少。又依人類天性，數個家庭同居一屋必難和睦。因此，為了避免子女分家致使家產分散，及免去婚嫁的金錢浪費，於是藏人採取一妻多夫制來解決。至於藏北游牧地區因牧民並不依賴土地產出的物產，牛羊可隨時增加，故牧民不須要公共保存其原來之家產。所以一妻多夫制通常盛行於農業地區，藏北畜牧地區則少見。[153]

其次，則是影響最大的英印官員 Bell 的說法。他同意柔克義的邏輯，但解釋上稍有不同。康藏草地的權利早已被仔細劃分，若要增加牛羊就得擴大牧地，如此將為草地習慣所不許；並援引藏人謝國安（Paul Sherap）的說法，[154] 一妻多夫制多見於西藏西部、北部的游牧

153 William Woodville Rockhill, *The Land of the Lamas: Notes of a Journey through China, Mongolia, and Tibet* (New York: The Century Co., 1891), pp. 211-212, 214.

154 謝國安的說法，見：G. A. Combe, *A Tibetan on Tibet* (London: T. Fisher Unwin, 1926), pp. 73-74.

部落，主要是因四處游牧，女子不便四處遷移。因此 Bell 同意時任十三世達賴喇嘛仲譯欽波（drung yig chen mo，按：達賴喇嘛僧官，相當於祕書處官員）ku-sho Tsen-drön 之解釋，多夫制是出於家產分散的恐懼，因全藏土地貧瘠，雖牧地廣大，仍需要多數男子來管理，所以多夫制在牧民地區比例較高。[155]

如前所述，任乃強其實已經知道西康社會階層中家戶世襲及土地所有權的關係，只是他沒有進一步思考其與藏人兩性關係及婚姻制度之關連性。[156] 相對於此，當時的社會學者與民族學家則有更進一步的討論。俞湘文曾至安多地區進行短暫的實地研究。她反駁當時中外如 MacDonald 或《夏河縣誌》中，以為藏族家庭都通行混亂一妻多夫制，根據她在拉卜楞的實地觀察，不論是農耕還是游牧地區，都無此種現象。一妻多夫只限於兄弟共娶一婦，擇偶亦有血緣近親的禁例。[157] 針對一般以為藏族社會是母系社會、故女權甚大的印象，俞湘文實地考察指出，藏族婦女生長於原始社會，漢族婦女生長在封建社會，以漢人眼光來看，當然會誤會藏

155 Sir Charles A. Bell, *The People of Tibet*, pp. 192-193. 按：此書當時已有兩種譯本：《西藏人民的生活》、《西藏志》，因此其影響力更為廣泛。

156 同樣的情況也見於出身康區的漢人楊仲華的著作。他已經理解西康藏人的社會階層與土地、差役的關係，但對於家庭及婚姻則是採取大同小異的敘述：「傳統承繼之制，亦無男女之分，或兄弟數人，共娶一婦；或姊妹幾輩，同贅一夫，間或女贅佳婿，子作喇嘛，或女婿承繼，親子他徙」；並將共妻與共夫的多偶制婚姻視為西康種族衰落的根源之一：「盛行兄弟共妻，姊妹同夫之制，以求家庭經濟之集中，而限制生育。」以上分見：楊仲華，《西康紀要》，頁 293-297、302、277。

157 俞湘文，《西北游牧藏區之社會調查》，頁 37-40。

族婦女地位比男子高。[158] 俞湘文行文中似乎肯定藏人的婚姻是純出於愛情的結合，性欲的解決亦很自由，未給予太多道德批判。不過，在她反對將藏族歸類為母系社會的背後，仍是借用社會學的術語，在進化道路上，將之定位為原始時代的遺跡。根據摩根（Lewis Henry Morgan, 1818-1881）《古代社會》的推論，認為人類家庭起於雜交，先形成母系社會，再出現父系社會。游牧區藏民社會婚前性的無限制的風俗，是原始雜交時代的遺跡。但從當時藏民家庭的演化與婦女的地位來看，這正是處於由母系走向父系階段。[159]

作為華西學派人類學者領導人的李安宅、于式玉夫婦，則根據在安多拉卜楞藏區從事三年多的實地調查，有更貼切的研究。由於對其社會地位印象深刻，于式玉即借用馬鶴天〈反七筆鈎〉來表達對藏民婦女的讚美，認為漢族婦女應當向藏民婦女學習，能自男性從屬地位下獨立解放。[160] 她與李安宅都注意到藏族婦女的地位並非能一概而論。

于式玉與李安宅指出，就藏人傳統價值而言，婦女的地位就是一矛盾的混合體。在藏人羅剎女與神猴繁衍藏人的創世神話中，已為女性塑造一卑劣形象的原型，如同一位藏人所言：「像父親的，都是忠勤敬愛，品性

---

158 俞湘文，《西北游牧藏區之社會調查》，頁 43-44。

159 俞湘文，《西北游牧藏區之社會調查》，頁 41-46。

160 于式玉，〈藏民婦女〉，《新中華》，第 1 卷第 3 期（1943），頁 56。

溫良」，「像母親的，都是驕拓貪賊，罪惡很多。」[161]對婦女的偏見同樣也見於佛教理論，女性天生即是劣生，絕大多數情況下女性無法成為活佛，除非此世積德重新輪迴升級為男人才有可能，男人來世則會淪落成女性或更低等的生物。但另方面，女性又是智慧的代表，特別是金剛乘（密宗）中歡喜佛的修練，男人必須得到女性智慧的啟蒙才有可能成佛。藏人女性的法律地位，反映在部落習慣法上，男女的命價有不等值的規定；政治及宗教活動則是男性專利，女性被視為不潔之物而禁止參與。[162]

不過就社會其他方面及家庭生產活動而言，「因為婦女們勤於勞作，把握了經濟權，相連的，她們在社會上取到了與男子相同的地位。」至於男子不過問家事，只會騎馬、搶劫、縫紉、扯談等。在家庭內，婦女是主人也是奴隸，其地位端看家庭是父系繼承還是母系繼承。相對於漢人婦女，藏人婦女在婚姻有較大的自主權利。[163]結婚既可以在宗族內，也可以在宗族外；定居可以在男、女任一方；男女都可以繼承家系；多夫現象雖有但不普遍，不像外界所認為的那樣。兄弟共娶一妻，不是由於貧困，而是使家產不至於分散。李安宅還

161 琭珠，〈Tobbat 民族之來源〉，《新亞細亞》，第 3 卷第 4 期（1932），收入：《中國少數民族舊期刊集成》，第 60 冊，頁 400。

162 見：于式玉，〈藏民婦女〉，頁 56-57；于式玉，〈介紹藏民婦女〉，《旅行雜誌》（上海：上海銀行旅行部），第 18 卷第 2 期（1944），頁 14（本文主旨相近於〈藏民婦女〉一文）；李安宅（著），張登國（譯），〈藏族家庭與宗教的關係〉，《李安宅藏學文論選》，頁 272（本文為 1948 年發表於美國任教期間）。

163 于式玉，〈藏民婦女〉，頁 57-58。

特別指出，在安多偏遠地區，性病的蔓延是由於外地人及西方人兩者與藏人的接觸，且也導致賣淫的現象出現。[164] 而于式玉也在一篇文章裡專門介紹她認識的一位名為萬慕錯的藏族女性。于式玉詳細地描述萬慕錯自幼起的生平，其命運隨著生命中的幾位男性而起伏。于式玉的筆法雖平鋪直敘，然而文字間可以讀出對藏族女性受限於環境與命運的些許傷愁，並希望幸福日子可以降臨於她。這篇藏族女性平民的小傳，是漢人知識分子筆下少見的非漢族群中平民女性的傳記。[165]

時為中央大學邊疆民族組研究員譚英華（1917-1996），則是基於實地調查而寫出接近藏人生活情況的研究。他以康定城區的二三七位男女為調查對象，指出康人婚姻原則為外婚制，以從男居為主，一妻一夫制、一妻多夫制、一夫多妻制並行，但在他的調查中，以多夫制佔 62.4% 為多數。譚英華認為，康藏的一妻多夫制是兄弟型一妻多夫制（非兄弟共妻僅有一戶）。他同意 Charles A. Bell 的解釋，兄弟型多夫制是隨夫住，而不是數兄弟就女子共住，由於地理限制，故多夫制是發生在需要勞動力的農業區。婚禮只由長兄公開舉行，諸弟再行共妻之實。[166] 對康人的家庭與婚姻，譚英華反對以父權、女權的二分法來看待。實際上，在從男居的多夫

164 李安宅（著），張登國（譯），〈藏族家庭與宗教的關係〉，頁 269-270、273。

165 于式玉，〈我的同院——一個藏族女性〉，《大學月刊》，第 2 卷第 8 期（1943），頁 35-41。

166 譚英華，〈康人農業家庭組織的研究（二續）〉，《邊政公論》，第 3 卷第 8 期（1944），頁 41、44-45。

制家庭中，婦女是家庭的中心，勞動經濟由她指派。但婦女不能代表這個家庭對外責任，也不是家庭的維持及保護者，女子也仍會有承受丈夫處分、離婚、毆打、遭遺棄情形。而最重要的原則是，不論留男、留女在家繼承（也就是選擇多夫或多妻），一個家庭同時只能有一個婚姻的存在，極罕有一個家庭各娶同居的事情。換言之，「康人的家庭是一個附著於定量土地、舉行家內兩性分工合作的經濟單元。」[167]

另一位民族學者馬長壽，則是廣泛援引各種中外文獻來討論一妻多夫制的問題，指出康藏民族家庭的小家庭型態與多夫制密不可分，其多夫制絕大多數是兄弟共妻型，兄弟共妻則是由於貧瘠的環境下避免家產分割的最好方式。馬長壽也認為多夫制下的藏人婦女地位雖然較高，但只是表現在經濟上，藏人婦女的政治與社會地位仍低。他的推論是，這是由於佛教輸入的關係。他以古代西藏曾存在女國的史實來對比，文獻中的女國婦女有政治地位，而今日西藏婦女卻無政治地位，這是由於藏王松贊干布為西藏帶入佛教的影響。佛教教義對婦女的歧視，如藏人創世神話裡將一切惡的德行全歸給婦女。[168] 馬長壽雖未對多夫制給與道德上的指責，不過他的解釋卻在性別與宗教上建立負面的聯繫。

無論如何，于式玉、李安宅、譚英華、馬長壽等人類學、民族學者願意持理解異文化的態度去討論多夫

---

167 譚英華，〈康人農業家庭組織的研究（四續）〉，《邊政公論》，第 4 卷第 2-3 期合刊（1945），頁 24-25。

168 馬長壽，〈康藏民族之分類體質種屬及其社會組織〉，頁 64-66。

制，他們的看法已經相當接近1970年代以後中、外人類學者及藏學家的研究成果。

同一時期，時任金陵大學社會系暨邊疆社會研究組主任的徐益棠（1896-1953），[169] 也以民族學者的專業對一妻多夫制這個問題提出他的看法。然而從中卻可見《西行豔異記》一書所帶來的影響。徐益棠首先從全球民族誌來解釋產生一妻多夫制婚姻的原因：或因溺女嬰控制人口而造成人口性別比例不平衡；或因娶妻聘金太重而兄弟共妻；或是因耕地狹小，為求不分散家產的手段。他引用謝國安、Bell的說法以及自己在康區的觀察，認為這現象在康北牧民區較多，而反對柔克義的解釋。徐益棠以民族學者的專業口吻指出，康藏婚姻制度

169 徐益棠，浙江崇德縣人。自幼失學，1925年畢業於東南大學教育系，於江蘇、河南開封任師範教員。1928年向親友借貸留學法國入巴黎大學民族學院研究院，師從Marcel Mauss（1872-1950），1933年獲博士學位。歸國後，執教金陵大學，並於1934年起開設邊疆史地講座。同年12月，蔡元培、凌純聲、徐益棠等人發起成立中國民族學會。1936年，出任國民政府內政部禮俗司全國風俗普查委員會委員，擬定全國風俗普查計劃。抗戰軍興後，1938年，徐益棠在成都，凌純聲、方國瑜在昆明，黃文山、何聯奎、胡煥庸在重慶，創辦《西南邊疆》月刊，成都、昆明兩地交互出版。同年夏，在西康省政府資助下，徐益棠、柯象峰（1900-1983）和兩位學生組成西康社會考察團至康區考察。1940年，任金陵大學社會學系邊疆社會研究組主任。同年夏，四川省政府組織邊區施教團，柯象峰、徐益棠分任正、副團長，率二十餘人赴雷波、馬邊、屏山、峨邊等縣進行調查，編成《雷馬屏峨紀略》一書；之後徐益棠又至雷波小涼山地區，收集彝族、藏族文物。在多次田野調查基礎上，完成《雷波小涼山之民》、《到松潘去》等著作。1941年9月，與柯象峰、劉銘恕等人發起成立中國邊疆學會，隸於蒙藏委員會，發行機關刊物《邊政公論》。1950年後，任南京大學社會學系系主任兼歷史系教授等職。參見：徐暢，〈中國民族學研究的先行者——回憶先父徐益棠的治學之路〉，《中國民族報》，2010年11月12日；陳波，〈徐益棠的民族學與西康研究〉，《西南民族大學學報（人文社會科學版）》，2011年第12期，頁13-18。

令人感興趣的是與民族學原則相反的事例。

經過比較，南印度托達人（Todas）的多夫制大多為兄弟制，不過也有非兄弟式（Nair type）。而關於康藏社會的情況尚無正式文獻有此記載。徐益棠接著提出問題，像柔克義、Bell 等人主張的協和家庭、保存家產的假設，都是基於多夫制必然是「兄弟式」的信仰，而對於「朋友鄉鄰共一妻」之說加以駁斥。徐益棠或許是出於父權宗法制的堅固想法，認為廣大牧區內，兄弟分區管理，按期輪值，與朋友共妻無何差異；且康藏無姓氏，兄弟關係與朋友鄉鄰也無差異，托達人會有共妻，康藏也有可能。[170] 在這裡，徐益棠引用了陳氏《西行豔異記》一書第四二六頁裡，記載昌都有非兄弟式一妻多夫（弟兄叔姪共妻、朋友鄉鄰共妻）的情況以為證。並認為任乃強在《西康圖經．民俗篇》第一三二頁裡抨擊朋友鄉鄰共妻的理由——與產業繼承、家庭和睦不合——也是受了柔克義的遺毒。徐益棠惋惜地指出，以民族學原則來說，非兄弟式之一妻多夫制，在初民社會中頗有可能，如「南印度可以有，而康藏何以不可有？惜《西行豔異記》終屬稗官家言，不能為科學家作一堅強之證據」。[171] 由於康藏的情況與學術歸納出來的典範相背離，所以徐益棠認為是康藏的田野有問題，而不是民族學的原則有問題。既然是初民社會，就應該要有初民社會的原則。他可惜於陳氏一書是稗官野史，無法作

170 徐益棠，〈康藏一妻多夫制的又一解釋〉，《邊政公論》，第 1 卷第 2 期（1941），頁 19-20。

171 徐益棠，〈康藏一妻多夫制的又一解釋〉，頁 19。

為可信又客觀的正式民族誌。這其實說明諸如《西行豔異記》這類文本很成功地打動漢人對康藏的情色化想像。

同樣的推論邏輯，徐益棠基於民族誌的典範而深信，共妻才是初民社會的常態，除了《西行豔異記》之外，又引用來自康區的漢人報告。他以《康導月刊》創刊號上蔣五驥〈魚通縮影〉一文來指出，在魚通實行多夫制而家庭和諧者，僅一家，其他家庭常有勃谿不睦之事。所以，徐益棠援引另一人類學家 Robert H. Lowie 的說法：多夫制的功用不在解決性慾、繁衍，而在於「接待賓客時之誇耀，使主人在社會上之地位得以增高」，誇耀「其夫人主持家庭之能幹與賢慧」。[172]

在提出自己對多夫制根源的解釋之前，徐益棠又進一步從經濟原因來檢討。綜合來說，與其他民族有同一種現象不同，康藏的多夫制，其原因不是人口性別比例不平衡、聘金太重而兄弟共妻、耕地狹小不分散家產等。[173] 因此，其真正原因在於「喇嘛教」的影響。這表現在：一、康藏人民家族觀念不深，家產非傳給子孫，而是供養喇嘛。二、宗教觀念，安貧樂道。三、血統觀念淡薄，性生活隨便。四、好游牧、經商、朝山等不安定之旅行生活，家庭生活淡薄。五、尊重喇嘛，多夫一妻減輕責任，避免家庭煩擾，以便滿足宗教理想。因此可以說，一妻多夫制反而是造成康藏經濟不良的原

172 徐益棠，〈康藏一妻多夫制的又一解釋〉，頁 20。
173 徐益棠，〈康藏一妻多夫制的又一解釋〉，頁 19-22。

因。[174] 雖然是學術意味的研究，然而徐益棠的結論也同樣導向康藏問題在於婦女及性，雖然他最終的目標似乎是宗教，然而，現代國家必須對康藏的婦女與性加以監管，這一點則與陳重生所代表的情色化欲望是一致。徐益棠的論述方式也意味著，經由現代民族學知識的分析解剖，藏人女性的身體有待進一步的矯正。將西藏的性問題從其原有的社會脈絡中拉出，劃歸在現代國家的管理之下。而代表現代理性精神的國家之所以必須介入，乃是藏人女性的身體關乎到國家人口數量與國民健康。唯有經由科學而專業的公共管理，才能保證國力的強盛與國民財富。

在清代入藏官員的記述，已可見對藏人一妻多夫制的批評，其立論自然是以傳統儒家文化的禮為準則。[175]

---

174 徐益棠，〈康藏一妻多夫制的又一解釋〉，頁 22。

175 實際上在清代漢人底層社會裡，也存在著違背禮教的一妻多夫現象。這是指在丈夫的縱容或強迫下，通過「典妻」、「招夫幫養」、「縱姦」等方式，妻子與丈夫之外的男性發生性組合。蘇成捷（Matthew H. Sommer）的研究指出，至少有 75% 的典妻等行為，其原因來自因貧窮而來的生存策略。張孟珠指出，典妻之所以不法，不在於女性身體買賣，而在於這種交易本身，與「姦」難以切割。因姦所致的貞節玷汙及對倫常的傷害，才是典妻現象直指正統價值之所在。由於官方及上層精英都將典妻視為充滿危險性、顛覆倫常、紊亂社會秩序的性濫交，所以，他們是根據帝國正統價值觀將典妻行為解讀為淫亂，並歸類為通姦犯罪。而清代與之相關的民刑事判例顯示，官方對於清律所維護的女性貞節理想，與社會底層貧困現實之間的矛盾，難以解決。再者，漢人社會裡的典妻現象，亦可見於 20 世紀的官方及學者的習慣調查報告中，並認為若依法禁立招夫養夫的「惡習」，恐有立時斷絕多數人口生計之虞。見蘇成捷著，林文凱譯，〈清代縣衙的賣妻案件審判—— 以 272 件巴縣、南部與寶坻縣案子為例證〉，頁 345-396，收錄於邱澎生、陳熙遠編，《明清法律運作中的權力與文化》（臺北：中央研究院，聯經出版公司，2009）；張孟珠，《清代底層社會「一妻多夫」現象之研究》（臺北：國立政治大學歷史學系，2013）。兩相對照，即使漢人底層社會一妻多夫現象被前文的討論說明，清人的論述裡以族群性別化的修辭來概括西藏社會裡男女分工的錯置與共妻風俗。清人不只注意性與婚俗，也關心藏人如何處置死者，喪葬禮儀同樣是人倫關係的延伸，並涉及到如何處理在世者與往生者彼此的分界。在儒家文化看來，藏人的天葬，「無倫無理，殘忍為甚」。而且實行天葬時，眾人「在旁聚觀，不以為慘，反以為得受好處」，「實為禽獸不如」。有鑑於此，乾隆末年的駐藏大臣和琳，向藏人發出勸諭，天葬為「天理所不容，王法所必加」，除告示禁止外，並立碑為記，[176] 下令藏人必須人死報官埋葬，不許毀棄屍體。因為唯有以埋葬來處理屍體，才能使「骨骸以得沾天地之澤潤，屍身可免凌割之傷慘」。[177] 對天葬的批評當然是不同文化之間的誤解。對藏人而言，天葬儀式是為了安送亡靈於下一個輪迴，轉化凡俗肉身為聖餐供養，以求心靈究竟安樂的展現。[178] 有趣的是，和琳與其他官員是以佛法冤冤相報之理來反證天葬是相沿成習的陋俗，要藏人反省悔悟。可以想見，清

紀錄於帝國律令體系，以及通過風俗調查而公開，漢人精英們及報刊輿論，依然將一妻多夫制標誌為藏女淫亂、藏人社會是落後於漢人社會的主要依據。

176 民國年間蒙藏委員會駐藏辦事處的官員曾見到此碑，但已遭藏人破壞，足見藏人對此類干預的不滿，見：Shen, Tsung-lien and Liu, Sheng-chi, *Tibet and the Tibetans*, p. 157.

177 不著撰人，《衛藏通志》，收入：《續修四庫全書．史部．地理類》，第六八三冊〔上海：上海古籍出版社，1997，據清光緒二十二年（1896）袁昶輯刊《漸西村舍叢刊》刻本影印。按：本書成書於嘉慶初年，作者及編纂者未能確定〕，〈卷十四下．撫卹〉，頁 38B-39A、41B、42B、43A、52B。

178 黃英傑，〈藏傳佛教對生命禮俗的看法——以天葬為例〉，《輔仁宗教研究》，第 20 期（2010），頁 67-95。

代官員的禁止並未成效。直至清代最後一任駐藏大臣聯豫，同樣也驚駭於藏人「死則割其屍以飼鷹」，「殆真野蠻而未受教化者」。[179]

與此相較，民國時人對天葬的批評則不那麼激烈。以此點來與其對性別的關注相比，就很有意味。天葬涉及的是對屍體以及人死後世界的安排。當儒學與宗教在現代化的時代進程裡遭到質疑時，漢人不便苛求藏人也要採取同樣的禮儀來處理逝者。但是，兩性關係是社會運作的基礎，性別分工不能任意打破，漢人可以不再以漢人儒家倫理來聲討多夫制，卻改以其他的論證來批評藏人社會的性問題。

對他者本質化與成見化的想像，傾向於過濾那些與既有成見不相符合的新認識。一位中央社記者吳乃越進入康藏地區實際採訪，並在《中央日報》上刊出。[180]他的自我陳述非常有意味，自承是在學校的地理課上聽到西藏一妻多夫的風俗而感到疑惑，而終於在進入草原藏區後，從「社會圖書館」的實際觀察得到滿意的答案。一妻多夫的原因是經濟上的因素，由於向頭人繳納稅役而不分家，以及追求家庭和睦。同時也在報導的最後指出，他同意這個習俗有必要改進，但不能以同化、提高土人道德等文明化說詞而忽視土人的文化及心理。然而在他向讀者展示他對藏人女性的訪問過程中，行文間更多的意向乃是對藏人女性的獵豔偷窺欲，特別是在

179 張其勤，《爐藏道里最新考》，頁 407。

180 吳乃越，〈諸夫之間如何為婦？〉，《中央日報》（南京），1947 年 1 月 19 日第 9 版。

訪問一位「非兄弟共妻」的女性時，對該位女性藏人作出性暗示。其實報導的標題「諸夫之間如何為婦？」即暗示了此種窺視欲，編輯給予的副標則是「無正式丈夫者可找臨時丈夫 雙方意見不合時隨時可離婚 私生子也無人笑他有母無父」。或許，只能無奈地說，為了版面的聳動，大眾媒體上對西藏的再現，必須以情色化的修辭作為主軸。

在 1950 年以後中共官方對西藏「舊社會」的敘述裡，並未以所謂的淫亂與一妻多夫制為主要指責對象。對西藏婦女與婚姻制度的敘述，乃是民族學家與民族志調查的專業。然而，西藏情色化的書寫並未在共產中國時代裡消失，而是成為文學創作的題材。沈衛榮即針對小說家馬建的小說——《亮出你的舌苔或空空蕩蕩》——進行分析，馬建筆下的西藏，正是立基於中文文獻中對西藏性化的現代翻版。[181]

181 沈衛榮、汪利平，〈背景書和書之背景：說漢文文獻中西藏和藏傳佛教形象〉，《九州學林》，第 7 卷第 2 期（2009），頁 206-249。

第六章　來自他者的西藏觀

民國時期，關於中國邊疆、邊警、邊事、邊政、遊記、考察報告的著作及刊物不斷出現。這些刊物的作者、編輯者，以漢人佔絕大多數。因此，關於中國邊疆地區以及居住其間的非漢族群之描寫敘述，都由漢人所主導。

不過，在如此龐大的資料文本中，亦有少數是由非漢族出身的作者以中文寫作。這也意味著，漢人的作品不再是書寫他者的唯一來源，他者對自身的表述也參與著漢人對非漢族群的表述。由於民國時期起中藏之間的交流規模更甚往昔，除了藏文佛教典籍之外，當時因各種因素而旅居中國內地的藏人，也以中文撰述西藏史事，擴大了漢人關於西藏知識的來源。是故，要追問的問題是，在漢人建構西藏知識的同時，藏人的著作扮演了何種角色？漢人是如何看待、參考與挪用藏人的著作？由於旅居中國內地這一角色的特殊性，這些藏人是否傳達出不同於來自西藏與他處的藏人的意見？以及，藏人的著作是否能抗衡於中華民族的主要敘事之外，而表達出藏人自己的聲音？

此外，由於外文著作無論是深度、廣度、趣味及情報認識上，都成為中國人認識西藏所必須參考的對象，因此通過翻譯外國人的著作，是另一種理解西藏的途徑。外文著作既可補充中文著作缺漏的不足，亦可洞悉外人對西藏侵略的企圖。通過對譯文的分析，正可反映漢人知識菁英究竟在西藏問題上在意之處為何。

第一節　藏人論藏：在中國的藏人所展示的西藏觀

以西藏立場而言，在政治與宗教上最有發言權威者，當屬西藏政教領袖達賴喇嘛。然而，民國時期，向中國內地論述何謂西藏這件事，並不受當時的十三世達賴喇嘛及拉薩當局所重視；或者說，在當時中藏關係不同於往昔的情況下，西藏政府有意地避免與中國進行過多的互動。就目前所見，還未發現西藏當局以中文來宣傳、介紹關於西藏的文本。

同一時期，西藏佛教的另一位活佛——九世班禪喇嘛，在 1923 年底與達賴喇嘛決裂，流亡中國內地。為表現對九世班禪喇嘛的尊榮與禮遇，國民政府委任他為國民政府委員，頒授「護國宣化廣慧大師」的頭銜，之後又加封為「西陲宣化使」。[1] 在政治上獲得國民政府如此擁護，九世班禪喇嘛除了為國民政府進行邊疆地區的宣慰政治外，代表班禪喇嘛官方機構身分的班禪喇嘛駐京辦公處及西陲宣化使公署，先後創辦《西藏班禪喇嘛駐京辦公處月刊》、《西陲宣化使公署月刊》，作為在文字上致力於「五族共和」及「擁護民國」的宣傳刊

1　丹珠昂奔（主編），《歷輩達賴喇嘛與班禪額爾德尼年譜》（北京：中央民族大學出版社，1998），頁 639-650；喜饒尼瑪，〈九世班禪喇嘛出走內地述略〉，《近代藏事研究》（拉薩：西藏人民出版社，2000），頁 163-179。

物。除九世班禪喇嘛之外，章嘉呼圖克圖（1890-1957）、諾那呼圖克圖[2]也在國民政府的支持下，分別宣慰於西北蒙旗與川康。諾那呼圖克圖並以西康諾那呼圖克圖駐京辦事處宣傳科的名義，編印一份《新西康》期刊，同樣以致力於「漢滿蒙回藏五族大聯合」為宗旨。

2　諾那呼圖克圖（1865-1936），出生於西藏昌都類伍齊寺（又名諾那寺）。1910 年趙爾豐在川邊推行改土歸流，諾那率康區民兵助趙爾豐平定三十九族及二十五部，是故受清冊封為「西康佛教大總管」。1913 年川藏戰後被藏軍質押，後逃出。1917 年川藏第二次戰起，諾那助漢軍，邊軍統領彭日昇敗降，諾那則於 1918 年被解至拉薩。1924 年逃囷，潛赴尼泊爾、印度，經海路至上海。1925 年至北京，1926 年冬經人介紹至四川重慶，得劉湘及所部皈依，並在北培成立諾那精舍。1927 年，由四川督辦公署李公度派其兄李公烈護送至南京，又兼其祕書，為諾那謀劃。1929 年 1 月，在戴季陶的推薦下，任蒙藏委員會委員，並准他援照九世班禪喇嘛例成立西康諾那呼圖克圖駐京辦事處，1929 年在南京、重慶、成都、康定設立辦事處。1935 年蔣介石委派諾那擔任「西康宣慰使」，8 月抵康定，不久與第二十四軍發生衝突，在康北各縣驅逐劉文輝勢力。1936 年 2 月紅軍經過康北，諾那堵擊失敗，離甘孜經下瞻對時，被下瞻對土司拘捕，送交紅軍。1936 年 5 月，重病圓寂，享年七十三歲。參見：唖莽羅傑，〈諾那呼圖克圖應化述〉，《新亞細亞》，第 3 卷第 3 期（1931），收入：徐麗華、李德龍（主編），《中國少數民族舊期刊集成》，第 60 冊（北京：中華書局，2006），頁 138-140；韓大載，〈諾那呼圖克圖行狀〉，《康藏前鋒》，第 4 卷第 1-2 期合刊（1936），收入：徐麗華、李德龍（主編），《中國少數民族舊期刊集成》，第 35 冊，頁 189-199；圓覺宗智敏慧華金剛上師教育基金會編輯組（整理），〈西康諾那呼圖克圖年譜〉，《諾那呼圖克圖法語開示錄》（臺北：圓覺宗智敏慧華金剛上師教育基金會，2002，3 版），頁 81-102；江安西、來作中、鄧俊康，〈諾那事變記略〉，中國人民政協會議四川省委員會文史資料研究委員會、四川省省志編輯委員會（編），《四川文史資料選輯》，第 29 輯（成都：四川人民出版社，1983），頁 64-77；陳濟博，〈我所知道的諾那〉，《四川文史資料選輯》，第 29 輯，頁 77-87；周錫銀，〈諾那的部分重要史料輯錄〉，《四川文史資料選輯》，第 29 輯，頁 88-94；馮有志，《西康史拾遺》（康定：中國人民政協會議甘孜藏族自治州委員會文史資料委員會，1994），頁 140-160；關於諾那的活佛身分與生平的進一步考證，見：黃英傑，〈上師生命的聖與俗——諾那活佛轉世身份初探〉，《輔仁宗教研究》，第 19 期（2009），頁 167-200；黃英傑，〈民國佛教懸案——諾那活佛死亡之謎初探〉，《輔仁宗教研究》，第 21 期（2010），頁 181-203。

除了這幾位大喇嘛之外，尚有其他康藏籍藏人旅居中國內地，其中包括因捲入藏川康青之間戰爭而著名的格桑澤仁[3]、劉家駒[4]等人。面對完全不同於昔日王朝

3 格桑澤仁（1905-1946），漢名王天化，四川巴塘人，「巴安三傑」之一，就讀巴安縣立小學、華西教會學校。1926年入四川雅安陸軍軍官學校步兵科，畢業後，任西康屯墾使署康區宣慰員，第二十四軍邊務處參事。之後，隨九世班禪喇嘛代表宮敦札西（貢登扎西）赴南京，任蒙藏委員會翻譯，又經戴季陶的推薦，1928年夏任蒙藏委員會委員兼藏事處處長及《蒙藏週報》社副社長。其間格桑澤仁在南京組織「西康青年勵志社」，引同鄉青年劉家駒等至南京；此外，在戴季陶的支持下，又通過蒙藏委員會在中央政治學校內附設一個西康班，由格桑澤仁任副主任。1931年4月底，國民黨中央委派格桑澤仁為西康省黨務特派員，赴巴安籌組地方黨部；但格桑澤仁是先至雲南中甸，由龍雲委任為滇康邊區宣慰使，召集土司頭人喇嘛居間調停紛爭。1932年1月初，格桑澤仁抵巴塘，開展黨務工作，號召「康人治康」。另方面，劉文輝亦在康定組織「反格大同盟」，並向南京國民政府告狀。2月26日，因黨員遭劉文輝第二十四軍第四十二團戕殺，格桑澤仁遂將該團繳械，成立「西康邊防軍司令部」（西康民族自衛軍），自任司令，並任命巴安等縣縣長，史稱格桑澤仁事件（又稱巴安事變）。3月底，劉文輝與藏軍再度開戰，藏軍同時攻擊在巴安的格桑澤仁。10月，戰事結束，回南京，委為參謀本部邊務組專門委員。1934年夏，奉蒙藏委員會及參謀本部會派，到甘肅、寧夏、青海視察蒙藏區域。1935年，任四川行營邊政委員會委員。1937年抗戰起，組織康藏宣傳團，由劉曼卿任團長，又組西康僧俗民眾慰勞代表團，從事宣傳慰勞工作。1941年，與劉文輝達成和解，自重慶返巴安。1942年，成立康藏貿易公司，自任董事長，加強中印間的運輸。1945年，獲任國民參政會參政員；1946年，被選為國民大會代表。同年6月5日，因病去世，終年四十二歲。參見：格桑澤仁，〈自我介紹（代序）〉，《邊人芻言》（重慶：西藏文化促進會，1946，鉛印本），收入：張羽新、張雙志（編纂），《民國藏事史料彙編》，第19冊（北京：學苑出版社，2005），頁170-174；馮有志，《西康史拾遺》，頁114-120；丹珠昂奔（主編），《藏族大辭典》（蘭州：甘肅人民出版社，2003），頁260，「格桑澤仁」；協饒益西，〈近代康區著名政治活動家——格桑澤仁〉，《康定民族師範高等專科學校學報》，第14卷第6期（2005），頁8-11；王川，〈格桑澤仁傳略〉，《西南民族大學學報》（人文社科版），總第211期（2009），頁28-32等。

4 劉家駒（1900-1977），藏名格桑群覺，四川巴塘縣人，「巴安三傑」之一。先後就讀巴安官話學堂、巴安縣立高等小學、巴安華西教會小學。1926年起，任巴安縣立小學校長，並曾代理巴安

國家體系下的漢藏關係，除了部分藏人高僧就西藏佛教的傳教事業進行論述外，這些旅居中國內地的藏人們，針對漢人菁英所關心的西藏問題提出代表藏人立場的看法。此外，尚有極少數的藏人，由於特殊緣故，經英人的協助，以英語向世界表達出藏人自己的觀點；而這些

縣教育科長；1927年2月在巴安組織西康國民協進會，任副會長，抵抗藏軍，後加入劉文輝第二十四軍。一般傳記資料指出，劉家駒是1929年應同鄉格桑澤仁之邀赴南京。不過，據劉家駒的自述，是1928年由鄉眾公推入京，見劉家駒，〈康藏之過去與今後建設〉，《新亞細亞》，第3卷第5期（1932），《中國少數民族舊期刊集成》，第60冊，頁567。1930年起任蒙藏委員會藏事處科員、《蒙藏週報》社藏文股主任，1931年加入國民黨，任蒙藏委員會藏事處第三科科長、蒙藏委員會委員。1932年，受九世班禪喇嘛駐京代表羅桑堅贊賞識，任班禪喇嘛參議及中文祕書，同年7月轉任班禪喇嘛行轅祕書長，年底獲任為西陲宣化使公署祕書，又被任為西康建省委員會委員。1937年12月1日，九世班禪喇嘛在玉樹圓寂後，國民政府同意將其遺體移送西康甘孜。停留期間，班禪喇嘛行轅衛隊長孔薩益西（益西多青）欲入贅女土司德欽旺姆，遭致劉文輝反對，班禪喇嘛行轅衛隊遂於1939年12月於甘孜與劉文輝駐軍發生衝突。在此「甘孜事變」中，劉家駒以「康人治康」號召地方土司反對劉文輝的統治。事變失敗後，接行政院電令，繞道至重慶擔任班禪喇嘛駐渝辦事處處長，又任為國民政府軍事委員會參議。1946年至南京，任中央大學邊政系藏文講師，受教育部蒙藏司委託，負責翻譯高小語文教科書。1947年，選為立法院立法委員。1950年初，劉家駒參與組織「巴安軍政僧俗各界聯合警衛辦公處」，迎接解放軍入康。1956年，西康、四川合省後，調赴四川省教育廳、省民族出版社工作。相繼當選為四川省政協第二、第三屆委員、四川省民族事務委員會參事室參事。1977年病故於巴塘，享年七十七歲。其著作有《康藏》、《西藏政教史略》、《班禪喇嘛大師全集》、《藏漢合璧實用會話》，譯著《六世達賴喇嘛情歌》，及收集整理之《西藏情歌》、《康藏滇邊歌謠集》等。參見：陳強立，〈格桑澤仁、諾那、劉家駒〉，中國人民政協會議四川省委員會文史資料研究委員會、四川省省志編輯委員會（編），《四川文史資料選輯》，第27輯（成都：四川人民出版社，1983），頁117-129；李明忠，〈劉家駒傳〉，中國人民政治協商會議四川省甘孜藏族自治州委員會（編），《甘孜州文史資料》，第11輯（出版地、出版者不詳，1990），頁73-79；馮有志，《西康史拾遺》，頁336-351；丹珠昂奔（主編），《藏族大辭典》（蘭州：甘肅人民出版社，2003），頁465，「劉家駒」等。

著作，又被轉譯成中文而為中國人所閱讀。為了說明這些藏人自我的西藏觀，將以三個面向切入。首先是漢藏之間的歷史關係，以及當時因衝突而引發的西康歸屬及康藏一體的討論。這一點將可檢驗，藏人如何回應漢人所認知的漢藏一體。而處在西藏政府與國民政府之間，旅居中國內地的藏人又如何凸顯其特殊位置。其次，以西藏佛教及藏人女性為例，討論藏人如何看待自我獨特的文化表現，而這兩點正是漢人對西藏這個異文化最為在意的部分。最後，再比較藏人著作在轉譯過程中的問題，包括藏人的中文與英文著述在內。通過這幾個面向分析，來解釋在面對漢人的文化優勢下，藏人是否不可免地完全認同於漢人，抑或在其中表現出不同於漢人所再現的西藏之另一面。

一、漢藏歷史與康藏衝突的表述

（一）漢藏歷史關係的性質

對漢人知識分子而言，漢藏一體有歷史上淵源流長的證據，漢藏往來於史不絕。由於文本眾多，此處不妨縮小範圍，以班禪喇嘛名下所主持的刊物——《西藏班禪喇嘛駐京辦公處月刊》[5]及《西陲宣化使公署月刊》[6]

5 《西藏班禪喇嘛駐京辦公處月刊》自 1929 年 6 月創刊號始，至 1931 年止，其間不定時分別發行了第一、二期合刊本（1928），第三、四期合刊本（1929），第五、六期合刊本（1930），第七、八期合刊本（1930），第九、十期合刊本（1931）。

6 《西陲宣化使公署月刊》自 1935 年 5 月發行第一期始，其後不定期發行了第二期（1935），第三期（1936），第四、五期合刊本（1936），第六期（1936），第七、八期合刊本（1936），第九期（1937）。恰好這份刊物有印數發行報告，可以推測其主要

——作為取樣對象。一方面在班禪喇嘛而言，刊物的發行既可向國民政府宣示他的存在；另方面來說，在藏人主辦刊物的名義下，更容易比較出漢藏作者之間的距離。時任班禪喇嘛返藏護送專使行署參贊的馬鶴天，在一篇文章指出，西藏自從中國輸入佛教起，乃至曆數、法政、農工、衣食住、藝術、醫藥、文學等各方面，皆深受中國唐代文成、金城兩公主所帶去的影響，且形塑至今。[7] 對漢人來說，過去的漢藏關係史即意味著現代民族國家架構下的主權關係。

然而仔細考察，藏人對於藏中關係，則有自己的看法，在文字表達上透露出細微的觀點差異。毋寧說這代

讀者應不會是藏人。在第一期第 128 頁的「署務報告」欄目中，該刊宣示「本公署宣化之對象為蒙藏兩大民族」；不過根據第六期插圖頁後所附之「西陲宣化使公署月刊發行統計表」與第七、八期合刊本所刊載之「西陲宣化使公署駐京辦事處公函（宣字第二三號）」所提供的數字資料，其可能的讀者更應該是具有官方身分的中國人為主及知識分子。除創刊號發行 2,000 冊外，其餘各期皆發行 1,500 冊，其中 1,470 冊作為贈閱及交換之用。其最主要的可能讀者分別是各省市政治機關（530 冊）、各喇嘛寺及佛教團體（188 冊）、西藏及蒙古各盟旗（179 冊）、中央各政治機關（155 冊）、全國各大學及本京各中學（98 冊）、各軍事機關（87 冊）、中央及各省市黨部（53 冊）、各大雜誌社及報社（48 冊）、各省市圖書館及民教館（41 冊）、各政治及學術團體（14 冊）、其他（77 冊）。見：《西陲宣化使公署月刊》，第 1 卷第 6 期（1936）、第 1 卷第 7-8 期合刊（1936），收入：馬大正（主編），《民國文獻資料叢編．民國邊政史料匯編》，第 7 冊（北京：國家圖書館出版社，2009），頁 4、420。

7　馬鶴天，〈唐代對於西藏文化之影響〉，《西陲宣化使公署月刊》，第 1 卷第 7-8 期合刊（1936），《民國文獻資料叢編．民國邊政史料匯編》，第 7 冊，頁 237-244。此類文本過多不再多舉，僅再以《西陲宣化使公署月刊》為例，如李東佛之〈西藏之過去與現在〉一文，即就五族共和觀點將唐、元、明、清以降各時代之中藏關係簡短勾勒，見《西陲宣化使公署月刊》，第 1 卷第 6 期（1936），《民國文獻資料叢編．民國邊政史料匯編》，第 7 冊，頁 111-114。

表的，正是藏人更願意將藏中關係視為檀越關係，這與絕對主權觀之下的中央與地方隸屬關係無法等同視之。班禪喇嘛本人在〈西藏政教之始末〉一文裡，並未去追溯元明兩代西藏與蒙古、中國之間的關係，而是將此種檀越關係從清代開始談起：「達賴五世及班禪喇嘛羅桑缺堅〔按：即六世班禪喇嘛〕入京朝謁，清庭〔廷〕以優禮待之，即為中藏佈施結緣之始。」[8] 更確切地說，清世祖乃是「勅諭達賴班禪主持西方佛教，互為師徒，承繼宗喀巴衣鉢〔缽〕，闡揚黃教」，西藏則「咸尊中國為檀越主」。而他的公署祕書長劉家駒亦補充地指出，就政治上來說，自此展開了清廷羈縻西藏的時期。[9] 順此而下，由於康熙五十八年，中國派軍入藏平亂，組織噶廈（按：即西藏政府），立四噶倫，「自此西藏全部已受統制於清廷」；[10] 乾隆時又於廓爾喀之役後改革藏政，因此「此時西藏即為中國之領土」。[11]

整體來說，由於班禪喇嘛需得到國民政府在政治上的支持，所以他並未全然否定清朝曾「支配」過西藏。但是，使用檀越關係的表述，就意味著藏中關係並非全然可以以主權關係來涵蓋，而是有著宗教上特殊的含意。

---

8 班禪喇嘛額爾德尼（述），劉家駒（譯），〈西藏政教之始末〉，《西陲宣化使公署月刊》，第 1 卷第 6 期（1936），《民國文獻資料叢編 • 民國邊政史料匯編》，第 7 冊，頁 147。

9 劉家駒，《西藏政教史略》，頁 10。

10 劉家駒，《西藏政教史略》，頁 12。

11 班禪喇嘛額爾德尼（述），劉家駒（譯），〈西藏政教之始末〉，頁 147。

這種檀越關係的觀點，由另一位來自康區女性藏人倫琴拉木（Rin chen lha mo, 1901-1929）作出更詳細、也更激進的說明。在她看來，即使是蒙元時代，西藏亦非中國的臣屬，西藏與蒙元中華帝國乃是「教會與國家之聯盟。西藏為教會，而忽必烈可汗之帝國為國家」。[12] 到了清代，達賴喇嘛也試圖效法元世祖與薩迦法王的聯盟關係，與清代新皇帝合作壓服國內反動者；在清帝則是「欲利用喇嘛勢力，助其招納蒙古民族歸順」，使西藏佛教成為蒙古宗教。[13] 因此，即便五世達賴喇嘛曾自清世祖受領印綬，但是「皇帝之接見喇嘛，如獨立君主，一以敵體相待」。從此，這種政教之間複雜的合作，又在中國、蒙古、西藏之間的互動產生一新問題，「即此帶有政治臭味的教皇之行動，與命運，常為中國蒙古大事」。[14] 雖然，這導致雍正時期西藏併入中國的建置，比如對安多與康區的土司、頭人、活佛加以各種印綬及管理；但這都是屬於「朝貢」而非皇帝屬僚。甚至是乾隆朝於廓爾喀戰爭後的大舉改革藏事，在倫琴拉木看來，西藏內部實際行政未受干涉，中國政府的法規，如金瓶掣籤制度，藏人就未照辦，而是以原有方法選出九世達賴喇嘛與十三世達賴喇嘛。更能

12　倫琴拉木（Rin chen lha mo, Mrs Louis King）（著），汪今鸞（譯），《西藏風俗志》（上海：上海商務印書館，1931），頁 14。原書名為 *We Tibetans* (London: Seeley service & Co. ltd., 1926)，其夫為 Louis Magrath King（1886-1949），曾任英國駐重慶、成都領事。本書另一譯本，書名為《余之西藏觀》，內容相同。

13　倫琴拉木（著），汪今鸞（譯），《西藏風俗志》，頁 18。

14　倫琴拉木（著），汪今鸞（譯），《西藏風俗志》，頁 19。

證明「西藏實際上之自主權」者，是 1865 年西藏與尼泊爾之「互訂條約未經中國參與」。[15] 倫琴拉木所建立的西藏史，其實已經非常接近夏格巴的觀點。

只是作者的意圖及其希望的文字效果，與讀者的解讀從來都不會是一致。以倫琴拉木此書的譯者汪今鸞為例，他在校譯此書的同時，也會在某些段落加上按語說明；然而，汪今鸞更關注的是倫琴拉木筆下英國人的角色，並指出其「多誣詆我國之語」。反而倫琴拉木對西藏歷史非臣屬於中國的此種史觀，汪今鸞並未提出異議。對於藏人自我的西藏歷史觀，中國譯者及讀者並未提出異議，這或許說明，漢人不甚在意藏人所表達的中藏關係，僅給以冷淡的認知。漢人自歷史中讀到的，是確切不易的主權隸屬關係與屬於中國固有領土的西藏歷史。

（二）康藏之別與康人自治

不論檀越關係在文字上如何表現，對民國時人而言，西藏問題的危險之處還在於實際上帶來的三次川、康、青與西藏的戰爭。中藏彼此最重要的爭執在於康區（西康省）的地理與政治歸屬，這涉及到漢、藏之間對於歷史認知的不同。更為複雜的是，藏人內部又因康、藏地域之分，部分康區藏人形成了不同於西藏噶廈政府的主張。[16]

---

15 倫琴拉木（著），汪今鸞（譯），《西藏風俗志》，頁 23-25、29。

16 此處未對安多藏區的部分進行討論。一方面，這涉及對漢、藏、蒙、回四個族群在安多的互動。其次，民國時期中藏雙方最主要儘管西藏當局將康區視為西藏政治上的一部分，然而對民國時期旅居中國內地的康人而言，卻非如此。誠如 Melvyn C. Goldstein 所論，儘管康巴（也就是康區藏人）願意獻身於藏族傳統社會、宗教及經濟制度，但康巴卻不願意向拉薩政府承擔沉重的賦稅、差役。且康巴與衛藏之間在文化與語言有相當的差異，康巴也怨恨拉薩官員的歧視、掠奪以及無償的烏拉差役，康巴更難在拉薩取得官職與權力。所以在歷次中藏邊境的衝突中，康巴都採取騎牆的態度。[17]

藏人同意西藏有衛、後藏、康區別，並援引現代民族學的概念，藏族即是「圖伯特族，清時稱唐古忒族，民國以後始以藏族稱之」，[18] 或者將三者統稱為「西藏民族」；同時也接受漢人知識分子關於西藏乃是「古代三危」苗裔的民族溯源之說法。[19] 不過旅居中國內地的康人更特意指出康、藏之間文化上的區別，因此，格桑澤仁說：「江達以東者土語稱康巴哇〔娃〕，在江達以

的爭執發生在康區的歸屬，青海則是馬氏家族與拉卜楞藏區的回藏衝突。拉卜楞寺的研究，見：Paul Kocot Nietupski, *Labrang: A Tibetan Buddhist Monastery at the Crossroads of Four Civilizations* (New York: Snow Lion Publications, 1999).

17 Melvyn C. Goldstein, *A History of Modern Tibet, 1931-1951: The Demise of the Lamaist State* (Berkeley: University of California Press, 1989), pp. 640, 643.

18 劉曼卿，《邊疆教育》（上海：商務印書館，1937），頁 36。

19 如：劉家駒，〈西藏人民之生活〉，《新亞細亞》，第 2 卷第 5 期（1931），收入：徐麗華、李德龍（主編），《中國少數民族舊期刊集成》，第 59 冊（北京：中華書局，2006），頁 33；劉家駒，《康藏》（上海：新亞細亞月刊社，1932），頁 23；格桑澤仁，《康藏概況報告》（1932，按：此報告為格桑澤仁在三中全會的報告書），收入：《民國史料叢刊》，第 867 冊（封面書名為《康藏》）（鄭州：大象出版社，2009），頁 142。

西者土語稱藏巴哇。又康藏風俗服飾均稍有區別，且藏人對於康人常相歧視。藏之軍政各界全不許康人插足。」[20] 值得注意的是，格桑澤仁等康人一方面訴諸康人的鄉土意識，另方面也以清末趙爾豐改土歸流後的史事為根據，主張「康藏原以丹達山為界，山西為藏，山東為康」。再以此批評清中葉時「不明康中情勢」，為了「檀越佈施」，而將「康東之膽化〔按：瞻對〕、康南之江卡、康西之桑昂等地，因宗教信仰，賞賜達賴」。[21] 因此在族群意識與歷史證據的支撐下，康人也同意中國對於康區政治區劃的主張。康人欲擺脫拉薩政府的控制，康人內向漢地的期望，也可從親身實地調查來證明。康人馮雲仙即報告說，康區東部的人民經過漢藏兩方的比較後，紛紛表示親近漢官。如得榮縣人民輿論「均言誤信藏蕃，自悔前非」；鹽井縣則報告「人民因與藏蕃接境，見其殘酷遠過漢官■〔按：原文不清〕倍，故對漢官不生惡感」；甘孜縣的情況則是「藏番虐民甚於漢官百倍，縣境人民對漢官頗愛戴」。[22]

此種康人反藏的情緒，又進一步上升為對達賴喇嘛「建設大藏族政府」的指責。首先，「前後兩藏，自清初以來，已由達賴喇嘛與班禪喇嘛分地而治」。[23] 其

20 格桑澤仁，〈西康改省計劃提案〉，《蒙藏委員會公報》，第1-2期合刊（1929），收入：馬大正（主編），《民國文獻資料叢編．民國邊政史料匯編》，第8冊，頁174。

21 格桑澤仁，《康藏概況報告》，頁142-3。

22 分見：馮雲仙，〈西康各縣之實際調查〉，《新亞細亞》，第2卷第5期（1931），《中國少數民族舊期刊集成》，第59冊，頁93、103、107。

23 熊禹治，《解決康藏問題建議書》（出版者、出版地不詳，

次，清末民初以來康藏開釁的原因乃達賴喇嘛欲收復失地。[24] 於是「達賴既佔領兩藏，欲將西康亦併吞之，以遂其所謂恢復唐沽忒版圖之願望」，達賴喇嘛更「欲得英援助，使能達到脫離中國而造成藏族獨立自治之目的」。[25]

為了對抗達賴喇嘛「大藏族政府」的企圖，康人訴請西康建省，[26] 並結合班禪喇嘛的號召力，以求在國民政府的中央勢力下擺脫拉薩政府。因此格桑澤仁、宮敦札西等人於 1929 年 8 月 1 日向國民政府請願，「請改康藏為三個行省，以西康原有四十七州縣為西康省，前藏原有範圍為前藏省，後藏原有範圍為後藏省」。[27] 隔年，班禪喇嘛並主動向國府表示，「西康民眾近年來備受達賴征斂徭役之苦，傾向敝佛；青海亦久陷於無政府狀態中，並可由敝佛加以領導，以促成該兩地健全之省治。」[28] 班禪喇嘛的計畫並得到康人的回應。1931

1931），頁 2。按：熊禹治雖非康藏人士，但他時任西康諾那呼圖克圖駐蓉辦事處處長，代表諾那上呈此建議書。

24 熊禹治，《解決康藏問題建議書》，頁 2。

25 格桑澤仁，《康藏概況報告》，頁 143-145。類似的言論，如：馮雲仙，〈目前西康興革之要點〉，《新亞細亞》，第 2 卷第 5 期（1931），《中國少數民族舊期刊集成》，第 59 冊，頁 76。

26 國民政府建政不久，即對北洋政府時期在邊疆設置的特別區域進行行政改劃。1928 年 8 月 29 日，中央政治會議議決，熱河、察哈爾、綏遠、青海、西康改省；10 月 17 日，中央政治會議議決寧夏改省。見：劉紹唐（主編），《民國大事日誌》（臺北：傳記文學出版社，1989，再版），頁 407、411。

27 〈康藏改省之建議〉，《申報》，1928 年 8 月 5 日，第 4 版。

28 〈班禪喇嘛請求回藏弭止尼藏戰爭事致蒙藏委員會呈〉（1930.4.17），中國藏學研究中心、中國第二歷史檔案館（合編），《九世班禪內地活動及返藏受阻檔案選編》（北京：中國藏學出版社，1992），頁 16。按：尼藏戰爭的背景乃是當年西藏與尼泊爾之間年 8 月，「旅京西康人士」再次呈請西康建省，「至於主席一職……即請委信仰素著、愛戴無二之班禪佛爺充任。」[29] 在康人的建省呼籲裡，諾那活佛的方案更為特別。他提議西康應改建為康定與昌都兩省。當然，昌都省政府主席最合適的人選是諾那呼圖克圖。[30] 至於衛藏，為褒獎班禪喇嘛內向，以及杜絕外人覬覦，應改建為前藏與後藏兩省。[31] 未來如成立青康兩地屯墾軍，「又加以班禪諾那之威望與潛勢力」，那麼，達賴喇嘛也不得不就範。[32]

幾乎就在同一時間爆發的康藏戰爭，又為康人呼籲西康建省增加了更多的理由。此次大白事件（按：即發生於 1930 年 6 月引發康藏戰爭導火線的甘孜縣大金寺與白利土司廟產之爭），正是達賴欲「完成整個西藏民族獨立之計畫」。[33] 由於藏軍已經渡過金沙江，攻下甘孜、瞻對，甚至一度逼近康定。在中央已經派出唐柯三（1882-1950）赴藏交涉的情況下，當「趁此次交涉之際，應嚴飭達賴將前後侵佔西康之各縣全數退還」，[34]

因一宗司法管轄權的爭議而交惡，雙方處於爆發戰爭邊緣。

29 〈批西康旅京同鄉請願團呈懇力促實現西康省府並請委任班禪喇嘛主席一案文（附原呈）〉，《邊政》月刊，第 8 期（1931），「例載」欄目，頁 1-2。按：該刊為川康邊防軍總指揮部所辦，1929 年 9 月創刊，原為月刊，後為不定期刊，至 1931 年第 9 期停刊。

30 熊禹治，《解決康藏問題建議書》，頁 1-2。

31 熊禹治，《解決康藏問題建議書》，頁 2-3。

32 熊禹治，《解決康藏問題建議書》，頁 5。

33 劉家駒，〈康藏之過去與今後建設〉，《新亞細亞》，第 3 卷第 5 期，1932 年，《中國少數民族舊期刊集成》，第 60 冊，頁 562。

34 劉家駒，《康藏》，頁 109。

以完成西康固有之省治區域。然而康人目標尚不止於擺脫西藏。

藏方之所以能「用整個西藏民族獨立為號召，並有援助康人自治之宣言」，乃是民國以來治康疆吏壓迫虐民，「處處表現民族間之不平等，故康人迭次反對」。因此，現今西康籌備改省，應以三民主義及民族自決原則來確定康人參政權。[35] 換言之，格桑澤仁的矛頭還指向當時實際控制西康的地方軍閥劉文輝。格桑澤仁乃是 1931 年 4 月 27 日由蔣介石派為西康省黨務特派員，然而在隔年的 2 月 26 日，爆發與劉文輝第二十四軍衝突的格桑澤仁事件。[36] 格桑澤仁在事件中打出的「康人治康」口號，代表藏族康人企圖在西藏與西康地方漢人軍閥之外，追求第三種權力構成的可能。如同格桑澤仁以在地康人身分對抗劉文輝者，尚有諾那活佛。在蔣介石支持下，1935 年 6 月，諾那活佛以「西康宣慰使」身分入康後，除了將劉文輝第二十四軍的部分武裝予以繳械外，並在康北數縣解除由劉文輝任命的地方官員職務，改派自己所信任的土司與頭人接管地方行政。[37] 康

35　格桑澤仁，〈西康改省計劃提案〉，《蒙藏委員會公報》，第 1-2 期合刊（1929），《民國文獻資料叢編．民國邊政史料匯編》，第 8 冊，頁 172。

36　關於格桑澤仁事件的來龍去脈，見：黃天華，〈民國西康格桑澤仁事件研究〉，《四川師範大學學報》，第 36 卷第 5 期（2009），頁 117-123。有關格桑澤仁在中央與邊疆之間身分及立場的多面性及流動性，參見：趙崢，〈國民政府的邊疆代理人——格桑澤仁的角色扮演與政治行動〉，《新史學》，第 26 卷第 2 期（2015），頁 1-50。

37　諾那活佛除了與劉文輝爭奪地盤外，並在蔣介石的信任下，配合中央軍圍剿紅軍。有關諾那此時在康區的活動事蹟，見：馮有志，《西康史拾遺》（康定：中國人民政協會議甘孜藏族自治州委員

人治康口號也在幾年後由劉家駒加以運用。為了對抗劉文輝欲併吞班禪喇嘛行轅物資與勢力的企圖，班禪喇嘛行轅衛隊結合地方孔撒土司德欽旺姆，1939 年 12 月於甘孜與第二十四軍駐軍發生衝突。[38]

由於現實的政治實力，以及對日抗戰時期蔣介石需要與劉文輝取得妥協以安定西南大後方，康人治康的期望不可能實現，[39] 格桑澤仁因而只能藉由藏人代表的身分向國民黨中央呼籲。雖然國民政府不斷宣示，要依三民主義及五族共和來處理邊疆民族的政治議題，期望將能以平等的政策達成提攜幼小民族、共同開發的境地。然而，在非漢族群眼中看來，國民黨在邊疆問題上的作為幾乎與前清時代無異，甚至不及。在諾那活佛抵康後召開的西康第一次宣慰大會中，康區九縣各地代表六十五名與會，各藏民代表痛陳，「三民主義，只管說

會文史資料委員會，1994），頁 140-161；相關研究可見：王川，〈諾那活佛在內地的活動及對康藏關係的影響〉，《中國藏學》，第 3 期（2008），頁 121-127；Lin, Hsiao-Ting, *Tibet and Nationalist China's Frontier: Intrigues and Ethnopolitics, 1928~49*, pp. 93-94.

38 此次甘孜事變（亦稱班轅事件）的過程，見：馮有志，《西康史拾遺》，頁 325-351；張踐，〈班禪喇嘛返藏與"甘孜事變"〉，《青海民族研究》，第 18 卷第 4 期（2007），頁 117-121。

39 康人治康與康巴民族主義的號召，也可以得到另一個側面的印證。現代西藏共產黨創始人平措汪杰（Phüntso Wangye, 1922-2014）曾回憶，在他幼年時，首次對「獨立」、「自治」、「反抗」、三民主義等概念產生感覺，是得自於格桑澤仁的啟蒙，並渴望從事如同格桑澤仁一樣的事業及前往南京就學的志向。同樣的刺激，還來自 1935 年諾那活佛的回康。甚至，平措汪杰走得更遠，他的目標不只是統一的康區，也是統一的大西藏，這是他成立西藏共產黨一個重要的初衷，見：Melvyn C. Goldstein, Dawei Sherap, and William R. Siebenschuh, *A Tibetan Revolutionary: The Political Life and Times of Bapa Phüntso Wangye* (Berkeley, California: University of California Press, 2004), pp. 9-10, 14-16, 20-21, 54-55, 72。

得好聽，但是我們未沾實惠」，「所得到的完全不平等」，「比較滿清大皇帝時候，還差得多」。「各代表一致要求平等待遇，漢人不要再有壓迫的行為。」[40] 就在對日抗戰勝利前後，格桑澤仁以其國民黨代表的身分，在國民黨六大上提案文中，有一段沉重的表白：

> 試檢討民國以來對待邊民之一般情形，仍多因襲前清專制時代之羈縻政策。有時且有跡近帝國主義者對待其殖民地之作風，漠視邊民福利，抹煞邊民意見。致使外蒙與西藏各自為謀，內蒙及新青康等地糾紛未已。[41]

對漢人官吏的批評，同樣也出於來自西康的藏人代表羅哲情錯（按：其夫為康藏史地學者任乃強）。她指責治康的漢官「抱守『用夏變夷』的金科玉律」，「推行漢化教育與漢地建設」；[42] 漢官調解蕃人冤仇的技術，「便是貪汙與欺騙」，[43] 漢官乃是「世上最無信義

40 編者，〈西康第一次宣慰大會記〉，《康藏前鋒》，第 3 卷第 3 期（1935），頁 37-39。

41 格桑澤仁，〈向中國國民黨第六次全國代表大會提案「根據主義政綱請明確承認國內各民族之民族地位，予以應得之權利案」全文〉，格桑澤仁，《邊人芻言》（重慶：西藏文化促進會，1946，鉛印本），收入：張羽新、張雙志（編纂），《民國藏事史料彙編》，第 19 冊（北京：學苑出版社，2005），頁 179。

42 羅哲情錯，〈我在國民大會的提案〉，《康藏研究月刊》，第 20 期（1948），收入：姚樂野（主編），《《康藏前鋒》《康藏研究月刊》《康導月刊》校勘影印全本》，第 6 冊（成都：四川大學出版社，2011），頁 3758。

43 羅哲情錯，〈我的家鄉（續）〉，《康藏研究月刊》，第 28-29 期合刊（1949），《《康藏前鋒》《康藏研究月刊》《康導月刊》

的人」。[44] 為了打破漢蕃間官民的隔閡，她在國民大會上提出〈請以法律規定邊民參政權益案〉，要國民政府中央確立邊政統治的原則，「懂不得邊民語言文字與其生活習慣的便不得在邊地作公務員。而邊民之能瞭解漢情懂得漢文漢語，足以打通政府與邊民之隔閡者必有他政治上的出路。」[45] 也就是說，羅哲情錯謀求康人政治權益的方案，是在國民政府憲政架構的前提下。不過，康區藏人也有謀求另一種更激進的想法。

戰後，面對外蒙古的獨立成為現實，以及蔣介石公開表示西藏可以追求自治的言論，格桑澤仁針對藏人與整個西藏在國家內的地位，提出與他此前所曾提出的不同看法。作為藏人的中央代表，格桑澤仁的官方身分超越西康而涵蓋整個藏區。但是，一方面西康實際上為漢人軍閥劉文輝所掌握，另方面西藏政府也不會承認格桑澤仁具有代表西藏的身分。因此，格桑澤仁除了在出席第四屆國民參政會上提請「將藏族名稱改為『博族』以資正名」[46] 之外，他反而訴諸於回到傳統藏人的地理概念，主張需依此來劃分行政單位。「為迎合國際新趨勢，順應蒙藏輿情」，「擬請將蒙藏各地依照其舊有制

校勘影印全本》，第 7 冊，頁 4043。

44 羅哲情錯，〈我的家鄉〉，《康藏研究月刊》，第 27 期（1949），頁 4007。

45 羅哲情錯，〈我在國民大會的提案〉，《康藏研究月刊》，第 20 期（1948），頁 3760。

46 格桑澤仁，〈出席第四屆國民參政會第一次大會提案與講話．（二）提案審三第五七號「請將藏族名稱改為『博族』以資正名」全文〉，《邊人芻言》，《民國藏事史料彙編》，第 19 冊，頁 184。

度之劃分」、「而設立蒙藏各自治區」，外蒙、西藏各設為「特別自治區」，而「康青川滇甘五省境內藏族區域，分設為『喀木』、『安多』兩個自治區」。[47] 如此一來，自治區的建置將否定現行以西康省為區劃的行政單位，「喀木」自治區一方面將是三個地位平等的藏人行政單位之一，另方面作為博族自治單位，又不同於以前康人治康口號下狹隘的省籍意識，而具有「少數民族」參與全國性政權的特別意義。以藏人的眼光來說，格桑澤仁的主張將比國民政府現行行省制度下空泛的五族共和、平等提攜更具有自主性與前瞻性。

事實上，格桑澤仁希望正名族稱的呼籲，還隱含著直接挑戰國民政府官方的民族政策。這牽涉到「中華民族」與「五族共和」的區別。國民黨所主張的民族主義，乃是依循其體系創建者孫中山的建國藍圖，也就是將其他滿、蒙、回、藏同化於漢族，而成為單一中華民族所構成的民族國家。

在藏人而言，「中華民族」一詞所指向的乃是種族的同化，「五族共和」的修辭在表面上看來，至少存在著地位平等的藏族。正是在這個意義下，藏人才願意訴求漢藏一體與五族共和。反之，擁護一個中華民族將意味著藏人會失去其政教合一的獨特歷史傳統。在格桑澤仁看來，中國境內只有蒙、藏、回三民族才是真正的

47　格桑澤仁，〈出席第四屆國民參政會第一次大會提案與講話．（三）提案審三第三五號「請確立蒙藏自治區制度載諸憲法草案案」全文〉，《邊人芻言》，《民國藏事史料彙編》，第19冊，頁185。

民族，中國邊疆問題也等於是蒙、藏、回的問題。為了更正確地使用命名，「回」應改為維吾爾族、維族、突厥、突厥斯坦族。而「藏」這個名詞，應當改為藏人自稱的「博」。如此一來，不只是名為「西藏地區」的行政區劃（在國民政府的政治版圖而言），居住在青海、甘肅、西康、雲南等地的藏人，也都是一個以「博」為民族名稱的同一群體。[48] 這顯示同化意味極強之中華民族的概念，對非漢族群而言，並不具說服力，含混的五族共和，反而更受歡迎。

然而，即使是「五族共和」，九世班禪喇嘛對之的態度也顯得曖昧。雖然在中文文獻中，班禪喇嘛首次使用「五族共和」一詞是在 1925 年 2 月〈班禪喇嘛致善後會議消弭戰禍實行五族共和意見書〉[49] 一文中，時間點上似乎是班禪喇嘛剛由後藏流亡至中國內地不久，國民黨所主張的中華民族之意識型態還未取得主導權。但是，1933 年班禪喇嘛至南京宣誓就職西陲宣化使後，他在蒙藏委員會紀念週上發表題名為「西藏歷史與五族聯合」公開演講。有趣的地方即在此，面對當時康、青兩省與藏方戰後的糾紛，班禪喇嘛認為，康、青兩省，其實皆為傳統蒙藏區域，「藏之名詞有大藏小藏之分，大藏即為西康，而青海之南，多屬西康民族」。[50]

---

48 格桑澤仁，〈自我介紹（代序）〉，《邊人芻言》，《民國藏事史料彙編》，第 19 冊，頁 173。

49 〈班禪喇嘛致善後會議消弭戰禍實行五族共和意見書〉，《九世班禪喇嘛內地活動及返藏受阻檔案選編》，頁 3-4。

50 〈班禪喇嘛在蒙藏委員會紀念週發表〈西藏歷史與五族聯合〉演講〉（1933 年 1 月 21 日），《蒙藏旬刊》，第 88 期（1934），換言之，班禪喇嘛或許暗喻著作為地理與族群名稱的「藏」，是在地位平等且個殊的條件下，成為五族聯合的一員，而大藏、小藏的區分，甚至可進一步聯想到英國在西姆拉會議中所提出的「內藏」與「外藏」之分。此外，Gray Tuttle 在比對過中文與藏文兩方文獻後指出，班禪喇嘛也只有在公開演講中才會提到五族共和及孫中山，檢視關於班禪喇嘛的藏文資料，他發現班禪喇嘛並不提五族共和，較接近的用詞是信佛的「漢藏蒙」三者，也不見班禪喇嘛使用「民族」這個字眼。這說明班禪喇嘛其實是有意識地抗拒「五族共和」這個意識型態與修辭。[51]

不論如何，此時旅居中國內地的藏人，多少還是擁護西藏為中國一部分的主張。投身參政的女性藏人菁英鄧珠娜姆[52]即期望漢族大哥能從文化上注意溝通與國內各族小弟弟間的差距，在「五族一體」、「中外一家」與「內外平衡」的原則下建立共有共治共享的文化政治經濟體系。[53]然而，在中國正進行民族國家的同一化與現代化的改造過程裡，必然牽涉到對「阻礙」邁向現代化的診斷。西藏尤其與中國內地的發展差距甚大，因

收入：徐麗華、李德龍（主編），《中國少數民族舊期刊集成》，第 32 冊（北京：中華書局，2006），頁 30。

51 Gray Tuttle, *Tibetan Buddhists in the Making of Modern China*, ch5, pp. 128-155.

52 鄧珠娜姆（1918- ？），巴安人，康巴女學者，1936 年至南京求學，1943 年為中央政校講師，出版過《中國邊疆》，1948 年時任教於政治大學，當選為第一屆國民大會代表。

53 鄧珠娜姆，〈今後天下，今後中國，今後邊疆〉，《西北通訊》，1947 年第 1 期，頁 8-9。

此，除了指責帝國主義的干涉之外，西藏本身也須為落後狀態的根源負責。「喇嘛教」的迷信，以及藏人婦女的奇怪習俗，都是有待劃除的「封建」產物。但是，面對漢人對西藏文化的這些指責與詮釋，藏人就很難同意。

二、西藏佛教的捍衛與西藏婦女的地位

（一）「喇嘛教」？還是西藏佛教？

就漢人看來，西藏文化落後已無可置疑。清末，在英軍入侵、達賴喇嘛出走之後，張蔭棠開有清以來首位以漢人大臣身分奉派入藏查辦藏事。[54] 他於 1907 年提出〈傳諭藏眾善後問題二十四條〉，又頒發〈訓俗淺言〉、〈藏俗改良〉小冊。特別針對藏人不知衛生、婦女不重貞潔、傳統葬俗、喇嘛不營生業與迷信等事，訓勉藏人。由於「藏民愚蠢」，務須「廣興教育」、「以開民智」，[55] 並曉諭藏人要以中國古學與中國新學改進。[56]

這種藏人落後、不合於現代社會的觀點，屢見於關心邊疆議題的漢人菁英之言論；同樣地，也表現在民國時期藏人的著述與藏人所辦的刊物裡。劉家駒即指出：「西藏自古迄今，以佛教立國……人民馴樸，智識

54 張蔭棠的簡傳，見：吳豐培、曾國慶，《清代駐藏大臣傳略》（拉薩：西藏人民出版社，1988），頁 262-274。

55 張蔭棠，〈傳諭藏眾善後問題二十四條〉，《張蔭棠駐藏奏稿》，頁 1336。

56 張蔭棠，〈訓俗淺言〉，《張蔭棠駐藏奏稿》，頁 1353、1355。

簡陋，工作食息而外，懵然不知所求」。[57] 在一篇轉載自《大公報》的報導裡，記者長江（按：即范長江，1909-1970）訪問當時甫自西藏歸來的黎丹之新聞裡，以非常具有對照性的筆法作全文的開場白：

> 在中國資本主義最高峰的上海，在上海資本最集中的南京路的先施公司東亞旅館五層樓上，訪問幾位從喜瑪（馬）拉雅山北面游牧經濟、神權政治、半母系社會的西藏地方新來的貴賓，是多麼令人起社會史上的遐思……[58]

「游牧經濟」、「神權政治」、「半母系社會」，這些詞彙都指向意味著落後的前近代社會。劉家駒也接受此一觀點，與中國相比，西藏「不尚競爭，閉關自封，故文化較諸內地實覺落後多矣」。[59] 進而深切期盼能在標榜五族共和的國民政府領導下，提攜西藏，開發資源，以求晉昇至現代文明國度。

即使是班禪喇嘛也同意，與中國相比，西藏確實「仍」生活在現代工業文明之前的時代。1935 年初，當西陲宣化使公署在內蒙阿拉善旗正式成立後，班禪

57　劉家駒，〈康藏之過去與今後建設〉，《新亞細亞》，第 3 卷第 5 期（1932），《中國少數民族舊期刊集成》，第 60 冊，頁 563。

58　〈記者訪問黎丹（雨民）旅藏三年〉，《西陲宣化使公署月刊》，第 1 卷第 9 期（1937），「邊疆要聞」欄目，《民國文獻資料叢編．民國邊政史料匯編》，第 7 冊，頁 514。

59　劉家駒，〈西藏歷代藏王及達賴喇嘛班禪喇嘛史要〉，《西陲宣化使公署月刊》，第 1 卷第 4-5 期合刊（1936），《民國文獻資料叢編．民國邊政史料匯編》，第 6 冊，頁 570。

喇嘛於寧夏、甘肅、青海等地執行國府賦予他宣化蒙疆的任務，並啟建香巴拉加隆法會。途中亦受寧夏省主席馬鴻逵（1892-1970）、甘肅省主席朱紹良（1891-1963）、青海省主席馬麟（1876-1945）等人之邀，至銀川、蘭州、西寧等處訪問。在為他舉辦的歡迎會上，班禪喇嘛以同是蒙藏少數民族的地區，卻在時代的進步上出現差異而表達自己的感想。自 1923 年底從後藏出走後，他曾經過這些地方；現在再次宣化考察，二十年前的寧夏，本與蒙藏青康一樣落伍，經過省主席的努力，寧夏現在成了西北上的繁華商埠；二十年前寧夏仍處於游牧生活，現在土地變成熟土、森林與城市。反觀西藏，過去「無法明瞭國家的政情和國際間的情勢，與近代科學的進步，所以看不見自身的危險」，加上「西藏素抱閉關思想」，「自己又無建設的能力，往往足以引發他國的覬覦」。[60] 他比較的對象，並不是如南京、上海等東南沿海，而是同屬少數蒙回族民聚居的西北蒙疆。只是班禪喇嘛此時是以他在 1923 年離開西藏的印象，來作為他 1935 年當下與寧夏相比較對象，至於西藏同一時間是不是也開始有建設自己的能力，他並未指出。

藏人或許亦能同意現時的西藏是落後的這種觀點，西藏的政治、文化、風俗、習慣，在當今社會來說，「依然保守著固有的成分」。然而「神密（祕）的佛

---

60 〈西陲宣化使講鞏固國防當以交通入手〉，《西陲宣化使公署月刊》，創刊號（1935），《民國文獻資料叢編．民國邊政史料匯編》，第 6 冊，頁 113-114。

教，他的進步，非常勇猛，如風馳電掣似的前進。[61] 班禪喇嘛身為西藏政教兩大活佛之一，本人自然即認為「西藏宜行政教合一制度」，「因全藏人不分老少僧俗，無不宗奉佛教」。[62] 事實上，對藏人來說，中國知識菁英越是攻擊西藏佛教與喇嘛，就越是引起反感。格桑澤仁對此說道：

> 許多國內學者先生們，常常憑著他們的直覺，善意的向康藏人說：不要去當喇嘛，並且喇嘛的政權也應該讓他交出，否則你們的人口日減，社會永遠不會進步。不知這話說出，不惟毫無用處，而且足以引起反感。[63]

他更進一步對這種種族上的偏見，給予文化相對論的回擊。確實如普通常論所言，邊疆少數民族「現代的科學文化落後，固屬事實」，但如果是去掉西方科學，以傳統來比較傳統，蒙藏回族「固有文化，無論宗教哲學文學美術，均甚普遍。一般民眾的識字率也並不比內地低。」至於說到歷史，「蒙古的成吉思汗時代，西藏的吐番（蕃）王松村噶不（松贊干布）時代，都有其煊

61　羅桑益西，〈西藏的四月節〉，《西陲宣化使公署月刊》，第1卷第6期（1936），《民國文獻資料叢編·民國邊政史料匯編》，第7冊，頁143。

62　班禪喇嘛，〈西藏政教之始末〉，《西陲宣化使公署月刊》，第1卷第6期（1936），《民國文獻資料叢編·民國邊政史料匯編》，第7冊，頁147。

63　格桑澤仁，〈參加教育部邊疆教育坐（座）談會講話〉，《邊人芻言》，收入：《民國藏事史料彙編》，第19冊，頁183。

赫的紀載。」[64] 言外之意，那些批評邊疆民族落後而無現代化的言論，其實都忘了，與西方相比，近代以前的漢人社會也一樣是處於前近代的狀態。甚至，就知識上而言，邊人還更加國際化：

> 少數內地人，抱著一種偏見，以為不懂漢文漢語的邊疆人，一定不是智識份子。我試舉一例，近年由藏前來內地的東本格西，喜饒嘉錯格西等……只要有一個好的通譯……可以與內地學者討論很深奧的哲理，及一般東方歷史文化……且能用梵文或阿拉伯文，與外國學者談論……[65]

也就是說，如果跨越語言的障礙，那麼對藏語文而言，漢語文就不再是處於主體地位的強勢語言；其所承載的藏族文化，也同樣具有普世主義的性格。

實際上，極少藏人會使用「喇嘛教」這一帶有貶抑意味之詞。在以中國內地為活動舞臺的藏人菁英筆下，如馮雲仙於康區實地調查報告裡，都是使用「佛教」來

64 格桑澤仁，〈出席中國國民黨第六次全國代表大會第十四次大會對於前項提案之口頭說明〉，《邊人芻言》，《民國藏事史料彙編》，第 19 冊，頁 180。

65 格桑澤仁，〈參加教育部邊疆教育坐（座）談會講話〉，《邊人芻言》，《民國藏事史料彙編》，第 19 冊，頁 182。然而，有趣而又值得深思的是，雖然格桑澤仁指出了漢人在種族主義上根深蒂固的偏見，然而他自己卻也無法免於自己的批評。在同一座談會上，當他提到西南苗瑤夷的語言教育問題時，他卻是主張對這些西南非漢族群可以採用國語化的政策，原因是他們不像蒙藏回一樣「有相當文化與歷史」，「佔據著中國的西北廣大國土」，而「兼有國際性」。見同書頁 183。

指稱藏人的宗教信仰；[66] 曾代表蔣介石首度入藏的藏人女特使劉曼卿（1906-1941）[67] 也只說「藏民多篤信佛教」。[68] 劉家駒指出，對藏人而言，「喇嘛」的意思等於漢語中「和尚」一詞，當然不能用「喇嘛教」來稱呼藏人信仰的佛教。他進一步解釋康藏男性多為喇嘛的原因：一，同一家庭內兄弟其中一人入寺；二，入寺為僧有供養，可不勞而獲；三，喇嘛死後，若無人繼承，則財產歸寺，故喇嘛家人會想辦法派出繼承人為僧；四，喇嘛受人尊敬，在家總攬家政，對外保護家族，社

---

66 馮雲仙，〈西康各縣之實際調查〉，《新亞細亞》，第 2 卷第 5 期（1931），《中國少數民族舊期刊集成》，第 59 冊，頁 83-112。

67 劉曼卿，藏名雍金。父劉華軒為拉薩漢回，清末任駐藏大臣聯豫祕書，後曾為九世班禪喇嘛行轅祕書；母為四川康定藏人。而劉曼卿自己在《康藏軺征》則以藏人自承。1915 年，舉家遷居印度。1918 年，隨父經海路抵京，入學北京第一小學，後轉入通州師範學校。畢業後，入道濟醫院為護士。志在「回歸西藏，提倡改良康藏女界生活，以期漸次促進于文明」。1928 年，十三世達賴喇嘛派五台山寺院堪布羅桑巴桑喇嘛至南京，鑒於語言不通，時劉曼卿剛供職蒙藏委員會，羅桑巴桑遂聘劉曼卿為翻譯，赴寧見蔣介石。在接見談話過程，蔣對劉曼卿大為讚賞，委為國民政府一等書記。1929 年，因甘孜縣白利、大金寺事件引起戰爭，藏軍向川軍進攻。國民政府因而決定派代表赴藏，劉曼卿遂自告奮勇，請求任使赴藏。7 月出發，1930 年 2 月抵拉薩，停留三個月期間，獲得達賴喇嘛兩次接見。1930 年 8 月回至南京復命，向國府中央帶回達賴喇嘛有心內向的消息。1932 年，第二次考察康藏，受阻於雲南麗江。此後，與黃警頑等一同發起成立「中國邊疆學會」。1937 年中日戰起，先後組織「康藏旅京同鄉抗日救國會」、「康藏民眾抗敵赴難宣傳團」、「西康民眾慰勞前線將士代表團」，從事宣傳慰問工作。1941 年，因病去世，終年三十五歲。參見：劉曼卿，《康藏軺征》（上海：商務印書館，1933 年鉛印本），收入：吳海鷹（主編），《回族典藏全書》，第 235 冊（蘭州：甘肅文化出版社；銀川：寧夏人民出版社，2008），頁 23-27；丹珠昂奔（主編），《藏族大辭典》，頁 465，「劉曼卿」等。

68 劉曼卿，《邊疆教育》，頁 39；同樣的，在《康藏軺征》一書裡，她亦未使用「喇嘛教」一詞。

會給予特殊權利。[69]

即便如此，面對漢藏之間文化的顯著差異，藏人自身對西藏佛教也有兩面性的情結。就歷史而言，佛教傳入後，尚武之「西藏民族」因佛教而變為慈祥溫文之民族。[70] 但是，「受佛教之感化，迷信報應之說，相沿日久，故民族天性一變而為純良」，從而「思想幼稚，素抱閉關主義，依戀故土」。[71] 對於漢人的指責，格桑澤仁雖然一力捍衛，並指出對於西藏，是無法用政治力量去強制他們不要信奉佛教，只能漸進引入三民主義；然而格桑澤仁卻也矛盾地指向未來：「西藏、蒙古的活佛是神權的末日，時期一到了，無論怎樣維持，都不能保守長久。」[72] 此種矛盾複雜的情結，還表現在評價趙爾豐推行改土歸流的事業上。

不論在康區或衛藏，在多數藏人心中，趙爾豐的形象是屠夫，甚至痛恨於他對西藏佛教寺院的迫害。1937 年受聘至北大、清華等校講學的喜饒嘉措（Shes rab rgya mtsho, 1883-1968）格西，即特地指出漢藏幾千年的關係，乃因清末殺僧毀寺而引起藏人的仇漢，「二十餘年來漢藏感情的疏遠，其原因在此」。[73] 然而，正是

69 劉家駒，《康藏》，頁 37-38。

70 劉家駒，《西藏政教史略》，頁 7。

71 劉家駒，《康藏》，頁 24。

72 格桑澤仁，〈西藏佛教之勢力與三民主義之推進〉，《康藏前鋒》，第 1 卷第 9 期（1934），收入：徐麗華、李德龍（主編），《中國少數民族舊期刊集成》，第 33 冊（北京：中華書局，2006），頁 138-139。

73 喜饒嘉錯，〈從溝通漢藏文化說到融合漢藏民族〉，《海潮音》，第 19 卷第 10 期（1938），收入：黃夏年（主編），《民國佛教

由於趙爾豐在康區巴塘開辦新學，「文化的新苗」、「已種在蚩蚩學子們的腦裏」。[74] 劉家駒與格桑澤仁都極力讚賞趙爾豐推行新式教育的舉措，而包括他們兩人在內的少部分藏人都受惠於此，從而找到進入中國內地政治舞臺的機遇。在 1930 年代，這些在地的新興康區藏人精英階層一邊強化與國民政府之間的聯繫，同時摸索著康人在政治上的自主性。受到 1920 年代「川人治川」地方自治風潮的啟發，這些藏人精英也揭起「康人治康」來對抗劉文輝。[75] 對現代教育的期待，同樣也投射在代表入侵勢力的西方教會學校。劉曼卿於赴藏途中在巴塘考察時，特別注意到華西教會學校，雖然康藏人士因「佛教思想深入腦筋」，「受基督教洗禮者寥寥無幾」；但是，「現今西康所有智識份子多半出身教會學校。」[76]

面對現代化的現實要求，藏人這種對於傳統藏文化的兩面情結並非個殊；中國文化菁英同樣也在思索傳統中國文化要如何回應西方現代性。但是，在儒家文明而

期刊文獻集成》，第 199 冊（北京：全國圖書館文獻縮微複製中心，2006），頁 76。

74 劉家駒，〈折多雪山與西康青年〉，《新亞細亞》，第 3 卷第 4 期（1932），《中國少數民族舊期刊集成》，第 60 冊，頁 399。

75 Peng, Wenbin, “Frontier Process, Provincial Politics and Movements for Khampa Autonomy During the Republican Period,” in Lawrence Epstein (ed.), *Khams pa Histories: Visions of People, Place and Authority* (Leiden, Netherlands; Boston Mass.: Brill, 2002), pp. 57-84.

76 劉曼卿，《康藏軺征》，頁 128-129。至於格桑澤仁對趙爾豐及華西教會學校推行新式教育的肯定，見格桑澤仁，〈參加教育部邊疆教育坐（座）談會講話〉，《邊人芻言》，《民國藏事史料彙編》，第 19 冊，頁 183。

言，傳統藏文化最令人難以費解的，則是其婦女的地位與違背五倫秩序的奇風異俗。由於藏人社會裡存在一妻多夫制的情況，這成為漢人眼中藏人社會野蠻的首要印象。

（二）西藏婦女與一妻多夫

如第五章的討論，對西藏婦女的負面看法，發揮得最為獵奇與淫亂的想像，表現在《西行豔異記》一書裡，作者極大地發揮其情色化的想像，不斷重複地描寫蕃夷女子性關係上的混亂。少數幾位具有中文書寫能力的西康女性藏人，對此種描寫藏女可隨意伴宿的意淫想像特地加以撻伐。一位家鄉為瀘定縣的西康女性，即感到忿忿不平，雖然康女「智識雖不高，但是牠〔按：原文如此〕們的能力卻與男子一樣」，在「還帶點母系社會的模樣」裡，「有相當的地位和權威，所以西康的姊妹們也比較自由，不過一般人不明瞭這種情形，就說我們西康女子這樣那樣……太侮辱我們女子」。[77] 另一位女性作者，則以感到恥辱的辯白回擊那些揑造諸如一妻多夫制、說西康的奇異風俗習慣者，都是知識缺乏、任意胡說、沒有親自去過的人。[78] 然而，「帶點母系社會的模樣」的文字，其實表明，處於弱勢的被表述對象，

---

77 張朝麗，〈我的家鄉〉，《康藏前鋒》，第4卷第8-9期合刊（1937），《中國少數民族舊期刊集成》，第35冊，頁662-663。

78 丹珍，〈西康鑪霍縣概況〉，《康藏前鋒》，第3卷第6期（1936），《中國少數民族舊期刊集成》，第34冊，頁609。倫琴拉木以更具有現代主義的語言指出，西藏男女兩性彼此「相待平行」，一妻多夫制並非事實，而一夫多妻制則希罕。見仁欽拉姆（著），汪今鸞（譯），《西藏風俗志》，頁93。

即使是反身批判強勢的表述者，仍須依從於主體者所建構的知識架構之內。同樣是西康藏人的馮雲仙，在一份實地調查報告中，是同意在西康的部分地區，「招贅之風盛行」，所以土民家庭「純以女子為主體」；因招贅而行兄弟共妻，甚至「母女共夫」，或「招贅一人，即妻全家婦女」。[79]

如果對空洞而又印象化的「共夫」、「招贅」這些語詞做進一步的認識，劉曼卿會說：「西藏女子地位甚奇特」。一方面無政治地位，另方面「經濟能獨立，而行動又非常自由」。但是此種自由帶有社會性的區別，在平民女性中較顯見，至於貴族女眷於待人接物皆有定制，不能違長輩、丈夫之命。[80] 劉家駒則指出其中緣故：

> 西藏各地苦於傜役，故一家有三四弟兄者，常共娶一妻，惟必經兩家父母同意……俾免縣中加派門戶差傜；一面可使家中和睦，不致發生分家及妯娌之爭……但此風多行於無產階級。近年民智漸開，除荒僻鄉村外，均無共妻制度矣。[81]

79　馮雲仙，〈西康各縣之實際調查〉，《新亞細亞》，第 2 卷第 5 期（1931），《中國少數民族舊期刊集成》，第 59 冊，頁 102、111。

80　劉曼卿，《康藏軺征》，頁 200-201。

81　劉家駒，《康藏》，頁 72。即使同是藏人，對於西藏政府的差役負擔，也有不同的報導。1934 年隨黎丹入藏的楊質夫，在其日記中指出：「西藏政府一切差役均由女戶充當，男子多數為僧，所餘者均出外營生，故一切家務均由女子操持」。見：楊質夫，吳均、程頤工（整理），〈入藏日記（上）〉，《中國藏學》，2008 年第 3 期，頁 212。

也就是說，「共妻」有經濟上的理由，且有社會階層分佈上的限制，劉家駒特意強調共妻只限於農民無產階級。但同樣來自藏人的報告，卻給出不同的印象。華西大學邊疆研究所研究員、藏人謝國安[82]認為，此種風俗主要存在羌塘草原的牧民。羌塘人的婚姻習慣有自由戀愛與父母聘娶兩種，但因經濟環境與社會習尚，也有一妻多夫之事。[83]劉曼卿也對「多夫」一事感到不解，因此在拜訪了西藏首席富商邦達昌家族後，以其兄弟共妻一事相詢，邦達昌對此解釋為「家產聚而不散」；有趣的是，劉接著以中國內地人對此惡評相告，邦達昌反

82 謝國安（1887-1966），藏名作巴多吉、多吉卓巴（Dorje Zodba），英文名（教名）智慧保羅、保羅．夏熱甫（Paul Sherap），四川甘孜人，父為蒙人、母為藏人。幼年喪父，十歲離家，先於拉薩哲蚌寺學經半年，後入大吉嶺瑞典教會所辦寄宿學校學習英文、梵文與藏文，並受洗。十五歲隨德格竹慶寺喇嘛從印度經尼泊爾，至羌塘、阿里等地朝聖兩年多。1912 年夏取道印度回國設館康定，教授藏文。1926 年，由謝國安口述、英國駐打箭爐領事孔貝（George Alexander Combe, 1877-1933）所著 *A Tibetan on Tibet* 在倫敦出版，被譽為「詳實可信之作」。1930 年代，任教於打箭爐國立師範學校與康定師範學校藏文教師。1944 年，由華西協合大學華西邊疆研究所聘為研究員，為中國最早研究藏族史詩《格薩爾王傳》學者。1946 年與任乃強等組織康藏研究社，出版《康藏研究月刊》，發表多篇論文。1950 年，任中共西南局西藏工作委員會研究室藏事顧問，隨軍赴藏，調任西藏軍區幹部學校藏文教授。1966 年病逝北京。其女婿為藏學專家劉立千。時人多稱謝氏為藏族學者；但據任新建的簡介，謝國安自稱蒙古族霍爾巴。參見：王堯、陳慶英（主編），《西藏歷史文化辭典》（杭州：浙江人民出版社；拉薩：西藏人民出版社，1998），「謝國安」，頁 292-293；郭卿友（編著），《民國藏事通鑒》（北京：中國藏學出版社，2008），頁 618；任新建，〈康藏研究社介紹〉，《中國藏學》，1996 年第 3 期，頁 29。

83 謝國安，〈再談羌塘風俗〉，《康藏研究月刊》，第 5 期（1947），《《康藏前鋒》《康藏研究月刊》《康導月刊》校勘影印全本》，第 6 冊，頁 3277。

訕笑「多妻何異于多夫」。[84] 類似的反詰，亦見於趙爾豐在推行改土歸流政策時與德格康人的對話。趙爾豐反覆勸導康人不要兄弟共妻，此為非禮義的禽獸之行，應學漢人各娶一妻。就此，康人反詰以兄弟不可共一妻，那漢人兩女共一婿又當如何？趙爾豐只得說，兩女一婿已是過去不平等之事，現已漸改良，故漢番兩者皆須改。[85]

在這些反問的背後，透露了漢人之所以對多夫制加以種種光怪陸離渲染的心理，即多夫制的存在，是極大地違背男性宗法社會下五倫秩序的正常運行。因此，在一篇接受北平《世界日報》記者專訪報導裡，[86] 針對「京滬各處報紙上常看之西藏多夫制度」的報導，充斥著光怪陸離、以聳聽聞，劉曼卿指出，西藏的社會仍是以男子為中心，多夫制僅限於兩兄弟同娶一媳。其形成的原因，首先是：藏人極為注重宗族血統，維繫家系傳承，多夫制能團結家庭內兄弟的意志，避免分家。再者，因游牧生活之故，兄弟共妻可輪流管理家事及照顧牲畜。劉曼卿也以男女平等的立場來質疑漢人，內地的娶妾多妻制與西藏的多夫制，都是同樣的罪惡。最後，劉曼卿還提出漢人文本裡真實性的問題。西藏雖然是中國版圖，但是中國並無「何種詳細調查」，所以她要讀者多參考英人、日人的書籍。

84　劉曼卿，《康藏軺征》，頁 137。

85　傅嵩炑，〈說康人弟兄共妻〉，《西康建省記》，頁 225-226。

86　鎔青，〈西藏女子實行多夫制之原因 注重宗族血統 保留遺產制度〉，《世界日報》（北平），1928 年 11 月 4 日，第 8 版「世界要聞」。

不過，在藏人女性反擊漢人主流媒體對多夫制的奇異想像之外，卻也有藏人女性如同漢人知識分子的思路般，在宗教與性別之間建立聯繫。前章曾提到，民族學家徐益棠主張一妻多夫制的形成是來自喇嘛教的影響。這個解釋卻意外地與另一位藏人女性菁英的看法相合。鄧珠娜姆在《中央日報》上的一篇投書指出，藏人兄弟共妻，是因為「貧苦家庭」不欲分散祖先遺產，保全手足情感。她又進一步解釋，西藏人民受「喇嘛教」（按：鄧珠娜姆使用此詞）影響，「家族傳襲」觀念不深刻，血統觀念薄弱，加上喜好遊牧、旅行、朝山、拜佛，對家庭生活興趣沖淡。所以西藏男子不事生產，家事集於妻子一身，故一妻多夫制的出現，是為了減輕家庭責任。鄧珠娜姆的結論與徐益棠不謀而合，卻與藏人的「骨系」觀念以及一妻多夫制發生的場合難以相容。由於沒有更多的生平資料可供判斷，難以解釋鄧珠娜姆是受到漢化的影響，或者是為了解除漢人對藏人婦女的情色化的想像所採取的文字策略。而鄧珠娜姆對西藏婦女的期待又近似馮雲仙，她認為以西藏女子健美身軀、樂天情緒、勞動的美德、堅忍不拔的毅力、任重致遠的精神與宗教的涵養，所缺乏的是接受現代教育。如果內地婦女能承擔起責任，以「文成公主第二」的精神到邊疆去灌輸現代化的精神，則未來的西藏將會如同美國開發西部一樣成為中國的樂園。鄧珠娜姆的言論表明，如果漢人女性期待以藏人女性所具有的自由特質來進行性別解放及女性的自我轉化，那麼藏人女性則是渴望來自漢人女性的文明教化。[87]

無論如何，在藏人試圖多方澄清多夫制之外，漢人對康藏女性情色化的印象並未就此消失。任乃強縱使在其著作中批駁陳重生對於可隨意使西番女伴宿的情節；然而，他亦認為，西康「淫亂之俗，實較世界任何民族為甚」。[88] 在想像藏女淫亂的同時，漢人並未將過去苗女善蠱的想像一併投射在藏族女性上，也就是說，做為異族女性的藏人，並不像過去所遭遇的邊疆異族女性一樣，具有危險而致命的性誘惑。由於漢藏之間的大規模族群接觸甚晚，漢人直至近代清末起才有規模地進入康區移墾，趙爾豐甚且鼓勵漢移民落戶通婚。因此，正如任乃強在其著作中所致力再三者，欲同化西番，移民通婚正是最好的手段，[89] 從而達成真正的種族同化。

如第四章所指出，民國時期漢人對於西藏佛教的態度，一直有著兩面性。一方面由於密宗熱潮的興起，西藏佛教被視為堪可救濟漢傳佛教正趨向沒落的良藥；但另一方面「喇嘛教」一詞所代表的，則是封建階級的剝削以及西藏落後的根源。當時，旅居中國內地的西藏人，僅通過各高級喇嘛在高等院校講學，以及通過法會等神祕主義的宗教儀式途徑，來影響一般漢人大眾對西藏佛教的觀感。西藏拉薩當局更無暇去理會中國人如何認知、理解西藏及西藏佛教。就在 1959 年流亡印度之

87　鄧珠娜姆，〈西藏婦女〉，《中央日報》（南京），1948 年 8 月 12 日，第 6 版。

88　任乃強，《西康圖經．民俗篇》，頁 103。

89　任乃強，《西康圖經．民俗篇》，頁 219-222。

後，對西藏「封建農奴制度」以及西藏佛教，十四世達賴喇嘛對世人提出了他的辯護：

> 整體來說藏人不是一個會壓迫人的民族……因為……宗教……提供了源源不絕的慰藉與支援。
> 雖然算是封建制度，但與任何其他的封建制度不同，因為位其頂端的是觀世音菩薩的轉世……在政府這些心胸狹窄的官僚之上，還有一個他們可以絕對信任的正義之源可供最後投訴……
> 對許多藏人來說，物質生活相當艱難，但他們並沒有被欲望所控制。在群山峻嶺中，簡單貧困的生活裡，我們可能比世界上多數城市裡的人擁有更多平靜的心靈。[90]

達賴喇嘛的此種辯護，其實某種程度上推動了1960年代以後西方人對西藏的看法，從而作為香格里拉神話的西藏掩蓋了真實西藏的政治需求。[91] 不過，對此時中國人來說，這種香格里拉神話並不存在。西藏一詞的意義，毋寧說，直接彰顯了帝國主義侵略下的國家分裂危機。而藏方與川、康、青的幾次戰爭，則加重了此印象。

---

90 第十四世達賴喇嘛丹增嘉措（著），丁一夫（譯），李江琳（校），《我的土地，我的人民》（臺北：臺灣圖博之友會，2010），頁66-67。

91 嘉央諾布（Jamyang Norbu）即以藏人的立場，批評了海外流亡藏人的宣傳其實也是協助創造香格里拉神話的一環，見：Jamyang Norbu, "Opening of the Political Eye: Tibet's Long Search for Democracy," *Tibetan Review*, 25:11(1990:11), pp. 14-19.

回顧民國時期藏人關於西藏的論述，即使是政治上最支持國民政府的班禪喇嘛與其他康區藏人，選擇排拒同化意識極強的「中華民族」訴求。相較之下，會更傾向於接受同化意識不那麼強烈的「五族共和」。對漢人來說，一切的漢藏關係史都需要放置在現代民族國家架構下來討論，然而藏人更願意將藏中關係視為宗教傳統下的「檀越關係」。民國時期漢藏之間最重要的爭執乃是康區（西康省）的歸屬。但不僅只有中國與西藏在認知上的差異，更為複雜的是，由於傳統上的康、藏之別，康區藏人形成了不同於西藏噶廈政府的主張。康人反藏的情緒，也表現在對達賴喇嘛建設「大西藏」的指責。進一步，康人在對抗達賴喇嘛與西康實際統治者劉文輝的過程裡，也援引了漢人的政治術語，打出「康人治康」口號。此種藏人自治的傾向，還表現在戰後關於國家邊疆治理的看法上。然而，藏人自治的訴求，終究未能為漢人所真正重視。

實際上，戰後面對國民政府試圖推行進一步行省化的措施，內蒙古部分王公已訴求內蒙古自治予以反制。[92] 然而國共內戰隨即展開，國民政府自然無法對族群政治的問題進行全盤性的思考與更動。1951 年，當中共接手這個多民族統一國家下的西藏，其所採取的少數民族治理政策，乃是奠基於黨國一元體系與民族分類化之下的「民族區域自治制度」。[93] 雖然在形式上，藏

---

92 李玉偉，〈內蒙古人民代表會議與內蒙古自治政府的成立〉，《中央民族大學學報》，第 3 期（2008），頁 13-18。

93 有關中共民族區域自治政策的形成與實施過程，見：吳啟訥，〈民

區的行政區劃接近清代的狀態，但其實際用意，乃是從地理上進一步分割藏區，壓縮自治民族的地理空間與能量。訴求於以藏族作為政治及地理單位的民族自治，無論如何，都須屈從於中國的民族國家建構之下。

第二節　來自西方的西藏觀

作為五族之一的西藏，以及過去漢藏歷史所證明的悠久關係，漢人理應十分瞭解。但是，至少從清末起，漢人就不斷抱怨對西藏根本不理解。與西藏相鄰的一位四川知識分子說：「國人譚及藏務，如墮九里霧，如隔萬重山」，「非斷濫朝報之故紙陳言（如《衛藏通志》及《圖考》等書），即隔靴搔癢之重譯雜著（如近人所譯外人旅行西藏等書）」，「欲考查藏衛之近狀，搜盡全國，竟無一卷可閱之官書，反不如譯自外人」。[94] 這情況直至 1948 年，以任乃強這般康藏史地專家，力言西方人的言論故意混淆西藏與康區，但在介紹法國傳教士古純仁（Francis Goré, 1883-1954）[95] 著作時也坦承：

族自治與中央集權—— 1950 年代北京藉由行政區劃將民族區域自治導向國家整合的過程〉，《中央研究院近代史研究所集刊》，第 65 期（2009），頁 81-137。

94 黃言昌，〈論諮議局宜派員調查西藏以決存亡問題〉，《蜀報》，第 6 期（宣統二年十月朔日，1910 年 11 月 2 日），頁 1B-2A。

95 古純仁，法國天主教傳教士，1907 年抵達康區服務，1923 年發表 “Notes sur les marches tibétaines du Sseu-tch'ouan et du Yun-nan”〔in *Bulletin de l'École française d'Extrême-Orient,* Vol. 23:23 (1923), pp. 319-398〕一文，1951 年離華。該文由四川大學教授李哲生（又名李思純）譯為《川滇之藏邊》，發表於《康藏研究月刊》，自 1947 年第 15 期連載至 1949 年 29 期。古純仁的情況，見其作品的其他中文譯介：Francis Goré（著），張鎮國、楊華明（譯），〈旅

古純仁通藏文藏語，略解漢文，能深入民間考察，又參取華籍方志，所載歷史「有很多國籍未曾詳的珍貴歷史」。[96] 任乃強在西藏地圖繪製工作的過程對此還有最深刻的體會。他感嘆「今人對康藏地形，茫然如在霧中」，乃至於「需要既切，投機者興，遂有響（向）壁虛構，貽誤國人（，）與《西行豔異記》、《江湖奇俠傳》何異？」因此，從地名審定、經緯度的測定、山河道路城村之配置，到康藏地名的漢藏英文翻譯、康藏部分界線、海拔高度，參驗西人千餘種探險考察之遊記、報告書、路線旅行圖，務使「一點一畫一曲一直之微，皆有依據，絕無信手鉤繪率意布置之筆」。[97]

任乃強所指出的情況，正是民國時期漢人西藏觀的另一個來源，通過翻譯外國人的著作，以作為理解西藏的途徑。綜觀此時所譯西方人關於西藏的著作，最主要的類別是旅居藏區遊記與英國外交官的著述。這些譯作的選擇並未呈現出特定的風格與傾向，這是因當時西

居藏邊三十年〉（一），《康導月刊》，第 5 卷第 6 期（1943），頁 36。

96　《康藏研究月刊》，第 16 期（1948），《《康藏前鋒》《康藏研究月刊》《康導月刊》校勘影印全本》，第 6 冊，「目錄」，頁 3624；《康藏研究月刊》，第 19 期（1948），第 6 冊，「目錄」，頁 3724。另方面如何命名也是學術的角力，任乃強在介紹時指出，此區「中國人稱之曰『川邊』」，「而歐羅巴人較早之名稱，則曰『藏邊』」，為求精確，「稱之曰「四川之藏邊」，所以別於雲南及甘肅之藏邊」。見：古純仁（F. Goré）（著），李哲生（譯），〈川滇之藏邊〉，《康藏研究月刊》，第 15 期（1947），《《康藏前鋒》《康藏研究月刊》《康導月刊》校勘影印全本》，第 6 冊，頁 3595。

97　任乃強，〈康藏標準地圖提要〉，《康藏研究月刊》，第 20 期（1948），第 6 冊，頁 3788、3785-3787。

方人對西藏的印象也頗紛雜，西藏在西方人的想像裡包含著許多互相衝突的主題，如典雅繁複的外交禮儀與封建黑暗的政體，高度理性的宗教與蒙昧原始的迷信，寧靜美滿的聖地與汙穢的生活環境，即使是同一作者的書裡也常出現相反的描述與評斷。在諸多西方關於西藏的著作裡，為何漢人知識分子會選譯某些作品，這是因為親歷西藏與邊區的遊記帶來更為「科學」、微觀與現場的觀察，從跨文化的觀察中理解國家之內那些陌生的群體。而外交官的著述則能揭示英國對藏（另方面即是對華）的外交政策，雖然英國通對「大中華民國」的態度不太恭維，但其研究西藏的精神，可答覆「英人對西藏究竟怎樣看法」的問題。[98] 甚至還能作為國界爭議時重要的參考書。[99]

一般說來，西方人的旅行探勘文本對中文讀者來說最具有吸引力，民國時期在中國聲名最著者當推瑞典探險家 Sven Hedin（1865-1952），他的著作 *My Life as an Explorer* 一書即有多種中譯本。[100] 其中一位譯者李述禮（1904-

98 D. MacDonald（著），馬建業（譯），〈英人筆下的西藏〉，《西北世紀》（原名《西北通訊》），第 4 卷第 5 期（1949），頁 13-14。

99 如 1947 年印度即將獨立之際，中、印關於藏印邊界有不同的認定。外交部人員為求釐清西藏與不丹之間的傳統疆界，故依據英印官員 Charles A. Bell 的 *Tibet: Past and Present* 一書指出，西藏與不丹之間已有一習慣上相互承認的疆界。不過，常務次長葉公超在公文批示：「尚須繼續多參考專著，不能憑一家之言，如 Younghusband、Conorier 書籍。」見：〈簽呈：[歐一科簽摘 C. Bell 氏在《西藏之過去與現在》一書中之西藏及不丹關係]〉，外交部（編），《外交部檔案叢書．界務類》，第 5 冊，《西藏卷》（一），頁 160-161。

100 如：斯文黑廷，《西藏旅行記》（上海：中華書局，1925，譯者

1984）自承受其冒險與「追求『未知』」精神的鼓舞，史家徐旭生（1888-1976）也認為，「此書簡直是一部科學的西遊記，是一本最好的少年讀物」。[101] 因為 Sven Hedin 的考察活動就在於增進了人類對世界地理的科學認識，探索那些「從沒有那個白人的腳觸到」的大地，「到處我都是頭一份，每一步就是一種新的佔領」。這種探險活動，能將最新地圖上「雅魯藏布江以北的白地註記 "unexplored"『尚未考察』」之地去除，「給山脈、湖沼和河流記上原有的真名」。[102] 不僅東方（也就是未明的客體族群）的地理得經過西方白人的「發現」後始具有真實的科學知識，「第一個行過這樣境地的白人」——Sven Hedin ——在「他自己國度」是「一個有無限威權的君主」。「將來會有許多考察團經過這個地方」，但「發現」「卻是我的功勞，這種真理永不會埋沒」。[103]

Sven Hedin 當然並非首位造訪西藏與拉薩的西方人；在他之後，亦有更多西方人希望能一親芳澤，揭開西藏神祕的面紗。不只是男性白人，法國女性旅行家及藏學家 Alexandra David-Néel（1868-1969）在她遊記中表露自己是第一個造訪康區某村落的白種人、自豪於首

不詳）；斯文赫定（著），李述禮（譯），《亞洲腹地旅行記》（上海：開明書店，1932）；斯文赫定（著），孫仲寬（譯），丁道衡（校），《我的探險生涯》等版本。此外尚有其他單篇節譯本。

101 李述禮，〈譯後記〉，斯文赫定（著），李述禮（譯），《亞洲腹地旅行記》，頁 1-2。按：此譯本譯自德文本。

102 斯文赫定（著），李述禮（譯），《亞洲腹地旅行記》，頁 207、415。

103 斯文赫定（著），李述禮（譯），《亞洲腹地旅行記》，頁 581。

度抵達禁城拉薩的歐洲婦人。[104] Sven Hedin 的探險事業更激勵中國的知識分子，除專門為文介紹他將地圖上空白的西藏給填上山川湖泊的真名的事蹟外，[105] 攝影家莊學本（1909-1984）效法 Sven Hedin 而進入當時甚不為內地所熟知的川、甘、青、康邊境的部落旅行。在他的旅行報告《羌戎考察記》一書中自言，正是帶著研究這塊「白地」的使命而冒險深入。[106]

對於為何西方人稱西藏為神祕之地或世外之國的原因，這無法從「吾國舊籍」了解。蒙藏委員會編譯室主任鄭寶善，在翻譯曾任英國亞東、江孜商務代辦 David MacDonald（1870-1962）的著作裡特別指出，因為舊籍「非敘其名山大川，即述其政教組織，終則紀其驛站里數，其他則罕有敘述，即有之亦多語焉不詳」。而他所譯此書關於西藏各方面無不網羅，「描畫其極虛幻極詭異之事實」，「始悟西藏神祕之說，殆非虛構」。[107] 也就是說，漢人其實需要藉由西方人的理性來開啟西藏的神祕。雖說如此，漢人並未出現如西方人視西藏為

---

104 Alexandra David-Néel（著），西庭（譯），〈藏游歷險記（續）〉，《國聞週報》，第 3 卷第 25 期（1926.07.25），頁 29；Alexandra David-Néel（著），西庭（譯），〈藏游歷險記（續）〉，《國聞週報》，第 3 卷第 28 期（1926.07.18），頁 34。〔按：David-Néel 此次旅行為 1924 年，其後出版 *Voyage d'une Parisienne à Lhassa* (Paris: Plon, 1927)，英文本：*My Journey to Lhasa* (New York: Harper and Brothers, 1927)〕

105 弗人，〈探險故事赫戴伊恩與西藏〉，《心潮》，第 2 卷第 7 期（1944），頁 33。

106 莊學本，《羌戎考察記》（上海：良友圖書公司，1937），〈弁言〉，頁 1。

107 鄭寶善，〈序〉，麥唐納（著），鄭寶善（譯），《西藏之寫真》（南京：考試院印刷所，1935），頁 1-2。

「聖地」的幻想。

對於那些「未知」地理的征服，是「全人類」偉大的事業，對此，最頂尖的漢人知識分子極為讚賞此種科學成就。但是，在其他政府官員與知識菁英看來，外人對中國地理的勘測活動卻是另有政治企圖。

蒙藏委員會委員長黃慕松即言，外人關於西藏的著述，其「議論品評，往往囿於主觀，出以曲筆，玩其用意，蓋別有在也」。[108] 在漢人而言，此用意即是打擊中國民族主義與主權。在一篇介紹德國地理學者及探險家 Wilhelm Filchner（1877-1957）的著作裡，編者特別指出，其書名「竟將『中藏』對稱，此及外人普遍之謬誤觀念，而尤以英人所著關於西藏之書籍及記事為然」。[109] 不只是「中藏」一詞，中文譯者也小心處理其他詞彙，如 David MacDonald 在其著作中稱西藏政府為「中央政府」，譯者便按以「指拉薩政府」。[110] 他的另一本名為 *The Land of Lama* 著作，中譯本將原書名《喇嘛國》改為《西藏之寫真》，蒙藏委員會副委員長趙丕廉（1882-1961）特在序言指出，「實以西藏為我國邊陲之地，不能以國名之之故也」。而譯者對這些「原著之挑撥文字，皆加以按語以糾正之」，其目的

108 黃慕松，〈序〉，麥唐納（著），鄭寶善（譯），《西藏之寫真》，頁 2。

109 編者，〈西藏探險價值〉，《康藏前鋒》，第 2 卷第 6 期（1935），頁 31。按：該文所介紹之書為：Wilhelm Filchner, *Om Mani Padme Hum: Meine China und Tibet Expedition (1925-1928)* (Leipzig: F. A. Brockhaus, 1929). 編者譯為：費祿希勒，《中藏探險記》。

110 D. MacDonald（著），馬建業（譯），〈英人筆下的西藏〉，頁 14。

是使「我國人士得是譯本而一瀏覽之，既可以補助我國關於西藏著作之缺漏，復可以明瞭英人對於西藏侵略之企圖」。[111]

只是對於外人著作及用語中哪些是「挑撥文字」並未有共識。鄭寶善對「挑撥中藏惡感之處」「加以按語駁之」，[112] 顯然對當時蒙藏委員會而言，「中藏」並非有問題的詞彙。另一知名英印官員 Sir Charles A. Bell 的著作也已譯為中文，譯者宮廷璋自序翻譯此書，乃「欲使國人知英人對於西藏野心如此」，「宜速圖自救」。[113] 不過，對於 Bell 全書在敘述西藏與中國歷代的關係時，使用「西藏」、「中國」的對稱，譯者並未逕以「藏」、「漢」對譯，而是選擇「西藏」、「中國」來表達。實際上絕大多數中文譯者也都是如此處理。

1904 年率軍入侵拉薩的 Francis Edward Younghusband（1863-1942），其著作 *India and Tibet* 最明顯地展露英人帝國主義的征服心態。譯者當然沒有放過此點，一方面指出藏人與清廷之間「完全是各個國家民族的內政問題」，「吹縐一池春水，干卿底事？」另方面藉由 Younghusband 之言指出，英人的目的是「攫取西藏的資源地及商品市場，進而保持獨佔的局面——這正是英帝國主義所不能夠沒有的『晚飧』」。「所謂文明人

111 趙丕廉，〈序〉，麥唐納（David MacDonald）（著），鄭寶善（譯），《西藏之寫真》，頁 1-2。

112 鄭寶善，〈序〉，頁 2。

113 宮廷璋，〈譯者序〉，查理士柏爾（著），宮廷璋（譯），竺可楨、向達（校），《西藏之過去與現在》（上海：商務印書館，1930，1935 年重刊時改書名為《西藏史》），頁 1。

對落後民族的『神聖保護權』」都是建立在帝國主義的基礎。[114]

儘管外人著作的觀點及心態有如此多的問題，然而對中國朝野於認識西藏等地的邊疆情事來說，仍不可或缺。一位譯者雖承認外人「每藉探險之名，以達其侵佔目的」，但他反問，若問國內各大學政治、地理教授關於蒙藏情況，結果是「多瞠目不知所答」。[115] 馬鶴天對此有更多的自省之言。雖然英人著作對於中國與西藏民族之間多有挑撥，但書中「所述中國在藏官吏之腐敗無能，兵士之驕橫懦怯，以及中國政府對藏事之漠視萎靡，確為中國在藏勢力喪失之原因」。馬鶴天判斷，英人也並非真對西藏有領土上的野心，而藏人也非真的完全親英，所以國人於藏事仍有可為。[116]

馬鶴天所指者，即是從 Younghusband、Bell 等人以來一直強調的一點，西藏是屏障大英帝國在印度北邊的利益所在，英國必須使西藏成為印度北方一緩衝地

114 孫煦初，〈譯序〉，榮赫鵬（著），孫煦初（譯），《英國侵略西藏史》（上海：商務印書館，1934），頁 1-2。

115 威廉孟哥（Dr. William Montgomery）（著），馮中權（譯），〈西藏探險記〉，《圖畫世界》，第 1 卷第 3 期（1924），頁 7。〔按：此文節譯自美國冒險家 William Montgomery McGovern (1897-1964) 於 1923 年喬裝入拉薩後發表的著作：William Montgomery McGovern, *To Lhasa in Disguise: A Secret Expedition through Mysterious Tibet* (New York: The Century Co., 1924)。因其遊記透露出許多不利英印的觀點，使英印官員擔心會損害英國與西藏的友好關係。故英國皇家地理學會曾發起對 McGovern 的抨擊。

116 馬鶴天，〈序〉，麥克唐納（David Macdonald）（著），孫梅生、黃次書（譯），張守義、丁雲孫、劉家駒、廖文奎（校），《旅藏二十年》（上海：商務印書館，1936），頁 2。

帶。[117] 由於西藏與印度地理上的鄰近，「藏印之間必須發生某種關係」，不能容許西藏對英國閉關，卻與德、俄親善，更不能聽其孤獨的存在。除貿易問題外，「吾人切盼敵人之勢力不至膨脹於西藏因而擾亂邊境之安寧。」[118] 為達此目的，「西藏必強而能自主」，以其人口之少，「決不能威嚇印度，反足為印度之北方堅壁。」[119]「吾人今當阻遏中國在藏之勢力，不使其繼續發展以危害西藏之安寧」，「只要中國當局對我不懷敵意」，吾人「從不反對中國在藏之宗主權」，「並與吾人攜手合作」。[120]

英人在外交上持如此看法，並不表示所有外人對藏皆是如此。外人作者因其身分、觀點不同，對中國在藏的作為有不同的評價。一位反英的印度革命者 Taraknath Das（1884-1958）鮮明地高舉亞洲對抗西方的旗幟，認為亞洲中、印、日等國應攜手合作脫離歐洲勢力，他並同意中國應恢復在中亞的聲望，「將來中國必將殖民於南北之邊疆」。對此，譯者讚賞，以為此乃遠大卓識，是根本解決西藏問題之方法。譯者還於按語中提出自己的治邊策略，首要即在開發礦業，並以美國加州及阿拉斯加、澳洲、南非等地發現金礦後，從不毛之

117 查理士柏爾（著），宮廷璋（譯），竺可楨、向達（校），《西藏之過去與現在》，頁 159。

118 榮赫鵬（著），孫煦初（譯），《英國侵略西藏史》，頁 331-335。

119 查理士柏爾（著），宮廷璋（譯），竺可楨、向達（校），《西藏之過去與現在》，頁 122-123。

120 榮赫鵬（著），孫煦初（譯），《英國侵略西藏史》，頁 335-336。

地一躍成富裕繁榮之地為例加以證明。[121]

綜合言之，外人著作提供關於西藏各方面的知識，地理、經濟、社會、風俗、宗教及歷史等無所不包，擴大過去中國史籍裡有限的認識。但外人的著述確實有其觀點，特別是英國人所提供的西藏觀。

首先，對於西藏政治腐敗、社會落後的批評，並不限於漢人菁英。在英印官員的著作裡，仍可見到這些批評，只是批評的力道因人而異，也有時代區別。在 Bell 看來，西藏的統治是封建（feudal）與民主（democracy）並存。[122] 大致說來，拉薩代表的中央集權正日益進步，且有「許多方面皆為民主國家」。[123] 大地主沿襲封建方法（feudal），擁有多數僕役，然據他「遊踪所及各地，奴隸制不甚普遍」。[124]「貴族與平民間，確有一不可踰越之鴻溝」，但「貴族與平民，頗能互相親愛」。[125] 因此「西方教育，若能普及」，則藏民心思必受啟發，要求較大權利，是以「應開始教育上流階級子弟」，英人於江孜所設學校即此種教育之開始。[126]

---

121 Taraknath Das（著），薛桂輪（譯並註），〈英國侵略西藏史（續）〉，《國聞週報》，第 4 卷第 44 期（1927），頁 4。〔按：Taraknath Das 文章先發表於 1926 年，稍後出版：Taraknath Das, *British Expansion in Tibet* (Calcutta: N. M Raychowdhury & co., 1928)〕

122 Sir Charles A. Bell, *Portrait of a Dalai Lama: The Life and Times of the Great Thirteenth*, p. 19.

123 查理士柏爾（著），宮廷璋（譯），竺可楨、向達（校），《西藏之過去與現在》，頁 93、49。

124 Charles Bell（著），董之學、傅勤家（譯），《西藏志》（上海：商務印書館，1936），頁 32、73。

125 Charles Bell（著），董之學、傅勤家（譯），《西藏志》，頁 79。

126 Charles Bell（著），董之學、傅勤家（譯），《西藏志》，頁 107。

相較於此，1951 年後，為了抵制中共對解放西藏正當性的宣傳，部分西方藏學家與之相抗，不認為西藏的神權政體與封建社會制度是必須除去的惡。以從英印駐藏官員的身分而成為藏學家的 Hugh E. Richardson（1905-2000）為例，在他看來，西藏地理上封閉的特徵，足以保護西藏的獨立性與民族的同一性。西藏雖是嚴格的階級社會，但 Richardson 認為這並不意味此種制度是殘酷的。階級之間有一定的貧富差距，但不能算大，那些對待平民的殘酷野蠻刑罰與虐待並非常態。西藏官員雖然賄賂貪汙成風，但有限度，且藏人亦有輿論制衡。雖然藏人也會不滿與反抗，但歷史上並未有總體的反抗，西藏人接受這種生活方式。幾個世紀以來它正常運轉，未發生過困難，土地能產出足夠衣食，幾乎未曾出現過飢荒，精神上藏人則是快樂的。[127]

其次，英人眼中的西藏，一向就是同情其獨立自由、反抗中國。[128] 在曾任英駐華重慶領事 Eric Teichman（1884-1944）看來，中國對西藏有「宗主權」（suzerain）一事，始於清初。「與其謂為中國政府對西藏有宗主權已二百餘年，毋寧謂為滿清皇帝對西藏有宗主權已二百餘年之為愈也；且於清之末日，清帝駐藏代表尚屬滿人。」[129]

---

127 Hugh E. Richardson, *Tibet and Its History* (Boston: Shambhala, 1984, 2nd edition), pp. 4, 9, 14-17, 23, 27.

128 查理士柏爾（著），宮廷璋（譯），竺可楨、向達（校），《西藏之過去與現在》，頁 1。

129 Eric Teichman（著），高上佑（譯），〈西藏東部旅行記〉，《康藏前鋒》，第 1 卷第 8 期（1934），頁 59；Eric Teichman, *Travels of a Consular Officer in Eastern Tibet: Together with a History of the Relations between China, Tibet and India* (Cambridge: University Press, 1922), pp. 1-2。值

這個觀點其實就是將清帝國視為多元民族組成的帝國，西藏是臣服於滿洲而非中國。清帝因欲與西藏聯盟以便統治蒙古，故以獨立君主之禮相待五世達賴喇嘛，也就是兩者非臣屬關係。[130]

此種藏、中歷史關係的觀點同樣表現在英人對藏區的地理認知。Teichman 指出，在 1904 年英軍侵藏與趙爾豐改土歸流之前，歐洲人地圖上的藏區，分為三個部分：一，喇嘛教（Lamaism）王國及其屬地（也就是中部西藏）；二，康地半獨立式之本地土司地域；三，中國駐西寧大臣管轄下之青海。[131] 再者，與民國時期各界主張中藏邊界應以趙爾豐改流以後之地為準，英人則不這麼認為，從雍正時代起「中藏之邊界」，以寧靜山為界，以西歸達賴喇嘛管轄，以東分封土司，為中國之半獨立封臣。在寧靜山以東至打箭爐的土司之地，名義上雖為中國保護，但邊境兵士能力薄弱，清政府未曾有實質統治能力。[132] 在西方人的觀察，打箭爐一直是西

得注意的是，中文譯者將這個觀點與中國、西藏、宗主權這些字眼忠實譯出。

130 查理士柏爾（著），宮廷璋（譯），竺可楨、向達（校），《西藏之過去與現在》，頁 26。

131 Eric Teichman（著），高上佑（譯），〈西藏東部旅行記〉，《康藏前鋒》，第 1 卷第 8 期（1934），頁 63。關於青海安多地區，Teichman 則指出，此地蒙人受旗長管轄，藏人由土司頭人治理，由西寧大臣管轄，拉薩政府權力未及於此，1915 年袁世凱廢西寧大臣，轉歸甘肅回教軍人統治。這也是民國時期漢藏交涉過程裡甚少觸及青海的原因。Eric Teichman（著），高上佑（譯），〈西藏東部旅行記〉，頁 64；Eric Teichman（著），高上佑（譯），〈西藏東部旅行記（續）〉，《康藏前鋒》，第 2 卷第 4-5 期合刊（1935），頁 31。

132 Eric Teichman（著），高上佑（譯），〈西藏東部旅行記〉，頁 60、64。1918 年 Teichman 居川、藏之間調停戰事，在藏軍已有軍事

藏、中國在種族與文化上的分界。[133]

種族與文化上的差異，則表現在西藏與中國彼此間的族群關係。相較於民國時期中央官員如黃慕松所述，康藏人民「無日不思脫離藏屬，歸順中央」的民意；英人卻大力批評中國官員在東藏康區的作為。民國以來雖力倡五族共和，但 Teichman 抨擊：「革命以來，共和政府僅空倡五族（漢滿蒙回藏）聯合與平等之說，而實際則不注意」，「將邊地政權，交於一二軍人之手中，此輩軍人不善治理藏民，甚且壓迫之。」[134] 以巴塘為例，從清雍正時代起即為川藏道途重要據點，然而「巴塘為東藏中國人之垃圾地」。「彼等來則必於官署謀一空額空銜，以徒得支口糧薪金。」[135] 中國人慣於批評西藏政治嚴刑苛政，Teichman 則指出中國官員在東藏所為，無非徵稅、劫掠、沒收、放火、掠奪、竊取，並將各種酷刑施於藏人。[136] 野心、侵略、欺騙及殘酷的背後，是因為中國人將西藏人看成劣等種族，而歐洲人

優勢下，Teichman 仍希望藏、中以清代寧靜山的界址為界線。見：Eric Teichman（著），高上佑（譯），〈西藏東部旅行記（續）〉，《康藏前鋒》，第 2 卷第 8 期，1935 年，頁 47。

133 查理士柏爾（著），宮廷璋（譯），竺可楨、向達（校），《西藏之過去與現在》，頁 13；Charles Bell（著），董之學、傅勤家（譯），《西藏志》，頁 6。其實從美國外交官柔克義起就如此主張：William Woodville Rockhill, *The Land of the Lamas: Notes of a Journey through China, Mongolia, and Tibet*, pp. 274-277.

134 Eric Teichman（著），高上佑（譯），〈西藏東部旅行記（續）〉，《康藏前鋒》，第 2 卷第 8 期（1935），頁 44。

135 Eric Teichman（著），高上佑（譯），〈西藏東部旅行記（續）〉，《康藏前鋒》，第 3 卷第 2 期（1935），頁 34。

136 Eric Teichman, *Travels of a Consular Officer in Eastern Tibet: Together with a History of the Relations between China, Tibet and India*, pp. 227-228.

則把西藏人當成朋友。[137] 中國人習以種族偏見視西藏人毫無文明，但在英人眼中，西藏人卻比中國人更文明。由於與藏、中雙方的軍官都有接觸，Teichman 在比較之後認為，實際上西藏軍官較中國軍官為文明，且知道外國情勢。因為中部西藏人民往來拉薩與印度，比四川人往來漢口、上海更為容易。[138]

於此可以總結，今日中國人對西藏的政策可說完全失敗。英人的檢討中，中國對西藏的「最大錯誤，莫如蹂躪其最寶貴之宗教」，使藏人「不忘中國毀其巴塘大寺廟，用其佛經裝靴底。此事惹起仇恨，較殺其貴族僧侶為尤甚也」。[139] 兩百年前之中國，認識僧侶的權力，利用喇嘛教以統治蒙藏諸部，政策確定，故克大奏厥功。近代以來，趙爾豐及其他邊吏採取反喇嘛教的態度，以為彼等可以鎮壓蹂躪藏人，遂致有今日之失敗。[140]

不過，並非所有英人及外人對西藏佛教都有同樣的同情。從 18 世紀起進入西藏的傳教士，便認為西藏是一有待基督文明解救的黑暗之地。一位在 19 世紀末協夫於青海塔爾寺藏人社區傳教的作者，即是此種觀點的

---

137 Sir Charles A. Bell, *Portrait of a Dalai Lama: The Life and Times of the Great Thirteenth*, pp. 352-353, 106-107.

138 Eric Teichman（著），高上佑（譯），〈西藏東部旅行記（續）〉，《康藏前鋒》，第 2 卷第 8 期（1935），頁 47。

139 查理士柏爾（著），宮廷璋（譯），竺可楨、向達（校），《西藏之過去與現在》，頁 64。

140 查理士柏爾（著），宮廷璋（譯），竺可楨、向達（校），《西藏之過去與現在》，頁 172；Eric Teichman（著），高上佑（譯），〈西藏東部旅行記（續）〉，《康藏前鋒》，第 1 卷第 10-11 期（1934），頁 24。

代表，她表示，與藏人同居的四年裡，「從未見一智識充足之喇嘛」，「喇嘛之世界可謂之黑暗世界」，「蓋因千餘年佛教之遺毒所使然也」。「如欲救伊等出此黑暗世界而入光明境者，捨基督而外，別無他法」。為此，她不怕犧牲，傳播福音必須有人當先鋒。因此她協夫攜子欲至西方人視為聖城的西藏首都拉薩傳教，並鄭重聲明，此次遊歷，「純為宣傳基督主義，毫無好奇之心理與發現之野心存於其中」。[141] 由於作者此次西藏行的結局是殤子喪夫的終身傷痛，歷經諸多不幸與藏民的劫盜後，她認為中國人的性情比西藏人好太多。[142]

西藏佛教只是一種形式主義的「喇嘛教」，無法稱之為佛教，[143] 這意味西藏的宗教，只有迷信而無理性。[144] 從創始人蓮花生的紅帽門徒起即廢棄佛教教規，信仰女陰力量，以致演變為粗陋之邪教。[145] 即使是對

141 芮哈特（著），王綬（譯），《與西藏人同居記》（上海：商務印書館，1931），頁 51-52、80-82。〔按：中譯本提供的作者與原書名有誤：Lusie C. Rijhunt, *With the Tibetan in the Tant and Temple*，正確的作者與書名為：Susie Carson Rijnhart (1868-1908), *With the Tibetans in Tent and Temple: Narrative of Four Years' Residence on the Tibetan Border, and of a Journey into the Far Interior* (Cincinnati, Ohio: Foreign Christian Missionary Society, 1901; Edinburgh, London: Oliphant, Anderson & Ferrier1 1902, 2nd edition.)〕

142 芮哈特（著），王綬（譯），《與西藏人同居記》，頁 167。

143 舉例來說，在 Macdonald 著作裡，他以「英國佛教徒」（British Buddhist）來稱呼想至拉薩研究西藏佛教的學術團體，而「喇嘛教」（Lamaism）的稱呼則跟隨西藏佛教。William Montgomery McGovern 亦是該團成員。見：David Macdonald, *Twenty Years in Tibet*, pp. 277-282。

144 馬拉已（作），胡謨（譯），〈西藏旅行記〉，《三六九畫報》，第 17 卷第 17 期（1942.10.26），頁 4-5。

145 Francis Goré（著），張鎮國、楊華明（譯），〈旅居藏邊三十年〉，《康導月刊》，第 5 卷第 6 期（1943），頁 40-41。

西藏佛教已有多年研究 David-Néel，在她的遊記裡，也不免嘲笑藏人但知佞佛，全不知佛教之真理。[146] 由於一般藏人尊敬、甚至懼畏喇嘛（的法術），所以她與其藏人義子才能依靠各種小伎倆屢克難關混進拉薩。

對喇嘛教的偏見不分中外，Younghusband 深深贊同日僧河口慧海於《旅藏三年記》中對西藏喇嘛的實地觀察，除極少數外大多數皆無真學，滿佈「原始宗教邪魔外道之色彩」。「各個家宅皆充滿魔鬼之神像，睜目漏齒」，「其猙獰可怖匪夷所思」。Younghusband 以基督教文明的標準指出，「對於天堂之信仰，藏人實極模糊，而對於地獄之信仰，則幾可支配大部藏人之生活」。[147] 因此，Macdonald 同意中國史籍的觀點，「中國人以藏人純係蠻族，並不過當」。「以未開化之藏民，經中國皇后之勵精圖治」，「遂為中國學術教育所陶鎔」。[148] 宗教也馴化藏人的民族性，在佛教的催眠與麻醉作用影響下，昔日好勇尚武之精神，「頓變為柔懦馴良之民族」，[149] 西藏民族的熱情與精力轉而為苟且偷安、自暴自棄。[150]

有趣的是，Younghusband 率鐵蹄停駐於拉薩期間，似也受到藏人宗教上神祕主義的召喚。他偶於僻靜處聽

---

146 Alexandra David-Néel（著），西庭（譯），〈藏游歷險記（續）〉，《國聞週報》，第 3 卷第 29 期（1926.08.01），頁 28。

147 榮赫鵬（著），孫煦初（譯），《英國侵略西藏史》，頁 254、257-258。然而 Younghusband 日後卻成為西藏佛教信徒。

148 麥唐納（著），鄭寶善（譯），《西藏之寫真》，頁 16、19。

149 麥唐納（著），鄭寶善（譯），《西藏之寫真》，頁 13。

150 榮赫鵬（著），孫煦初（譯），《英國侵略西藏史》，頁 257。

聞喃喃誦經聲與隆隆鼓鐘聲，在音樂中表現神靈關係，因而體悟到有一種潛在法力，使蒙藏「憂鬱性之民族深為感動，因而發揮其皈依之熱忱」。「藏人潛伏之天性大足以為善，特期待正確之指示以發揚光大之耳」。[151] 正是此種強烈的宗教情緒，為落後的西藏民族提供一開化的機會。Younghusband 本人就是此機會的化身：「余所深持之前進政策」、「並無實行侵掠或越俎代庖之意味」，而是「認定一切文明強國對於其邊地半開化之民族，絕不容永久漠視忽略，必須與之建立交通關係，並須於適當時機，將此關係納於正軌，使合乎人道」。[152] 說穿了就是強者征服的欲望，控制周遭一切的未知，將之納入已知的領域。

第三節　藏人著作的雙重東方化

如同薩依德所揭示，西方對非西方的再現，乃是暗示著西方對權力與帝國冒險事業的欲望，在客觀與科學的研究背後，掩蓋著西方對東方的不平等關係。在對東方加以東方化的過程中，東方成為歐洲東方學者的專屬領域，通過「文化霸權」（hegemony）的影響力，將真實的東方化約成一個龐大的文本體系。[153] Dibyesh Anand 則針對西方人對西藏的書寫方式提出批判。通過

151 榮赫鵬（著），孫煦初（譯），《英國侵略西藏史》，頁 259、262。

152 榮赫鵬（著），孫煦初（譯），《英國侵略西藏史》，頁 341。

153 Edward W. Said, *Orientalism* (New York: Vintage Books, 1994).

本質化與成見化的手法，形成了關於西藏最本質而片面的刻板印象。西藏的東方主義化，通過檔案化、凝視、分類、理想化、色情化及自我肯定與自我批評等書寫策略來呈現。[154]

雖然薩依德所提出的東方主義，其脈絡出現在歐洲帝國主義對東方他者的再現；不過，藉助於東方主義的概念，亦可以在比較研究中揭示非西方社會對於他者的再現，有相似的現象。Laura Hostetler 即以清代對西南苗族的民族志描繪為例，從比較歷史學的觀點，將《百苗圖》與同時代日本及鄂圖曼帝國的民族志文本進行對比，指出對他者的興趣並非西方獨有，而是近代早期國家建構過程的一部分。[155] 清帝國將非漢族群視為「異己」的態度，亦可見於西北的「回民」。Jonathan N. Lipman 對清代西北穆斯林社會的研究指出，西北穆斯林其實是帝國之內「熟悉的陌生人」（Familiar Stranger），由於法律與文化的偏見，為穆斯林塑造出暴力、凶猛的異己形象。[156] 而在當代中國，Louisa Schein 通過對苗族婦女的觀察，將非漢族群的文化展覽表演視為內部東方主義（internal orientalism）的結果；漢人將非漢族群構建為文化上的他者，暗示落後的非漢族群有

154 Dibyesh Anand, *Geopolitical Exotica: Tibet in Western Imagination*, pp. 17-36.

155 Laura Hostetler, "Introduction: Early Modern Ethnography in Comparative Historical Perspective," in David M. Deal& Laura Hostetler Trans., *The Art Of Ethnography: A Chinese "Miao Album"*, pp. xvii-lxvii.

156 Jonathan N. Lipman, *Familiar Strangers: A History of Muslims in Northwest China* (Seattle: University of Washington Press, 1997).

待漢族的救助。[157]

旅居中國內地的藏人，在接受現代化的意識型態與五族共和的表述之同時，對西藏的歷史與文化有不同於漢人的看法；然而從論述藏區的文本數量與中藏之間現實政治力量的對比來說，漢人無疑是主導的一方。對於再現西藏，中外一致都有東方主義的傾向，同時又將少數藏人的自我表述加以東方化。

與任乃強同為康藏研究社一員的藏學家謝國安，他發表在《康藏研究月刊》上的文章乃是由他口授、經任乃強筆記而成。這樣文本形成的過程，代表藏人自己口授的地理表述，需要經過更精確的界定。例如，雖然任乃強認為，能對岡底斯山詳述的國人，「始於謝國安先生」；[158] 但是，有必要在藏人所指出的「岡底斯山與其北方東西橫列的大雪山脈」這段文字之後，加上一段經由西方人的「科學」命名來界定其真實性的文字：「（按：即斯文海定所稱之外喜馬拉〔亞〕山脈）」。[159] 而謝國安依據藏人所認知的傳統藏區地理概念，指出整個藏區乃是：「藏人綜稱西康、安多與此區〔按：指青

157 Louisa Schein, "Gender and Internal Orientalism in China," *Modern China*, Vol. 23:1 (1997:1), pp. 69-98。相近的觀點，亦可見：Dru C. Gladney, "Representing Nationality in China: Refiguring Majority/Minority Identities," *Journal of Asian Studies*, Vol. 53:1 (1994: 2), pp. 92-123。

158 任乃強，〈岡底斯與崑崙〉，《康藏研究月刊》，第 2 期（1946），《《康藏前鋒》《康藏研究月刊》《康導月刊》校勘影印全本》，第 6 冊，頁 3187。

159 謝國安（口述），任乃強（筆記），〈岡底斯山紀異〉，《康藏研究月刊》，第 1 期（1946），《《康藏前鋒》《康藏研究月刊》《康導月刊》校勘影印全本》，第 5 冊，頁 3155。引按：斯文海定即瑞典探險家斯文赫定（Sven Anders Hedin, 1865-1952）。

海〕曰多康（mdo-khams），與衛藏、阿里，同為吐蕃之下中上三部。」[160] 對此，任乃強一方面批評中國舊時將藏區給予康、衛、藏、阿里四部分劃法的不合理之處，乃是清人依照蒙古固始汗征服之先後而命名；同時，他也認為，藏人相傳的「上阿里三繞」、「衛藏四汝」、「下多康六岡」說法，是舊時代的區劃，「全屬俱舍論方法之文藝作品，甚與科學方法背謬」；[161] 所謂的「多康六岡」，只是如漢文中「五湖四海」這種文學成語。[162] 所以，有必要「依自然地理與歷史沿革，將藏人不科學的地域分劃，加以整理」，而「國人以科學方法敘述西藏區域地理的，這算第一篇文章〔按：也就是指任乃強的文章〕」。[163] 亦即，藏人自己對何謂西藏的表述，並不具「科學」意味，藏人的政治地理需要漢人以科學的方法介入，重新定義。這其實又類似 Mary Louise Pratt 所指出的「反征服敘述」（anti-conquest narrative），西方人於非西方從事旅行探險的過程中，以「客觀中立」的「科學」來觀察、分類、測繪殖民地，其背後的意涵即是以「科學的知識」取代在地的知識，視之為落後與無價值的。[164]

---

160 謝國安，〈西藏四大聖湖〉，《康藏研究月刊》，第 2 期（1946），頁 3175。

161 任乃強，〈西藏的自然區劃〉，《康藏研究月刊》，第 8 期（1947），頁 3370。

162 任乃強，〈多康的自然區劃〉，《康藏研究月刊》，第 9 期（1947），頁 3398。

163 編者，「目錄頁內容提要」，《康藏研究月刊》，第 8 期（1947），頁 3364。

164 Mary Louise Pratt, *Imperial Eyes: Travel Writing and Transculturation*

除了以中文來介紹藏區與藏人之外，尚有少數藏人在西方人的協助下，以外語自我表述，面對世界。這些文本的形成，是由藏人口述、再經英人以英語寫出。而後，又因其獨特性的價值，再由中國人譯成中文。

倫琴拉木平日經由其英國領事丈夫 Louis King 告以「歐人書報所述西藏之狀況」，因而感到其中除少數瞭解同情外，「多數皆謬誤，令人憤怒」。所以她試圖告訴西方讀者「西藏之物質文化，與其民族之作何狀，行動及思想之若何」。[165] 針對已經將西藏視為「絕塞之太古民族」的定見，倫琴拉木指出，「此類習慣語為一般旅行家風行一時」所致。那些英國作家關於西藏的著作，往往互相矛盾，「有謂吾族為奸猾，為機巧，有則謂之為呆木，為不仁，有謂藏人為無希望的懶漢，有則指為極勤生活者。有時一著作者本身所說，尚且自行鑿枘」。實際上，西藏地靈人傑，藏人心靈活潑，智識、身材、體力不下於西人，藏人並不將心力置於現代化的物質文明與競富畏貧，而是更重視人類心靈中合理生活的原則。「吾人不企圖現代以外之進步，不生活於時間表」；「吾人信仰吾宗教，企圖以天心護吾人之生命」。[166] 承載藏人宗教的喇嘛，多數皆精神高尚，絕非外人所言，品行腐敗，不可守潔，或謂僧侶為通向財富權力之捷徑。

對中譯本的讀者而言，由於國人對於藏事懵然無

(London & New York: Routledge, 1992), pp. 38-39.

165 倫琴拉木（著），汪今鸞（譯），《西藏風俗志》，〈緒言〉，頁 3。

166 倫琴拉木（著），汪今鸞（譯），《西藏風俗志》，頁 72-73。

知，一切文化地理的記載，亦如鳳毛麟角。因此欲探求蒙藏真相，非得取材異地，[167] 從而譯者將此書譯為中文。然而即使是譯者本身，關注的仍是帝國主義者英國人的角色。如同前述，倫琴拉木以「檀越關係」來解釋清初時皇帝與藏人的特別關係，向世界說明西藏並非從屬於中國，藏族乃是一共同體。準此，她評論趙爾豐於東藏（川邊康區）推行的改土歸流：

> 西藏實為同種國，有種族之束縛，有歷史的傳統，有特殊的社會，有政治與物質文化的共同，故能團結一致，非雍正皇帝所得而分解之，亦非趙爾豐可能使其分崩離析。雍正之志願，不過欲使藏中各政事區域均與皇室直接生關係，而趙爾豐則擬統轄全藏，改藏為中國之一行省。[168]

倫琴拉木的用意在於就歷史論證，要求中國承認西藏行政獨立之地位。特別的是，譯者汪今鸞認為：「原書此章多誣詆我國之語，本擬略為刪節，繼思不如仍全留以存其真，俾國人知英人陰險之用意。」[169] 由於英人的入侵與挑撥，從而導致中國失去對西藏的控制，但對於藏人提出的藏族共同體與藏中關係的特別解釋，卻有意忽略。

---

167 汪今鸞，〈譯者序〉，倫琴拉木（著），汪今鸞（譯），《西藏風俗志》，頁 1。

168 倫琴拉木（著），汪今鸞（譯），《西藏風俗志》，頁 52。

169 倫琴拉木（著），汪今鸞（譯），《西藏風俗志》，頁 52-53。

其實，自文本的產生起，正是語言的限制，而隱藏了不對等的論述能力。《西藏風俗志》這本書的形成過程，乃是由倫琴拉木口述，再由 Louis King 筆述，兩人之間語言的傳達，是以漢語作為中介，然後再由其夫 Louis King 譯為英文。[170] 作為藏人，並不會以「喇嘛教」來稱呼藏人所信仰的佛教。但是，為了解釋藏人文化，特別是佛教，確實有賴於中國與印度，「而化為今日之喇嘛教」。[171] 此處，或許不可能釐清「喇嘛教」（lamaism）一詞是倫琴拉木本意，還是 Louis King 的用詞。但這正顯示，即使藏人有意澄清，然而語言的表述限制了其真實意向。為了向世人證明，「西藏政治之入於世界地位」，在第五章中詳敘藏、英、中自 1772 年 George Bogle（1746-1781）使藏以來的互動，其英國人的口吻簡直是榮赫鵬所著 *India and Tibet* 一書的簡明翻版。女性藏人向世界發出的聲音，仍由白人男性決定。

藏人的自我表述最終還必須從屬於其他語言，其類似的情況，也出現在謝國安的身上。1924 年 5 月至 8 月間，經由他口述回憶、再由打箭爐英國領事 G. A. Combe 執筆完成 *A Tibetan on Tibet* 此一著作。[172] 在書中，Combe 以謝國安的教名 Paul Sherap（智慧保羅）來稱

---

170 倫琴拉木（著），汪今鸞（譯），《西藏風俗志》，〈緒言〉，頁 2-3。

171 倫琴拉木（著），汪今鸞（譯），《西藏風俗志》，頁 5；Rin Chen Lha Mo, *We Tibetans* (London: Seeley service & Co. ltd., 1926), p. 14.

172 1942 年，李安宅將此書六至八章（內容分別是結婚、死亡、葬法）摘譯，以〈藏人論藏〉篇名連載發表於《邊政公論》，第 1 卷第 7-8 期合刊（1942），頁 95-102、第 1 卷第 9-10 期合刊（1942），頁 67-77。

呼他，是一位具有智慧、能說英語的藏人。在孤獨的黑夜，由智慧保羅為作者講述藏人的故事，雙方乃是以問答方式進行、紀錄。[173] 象徵著東方智慧必須由西方來引出。智慧保羅既為一有道德的基督徒，又是一位尊敬喇嘛教的班智達，然而這位擁有西方智慧的班智達，終究仍有程度上的限制，那就是他沒有將西方的懷疑論貫徹到底，而去相信某些喇嘛、阿尼具有神通；甚至時間對藏人來說也沒什麼因果邏輯關係。[174] 而在這本紀錄著智慧保羅不凡經歷的書裡，為了讓西方讀者更加認識西藏佛教，理應更由智慧保羅來發聲的第一章「佛教簡述」，Combe 基於有助於在往後各章解釋藏人思想單純的緣由，而由他來作一粗略的簡介。[175] Combe 的代言，卻援引當時以 T. W. Rhys Davids、L. A. Waddell 為首的印度佛教之著作。在這些英國的東方學者眼中，現代西藏的「喇嘛教」，即使已經過宗喀巴的改革，但仍帶有西藏本土苯教鬼神崇拜的印記。但是，正如 Donald S. Lopez Jr. 所指出，正是透過這些當時的印度佛教史家有意識地使用喇嘛教一詞，而將西藏佛教貶抑為最低層次、遠離原始佛教教義的他者。[176] 藏人向世界發聲的著作，最終仍須從屬於東方學者所建構的西藏觀之下。

---

173 G. A. Combe, *A Tibetan on Tibet*, Introduction, p. x.

174 G. A. Combe, *A Tibetan on Tibet*, Introduction, pp. xi, xiii.

175 G. A. Combe, *A Tibetan on Tibet*, pp. 2.

176 Donald S. Lopez Jr., *Prisoners of Shangri-La, Tibetan Buddhism and the West*, pp. 32-42.

結論

對現代中國的政治與文化菁英而言，承襲自帝制時代的國土，其實際邊界之內，有為數不少自古以來即被視為是非漢的異己族群。他們處於西方列強勢力外人與漢人我群之間的曖昧地位，使得繼承清朝國土而來的國家實質地理邊界，與國家的文化或象徵邊界產生了斷裂狀態。這些社會文化形態不同於漢人的族群，如何導入以漢人為中心的國家支配下，納入新的中華民族的一環，使文化邊界能夠外擴至與實質政治邊界合一，正是中國政治與文化菁英所念茲在茲的民族主義主題。如何確定國家主權所及的範圍，怎樣確認這些非漢族群的面貌、組成、內涵以及他們在現代中國裡的地位，進而在現代化進程裡，如何將不和諧的國家現狀改造成一個新整體，這將是中國未來能否適應於當時的國家危機的關鍵。

無須否認中國現代民族主義者對非漢族群所懷抱的情感裡，有扶持、共進的一面。在漢藏接觸的過程中，不乏有提攜「後進」的真心誠意。如單身自力深入藏區的莊學本，旅途中，對著來向自己陳情的土官表達漢藏一家的情感，「漢人猶汝輩之哥，汝輩亦猶漢人之弟。」[1] 代表中央政府至邊疆宣慰的馮雲仙，承諾要解

1 莊學本，「莊學本旅行日記：從阿壩—到果洛（1934.7.31-1934.10.25）」，《莊學本全集》，上冊，頁 125。

除邊民痛苦，但在當下卻誠實地反問自身此種諾言何時可以實現。[2] 事實上，國民政府 1930 年代面對的局勢紛雜，邊疆事務的交涉不僅要考慮到國際外交層面，也得調解由此導致的新舊政治爭端與多元族群的利益調和。主管全國邊政事務的蒙藏委員會委員長吳忠信，就感嘆「活佛、王公封建制度要保留，省政府新政要推進」，「維持現狀則青年譏為開倒車，打破現狀王公又不諒解」。[3]

然而，以西藏這個個案來說，漢人關注的西藏不一定是真實脈絡中的西藏，而是處於民族國家的疆域邊緣、族群地理及文化上陌生的對象等環境中產生的文本之中的西藏，以及由此種西藏形象衍伸出的政治與文化意義。在民族共同體的想像下，藉由文字與圖像，消除彼此歷史的差異與空間的距離，西藏成為認知裡習以為常的一部分。試圖呈現真實西藏的同時，又在不同的目的與場合裡，西藏成為任意塑造的想像物，並賦予研究觀察、異己民俗獵奇、旅行凝視等意義。再現西藏的過程，摻雜著各種期望與興趣，或者是投入漢人對中華民國命運關懷中民族主義的訴求，以及抗拒帝國主義的情緒，或者是跟著流行議題與時事的脈動，甚至是商業出版的利益與文化消費物等特定背景。

如前文提及，已有少數人類學者在邊政學的浪潮下

---

2 馮雲仙，〈西康關外日記（二）〉，《蒙藏月報》，第 6 卷第 5 期（1937），頁18。按：馮雲仙此次考察的時間應為 1934 年。

3 吳忠信日記，1939.2.20 條，吳忠信原著，王文隆主編，《吳忠信日記 1937-1939》（臺北：民國歷史文化學社，2020），頁 42-43。

深入邊疆田野考察，試圖擺脫傳統漢蠻族類二分的偏見，更新通俗文本所流傳的異奇傳聞。然而，不論是陳永齡、李有義乃至李安宅，人類學者的實地研究，不只得回應現實的需求，甚至還會面臨其他知識菁英同樣出於民族主義情緒所帶來的攻擊。學術無法脫離政治，處於中日戰爭的災難下，日人利用民族自決口號鼓動部分滿、蒙、疆異議者對抗國府抗戰工作，加上英、法、蘇等強權對中國邊疆的各種滲透，非人類學／民族學出身的知識菁英，對於「民族」、「邊疆」的學術研究，並非全然同意。舉例而言，1939 年初，顧頡剛在昆明辦《益世報》的《邊疆週刊》，就發動過〈中華民族是一個〉的論戰。文中反對「中國本部」、「漢族」、「民族」等名詞的使用，並倡議漢人要與邊地人民共同集合在「中華民族」之名下，團結抵抗帝國主義。[4] 基於相近的立場，傅斯年反對吳文藻、費孝通等人類學者在西南地區的實地研究，指責他們販賣帝國主義的殖民知識，幫助外人裂解中國；並更進一步動用關係，打壓人事及經費。[5] 顧、傅兩人此時的態度，全然不同於他們早年在學界奠定學術基業時的想法。古史辨時期的顧頡剛，主張要打破民族出於一元的古史結構，應當依照

4 顧頡剛，〈中華民族是一個〉，《益世報．邊疆週刊》，第 9 期，1939 年 2 月 13 日。

5 見：「傅斯年致朱家驊、杭立武」，1939 年 7 月 7 日，檔號：III：1197，收入王汎森、潘光哲、吳政上主編，《傅斯年遺札》（臺北：中央研究院歷史語言研究所，2011），頁 1014-1018。關於這場〈中華民族是一個〉論戰的細節，見：黃興濤，《重塑中華：近代中國「中華民族」觀念研究》（香港：三聯書店，2017），頁 369-406。

民族的分合，找出各漢人各民族系統的異同。[6] 至於傅斯年，在史語所發刊詞中，則曾提倡要趕緊採集漢族及漢族之外各種人類學材料。[7] 國難引導這些頂級知識分子改變學術態度，促使他們召喚中華民族放手同化其他非漢族群。

自晚清起，中國的知識菁英普遍抱持著受帝國主義侵略的恥辱感與受害感，在民族主義指引下，通俗教科書所闡述中國近代史是以 19 世紀中葉的屈辱為起點。但若從關心帝國邊疆者的觀點來考察，1840 年的鴉片戰爭並非近代中國國勢衰弱的起點，而是應當向前溯源至大英帝國在喜馬拉雅高地的擴張。18 世紀末起，英人即圖謀錫金、不丹、尼泊爾等國，一步步完成圖藏的策略，[8] 並最終於 1903 年進攻西藏，埋下西藏議題根源。

1948 年，當印度即將獨立之際，一位作者總結並想像英國帝國主義的影響。從清末的諸條約起，英國勢力逐漸深入西藏，獨享特權，先後在拉薩設立機關、辦學校，在江孜、亞東駐軍，壟斷郵電驛運交通事業，保持特殊權益與地位，更策動親英分子反對我國在藏行使主權，支持激烈分子陷害攝政熱振。如今印度獨立後，必將在藏特權交給印度繼承。在英印之間特殊關係下，證明英國決不會放棄在藏特權。[9] 如此一來，排除帝

6 顧頡剛，〈我為什麼要寫「中華民族是一個」？〉，《西北通訊》，第 2 期（1947），頁 2。

7 傅斯年，〈歷史語言研究所工作之旨趣〉，《國立中央研究院歷史語言研究所集刊》，第 1 本第 1 分（1928），頁 9。

8 王勤堉，《西藏問題》，頁 27-31。

9 吳諡賡，〈帝國主義者在康藏之「挖心」「吸血」術〉，《西北

國主義成為漢人民族主義不可迴避的義務，同時也是漢人必須承擔的民族解放之責。1942年國府與西藏關係緊張之際，蔣介石在與馬步芳、馬步青的對話中指出，「中央之所以必須統制西藏者，其宗旨全在解放藏民痛苦，保障其宗教與生活自由，而不被外國所愚弄與束縛而已。」[10]

所以，在多數漢人的觀念裡，西藏問題的出現即是帝國主義對國家固有主權的干涉，藏人只是處於被動、無知的地位受到離間，藏人不可能表達出真正對中華民國全體有利的方案。同時，西藏社會也與中國社會一樣，都需要將傳統的惡勢力加以革除。中國思想界從五四時代起，就在告別傳統與保守文化之間拉鋸，並將此種願望也投射在非漢族群上。西藏的傳統，不論是社會、宗教或性別等方面的檢討，中世紀封建主義的力量都遠比中國社會更強大。而這些診斷，誠如以上所討論過的，最終都離不開種族性質的指責。這個界線，康區藏人格桑澤仁曾如此形容：

> 過去中國之治邊政策，在某種情形下視之，好像國家是一座獨立的房子，治邊者坐在窗口上，將大門緊閉，邊疆各民族，好比幾個跳皮的孩子，一律關在房外，由窗口面向他們說：「你們就在這房子的周圍玩，不要跑出去……不得與外邊的人一齊玩，

通訊》，第3卷第2期（1948），頁1。

10 《蔣中正日記》（未刊本），1942年8月28日。

> 也不得向房子上摔石頭。」這些小孩子哭啼叫鬧時，撒下一些糖菓，若有鬧得厲害一點的，或給他一頂花帽子戴上。有時覺得某個孩子太跳皮，認為給糖菓亦無效時，即開後門，派一壯漢拿馬鞭出去痛抽一頓，以使下次不敢再鬧。[11]

這個房子雖然號稱是五族共有，但是邊疆民族卻進不了屋內。過去西藏在清帝國的地位乃是支撐皇權的神聖性存在，滿、蒙、藏佛教信徒精神上的共主；然而，在中華民族所建立的民族國家之內卻降低成從屬內地的「邊疆」。

中文典籍裡對西藏的記載由來已久，直至清中葉的魏源才形成對西藏政教史較有系統的敘述，只是這個錯誤的典範影響深遠。漢人菁英從西藏的歷史、種族與地理來證明漢藏同源，因此西藏就是構成中國疆域及民族的一分子。在漢藏歷次的官方互動中，民國歷屆政府都抱持著必須恢復在藏主權的立場。政治與知識菁英並規劃各種籌藏的現代化方案，樂觀期待漢藏融為一體後的中華民族在世界的地位。但是，從教科書起，一位中國國民就學習到西藏人是生活於落後的喇嘛教所統治的神權國度，西藏歷史還停留於中世紀的封建社會，婦女地位與一妻多夫又標誌著色情化的怪異風俗，西藏在地圖上的意義也代表帝國主義對中國的侵略。這些負面元素亦廣泛地傳布在大眾媒體中。由國民黨中央廣播無線

11 格桑澤仁，〈自我介紹（代序）〉，《邊人芻言》，頁173。

電台管理處出版的《廣播週報》，公開報導西藏喇嘛享有人民的初夜權，賤民階級以近於黑奴境遇生活著。[12]《申報月刊》則提出佛教對蒙藏民族所插下的幾根毒釘：「文化低落」、「知識閉塞」、「人口遞減」、「民族精神衰頹」、「易為帝國主義者所利用」。[13]因此，如《西行豔異記》此種文本的出現也就不足為奇。

既然西藏以負面形象出現於漢人眼前，因此漢人就有必要從少數民族之中拯救民族國家。就這個意義來說，藏人的神權政治、封建社會、色情宗教、兩性淫亂以及邊疆的失土，都是知識分子所要表達的國恥。除了極少數因宗教信仰而成為西藏佛教的信徒，以及專精的康藏史地學者與人類學家之外，漢人認識到的西藏與西藏文化，就是中國現代民族國家進化之路上的障礙。然而這個充滿恥辱的西藏形象離現實有多遠？旅居中國內地的藏人雖能接受五族共和的族群論述，在漢藏之間選擇擁護國民政府，但藏人終究難以接受漢人對自身文化的負面貶抑。

同樣的，西方對西藏的再現亦有自身的脈絡，出於殖民興趣與追尋西方文明衰落的替代物，西藏既是落後野蠻的東方禁地，又是救贖西方的智慧寶庫。西方對西藏的再現伴隨著西方帝國主義的實力傳播全球，由西方重新編定的「真實西藏」驅逐在地知識，擁有無可質疑

12 吳佩，〈神祕的西藏〉，《廣播週報》，復刊第39期（1947），頁6-7。

13 意芬，〈青海人的迷信喇嘛〉，《申報月刊》，第4卷第6號（1935），頁87。

的科學權威。西方的著作裡所投射出的欲望，是希望西藏成為一個封閉、自主獨立於中國之外的西藏，服務於西方人以尋求精神平靜的智慧聖城，與西方的接觸下滿足於各式科學研究的目的與佔有。其實，在中、西關於西藏的文本裡，中國與西方最終都是處於西藏的救世者與精神指導者的地位。中國的著作顯現出強烈的同化企圖，擁抱共同的民族國家榮耀與恥辱，揮別帝國主義的陰影，打造一個開發進步與去喇嘛化的西藏，現代化的智慧與方案則完全由中國提供。在中、西關於西藏的論述裡，通過政治及經濟的核心地位，來定義自身是屬於先進文明，處於中心地位的中、西皆承諾將提高異己族群的文明，並以各種隱喻將之描繪為女性、幼稚與落後的他者。從帝制王朝時代的儒家化工程、民國時期的基督教工程及現代化工程，乃至共產主義工程，這些「文明化工程」（civilizing project）都以文明中心將自我霸權的意識形態合理化。[14]

當社會學者、人類學家開始進行各種田野調查時，在社會進化論的影響下，非漢族群社會都被當成封建社會、甚至更原始的社會型態，而唯有通過漢人的提攜，才得以打破社會進化必須循序漸進的「自然通則」。俞湘文即引用恩格斯關於人類原始社會進化階段，來解釋果洛藏區部落社會，「不希望他們再依著自然的社會進化程序自行發展下去，使他們也經過奴隸制度，封建制度等等階段，使大多數的人民受到少數的特殊階級壓迫

14 Stevan Harrell, "Introduction: Civilizing Projects and the Reactions to Them," in Stevan Harrell (ed.), *Cultural Encounters on China's Ethnic Frontiers* (Seattle: University of Washington Press, 1995), pp. 3-36.

的痛苦。我們要藉人力來使他們跳過社會發展自然程序的階段而趕上世界的潮流。」[15] 漢人精英會認為漢人社會並非一塊鐵板，而是有省籍、地域、血緣、宗族、信仰、職業團體等各種共同體的區別，藉由「調查」、「研究」拆解。但對於非漢族群，則習慣視為一體化的「團體」、「民族」，並以此團體與我族的文化差異來區別異己。漢人裝備全球性現代化知識，經過漢人中心主義的轉譯，去除現代化知識在西方社會原有的脈絡，用以介入非漢族群社會，乃至宣判在地知識與地方倫理必須走入歷史。

隨著國民政府垮台，如何更真確地認識與研究西藏的問題，就由中共接手。此後在臺灣的國民政府，則支持藏人游擊隊在青康地區作敵後工作。當國民黨將離開中國大陸之際，藏人也於 1949 年 11 月 1 日向中共主席毛澤東發去一信。該信的內容就如同過去一樣，強調西藏的獨特與獨立，不僅要求中共對此尊重，還要求歸還青海、西康所有被國民政府所併吞的領土，[16] 這可以說是藏人的天真。但是，解放軍入藏後，中共對西藏問題的認識，其實與清末及國民政府統治時期並無二致。在其論述中，英國帝國主義（而後增加了美國帝國主義）與封建農奴制的殘酷階級社會，始終是兩個主軸。在中共的民族政策裡，民族問題只是家庭內部的問題，

15 俞湘文，《西北游牧藏區之社會調查》（上海：商務印書館，1947），頁 31。

16 茨仁夏加（著），謝惟敏（譯），《龍在雪域：一九四七年後的西藏》，頁 55。

少數民族需要漢人「老大哥」的領導，在中華民族大家庭內，在共產黨的指導下，邁向進步的政治、經濟與文化發展。[17]

中共於 1950 年進軍西藏的理由，是以解救西藏於帝國主義控制之下。封建農奴制的說詞，則是在 1955 年於安多與康進行全面土地改革時才公開宣示。[18] 這原因正如毛澤東體認到的，在西藏〔指後來成立的西藏自治區範圍〕必須先爭取最多的上層僧俗，不能立刻施行土改。西藏和新疆不一樣，「新疆有幾十萬漢人，西藏幾乎全無漢人，我軍是處在一個完全不同的民族區域。」[19] 諷刺的是，跨越整個西藏高原與不同地域認同，而產生所有藏人是同一個民族的西藏民族主義，卻是由中共所促成。

在 1954 年民族識別、人口普查等工作完成後，中共開始在安多與康區施行土地改革。就此而言，中共重

---

17 有關 1950 年代以後中共宣傳體系中的西藏形象，以及其與海外流亡藏人的著作之比較，見：John Powers, *History as Propaganda: Tibetan Exiles versus the People's Republic of China*.

18 〈中共中央關於目前西藏進行的改革屬於什麼性質問題的答覆〉（一九五五年九月四日），中共中央文獻研究室、中共西藏自治區委員會（編），《西藏工作文獻選編（1949-2005）》（北京：中央文獻出版社，2004 年），頁 141。至於在西藏自治區為了推進社會主義改革而打出封建農奴制的時間則更晚至 1959 年拉薩事件爆發後，見：〈中共中央關於在西藏平叛中實現民主改革的若干政策問題的指示（草案）〉（一九五九年三月二十一日），中共中央文獻研究室、中共西藏自治區委員會（編），《西藏工作文獻選編（1949-2005）》，頁 204-205。

19 毛澤東，〈關於西藏工作的方針〉（1952 年 4 月 6 日），中共中央文獻研究室、中共西藏自治區委員會、中國藏學研究中心（編），《毛澤東西藏工作文選》（北京：中央文獻出版社、中國藏學出版社，2001），頁 61。

復過去清末官員及國民政府的錯誤，未將青海與西康當成在文化上是西藏一部分的認識，中共改革的首要目標，即是寺院及其財產，其結果是在西藏自治區籌委會成立時，爆發大規模的反抗，進而導致全藏的反叛。流亡藏人學者達瓦諾布（Dawa Norbu）認為，中國在「外藏」（也就是西藏自治區）採用和平解放政策，不去觸及西藏一般大眾所習以為常的生命價值之政教問題，佛教在西藏是價值體系的泉源與對生活現狀的解釋，也就是說和平解放的對象是上層政教人士。可是中國在「內藏」（安多與康）卻拘泥於信條，而對內藏進行社會主義改革。[20] 對藏人而言，中共的改革乃是對其價值與信仰體系的攻擊，出現西藏史上第一個跨越社會各階層的群眾運動。進而在1958年，康巴人創立了「四水六嶺」的反抗組織。這是西藏史上第一次所有的藏人被一個共同的目的、共享的價值凝聚在一起，並以中國人／漢人為共同的敵人，對中共而言，不只是軍事上的挑戰，也是泛康巴認同形成的標誌。[21] 最終，這股反叛於1959年掃至拉薩，引發拉薩事件。此後，在藏區城市中泛藏人意識迅速出現，宗教成為區別於中國人／漢人的身分認同標誌。[22]

---

20 Dawa Norbu, "The 1959 Tibetan Rebellion: An Interpretation," *The China Quarterly*, No. 77(1979:3), pp. 74-93.

21 茨仁夏加（著），謝惟敏（譯），《龍在雪域：一九四七年後的西藏》，頁 184-195、231-238。

22 Dawa Norbu, "Otherness" and the Modern Tibetan Identity," in *Himal*, 1992:5-6, pp. 10-11; Samtem G. Karmay, "Mountain Cults and National Identity in Tibet," in Robert Barnet and Shirin Akiner (eds.), *Resistance and Reform in Tibet* (London: Hurst, 1994), pp. 112-120.

十四世達賴喇嘛流亡後，西藏問題成為中共在國際上飽受難堪的議題，藏人也以民族主義在國際宣傳上回擊中共。只是西藏現代民族主義很大程度上是來自中共的促成，其源頭又因為中共將帝國主義與封建農奴制這兩個主軸最後定位在西藏的宗教上。目前，依據西藏流亡難民採訪的研究表明，在共軍進藏之前，大多數藏人傾向於將自己當成是某一個特定區域或某個部落的成員，而不是「藏人」。許多藏人在逃亡前只是分散居住於西藏高原遙遠的各處，彼此很少接觸，共享同一認同。就此而言，逃亡創造了獨特的藏人身分感與團結意識，並分享「中國入侵」的共同苦難，這樣的經驗使他們將自我想像成「藏人」。也就是說，當代藏人身分的認同來自中共和西藏衝突的結果。[23]

文化大革命之後，中共政府曾一度試圖重新推動藏族與其他少數民族文化的再生，在北京的規範下，由國家定義藏族文化的內容。中共政府雖投入資源於古代佛教文獻的刊印與寺廟的修復，但宗教活動就是有礙現代化的落後迷信。在 1994 年的工作會議，中共決議要消除西藏那些與社會主義不相容的文化和宗教色彩。2008 年以來，在愛國教育運動的口號下，更強化對寺院的控制，以遏制與達賴喇嘛相呼應的「分裂主義」活動。[24]

---

23 John Powers, *History as Propaganda: Tibetan Exiles versus the People's Republic of China*, p. 156.

24 茨仁夏加（著），謝惟敏（譯），《龍在雪域：一九四七年後的西藏》，頁 533-534；安瑪莉．布隆鐸、卡提亞．畢菲特里耶（等編著），謝惟敏（譯），《遮蔽的圖伯特：國際藏學家解讀（中共版）《西藏百題問答》》，頁 228-241、247-250。

就如同國民政府的企圖與規劃，中共為了完整承繼大清帝國遺產，重新建構中國民族主義，打消那些對現代中國政治認同與疆域整合之合法性的質疑，訴求中華民族的民族性有著共同語言、文化、生存地域，並承諾在弘揚中華文化之餘，亦會戮力於捍衛各弱小民族與地方文化。只是晚近實情顯示的是，為了在族群與文化認同多樣性的民族國家內，建立統一的民族想像，確立統一的歷史詮釋，在藏區、新疆、內蒙等地，正發生地方文化的清洗。其實民族與宗教這兩者，都是馬克思列寧主義理論中不受歡迎的成分，與無產階級專政中蘊含的全球一統性及理論普世化的趨力相違背，自然無法忍受包括藏傳佛教、伊斯蘭教對少數民數所提供精神指引及日常生活之道。

雖然在藏人自己來說，他們確實曾將失去西藏的原因歸結為宗教，譴責過去保守的制度。不過，正如 Gray Tuttle 認為，宗教已經成為藏人民族主義的象徵，在中國民族主義與現代化意識型態對少數族群而言都失效的時候，在漢藏之間，宗教這個連結最能超越一切，這也是過去帝國遺產中最值得考慮者。[25] Benedict Anderson 在其名著討論民族主義時曾指出：

> 傳統的宗教世界觀有一個偉大的價值……也就是它們對身處宇宙之內的人，人類做為物種的存在，以及生命之偶然性的關心。佛教、基督教或者伊斯蘭

25 Gray Tuttle, *Tibetan Buddhists in the Making of Modern China*, pp. 224-228.

> 教在許多不同的社會中存續了千年以上，此一驚人的事實，證明了這些宗教對於人類苦難的重荷，如疾病、肢體殘廢、悲傷、衰老和死亡，具有充滿想像力的回應能力。為何我生為盲人？為何我的摯友不幸癱瘓？為何我的愛女智能不足？宗教企圖提出解釋，包括馬克思主義在內的所有演化論／進步論型態的思想體系的一大弱點，就是對這些問題不耐煩地無言以對。[26]

現代民族主義的熱誠動員想像的共同體為此目標付出及犧牲，因此 Anderson 認為現代民族主義有其宗教性的一面。然而，民族主義並不能取代宗教提供價值與精神上的指引。在過去的世界史，人類只有改宗，而未有無宗教信仰的群體。最接近此狀態的時代，是 20 世紀蘇聯等社會主義國家以馬克思列寧主義取代、禁止宗教信仰。但是，當馬克思列寧主義不再具有正統地位後，宗教信仰再度復甦；在中國，官方鎮壓包括法輪功、地下教會在內的民間宗教活動，亦是反面說明，民族主義無法全盤取代宗教的功能。一個本書無法回答的問題是，若真出現一個去佛教化且具備現代民族主義的藏人群體，那將會出現什麼情景？

---

26 班納迪克・安德森（著），吳叡人（譯），《想像的共同體：民族主義的起源與散布》（臺北：時報文化，2010，2 版），頁 48。

參考書目

檔案

- 〈西藏國大代表問題處理（三）〉，《國民政府檔案》，國史館藏，典藏號：001-059200-00006-003。
- 〈藏務（二）〉，《國民政府檔案》，國史館藏，典藏號：001-059200-00017-002。

手稿本

- 歐陽無畏，《大旺調查記》。
- 歐陽無畏，《藏尼遊記》。

中文專書

- 《西藏政教合一制》，南京：行政院新聞局，1947。
- 《西藏研究》編輯部（編輯），《《西藏志》《衛藏通志》合刊》，拉薩：西藏人民出版社，1982。
- 《西藏誌・夫婦》，臺北：成文出版社，1968。
- 《西藏誌・事蹟》，臺北：成文出版社，1968。
- 《欽定外藩蒙古回部王公表傳》，收入紀昀等總纂，《景印文淵閣四庫全書》，臺北：臺灣商務印書館，1983。
- 《新西北》通訊社南京總社（編），《邊疆異俗漫譚》，南京：新西北通訊社，1935。
- Charles Bell（著），董之學、傅勤家（譯），《西藏志》，上海：商務印書館，1936。
- 丁福保主編，《佛學大辭典》，中卷，臺北：新文豐出版公司，1974 年影版本。
- 于式玉《于式玉藏區考察文集》，北京：中國藏學出版社，1990。
- 大司徒・絳求堅贊（著），贊拉・阿旺、佘萬治（譯），陳慶英（校），《朗氏家族史》，拉薩：西藏人民出版社，1988。
- 大村西崖，《密教發達志》，臺北：華宇出版社，1986 年影印本。
- 山縣初男（編著），吳季昌（等譯），《西藏通覽》，臺北：華文書局，1969。
- 中央研究院歷史語言研究所七十周年研討會論文集編輯委員會（編輯），《學術史與方法學的省思：中央研究院歷史語言研究所七十周年研討會論文集》，臺北：中央研究院歷史語言研究所，2000。
- 中共中央文獻研究室、中共西藏自治區委員會（編），《西藏工作文獻選編（1949-2005）》，北京：中央文獻出版社，2004。
- 中共中央文獻研究室、中共西藏自治區委員會、中國藏學研究中心（編），《毛澤東西藏工作文選》，北京：中央文獻出版社、中國藏學出版社，2001。
- 中國人民政協會議四川省委員會文史資料研究委員會、四川省省志編輯委員會（編），《四川文史資料選輯》，第 27 輯，成都：四川人民出版社，1983。
- 中國人民政協會議四川省委員會文史資料研究委員會、四川省省志編輯委員會（編），《四川文史資料選輯》，第 29 輯，成都：四川人民出版社，1983。
- 中國人民政治協商會議四川省甘孜藏族自治州委員會（編），《甘孜州文史資料》，第 11 輯，出版地、出版者不詳，1990。

- 中國第二歷史檔案館、中國藏學研究中心（合編），《九世班禪內地活動及返藏受阻檔案選編》，北京：中國藏學出版社，1992。
- 中國第二歷史檔案館、中國藏學研究中心（合編），《十三世達賴圓寂致祭和十四世達賴轉世坐床檔案選編》，北京：中國藏學出版社，1990。
- 中國第二歷史檔案館、中國藏學研究中心（合編），《中國第二歷史檔案館所存西藏和藏事檔案匯編》，北京：中國藏學出版社，2010。
- 中國第二歷史檔案館、中國藏學研究中心（合編），《康藏糾紛檔案選編》，北京：中國藏學出版社，2000。
- 中國第二歷史檔案館、中國藏學研究中心（合編），《黃慕松 吳忠信 趙守鈺 戴傳賢奉使辦理藏事報告書》，北京：中國藏學出版社，1993。
- 中國編政協會，《西藏學術會議論文集》，臺北：蒙藏委員會，2000。
- 中國藏學研究中心（等合編），《元以來西藏地方與中央政府關係檔案史料匯編》，北京：中國藏學出版社，1994。
- 丹珠昂奔（主編），《歷輩達賴喇嘛與班禪額爾德尼年譜》，北京：中央民族大學出版社，1998。
- 丹珠昂奔（主編），《藏族大辭典》，蘭州：甘肅人民出版社，2003。
- 太田保一郎（編），四川西藏調查會（譯），《西藏》，成都：四川西藏研究會，1907。
- 王力雄，《天葬：西藏的命運》，臺北：大塊文化，2009。
- 王弘願，《圓五居文集》，潮州：震旦密教重興會，1933。
- 王成組，《復興高級中學教科書本國地理》，上海：商務印書館，1946，改編本第 41 版。
- 王成組，《復興高級中學教科書本國地理》，上海：商務印書館，1948，改編本第 101 版。
- 王汎森（等著），《中國近代思想史的轉型時代》，臺北：聯經出版公司，2007。
- 王汎森、潘光哲、吳政上主編，《傅斯年遺札》，臺北：中央研究院歷史語言研究所，2011。
- 王宗維、周偉洲（編），《馬長壽紀念文集》，西安：西北大學出版社，1993。
- 王明珂，《羌在漢藏之間：一個華夏邊緣的歷史人類學研究》，臺北：聯經出版公司，2003。
- 王明珂，《英雄祖先與弟兄民族：根基歷史的文本與情境》，臺北：允晨文化，2006。
- 王建民，《中國民族學史》，昆明：雲南教育出版社，1997。
- 王堯、王啟龍、鄧小詠（著），《中國藏學史（1949 年前）》，北京：民族出版社、清華大學出版社，2003。
- 王堯、陳慶英（主編），《西藏歷史文化辭典》，杭州：浙江人民出版社；拉薩：西藏人民出版社，1998。
- 王森，《西藏佛教發展史略》，北京：中國社會科學出版社，1987。
- 王勤堉（著），壽景偉（校），《西藏問題》，上海：商務印書館，1929。
- 王爾敏，《中國近代思想史論》，臺北：臺灣商務印書館，1995。
- 四川省民族研究所《清末川滇邊務檔案史料》編輯組（編），《清末川滇邊務檔案史料》，北京：中華書局，1989。
- 四川省地方志編纂委員會省志人物志編輯組（編），《四川近現代人物傳》，第 6 輯，成都：四川大學出版社，1990。

- 四川省檔案館、四川民族研究所（編），《近代康區檔案資料選編》，成都：四川大學出版社，1990。
- 外交部（編），《外交部檔案叢書．界務類》，第5冊，《西藏卷》（一），臺北：外交部，2005。
- 平川彰（著），莊崑木（譯），《印度佛教史》，臺北：商周出版，2002。
- 田世英，《開明新編初級本國地理》，上海：開明書店，1948，再版。
- 白眉初，《西藏始末紀要》，北平：北平建設圖書，1930。
- 白眉初，《高級中國地理教本》，北平：建設圖書館，1934，4版。
- 石碩，《藏族族源與藏東古文明》，成都：四川人民出版社，2001。
- 任乃強（著），任新建（編），《川大史學．任乃強卷》，成都：四川大學出版社，2006。
- 任乃強，《西康札記》，上海：新亞細亞月刊社，1932，再版）。
- 任乃強，《西康詭異錄》，成都：四川日報社，1931。
- 任乃強，《西康圖經．民俗篇》，南京：新亞細亞學會，1934。
- 任乃強，《西康圖經．境域篇》，南京：新亞細亞學會，1933。
- 任乃強，《康藏史地大綱》，雅安：建康日報社，1942。
- 任美鍔、沈汝生、夏開儒、張德熙（編著），《初級中學地理》，重慶：國定中小學教科書七家聯合供應處，1946，上海白報紙第20版。
- 列文森（著），鄭大華、任菁（譯），《儒教中國及其現代命運》，北京：中國社會科學出版社，2000。
- 印順，《太虛大師年譜》，新竹：正聞出版社，2000，新版。
- 安瑪莉．布隆鐸、卡提亞．畢菲特里耶（等編著），謝惟敏（譯），《遮蔽的圖伯特：國際藏學家解讀（中共版）《西藏百題問答》》，臺北：前衛出版社，2011。
- 朱少逸，《拉薩見聞記》，上海：商務印書館，1947。
- 朱麗雙，《民國政府的西藏專使（1912-1949）》，香港：香港中文大學出版社，2016。
- 江燦騰，《太虛大師前傳（1890-1927）》，臺北：新文豐出版公司，1993。
- 西藏自治區政協文史資料委員會（編），《西藏文史資料選輯》，第10輯，北京：北京民族出版社，1989。
- 西藏自治區政協文史資料委員會（編），《西藏文史資料選輯》，第5輯，北京：北京民族出版社，1985。
- 余遜，《余氏高中本國史》，上海：世界書店，1946，新10版。
- 余遜，《余氏高中本國史》，上海：世界書店，1948，修正版。
- 吳忠信（原著），王文隆（主編），《吳忠信日記（1937-1939）》，臺北：民國歷史文化學社，2020。
- 吳忠信（原著），王文隆（主編），《吳忠信日記（1940）》，臺北：民國歷史文化學社，2020。
- 吳彥勤，《清末民國時期川藏關係研究》，昆明：雲南人民出版社，2007。
- 吳豐培（編），《趙爾豐川邊奏牘》，成都：四川民族出版社，1984。
- 吳豐培（編輯），《清代藏事奏牘》，《西藏學漢文文獻匯刻》，第3輯，北京：中國藏學出版社，1994。
- 吳豐培、曾國慶，《清代駐藏大臣傳略》，拉薩：西藏人民出版社，1988。
- 吳豐培、曾國慶，《清朝駐藏大臣制度的建立與沿革》，北京：中國藏學出版社，1989。

- 吳繩海，《簡易師範學校及簡易鄉村師範學校 歷史》，上海：正中書局，1946，滬23版。
- 呂芳上主編，《蔣中正先生年譜長編》，第7冊，臺北：國史館、國立中正紀念堂管理處、財團法人中正文教基金會，2015。
- 呂建福，《中國密教史》，北京：中國社會科學出版社，2011。
- 呂思勉，《中國民族史》，上海：上海書店，1989年影印本。
- 呂思勉，《初中標準教本 本國史》，上海：中學生書局，1935。
- 呂思勉，《高中複習叢書 本國史》，成都：商務印書館，1943，訂正蓉一版。
- 呂思勉，《復興高級中學教科書 本國史》，上海：商務印書館，1946，72版。
- 呂思勉，《復興高級中學教科書 本國史》，上海：商務印書館，1947，90版。
- 呂思勉，《新學制高級中學教科書 本國史》，上海：商務印書館，1924。
- 呂澂，《西藏佛學原論》，臺北：老古出版社，1978。
- 妙舟，《蒙藏佛教史》，上海：佛學書局，1934；臺北：文海出版社，1988。
- 李安宅，《李安宅藏學文論選》，北京：中國藏學出版社，1992。
- 李安宅，《藏族宗教史之實地研究》，上海：上海人民出版社，2005。
- 李安宅，《邊疆社會工作》，上海：中華書局，1946，再版。
- 李有義，《今日的西藏》，天津：知識書店，1951。
- 李明榘，《籌藏政策》，出版項不詳。
- 李貞德主編，《性別、身體與醫療》，臺北：聯經出版公司，2008。
- 李鐵錚（著），夏敏娟（譯），《西藏歷史上的法律地位》，長沙：湖南人民出版社，1986。
- 杜佑，《通典》，臺北：新興書局，1963。
- 杜贊奇（著），王憲明（等譯），《從民族國家拯救歷史：民族主義話語與中國現代史研究》，北京：社會科學文獻出版社，2003。
- 汪洪亮，《民國時期的邊政與邊政學（1931-1948）》，北京：人民出版社，2014。
- 汪暉，《東西之間的"西藏問題"（外二篇）》，北京：生活．讀書．新知三聯書店，2011。
- 汪榮祖、林冠群（主編），《民族認同與文化融合》嘉義：國立中正大學臺灣人文研究中心，2006。
- 汪榮寶，《中國歷史教科書》，上海：商務印書館，1911，4版。
- 沈宗濂、柳陞祺（著），柳曉青（譯），《西藏與西藏人》，北京：中國藏學出版社，2006。
- 沈衛榮（主編），《文本中的歷史：藏傳佛教在西域和中原的傳播》，北京：中國藏學出版社，2012。
- 沈衛榮，《西藏歷史和佛教的語文學研究》，上海：上海古籍出版社，2010。
- 沈衛榮，《尋找香格里拉》，北京：中國人民大學出版社，2010。
- 狄雍（J. W. de Jone）（著），霍韜晦（譯），《歐美佛學研究小史》，臺北：華宇出版社，1985。
- 邢肅芝（口述），張健飛、楊念群（筆述），《雪域求法記：一個漢人喇嘛的口述史（修訂本）》，北京：生活．讀書．新知三聯書店，2008，2版。
- 卓鴻澤，《歷史語文學論叢初編》，上海：上海古籍出版社，2012。
- 周予同，《初級中學本國史》，上海：開明書店，1947，臺1版。
- 周志煌，《唯識與如來藏》，臺北：文津，1998。

- 周昆田，《邊疆政策概述》，臺北：蒙藏委員會，1978，3 版。
- 周美華（編），《蔣中正總統檔案：事略稿本》，第 25 冊，臺北：國史館，2006。
- 周陽山、楊肅献（編），《近代中國思想人物論：民族主義》，臺北：時報文化出版事業有限公司，1980。
- 和寧，《西藏賦》，收入《廣州大典》，廣州：廣州出版社，2008。
- 易君左（等著），《川康游踪》，出版地、出版者不詳，1943。
- 東初，《中國佛教近代史》，臺北：東初出版社，1984，再版。
- 松筠，《鎮撫事宜．西招紀行詩》，《西藏學漢文文獻彙刻》，第 1 輯，北京：全國圖書館文獻縮微複製中心，1991。
- 林冠群，《唐代吐蕃史研究》，臺北：聯經出版公司，2011。
- 林恩顯，《清朝在新疆的漢回隔離政策》，臺北：臺灣商務印書館，1988。
- 林恩顯，《邊政通論》，臺北：華泰文化事業股份有限公司，1989。
- 林恩顯、蕭金松編，《兩岸少數民族研究體制與內容分析暨兩岸少數民族文化學術研討會論文集》，臺北：中國邊政協會，1999。
- 林耀華，《在大學與田野間：林耀華自傳》，北京：北京大學出版社，2011。
- 法尊，《西藏民族政教史》，北碚：漢藏教理院出版，1941。
- 法尊，《現代西藏》，重慶：漢藏教理院，1937。
- 芮哈特（著），王綬（譯），《與西藏人同居記》，上海：商務印書館，1931。
- 邱澎生、陳熙遠編，《明清法律運作中的權力與文化》，臺北：中央研究院，聯經出版公司，2009。
- 邵之棠（輯），《皇朝經世文統編》，臺北：文海出版社，1980。
- 金兆梓，《新編高中本國史》，上海：中華書局，1947，32 版。
- 金希三、李松蘭，《新編中國地理》，太岳：太岳新華書店，1949。
- 侯坤宏，《真實與方便：印順思想研究》，臺北：法界，2009。
- 俞湘文，《西北游牧藏區之社會調查》，上海：商務印書館，1947。
- 姚祖義，《最新中國歷史教科書》，上海：商務印書館，1910，22 版。
- 姚紹華（編著），金兆梓（校者），《初中本國歷史》，上海：中華書局，1937，5 版。
- 姚瑩，《康輶紀行》，臺北：廣文書局，1969。
- 恆演，《西藏佛教略記》，臺北：佛教出版社，1978。
- 查理士柏爾（著），宮廷璋（譯），竺可楨、向達（校），《西藏之過去與現在》，上海：商務印書館，1930。
- 柳陞祺，《西藏的寺與僧（1940 年代）》，北京：中國藏學出版社，2010。
- 柳陞祺，《柳陞祺藏學文集》，北京：中國藏學出版社，2008。
- 洪金蓮，《太虛大師佛教現代化之研究》，臺北：法鼓文化，1999，修訂一版。
- 洪滌塵，《西藏史地大綱》，南京：正中書局，1947，滬 1 版。
- 胡樸安（編著），《中華全國風俗志》，臺北：啟新書局，1968。
- 倫琴拉木（著），汪今鸞（譯），《西藏風俗志》，上海：上海商務印書館，1931。
- 徐正光、黃應貴（主編），《人類學在臺灣的發展：回顧與展望篇》，臺北：中央研究院民族研究所，1999。
- 根敦瓊培（著），法尊（譯），王沂暖（校訂），《白史》，蘭州：西北民族學院，1981。
- 格桑澤仁，《邊人芻言》，重慶：西藏文化促進會，1946。

- 格勒（等編著），《藏北牧民：西藏那曲地區社會歷史調查報告》，北京：中國藏學出版社，2004，2 版。
- 格勒，《論藏族文化的起源形成與周圍民族的關係》，廣州：中山大學，1988。
- 格勒、張江華（編），《李有義與藏學研究：李有義教授九十誕辰紀念文集》，北京：中國藏學出版社，2003。
- 烏蘭，《《蒙古源流》研究》，瀋陽：遼寧民族出版社，2000。
- 班納迪克．安德森（著），吳叡人（譯），《想像的共同體：民族主義的起源與散布》，臺北：時報文化，2010，2 版。
- 班欽索南查巴（著），黃顥（譯注），《新紅史》，拉薩：西藏人民出版社，1985。
- 秦孝儀（主編），《先總統蔣公思想言論總集》，臺北：中央文物供應社，1984
- 秦湘蓀，《高小歷史復習》，上海：正中書局，1947，滬 8 版。
- 索南堅贊（著），劉立千（譯注），《西藏王統記》，北京：民族出版社，2000。
- 茨仁夏加（著），謝惟敏（譯），《龍在雪域：一九四七年後的西藏》，新北：左岸文化，2011。
- 馬長壽（著），周偉洲（編），《馬長壽民族學論集》，北京：人民出版社，2003。
- 馬菁林，《清末川邊藏區改土歸流考》，成都：巴蜀書社，2004。
- 國立中央研究院歷史語言研究所編，《慶祝蔡元培先生六十五歲論文集》，南京：國立中央研究院歷史語言研究所，1935。
- 國立編譯館（主編），任美鍔（編輯），《初級中學地理》，上海：商務印書館，1948，19 版、27 版。
- 國立編譯館（主編），任美鍔（編輯），《高級小學地理課本》，臺北：臺灣省教育廳中小學教科書供應委員會，1950，臺灣版。
- 國立編譯館（主編），聶家裕（編輯），《初級中學歷史》，南京：正中書局，1948，滬 2 版、滬 4 版、滬 5 版。
- 屠寄，《中國地理教科書》，上海：商務印書館，1911，11 版。
- 康豹（著），陳亭佑（譯），《中國宗教及其現代命運》，新北：博揚，2017。
- 康樂，《佛教與素食》，臺北：三民書局，2001。
- 張令澳，《我在蔣介石侍從室的日子》，臺北：周知文化出版，1995。
- 張其勤、沈與白，《西藏調查記》，上海：商務印書館，1924。
- 張孟珠，《清代底層社會「一妻多夫」現象之研究》，臺北：國立政治大學歷史學系，2013。
- 張啟雄，《外蒙主權歸屬交涉（1911-1916）》，臺北：中央研究院近代史研究所，1995。
- 張雲，《西藏歷史問題研究》，北京：中國藏學出版社，2008。
- 張駿逸（主編），《歐陽無畏教授逝世八週年紀念論文集》，臺北：蒙藏委員會，2000。
- 張灝（著），崔志海、葛夫平（譯），《梁啟超與中國思想的過渡（1890-1907）》，南京：江蘇人民出版社，1995。
- 梁啟超，《梁啟超全集》，北京：北京出版社，1999。
- 梁園東，《中學各科綱要叢書 本國史》，長沙：商務印書館，1938。
- 梅心如，《西康》，臺北：正中書局，1970，臺一版。
- 章柳泉（等編），《初中會考升學指導 第 5 集 中外史地問答》，南京：南京書店，1933。

- 章梫（編纂），《康熙政要》，臺北：華文書局，1969。
- 第十四世達賴喇嘛丹增嘉措（著），丁一夫（譯），李江琳（校），《我的土地，我的人民》，臺北：臺灣圖博之友會，2010。
- 莊學本，《羌戎考察記》，上海：良友圖書公司，1937。
- 莊學本，《莊學本全集》，北京：中華書局，2009。
- 許光世、蔡晉成（纂），《西藏新志》，上海：自治編輯社，1911。
- 許明銀，《西藏佛教史》，臺北：佛哲書舍，2006。
- 郭卿友（編著），《民國藏事通鑒》，北京：中國藏學出版社，2008。
- 陳永齡，《民族學淺論文集》，臺北：子峰文教基金會、弘毅出版社，1995。
- 陳波，《李安宅與華西學派人類學》，成都：巴蜀書社，2010。
- 陳重生，《西行豔異記》，上海：時報館，1940，重印本。
- 陳重為，《西康問題》，上海：中華書局，1930。
- 陳健夫，《西藏問題》，上海：商務印書館，1937。
- 陳康祺，《郎潛紀聞．初筆．二筆．三筆》，北京：中華書局，1984。
- 陳榮捷（著），廖世德（譯），《現代中國的宗教趨勢》，臺北：文殊出版社，1987。
- 陳慶年，《中國歷史教科書》，上海：商務印書館，1911，5版。
- 陳慶英（主編），《藏族部落制度研究》，北京：中國藏學出版社，2002。
- 陳慶英、高淑芬主編，《西藏通史》，鄭州：中州古籍出版社，2003。
- 陳慶英、陳立健，《活佛轉世及其歷史定制》，北京：中國藏學出版社，2010。
- 陳慶英、馮智，《藏族地區行政區劃簡說》，北京：五洲傳播出版社，1995。
- 陶思曾，《藏輶隨記》，出版地、出版者不詳，1911，再刊版。
- 陸興祺，《西藏交涉紀要》，出版地、出版者不詳，1931。
- 麥克唐納（著），孫梅生、黃次書（譯），張守義、丁雲孫、劉家駒、廖文奎（校），《旅藏二十年》，上海：商務印書館，1936。
- 麥唐納（著），鄭寶善（譯），《西藏之寫真》，南京：考試院印刷所，1935。
- 傅嵩炑（撰），廖祖桂（點校），《西康建省記》，北京：中國藏學出版社，1988。
- 傅嵩炑，《西康建省記》，南京：中華印刷公司鉛印本，1932。
- 喜饒尼瑪，〈九世班禪喇嘛出走內地述略〉，《近代藏事研究》，拉薩：西藏人民出版社，2000。
- 彭明輝，《歷史地理學與現代中國史學》，臺北：東大圖書，1995。
- 斯文赫定（著），李述禮（譯），《亞洲腹地旅行記》，上海：開明書店，1932。
- 智觀巴．貢卻乎丹巴繞吉（著），吳均、毛繼祖、馬世林（譯），《安多政教史》，蘭州：甘肅民族出版社，1989。
- 程恭讓，《歐陽竟無佛學思想研究》，臺北：新文豐出版公司，2000。
- 華企雲，《西藏問題》，上海：大東書局，1930。
- 費正清（編），張玉法（主譯），李國祁（總校訂），《劍橋中國史．晚清篇（上）（1800-1911）》，臺北：南天書局，1987。
- 馮有志，《西康史拾遺》，康定：中國人民政協會議甘孜藏族自治州委員會文史資料委員會，1994。
- 馮承鈞（編譯），《西域南海史地考證譯叢續編》，臺北：商務印書館，1972。
- 馮明珠，《近代中英西藏交涉與川藏邊情：從廓爾喀之役到華盛頓會議》，臺北：國立故宮博物院，1996。

- 黃克武，《一個被放棄的選擇：梁啟超調適思想之研究》，臺北：中央研究院近代史研究所，1994。
- 黃沛翹（編），《西藏圖考》，臺北：文海出版社，1965 年影印本。
- 黃郛，《戰後之世界》，上海：中華書局，1922，再版。
- 黃慕松，《使藏紀程》，出版地、出版者不詳，1947。
- 黃興濤，《重塑中華：近代中國「中華民族」觀念研究》，香港：三聯書店，2017。
- 黃應貴，《人類學的評論》，臺北：允晨文化公司，2002。
- 圓覺宗智敏慧華金剛上師教育基金會編輯組（整理），〈西康諾那呼圖克圖年譜〉，《諾那呼圖克圖法語開示錄》，臺北：圓覺宗智敏慧華金剛上師教育基金會，2002，3 版。
- 楊仲華，《西康紀要》，上海：商務印書館，1937。
- 楊仲華，《西康調查記》，上海：商務印書館，1937。
- 楊東蓴，《開明新編高級本國史》，上海：開明書店，1947，再版。
- 楊芳燦（等撰），《四川通志》，臺北：華文書局，1967。
- 楊瑞松，《病夫、黃禍與睡獅：「西方」視野的中國形象與近代中國國族論述想像》，臺北：政大出版社，2010。
- 葉健青（編），《西藏史料彙編：班禪返藏之路．民國二十四年至二十六年》，臺北：國史館，2009。
- 葛赤峰，《藏邊采風記》，重慶：商務印書館，1944。
- 葛綏成，《地理》，上海：中華書局，1947，11 版、17 版。
- 葛綏成，《新編高中本國地理》，上海：中華書局，1945，3 版。
- 達倉宗巴．班覺桑本（著），陳慶英（譯），《漢藏史集：賢者喜樂贍部洲明鑒》，拉薩：西藏人民出版社，1986。
- 榮赫鵬（著），孫煦初（譯），《英國侵略西藏史》，上海：商務印書館，1934。
- 熊禹治，《解決康藏問題建議書》，出版者、出版地不詳，1931。
- 臺灣省行政長官公署教育處，《歷史》，臺北：臺灣書店，1946。
- 蒙藏委員會編譯室（編），《蒙藏委員會簡史》，臺北：蒙藏委員會，1971。
- 蒙藏委員會編譯室（編輯），《蒙藏委員會駐藏辦事處檔案選編》，臺北：蒙藏委員會，2005。
- 趙雲田，《清代治理邊陲的樞紐——理藩院》，烏魯木齊：新疆人民出版社，1995。
- 趙爾巽等纂，國史館校註，《清史稿校註》，臺北：臺灣商務印書館，1999。
- 趙鐵寒先生紀念論文集編輯委員會（編），《趙鐵寒先生紀念論文集》，臺北：文海出版社，1978。
- 劉青鋒（編），《民族主義與中國現代化》，香港：香港中文大學出版社，1994。
- 劉洪記、孫雨志（合編），《中國藏學論文資料索引》，北京：中國藏學出版社，1999。
- 劉家駒，《西藏政教史略》，出版地不詳：中國邊疆學會，1948。
- 劉家駒，《康藏》，上海：新亞細亞月刊社，1932。
- 劉師培，《中國地理教科書》，劉申叔先生遺書七十二，1936 年寧武南氏校印刊本。
- 劉曼卿，《康藏軺征》，上海：商務印書館，1933。
- 劉曼卿，《邊疆教育》，上海：商務印書館，1937。
- 劉紹唐（主編），《民國大事日誌》，臺北：傳記文學出版社，1989，再版。
- 劉學銚，《蒙藏委員會簡史續篇．附歷任委員長簡歷》，臺北：蒙藏委員會，1996。

- 劉曉原，《邊疆中國：二十世紀周邊暨民族關係史述》，香港：香港中文大學出版社，2016。
- 劉錫鴻（著），朱純、楊堅（校點），《英軺私記》，長沙：岳麓書社，2008。
- 廣東省社會科學院歷史研究室、中國社會科學院近代史研究所中華民國史研究室、中山大學歷史系孫中山研究室（合編），《孫中山全集》，北京：中華書局，2006，2 版。
- 潘之賡，《最新中外史地問答》，上海：惠民書局，1947。
- 潘守永，《林耀華評傳》，北京：民族出版社，2009。
- 蔡巴・貢噶多吉（著），東嘎・洛桑赤列（校注），陳慶英、周潤年（譯），《紅史》，拉薩：西藏人民出版社，1988。
- 蔡志純、黃顥，《藏傳佛教中的活佛轉世》，北京：華文出版社，2000。
- 蔣介石，《中國之命運》，重慶：正中書局，1944。
- 蔣智由，《中國人種考》，上海：華通書局，1929。
- 鄧啟東，《高中本國地理》，南京：正中書局，1947，滬 20 版。
- 鄧銳齡（等著），《元以來西藏地方與中央政府關係研究》，第 2 冊，北京：中國藏學出版社，2005。
- 鄭鶴聲，《中學歷史教學法》，南京：正中書局，1936。
- 盧秀璋（主編），《清末民初藏事資料選編：1877-1919》，北京：中國藏學出版社，2005。
- 穆彰阿等撰，《嘉慶重修一統志》，《西藏圖》，收入《四部叢刊・續編・史部》，臺北：臺灣商務印書館，1966。
- 蕭金松，《清代駐藏大臣》，臺北：蒙藏委員會出版，1996。
- 應功九，《初級中學本國史》，上海：正中書局，1938。
- 戴季陶（著），陳天錫（編訂），《戴季陶先生文存》，臺北：中國國民黨中央委員會，1959。
- 謝彬，《西藏問題》，上海：商務印書館，1926。
- 韓同（編），《民國六十年來之密宗》，臺北：蓮花精舍，1972，再版。
- 薩岡，《欽定蒙古源流》，收入《四庫全書珍本三集》，臺北：臺灣商務印書館，1986。
- 藍吉富（主編），《世界佛學名著譯叢》，第 72 冊，《密教研究法》，臺北：華宇出版社，1986。
- 藏族簡史編寫組，《藏族簡史》，拉薩：西藏人民出版社，1985。
- 藏勵龢，《新體中國地理》，上海：商務印書館，1912，9 版。
- 魏源，《聖武記》，臺北：中華書局，1962 年影印本。
- 羅元鯤，《高中本國史》，上海：開明書店，1947，12 版；1948，修正滬 3 版。
- 羅香林，《高級中學本國史》，南京：正中書店，1946，滬 11 版；1947，滬 20 版、滬 60 版。
- 羅梅君（等著），張瑾（等譯），《共和時代的中國婦女》，臺北：左岸文化，2007。
- 顧定國（著）、胡鴻保、周燕（譯），《中國人類學逸史：從馬林諾斯基到莫斯科到毛澤東》，北京：社會科學文獻出版社，2000。

英文專書

- Anand, Dibyesh. *Geopolitical Exotica: Tibet in Western Imagination*. Minneapolis: University of Minnesota Press, 2007.
- Aziz, Barbara. *Tibetan Frontier Families: Reflections of Three Generations from D'ing-ri*. New Delhi: Vikas Publishing House, 1978.
- Barnet, Robert and Shirin Akiner eds. *Resistance and Reform in Tibet*. London: Hurst, 1994.
- Beckwith, Christopher I. *The Tibetan Empire in Central Asia: A History of the Struggle for Great Power among Tibetans, Turks, Arabs, and Chinese during the Early Middle Ages*. New Jersey: Princeton University Press, 1987.
- Bell, Sir Charles A. *Portrait of a Dalai Lama: The Life and Times of the Great Thirteenth*. London: Wisdom, 1987.
- Bell, Sir Charles A. *Tibet: Past and Present*. Oxford: Clarendon Press, 1968.
- Bishop, Peter. *The Myth of Shangri-La: Tibet, Travel Writing, and the Western Creation of A Sacred Landscape*. Berkeley and Los Angeles: University of California Press, 1989.
- Bishop, Peter. *Dreams of Power: Tibetan Buddhism and the Western Imagination*. London: Athlone Press; Rutherford, N. J.: Fairleigh Dickinson University Press, 1993.
- Brauen, Martin. *Dreamworld Tibet: Western Illusions*. Trumbull, CT.: Weatherhill Inc.; Bangkok: Orchid Press, 2004.
- Carrasco, Pedro. *Land and Polity in Tibet*. Seattle: University of Washington Press, 1959.
- Combe, G. A. *A Tibetan on Tibet*. London: T. Fisher Unwin, 1926.
- Crossley, Pamela K. *A Translucent Mirror: History and Identity in Qing Imperial Ideology*. Berkeley: University of California Press, 1999.
- Crossley, Pamela K., Helen F. Siu & Donald Sutton, (eds.), *Empire at the Margins: Culture, Ethnicity, and Frontier in Early Modern China*. Berkeley, Calif.: University of California Press, 2006.
- Deal, David M. & Laura Hostetler, *The Art of Ethnography: A Chinese "Miao Album"*. Seattle: University of Washington Press, 2006.
- Dhammakaya Foundation ed. *Buddhism into the Year 2000: International Conference Proceedings*. Bangkok and Los Angeles: Dhammakaya Foundation, 1994.
- Dikötter, Frank. *The Discourse of Race in Modern China*. Stanford: Stanford University Press, 1992.
- Dodin, Thierry & Heinz Räther (eds.). *Imagining Tibet: Perceptions, Projections, and Fantasies*. Boston: Wisdom Publications, 2001.
- Dreyfus, Georges B. J. *The Sound of Two Hands Clapping: The Education of a Tibetan Buddhist Monk*. Berkeley: University of California Press, 2003.
- Elliott, Mark C. T*he Manchu Way: The Eight Banners and Ethnic Identity in Late Imperial China*. Stanford: Stanford University Press, 2001.
- Epstein Lawrence ed. *Khams pa Histories: Visions of people, Place and Authority*. Leiden; Boston Mass.: Brill, 2002.
- Esherick, Joseph, Hasan Kayali, & Eric Van Young (eds.). *Empire to Nation: Historical Perspectives on the Making of the Modern World*. Lanham, MD: Rowman & Littlefield, 2006.
- Esposito, Monica (ed.). I*mages of Tibet: in the 19th and 20th Centuries*, Vol. 1. Paris: École française d'Extrême-Orient, 2008.

- Fleming, Peter. *Bayonets to Lhasa: The First Full Account of the British Invasion of Tibet in 1904*. New York: Harper, 1961.
- Goldstein, Melvyn C. *A History of Modern Tibet, 1931-1951: The Demise of the Lamaist State*. Berkeley: University of California Press, 1989.
- Goldstein, Melvyn C. *The Snow Lion and the Dragon: China, Tibet, and the Dalai Lama*. Berkeley, California: University of California Press, 1997.
- Goldstein, Melvyn C., Dawei Sherap, and William R. Siebenschuh. *A Tibetan Revolutionary: The Political Life and Times of Bapa Phüntso Wangye*. Berkeley, California: University of California Press, 2004.
- Harrell, Stevan ed. *Cultural Encounters on China's Ethnic Frontiers*. Seattle: University of Washington Press, 1995.
- Kapstein, Mattew T. ed. *Buddhism between Tibet & China* .Boston: Wisdom Publication, 2009.
- Kawaguchi, Ekai *Three Years in Tibet*. Delhi: Book Faith India, 1995.
- Keevak, Michael. *Becoming Yellow: A Short History of Racial Thinking* .Princeton, N.J.: Princeton University Press, 2011.
- Lamb, Alastair. *The McMahon Line: A study in the Relations between India, China and Tibet, 1904-1914*, Vol. 2. London: Routledge & Kegan Paul, 1966.
- Leibold, James. *Reconfiguring Chinese Nationalism: How the Qing Frontier and its Indigenes Became Chinese*. New York: Palgrave Macmillan, 2007.
- Levine, Nancy E. *The Dynamics of Polyandry: Kinship, Domesticity and Population on the Tibetan Border*. Chicago: University of Chicago Press, 1988.
- Li, Narangoa and Robert Cribb (eds.). *Imperial Japan and National Identities in Asia, 1895-1945*. London: Routledge Curzon, 2003.
- Li, Tieh-Tseng. Tibet, *Today and Yesterday (New York: Bookman Associates, 1960*. New York: King's Crown Press, Columbia University, 1956.
- Ligeti, Louis ed. *Proceedings of the Csoma de Kőrös Memorial Symposium*. Budapest: Akademiai Kiado, 1978.
- Lin, Hsiao-Ting. *Tibet and Nationalist China's Frontier: Intrigues and Ethnopolitics, 1928-49*. Vancouver: UBC Press, 2006.
- Lipman, Jonathan N. *Familiar Strangers: A History of Muslims in Northwest China*. Seattle: University of Washington Press, 1997.
- Lopez Jr., Donald S. *Curators of the Buddha: The Study of Buddhism under Colonialism*. Chicago: University of Chicago Press, 1995.
- Lopez Jr., Donald S. *Elaborations on Emptiness: Uses of the Heart Sutra* (N. J.: Princeton University Press, 1996.
- Lopez Jr., Donald S. *Prisoners of Shangri-La, Tibetan Buddhism and the West*. Chicago: University of Chicago Press, 1998.
- McKay Alex ed. *The History of Tibet*, Vol. 2. London; New York: Routledge Curzon, 2003.
- Millward, James A. *Beyond the Pass: Economy, Ethnicity, and Empire in Qing Central Asia, 1759-1864*. Stanford, Calif.: Stanford University Press, 1998.
- Mullaney, Thomas S. *Coming to Terms with the Nation: Ethnic Classification in Modern China*. Berkeley, Calif.: University of California Press, 2011.
- Neuhaus, Tom. *Tibet in the Western Imagination*. Houndmills, Basingstoke, Hampshire; New York: Palgrave Macmillan, 2012.

- Nietupski, Paul Kocot. *Labrang: A Tibetan Buddhist Monastery at the Crossroads of Four Civilizations*. New York: Snow Lion Publications, 1999.
- Onon, Urgunge & Derrick Pritchatt. *Asia's First Modern Revolution: Mongolia Proclaims Its Independence in 1911*. Leiden; New York: E. J. Brill, 1989.
- Petch, Luciano. *China and Tibet in the Early 18th Century: History of the Establishment of Chinese Protectorate in Tibet*. Leiden: E. J. Brill, 1950.
- Pittman, Don. A. *Toward a Modern Chinese Buddhism: Taixu's Reforms*. Honolulu: University of Hawai'i Press, 2001.
- Powers, John. *History as Propaganda: Tibetan Exiles versus the People's Republic of China*. New York: Oxford University Press, 2004.
- Pratt, Mary Louise. *Imperial Eyes: Travel Writing and Transculturation*. London & New York: Routledge, 1992.
- Rhoads, Edward J. M. *Manchus and Han: Ethnic Relations and Political Power in Late Qing and Early Republican China, 1861-1928*. Seattle: University of Washington Press, 2000.
- Richardson, Hugh E. *Tibet and Its History*. Boston: Shambhala, 1984, 2nd edition.
- Rin Chen Lha Mo, *We Tibetans*. London: Seeley Service & Co. ltd., 1926.
- Rockhill, William Woodville. *The Land of the Lamas: Notes of a Journey through China, Mongolia, and Tibet*. New York: The Century Co., 1891.
- Said, Edward W. *Orientalism*. New York: Vintage Books, 1994.
- Samuel, Geoffrey. *Civilized Shamans: Buddhism in Tibetan Societies*. Washington DC: Smithsonian Institution Press, 1993.
- Schell, Orville. *Virtual Tibet, Searching for Shangri-La from the Himalayas to Hollywood*. New York: Henry Holt& Company, Inc, 2000.
- Schell, Orville. *Virtual Tibet, Searching for Shangri-La from the Himalayas to Hollywood*. Henry Holt & Company, Inc, 2000.
- Sen, Tansen ed. Buddhism Across Asia: Networks of Material, Intellectual and Cultural Exchange. Singapore: ISEAS Publishing, 2014.
- Shakabpa, Tsepon W. D. *Tibet: A Political History*. New Haven: Yale University Press, 1967.
- Shen, Tsung-lien and Liu, Sheng-chi. *Tibet and the Tibetans*. New York: Octagon Books, 1973.
- Sperling, E., A. Tuvshintogs and Tashi Tsering eds. *The Centennial of the Tibeto-Mongol Treaty: 1913-2013*. Dharamshala, India: Amnye Machen Institute, 2013.
- Spurr, David. *The Rhetoric of Empire: Colonial Discourse in Journalism, Travel Writing, and Imperial Administration*. Durham: Duke University Press, 1993.
- Stein, Rolf A. trans. by J. E. Stapleton Driver, *Tibetan Civilization*. London: Faber, 1972.
- Sutherland, Stewart et al. *The World's Religions*. London: Routledge, 1988.
- Tagliacozzo, Eric, Helen F. Siu, Peter C. Perdue eds., *Asia Inside Out: Connected Places*. Cambridge, Massachusetts: Harvard University Press, 2015.
- Teichman, Eric. *Travels of a Consular Officer in Eastern Tibet: Together with A History of the Relations between China, Tibet and India*. Cambridge: University Press, 1922.
- Teng, Emma Jinhua. *Taiwan's Imagined Geography: Chinese Colonial Travel Writing and Pictures, 1683-1895*. Cambridge and London: Harvard University Asia Center, 2004.
- Thubten Jigme Norbu and Turnbull, Colin M. *Tibet*. New York: Simon and Schuster, 1968.
- Tucci, Giuseppe. *The Religions of Tibet*. London: Routledge & K. Paul, 1980.

- Tuttle, Gray. *Tibetan Buddhists in the Making of Modern China*. New York: Columbia University Press, 2005.
- Unger, Jonathan (ed.). *Chinese Nationalism*. Armonk, N.Y.: M. E. Sharpe, 1996.
- Urban, Hugh B. *Tantra: Sex, Secrecy, Politics, and Power in the Study of Religion*. Berkeley: University of California Press, 2003.
- Wang, Xiuyu. *China's Last Imperial Frontier: Late Qing Expansion in Sichuan's Tibetan Borderlands*. Lanham, MD: Lexington Book, Rowman and Littlefield Publishing Group, 2011.
- Welch, Holmes *The Buddhist Revival in China, with a Section of Photographs by Henry Cartier-Bresson*. Cambridge: Harvard University Press, 1968.
- Zheng, Wang. *Women in the Chinese Enlightenment: Oral and Textual Histories*. Berkeley, Calif.: University of California Press, 1999.

日文專書

- 王柯，《20 世紀中国の国家建設と「民族」》，東京：東京大学出版会，2006。
- 岡本隆司，《中国の誕生：東アジアの近代外交と国家形成》，名古屋：名古屋大学出版会，2017。
- 岡本隆司編，《宗主権の世界史——東西アジアの近代と翻訳概念》，名古屋：名古屋大学出版会，2014。
- 狭間直樹編，《近代東アジアにおける翻訳概念の展開》，京都：京都大学人文科学研究所現代中国研究センター，2013。
- 松本ますみ，《中國民族政策の研究——清末から 1945 年までの「民族論」を中心に》，東京：多賀出版，1999。
- 須藤隆仙，《世界宗教用語大事典》，東京：新人物往來社，2007。
- 西藏研究會（纂），太田保一郎（校補），《西藏》，東京：嵩山房，1904。
- 石濱裕美子，《清朝とチベット仏教：菩薩王となった乾隆帝》，東京：早稲田大学出版部，2011。

中文期刊

- 〈世界佛學苑漢藏教理院簡則〉，《海潮音》，第 13 卷第 1 期（1932）。
- 〈白喇嘛蒞湘情形〉，《海潮音》，第 7 卷第 2 期（1926）。
- 〈西康物產概況〉，《康藏前峰》，第 2 卷第 2 期（1934）。
- 〈西康的婦女生活——以女性為中心的西康社會〉，《女子月刊》，第 3 卷第 10 期（1935）。
- 〈西陲宣化使講鞏固國防當以交通入手〉，《西陲宣化使公署月刊》，創刊號（1935）。
- 〈西藏女子的裸體風俗〉，《玲瓏》，第 6 卷第 14 期（1936）。
- 〈西藏之宗教民俗（錄《中外日報》）〉，《東方雜誌》，第 5 年第 12 期（1909）。
- 〈批西康旅京同鄉請願團呈懇力促實現西康省府並請委任班禪喇嘛主席一案文（附原呈）〉，《邊政》月刊，第 8 期（1931）。
- 〈班禪喇嘛在蒙藏委員會紀念週發表〈西藏歷史與五族聯合〉演講〉（1933 年 1 月 21 日），《蒙藏旬刊》，第 88 期（1934）。

- 〈記者訪問黎丹（雨民）旅藏三年〉，《西陲宣化使公署月刊》，第 1 卷第 9 期（1937）。
- 〈記留藏學法團〉，《海潮音》，第 6 卷第 6 期（1925）。
- 〈發刊詞〉，《女子月刊》，第 1 卷第 1 期（1933）。
- 〈蒙藏宗教譚〉，《東方雜誌》，第 7 年第 1 期（1910）。
- 〈藏密答問（續一）〉，《佛學半月刊》，第 95 期（1935）。
- Alexandra David-Néel（著），西庭（譯），〈藏游歷險記（續）〉，《國聞週報》，第 3 卷第 25 期（1926）；第 3 卷第 28 期（1926）；第 3 卷第 29 期（1926）。
- D. MacDonald（著），馬建業（譯），〈英人筆下的西藏〉，《西北世紀》，第 4 卷第 5 期（1949）。
- Eric Teichman（著），高上佑（譯），〈西藏東部旅行記（續）〉，《康藏前鋒》，第 2 卷第 4-5 期合刊（1935）。
- Eric Teichman（著），高上佑（譯），〈西藏東部旅行記〉，《康藏前鋒》，第 1 卷第 8 期（1934）。
- Francis Goré（著），張鎮國、楊華明（譯），〈旅居藏邊三十年〉，《康導月刊》，第 5 卷第 6 期（1943）。
- John Claude White（著），陳世驤（譯），〈拉薩遊記〉，《東方雜誌》，第 14 卷第 3 號（1917）。
- Shenchi Liu（著），朱正明（譯），〈英國侵略西藏簡史〉，《亞洲世紀》，第 3 卷 2-3 期合刊（1948）。
- Taraknath Das（著），薛桂輪（譯並註），〈英國侵略西藏史（續）〉，《國聞週報》，第 4 卷第 44 期（1927）。
- 一波，〈西藏之女性中心家族制〉，《玲瓏》，第 5 卷第 30 期（1935）。
- 于式玉，〈介紹藏民婦女〉，《旅行雜誌》，第 18 卷第 2 期（1944）。
- 于式玉，〈我的同院——一個藏族女性〉，《大學月刊》，第 2 卷第 8 期（1943）。
- 于式玉，〈到黃河曲迎接嘉木樣活佛日記〉，《新西北》，第 3 卷第 2 期（1940）。
- 于式玉，〈拉卜楞紅教喇嘛現況與其起源及各種象徵〉，《華文月刊》，第 1 卷第 1 期（1942）。
- 于式玉，〈記黑水旅行〉，《旅行雜誌》，第 18 卷第 10 期（1944）。
- 于式玉，〈麻窩衙門〉，《邊政公論》，第 3 卷第 6 期（1944）。
- 于式玉，〈黑水民風〉，《康導月刊》，第 6 卷第 5-6 期（1945）。
- 于式玉，〈藏民婦女〉，《新中華》，第 1 卷第 3 期（1943）。
- 大勇，〈大勇法師遺書二通并跋〉，《海潮音》，第 11 卷第 1 期（1930）。
- 大勇，〈留學日本真言宗之報告〉，《海潮音》，第 4 卷第 3 期（1923）。
- 大圓，〈十五年來中國佛法流行之變相〉，《海潮音》，第 16 卷第 1 期（1935）。
- 小白，〈西藏的男與女之間（通訊）〉，《文藝戰線》，第 3 卷第 45 期（1935）。
- 丹珍，〈西康鑪霍縣概況〉，《康藏前鋒》，第 3 卷第 6 期（1936）。
- 天風無我（等譯），〈西藏女子之自述〉，《婦女雜誌》，第 3 卷第 9 期（1917）。
- 天然，〈西藏行〉，《海潮音》，第 7 卷第 8 期（1926）。
- 太虛（講），迦林（記），〈中國現時密宗復興之趨勢——中國指本部而言蒙藏在外〉，《海潮音》，第 6 卷第 8 期（1925）。
- 太虛（講），碧松（記），〈漢藏教理融會談〉，《海潮音》，第 18 卷第 12 期（1937）。

- 太虛，〈今佛教中男女僧俗顯密問題〉，《海潮音》，第 6 卷第 4 期（1925）。
- 太虛，〈我的佛教改進運動略史（續完）〉，《海潮音》，第 21 卷第 12 期（1940）。
- 太虛，〈我的佛教改進運動略史〉，《海潮音》，第 21 卷第 11 期（1940）。
- 太虛，〈鬥諍堅固中略論時輪金剛法會〉，《海潮音》，第 15 卷第 5 期（1934）。
- 太虛，〈密宗道次序〉，《海潮音》，第 17 卷第 9 期（1936）。
- 太虛，〈現代西藏序〉，《海潮音》，第 18 卷第 5 期（1937）。
- 太虛，〈發刊詞〉，《世界佛學苑漢藏教理院年刊》，第 1 期（1934）。
- 太虛，〈閱書雜評：閱藏密或問〉，《海潮音》，第 16 卷第 3 期（1935）。
- 心禪，〈西藏歸程記（未完）〉，《小說月報》，第 5 卷第 8 號（1914）。
- 文萱，〈西藏蒙古喇嘛僧之階級〉，《開發西北》，第 4 卷第 1、2 期合刊（1935）。
- 王川，〈格桑澤仁傳略〉，《西南民族大學學報（人文社科版）》，總第 211 期（2009）。
- 王川，〈諾那活佛在內地的活動及對康藏關係的影響〉，《中國藏學》，第 3 期（2008）。
- 王弘願，〈解行特刊序〉，《海潮音》，第 14 卷第 7 期（1933）。
- 王先梅，〈五十書行出邊關，何懼征鞍路三千——憶李安宅、于式玉教授〉，《中國藏學》，第 4 期（2001）。
- 王光璧，〈漢藏同源論〉，《康導月刊》，第 2 卷第 11 期（1940）。
- 王明珂，〈論攀附：近代炎黃子孫國族建構的古代基礎〉，《中央研究院歷史語言研究所集刊》，第 73 本第 3 分（2002）。
- 王欣，〈馬長壽先生的邊政研究〉，《西北民族論叢》，第 6 輯（2008）。
- 王雨巧，〈任乃強（1894-1989）學術及其治學特點之研究〉，四川師範大學碩士學位論文，2011。
- 王俊中，〈「滿洲」與「文殊」的淵源及西藏政教思想中的領袖與佛菩薩〉，《中央研究院近代史研究所集刊》，第 28 期（1997）。
- 王建民，〈中國近代知識分子與邊疆民族研究——以任乃強先生為個案的學科史討論〉，《西南民族大學學報》（人文社會科學版），第 10 期（2010）。
- 王清泉，〈蓉康旅程〉，《旅行雜誌》，第 13 卷第 9 期（1939）。
- 古純仁（F. Goré）（著），李哲生（譯），〈川滇之藏邊〉，《康藏研究月刊》，第 15 期（1947）。
- 弗人，〈探險故事赫戴伊恩與西藏〉，《心潮》，第 2 卷第 7 期（1944）。
- 札奇斯欽，〈佛教在蒙古〉，《華岡佛學學報》，第 5 期（1981）。
- 永安，〈西藏的女權〉，《新光雜誌》，第 1 卷第 2 期（1940）。
- 石川禎浩，〈20 世紀初年中國留日學生「黃帝」之再造——排滿、肖像、西方起源論〉，《清史研究》，2005 年第 4 期。
- 任乃強，〈吐蕃音義考〉，《康導月刊》，第 5 卷第 4 期（1943）。
- 任乃強，〈吐蕃譯變之輻射〉，《邊政公論》，第 4 卷第 9-12 期合刊（1945）。
- 任乃強，〈多康的自然區劃〉，《康藏研究月刊》，第 9 期（1947）。
- 任乃強，〈西藏的自然區劃〉，《康藏研究月刊》，第 8 期（1947）。
- 任乃強，〈岡底斯與崑崙〉，《康藏研究月刊》，第 2 期（1946）。
- 任乃強，〈康藏標準地圖提要〉，《康藏研究月刊》，第 20 期（1948）。
- 任乃強，〈悼羅哲情錯〉，《康藏研究月刊》，第 28-29 期合刊（1949）。
- 任乃強，〈檢討最近藏局〉，《康藏研究月刊》，第 27 期（1949）。

- 任新建，〈任乃強先生對西康建省的貢獻〉，《西南民族大學學報》（人文社會科學版），第 10 期（2010）。
- 任新建，〈康藏研究社介紹〉，《中國藏學》，1996 年第 3 期。
- 伍培英，〈蔣介石假征藏以圖康的經過〉，中國人民政治協商會議全國委員會文史資料研究委員會（編），《文史資料選輯》，第 33 輯（1963）。
- 吉開將人，〈民族起源學說在 20 世紀中國〉，《復旦學報》（社會科學版），第 5 期（2012）。
- 向尚，〈女性中心社會的康藏（特約通信）〉，《女子月刊》，第 4 卷第 2 期（1936）。
- 朱芾煌，〈與戴傳賢院長論迎請班禪喇嘛禳除國難書：由佛法真理批評密宗誦咒救國〉，《海潮音》，第 14 卷第 3 期（1933）。
- 西滄，〈要求密宗大德給與我一個確切的解答〉，《人海燈》，第 3 卷第 9 期（1936）。
- 何潔，〈漢藏教理院（1932-1950）研究〉，重慶：四川師範大學中國近現代史碩士論文，2004。
- 佘貽澤，〈明代之土司制度〉，《禹貢》半月刊，第 4 卷第 11 期（1936）。
- 冷亮，〈西藏上古史探討〉，《邊政公論》，第 1 卷第 3-4 期合刊（1941）。
- 冷亮，〈西藏宗教與政治之關係〉，《東方雜誌》，第 38 卷第 14 號（1941）。
- 冷亮，〈西藏問題之真相及其解決辦法〉，《東方雜誌》，第 31 卷第 9 期（1934）。
- 冷亮，〈康藏劃界之問題研究〉，《東方雜誌》，第 32 卷第 9 號（1935）。
- 吳文藻，〈邊政學發凡〉，《邊政公論》，第 1 卷第 5、6 期合刊（1942）。
- 吳佩，〈神祕的西藏〉，《廣播週報》，復刊第 39 期（1947）。
- 吳啟訥，〈民族自治與中央集權── 1950 年代北京藉由行政區劃將民族區域自治導向國家整合的過程〉，《中央研究院近代史研究所集刊》，第 65 期（2009）。
- 吳澤霖，〈邊疆的社會建設〉，《邊政公論》，第 2 卷第 1、2 期合刊（1943）。
- 吳燕和，〈中國人類學發展與中國民族分類問題〉，《國立臺灣大學考古人類學刊》，第 47 期（1991）。
- 吳謐賡，〈帝國主義者在康藏之「挖心」「吸血」術〉，《西北通訊》，第 3 卷第 2 期（1948）。
- 希哲，〈西藏婦女的婚制與教育〉，《婦女雜誌》，第 4 卷第 12 期（1943）。
- 李玉偉，〈內蒙古人民代表會議與內蒙古自治政府的成立〉，《中央民族大學學報》，2008 年第 3 期。
- 李亦園，〈民族誌學與社會人類學──臺灣人類學研究與發展的若干趨勢〉，《清華學報》，第 23 卷第 4 期（1993）。
- 李安宅，〈宗教與邊疆建設〉，《邊政公論》，第 2 卷第 9-10 期合刊（1943）。
- 李安宅，〈拉卜楞寺大經堂──聞思堂──的學制〉，《新西北月刊》，第 2 卷第 1 期（1939）。
- 李安宅，〈拉卜楞寺的護法神──佛教象徵主義舉例（附印藏佛教簡史）〉，《邊政公論》，第 1 卷第 1 期（1941）。
- 李安宅，〈拉卜楞寺概況〉，《邊政公論》，第 1 卷第 2 期（1941）。
- 李安宅，〈喇嘛教育制度〉，《力行月刊》，第 8 卷第 5 期（1943）。
- 李安陸，〈西藏風俗記（續）〉，《西北雜誌》，第 2 期（1912）。
- 李安陸，〈西藏風俗記〉，《西北雜誌》，第 1 期（1912）。
- 李有義，〈西藏的活佛〉，《燕京社會科學》，第 1 卷（1948）。

- 李有義，〈西藏問題之分析〉，《邊政公論》，第 7 卷第 3 期（1948）。
- 李有義，〈雜古腦喇嘛寺的經濟組織〉，《邊政公論》，第1卷第9、10期（1942）。
- 李培芳，〈西康的喇嘛和喇嘛寺〉，《康導月刊》，第 1 卷第 9 期（1939）。
- 李紹明，〈略論中國人類學的華西學派〉，《廣西民族研究》，第 3 期（2007）。
- 李紹明、石碩，〈馬長壽教授對藏學研究的貢獻〉，《西北民族論叢》，第 2 輯（2003）。
- 李復同，〈「喇嘛」與「喇嘛廟」〉，《邊事研究》，第 3 卷第 6 期（1936）。
- 李愛勇，〈新清史與"中華帝國"問題——又一次衝擊與反應？〉，《史學月刊》，第 4 期（2012）。
- 村田雄二郎，〈孫中山與辛亥革命時期的"五族共和"論〉，《廣東社會科學》，第 5 期（2004）。
- 杜永彬，〈《虛擬的西藏——從喜馬拉雅山到好萊塢尋找香格里拉》評介〉，《西藏大學學報》，第 24 卷第 1 期（2009）。
- 杜永彬，〈西方人眼中的西藏（之一）〉，《中國西藏》，2001 年第 2 期。
- 汪洪亮，〈藏學界的「天涯同命鳥」——于式玉與李安宅的人生與學術〉，《民族學刊》，總第 5 期（2011）。
- 汪榮祖，〈論梁啟超史學的前後期〉，《文史哲》，第 280 期（2004）。
- 沈松僑，〈江山如此多嬌——1930 年代的西北旅行書寫與國族想像〉，《臺大歷史學報》，第 37 期（2006）。
- 沈松僑，〈我以我血薦軒轅：黃帝神話與晚清的國族建構〉，《臺灣社會研究季刊》，第 28 期（1997.12）。
- 沈松僑，〈近代中國民族主義的發展：兼論民族主義的兩個問題〉，《政治與社會哲學評論》，第 3 期（2002）。
- 沈松僑，〈振大漢之天聲——民族英雄系譜與晚清的國族想像〉，《中央研究院近代史研究所集刊》，第 33 期（2000）。
- 沈衛榮，〈"懷柔遠夷"話語中的明代漢、藏政治與文化關係〉，《國際漢學》，第 13 輯（2005）。
- 沈衛榮，〈"懷柔遠夷"話語中的明代漢、藏政治與文化關係〉，《國際漢學》，第 13 輯（2005.9）。
- 沈衛榮，〈神通、妖術和賊髡：論元代文人筆下的番僧形象〉，《漢學研究》，第 21 卷第 2 期（2003），頁 219-247
- 沈衛榮、汪利平，〈背景書和書之背景：說漢文文獻中西藏和藏傳佛教形象〉，《九州學林》，第 7 卷第 2 期（2009）。
- 秀玉，〈西藏婦女之地位與其殊俗〉，《玲瓏》，第 4 卷第 5 期（1934），頁 277。
- 協饒益西，〈近代康區著名政治活動家——格桑澤仁〉，《康定民族師範高等專科學校學報》，第 14 卷第 6 期（2005）。
- 周長海，〈西藏宗教研究〉，《中央亞細亞》，第 1 卷第 2 期（1942）。
- 周偉洲，〈馬長壽先生的學術思想和治學方法〉，《西北民族論叢》，第 6 輯（2008）。
- 奇塵，〈對於傳密宗近況之感想〉，《海潮音》，第 7 年第 8 期（1926）。
- 林有任（譯），〈喇嘛教之研究（上）〉，《地學雜誌》，第 8 卷第 4 期（1917）。
- 林孝庭，〈戰爭、權力與邊疆政治：對 1930 年代青、康、藏戰事之探討〉，《中央研究院近代史研究所集刊》，第 45 期（2004）。

- 林冠群，〈「大西藏」（Greater Tibet）之商榷——西藏境域變遷的探討〉，《蒙藏季刊》，第 20 卷第 3 期（2011）。
- 林冠群，〈試論孫文「五族共和」思想〉，《中國邊政》，第 169 期（2007）。
- 林耀華，〈川康北界的嘉戎土司〉，《邊政公論》，第 6 卷第 2 期（1947）。
- 林耀華，〈川康嘉戎的家族與婚姻〉，《燕京社會科學》，第 1 卷（1948）。
- 林耀華，〈康北藏民的社會狀況（下）〉，《流星月刊》，第 1 卷第 3、4 期（1945）。
- 林耀華，〈康北藏民的社會狀況（中）〉，《流星月刊》，第 1 卷第 2 期（1945）。
- 林耀華，〈邊疆研究的途徑〉，《邊政公論》，第 2 卷第 1、2 期合刊（1943）。
- 河口慧海（講演），張鳳舉（口譯），朱偰（筆記），〈西藏文化發達概略〉，《國立北京大學社會科學季刊》，第 3 卷第 2 期（1925.3）。
- 法舫，〈中國佛教的現狀〉，《海潮音》，第 15 卷第 10 期（1934）。
- 法舫，〈四川佛教〉，《海潮音》，第 18 卷第 3 期（1937）。
- 法舫，〈全系佛法上之密宗觀〉，《海潮音》，第 14 卷第 7 期（1933）。
- 法舫，〈喇嘛轉世也由中央核許〉，《海潮音》，第 17 卷第 1 期（1936）。
- 法舫，〈蒙藏委員會規戒喇嘛嚴守戒律〉，《海潮音》，第 16 卷第 8 期（1935）。
- 法舫，〈蒙藏學院與菩提學會〉，《海潮音》，第 15 卷第 9 期（1934）。
- 法舫，〈藏文學院諸師東返宏法〉，《海潮音》，第 17 卷第 8 期（1936）。
- 法舫，〈歡迎法尊上人主世界佛學苑漢藏教理院事〉，《海潮音》，第 15 卷第 6 期（1934）。
- 法舫，〈讀西藏佛學原論書感〉，《海潮音》，第 14 卷第 7 期（1933）。
- 法尊，〈由藏歸來之前與法舫法師書〉，《海潮音》，第 15 卷第 5 期（1934）。
- 法尊，〈西藏佛教概要〉，《康導月刊》，第 6 卷第 2、3、4 期（1945）。
- 法尊，〈從西藏佛教學派興衰的演變說到中國佛教之建立〉，《海潮音》，第 17 卷第 4 期（1936）。
- 芝峯，〈今日中國密宗的現象〉，《正信》，第 2 卷第 10 期（1933）。
- 芝峯，〈西藏佛教（附誌）〉，《海潮音》，第 14 卷第 5 期（1933）。
- 邱述鈐，〈建設新西康之綱領〉，《康導月刊》，第 1 卷第 5 期（1939）。
- 姚薇元，〈藏族考源〉，《邊政公論》，第 3 卷第 1 期（1944）。
- 威廉孟哥（著），馮中權（譯），〈西藏探險記〉，《圖畫世界》，第 1 卷第 3 期（1924）。
- 恆演，〈大勇阿闍黎並轉世呼都圖合傳〉，《海潮音》，第 27 卷第 9 期（1946）。
- 持正，〈闢時輪金剛法會〉、〈闢對於時輪論者之解釋〉，《國風》，第 4 卷第 7 期（1934）。
- 昭奇，〈請問班禪喇嘛〉，《佛教月報》，第 1 卷第 3 期（1936）。
- 柯象峰，〈中國邊疆研究計畫與方法之商榷〉，《邊政公論》，第 1 卷第 1 期（1941）。
- 洪裕昆，〈旅康寶鑑（續）〉，《康導月刊》，第 1 卷第 4 期（1938）。
- 胡巨川，〈西康土司考〉，《西北問題季刊》，第 2 卷第 1、2 期（1936）。
- 胡翼成，〈論康藏喇嘛制度〉，《邊政公論》，第 1 卷第 3、4 期合刊（1941）。
- 凌純聲，〈中國邊政之土司制度（中）〉，《邊政公論》，第 3 卷第 1 期（1944）。
- 凌純聲，〈中國邊政之盟旗制度〉，《邊政公論》，第 2 卷第 9-10 期（1943）。
- 凌純聲，〈中國邊政改革芻議〉，《邊政公論》，第 6 卷第 1 期（1947）。
- 凌純聲，〈中國邊疆文化（下）〉，《邊政公論》，第 1 卷第 11、12 期合刊（1942）。
- 唐美君，〈人類學在中國〉，《人類與文化》，第 7 期（1976）。

- 孫江，〈拉克伯里「中國文明西來說」在東亞的傳布與文本之比較〉，《歷史研究》，2010 年第 1 期。
- 孫隆基，〈清季民族主義與黃帝崇拜之發明〉，《歷史研究》，2000 年第 3 期。
- 徐少凡，〈西康昌都諾那呼圖克圖傳〉，《海潮音》，第 14 卷第 7 期（1933）。
- 徐益棠，〈十年來中國邊疆民族研究之回顧與前瞻〉，《邊政公論》，第 1 卷第 5、6 期合刊（1942）。
- 徐益棠，〈康藏一妻多夫制的又一解釋〉，《邊政公論》，第 1 卷第 2 期（1941）。
- 格桑澤仁，〈西藏佛教之勢力與三民主義之推進〉，《康藏前鋒》，第 1 卷第 9 期（1934）。
- 涂仲山，〈康區佛教之整理〉，《康導月刊》，第 6 卷第 2、3、4 期（1945）。
- 班禪喇嘛，〈西藏政教之始末〉，《西陲宣化使公署月刊》，第 1 卷第 6 期（1936）。
- 班禪喇嘛額爾德尼（述），劉家駒（譯），〈西藏政教之始末〉，《西陲宣化使公署月刊》，第 1 卷第 6 期（1936）。
- 能信，〈能信法師上太虛大師函〉，《海潮音》，第 13 卷第 11 期（1932）。
- 馬戎，〈試論藏族的“一妻多夫”婚姻〉，《民族研究》，第 6 期（2000）。
- 馬拉已（作），胡謨（譯），〈西藏旅行記〉，《三六九畫報》，第 17 卷第 17 期（1942）。
- 馬長壽，〈鉢教源流〉，《民族學研究集刊》，第 3 期（1943）。
- 馬鶴天，〈反七筆鈎〉，《康導月刊》，第 1 卷第 9 期（1939）。
- 馬鶴天，〈唐代對於西藏文化之影響〉，《西陲宣化使公署月刊》，第 1 卷第 7-8 期合刊（1936）。
- 高爾登，〈時輪金剛法會的立場和趨向——招待新聞記者演說詞（同上）〉，《佛學半月刊》，第 78 期（1934）。
- 國屏，〈西藏婦女的祕密〉，《新人週刊》，第 2 卷第 38 期（1936）。
- 堅如，〈西藏的婦女——神祕——浪漫——活潑〉，《時代生活》（天津），第 4 卷第 3 期（1936）。
- 堅贊才旦，〈論兄弟型限制性一妻多夫家庭組織與生態動因——以真曲河谷為案例的實證分析〉，《西藏研究》，第 3 期（2000）。
- 堅贊才旦、許韶明，〈論青藏高原和南亞一妻多夫的起源〉，《中山大學學報》（社科版），第 46 卷第 1 期（2006）。
- 常惺（講），胡繼羅、胡繼木（記），〈密宗大意〉，《海潮音》，第 13 卷第 2 期（1932）。
- 張建世，〈康區藏族的一妻多夫家庭〉，《西藏研究》，第 1 期（2000）。
- 張朝麗，〈我的家鄉〉，《康藏前鋒》，第 4 卷第 8-9 期合刊（1937）。
- 張蓬舟，〈陳重為·西行艷異記·及其他〉，《康藏前鋒》，第 1 卷第 2 期（1933）。
- 張踐，〈班禪喇嘛返藏與“甘孜事變”〉，《青海民族研究》，第 18 卷第 4 期（2007）。
- 張癡僧，〈西藏風俗摭拾〉，《中央亞細亞》，創刊號（1942）。
- 惟善，〈太虛大師的衣鉢傳人——記當代高僧法舫法師〉，《法音》，第 1 期（2012）。
- 唔一（記），〈三月初十十六兩日受班禪喇嘛傳法記〉，《海潮音》，第 6 年第 4 期（1925）。
- 曼苛，〈西藏神祕的宗教〉，《海潮音》，第 14 卷第 4 期（1933）。
- 梅靜軒，〈民國以來的漢藏佛教關係（1912-1949）——以漢藏教理院為中心的探討〉，《中華佛學研究》，第 2 期（1998）。

- 梅靜軒，〈民國早期顯密佛教衝突的探討〉，《中華佛學研究》，第3期（1999）。
- 梅靜軒，〈獻身譯經事業的法尊法師〉，《慧炬》，第419期（1999）。
- 許文超，〈西康喇嘛剝削人民之鐵證〉，《康導月刊》，第1卷第9期（1939）。
- 責任（李安宅），〈論邊疆工作之展望〉，《邊政公論》，第3卷第1、2期合刊（1944）。
- 郭苑，〈西藏男子謀解放——反對女權發達〉，《三六九畫報》，第5卷第2期（1940）。
- 陰景元，〈西藏佛教的檢討〉，《東方雜誌》，第33卷第2號（1936）。
- 陰景元，〈拉卜楞寺夏季辯經大會〉，《邊疆通訊》，第4卷第6期（1947）。
- 陳永革，〈民初顯密關係論述評——以密教弘傳浙江及其效應為視角〉，《普門學報》，第24期（2004）。
- 陳志良，〈記康藏的一妻多夫制〉，《華安》，第2卷第11期（1934）。
- 陳波，〈徐益棠的民族學與西康研究〉，《西南民族大學學報（人文社會科學版）》，2011年第12期。
- 陳恩鳳，〈藏族農民與邊政〉，《邊政公論》，第3卷第12期（1944）。
- 陳健夫，〈西藏佛教的過去與現在〉，《新中華》，第2年第14期（1934）。
- 陳慶英，〈漢文「西藏」一詞的來歷簡說〉，《燕京學報》，第6期（1996）。
- 陶思曾，〈時輪金剛法會之意義和解釋——陶叔惠居士在杭州時輪法會事務所招待新聞記者演說詞〉，《佛學半月刊》，第78期（1934）。
- 陶雲逵，〈西南邊疆社會〉，《邊政公論》，第3卷第9期（1944）。
- 陶雲逵，〈論邊政人員專門訓練之必需〉，《邊政公論》，第1卷第3、4期合刊（1941）。
- 傅斯年，〈歷史語言研究所工作之旨趣〉，《國立中央研究院歷史語言研究所集刊》，第1本第1分（1928）。
- 唾莽羅傑，〈諾那呼圖克圖應化述〉，《新亞細亞》，第3卷第3期（1931）。
- 喜饒嘉錯，〈從溝通漢藏文化說到融合漢藏民族〉，《海潮音》，第19卷第10期（1938）。
- 悲華，〈論時事新報所謂經咒救國〉，《海潮音》，第13卷第9期（1932）。
- 斯文赫定（著），張星烺（譯），〈羅布卓爾及最先發現喜馬拉雅山最高峰的問題〉，《地學雜誌》，第18卷第2期（1931）。
- 斯文赫定（著），絳央尼瑪（譯），〈西藏〉，《禹貢》，第6卷第12期（1937）。
- 斯東（記述），〈西藏宦遊之回憶〉，《旅行雜誌》，第4卷第6期（1930）。
- 景昌極，〈印度密教攷〉，《國風》，第8卷第5期（1936）。
- 景桓，〈白普仁大師事略〉，《大雲》，第67期（1926）。
- 渡邊海旭（著），洪林（譯），〈密宗之發展觀〉，《海潮音》，第15卷第6期（1934）。
- 無畏，〈喇嘛教之我見〉，《康導月刊》，第6卷第2、3、4期（1945）。
- 無無居士，〈時輪金剛法會釋疑〉，《佛學半月刊》，第78期（1934）。
- 琭珠，〈Tobbat民族之來源〉，《新亞細亞》，第3卷第4期（1932）。
- 開瓊，〈康藏風俗漫談（下）〉，《國防週報》，第2卷第8期（1941）。
- 馮雲仙，〈一個理想的婦女工作區——大小涼山〉，《婦女月刊》，第1卷第2期（1941）。
- 馮雲仙，〈川康寧遠夷族婦女生活譚〉，《婦女共鳴》，第51期（1931）。

- 馮雲仙，〈目前西康興革之要點〉，《新亞細亞》，第 2 卷第 5 期（1931）。
- 馮雲仙，〈西康各縣之實際調查〉，《新亞細亞》，第 2 卷第 5 期（1931）。
- 馮雲仙，〈西康關外日記（二）〉，《蒙藏月報》，第 6 卷第 5 期（1937）。
- 馮雲仙，〈婦女應該到邊疆去〉，《婦女月刊》，第 6 卷第 1 期（1947）。
- 馮達庵，〈真言四十九世先師王大阿闍黎傳〉，《佛學半月刊》，第 147 期（1937）。
- 黃子翼，〈藏族民稱之商榷〉，《邊政公論》，第 1 卷第 7-8 期合刊（1942）。
- 黃仁謙，〈西康婦女的生活與風俗〉，《婦女月刊》，第 2 卷第 5 期（1943）。
- 黃天華，〈民國西康格桑澤仁事件研究〉，《四川師範大學學報》，第 36 卷第 5 期（2009）。
- 黃文山，〈民族學與中國民族研究〉，《民族學研究集刊》，第 1 期（1936）。
- 黃英傑，〈上師生命的聖與俗——諾那活佛轉世身份初探〉，《輔仁宗教研究》，第 19 期（2009）。
- 黃英傑，〈太虛大師的顯密交流初探——以日本密宗為例〉，《玄奘佛學研究》，第 14 期（2010）。
- 黃英傑，〈民國佛教懸案——諾那活佛死亡之謎初探〉，《輔仁宗教研究》，第 21 期（2010）。
- 黃英傑，〈藏傳佛教對生命禮俗的看法——以天葬為例〉，《輔仁宗教研究》，第 20 期（2010）。
- 黃興濤，〈清朝滿人的“中國認同”〉，《清史研究》，第 1 期（2011）。
- 黃興濤，〈現代“中華民族”觀念形成的歷史考察——兼論辛亥革命與中華民族認同之關係〉，《浙江社會科學》，第 1 期（2002）。
- 黃籀青，〈西藏民族是炎黃子孫之後裔說〉，《人文月刊》，第 8 卷第 2 期（1937）。
- 意芬，〈青海人的迷信喇嘛〉，《申報月刊》，第 4 卷第 6 號（1935）。
- 楊質夫，吳均、程頤工（整理），〈入藏日記（上）〉，《中國藏學》，2008 年第 3 期。
- 葛赤峰，〈土司制度之成立及其流弊〉，《邊事研究》，第 9 卷第 5 期（1939）。
- 鄒文海，〈西藏官制考略（續）〉，《國聞週報》，第 6 卷第 5 期（1929）。
- 鄒文海，〈西藏官制考略〉，《國聞週報》，第 6 卷第 4 期（1929）。
- 塵隱，〈禪密或問〉，《海潮音》，第 15 卷第 8 期（1934）。
- 塵隱，〈讀「答海潮音密宗問題專號」發生之感想〉，《海潮音》，第 15 卷第 6 期（1934）。
- 奪節，〈寺院與喇嘛生活〉，《康導月刊》，第 6 卷第 2、3、4 期（1945）。
- 滿智，〈世界佛學苑漢藏教理院之使命〉，《海潮音》，第 13 卷第 1 期（1932）。
- 碧松，〈送法尊上人赴藏迎安格西序〉，《海潮音》，第 17 卷第 1 期（1936）。
- 趙崢，〈國民政府的邊疆代理人——格桑澤仁的角色扮演與政治行動〉，《新史學》，第 26 卷第 2 期（2015）。
- 劉宇光，〈藏傳佛教學問寺辯經教學制度的因明實踐及背後所依據的佛學理念〉，《哲學與文化》，第 27 卷第 6 期（2000）。
- 劉家駒，〈西藏人民之生活〉，《新亞細亞》，第 2 卷第 5 期（1931）。
- 劉家駒，〈西藏歷代藏王及達賴喇嘛班禪喇嘛史要〉，《西陲宣化使公署月刊》，第 1 卷第 4-5 期合刊（1936）。
- 劉家駒，〈折多雪山與西康青年〉，《新亞細亞》，第 3 卷第 4 期（1932）。
- 劉家駒，〈康藏之過去與今後建設〉，《新亞細亞》，第 3 卷第 5 期（1932）。

- 劉婉俐，〈民國時期（1912-1937）漢傳佛教的現代化轉折：兼談藏傳佛教傳入民間的互涉與影響〉，《世界宗教學刊》，第 12 期（2008）。
- 德潛，〈西藏文化之啟端與佛教傳播之痕爪〉，《新亞細亞》，第 11 卷第 5 期（1936.5）。
- 慧定，〈藏密答問（續）〉，《佛學半月刊》，第 106 期（1935）。
- 編者，〈西康第一次宣慰大會記〉，《康藏前鋒》，第 3 卷第 3 期（1935）。
- 編者，〈西藏探險價值〉，《康藏前鋒》，第 2 卷第 6 期（1935）。
- 編輯部，〈文化運動與邊疆建設〉，《邊政公論》，第 3 卷第 2 期（1944）。
- 蔣君章，〈我對於喇嘛教的認識〉，《邊疆通訊》，第 2 卷第 1 期（1944）。
- 衛惠林，〈邊疆文化建設區站制度擬議〉，《邊政公論》，第 2 卷第 1、2 期合刊（1943）。
- 衛榮、汪利平，〈背景書和書之背景：說漢文文獻中西藏和藏傳佛教形象〉，《九州學林》，第 7 卷第 2 期（2009）。
- 鄧舍，〈藏民家系制度和婦女地位〉，《婦女新運》，第 7 卷第 1-2 期合刊（1945）。
- 鄧珠娜姆，〈今後天下，今後中國，今後邊疆〉，《西北通訊》，1947 年第 1 期。
- 黎裕權，〈駐藏辦事處的設置、功能與影響——兼論國民政府的西藏政策〉，臺北：中國文化大學史學研究所碩士論文，2004。
- 盧雪燕，〈趙爾豐經營川邊之研究（1905-1911）〉，臺北：國立政治大學民族研究所碩士論文，1994。
- 穆建業，〈青海藏族的婚姻〉，《旅行雜誌》，第 6 卷第 11 期（1932）。
- 穆建業，〈塔爾寺及其燈會〉，《新青海》，第 1 卷第 2 期（1932）。
- 蕭金松，〈歐陽無畏教授（君庇亟美喇嘛）事略〉，《蒙藏季刊》，第 20 卷第 1 期（2011）。
- 蕭瑛，〈藏族婦女的生活〉，《婦女月刊》，第 7 卷第 1 期（1948）。
- 懇覺，〈西藏佛教源流考〉，《佛化新青年》，第 2 卷第 7-8 期（1924）。
- 戴季陶，〈中藏思想溝通之重要〉，《新亞細亞》，第 2 卷第 5 期（1931）。
- 戴季陶，〈金剛頂發菩提心論淺略識敘〉，《海潮音》，第 14 卷第 7 期（1933）。
- 謝國安（口述），任乃強（筆記），〈岡底斯山紀異〉，《康藏研究月刊》，第 1 期（1946）。
- 謝國安，〈再談羌塘風俗〉，《康藏研究月刊》，第 5 期（1947）。
- 謝國安，〈西藏四大聖湖〉，《康藏研究月刊》，第 2 期（1946）。
- 避囂室主，〈答閱評藏密答問隨筆〉，《海潮音》，第 16 卷第 11 期（1935）。
- 避囂室主，〈評藏密答問〉，《海潮音》，第 16 卷第 6 期（1935）。
- 韓大載，〈諾那呼圖克圖行狀〉，《康藏前鋒》，第 4 卷第 1-2 期合刊（1936）。
- 韓寶善，〈青海一瞥〉，《新亞細亞》，第 3 卷第 6 期（1932）。
- 藍美華，〈一九一一年蒙古獨立運動原因之探討〉，《中山人文社會科學期刊》，第 10 期第 2 卷（2002）。
- 藍美華，〈內蒙古與一九一一年蒙古獨立運動〉，《漢學研究》，第 23 卷第 1 期（2005）。
- 藍銑，〈西康小識〉，《康藏前鋒》，第 1 卷第 1 期（1933）。
- 羅哲情錯，〈我在國民大會的提案〉，《康藏研究月刊》，第 20 期（1948）。
- 羅哲情錯，〈我的家鄉（續）〉，《康藏研究月刊》，第 28-29 期合刊（1949）。
- 羅哲情錯，〈我的家鄉〉，《康藏研究月刊》，第 27 期（1949）。

- 羅桑益西，〈西藏的四月節〉，《西陲宣化使公署月刊》，第1卷第6期（1936）。
- 譚英華，〈吐蕃名號源流考〉，《東方雜誌》，第43卷第4號（1947）。
- 譚英華，〈康人農業家庭組織的研究（二續）〉，《邊政公論》，第3卷第8期（1944）。
- 譚英華，〈康人農業家庭組織的研究（四續）〉，《邊政公論》，第4卷第2-3期合刊（1945）。
- 蘇里虛生，〈從乜筆鈎上去體察康藏的風情〉，《康導月刊》，第1卷第9期（1939）。
- 顧頡剛，〈中華民族是一個〉，《益世報・邊疆週刊》，第9期（1939）。
- 顧頡剛，〈我為什麼要寫「中華民族是一個」？〉，《西北通訊》，第2期（1947）。

英文期刊

- Chia, Ning. "The Lifanyuan and the Inner Asian Rituals in the Early Qing, 1644-1765," *Late Imperial China*, 14:1 (1993).
- Coleman, William M. "Writing Tibetan History: The Discourses of Feudalism and Serfdom in Chinese and Western Historiography," Ann Arbor, Michigan: Master's Thesis, 1998.
- Di Cosmo, Nicola. "Qing Colonial Administration in Inner Asia", *The International History Review*, 20:2 (1998.6).
- Farquhar, David M. "Emperor as Bodhisattva in The Governance of The Ch'ing Empire," *Harvard Journal of Asiatic Studies*, Vol. 38, No.1 (June 1978).
- Gladney, Dru C. "Representing Nationality in China: Refiguring Majority/Minority Identities," *Journal of Asian Studies*, Vol. 53:1 (1994).
- Goldstein, Melvyn C. "Fraternal Polyandry and Fertility in a High Himalayan Valley in Northwest Nepal," *Human Ecology*, 4:3 (1976).
- Goldstein, Melvyn C. "On the Nature of Tibetan Peasantry," *Tibet Journal*, 13:1 (1988).
- Goldstein, Melvyn C. "Pahari and Tibetan Polyandry Revisited," *Ethnology*, 17:3 (1978).
- Goldstein, Melvyn C. "Re-examining Choice, Dependency and Command in the Tibetan Social System: Tax Appendages and Other Landless Serfs," *Tibet Journal*, 11:4 (1986).
- Goldstein, Melvyn C. "Serfdom and Nobility: An Examination of the Institution of 'Human Lease' in Traditional Tibetan Social," *The Journal of Asian Studies*, 30:3 (1971).
- Goldstein, Melvyn C. "Stratification, Polyandry, and Family Structure in Central Tibet," *Southwestern Journal of Anthropology*, 27:1 (1971).
- Goldstein, Melvyn C. "When Brothers Share a Wife: Among Tibetans, the Good Life Relegates many Women to Spinsterhood," *Natural History*, 96:3 (1987).
- Grupper, Samuel Martin. "Manchu Patronage and the Tibetan Buddhism during the First Half of the Ch'ing Dynasty: A Review Article," *The Journal of the Tibet Society*, No. 4 (1984).
- Hevia, James L. "Lamas, Emperors, and Rituals: Political Implications of Qing Imperial Ceremonies," *Journal of the International Association of Buddhist Studies*, Vol. 16, No.2 (1993).
- McCleary, Rachel M. & Leonard W. J. van der Kuijp, "The Formation of the Rise of the Tibetan State Religion: The Geluk School 1492-1642," Center for International Development, Harvard University, *Working Paper*, No. 154 (2007).
- Michael, Franz "Letter to Editor: Tibetan Social System," *Tibet Journal*, 12:3 (1987).

- Michael, Franz "Tibetan Traditional Polity and Its Potential for Modernization," *Tibet Journal*, 11:4 (1986).
- Miller, Betrice D. "A response to Goldstein's Re-examining Choice, Dependency and Command in the Tibetan Social System, *Tibet Journal*, 12:2 (1987).
- Miller, Betrice D. "Last Rejoinder to Goldstein on Tibetan Social System," *Tibet Journal*, 13:3 (1988).
- Norbu, Dawa. "The 1959 Tibetan Rebellion: An Interpretation," *The China Quarterly*, No. 77 (1979).
- Norbu, Jamyang. "Opening of the Political Eye: Tibet's Long Search for Democracy," *Tibetan Review*, 25:11 (1990).
- Saklani, Girija "The Hierarchical Pattern of Tibetan Society," *Tibet Journal*, 3:4 (1978).
- Schein, Louisa. "Gender and Internal Orientalism in China," *Modern China*, Vol. 23:1 (1997).
- Slobodnik, Martin. "The Perception of Tibet in China: Between Disdain and Fascination"，《輔仁歷史學報》，第 17 期（2006.11），頁 71-109。
- Urban, Hugh B. "The Extreme Orient: The Construction of 'Tantrism' as a Category in the Orientalist Imagination," *Religion*, 29:2 (1999).
- Waley-Cohen, Joanna "The New Qing History," *Radical History Review*, Issue 88 (2004).
- Wedemeyer, Christian K. "Beef, Dog and Other Mythologies: Connotative Semiotics in Mahayoga Tantra Ritual and Scripture," *Journal of the American Academy of Religion*, Vol. 75, No. 2 (2007).
- Wedemeyer, Christian K. "Tropes, Typologies, and Turnarounds: A Brief Genealogy of the Historiography of Tantric Buddhism," *History of Religions*, Vol. 40, No. 3 (2001).
- Willett, Jeff. "Tibetan Fraternal Polyandry: A Review of its Advantages and Breakdown," *Nebraska Anthropologist*, Paper 113 (1997).
- Zhao, Gang. "Reinventing China: Imperial Qing Ideology and the Rise of Modern Chinese National Identity in the Early Twentieth Century," *Modern China*, Vol. 32:1 (2006).

日文期刊

- 六鹿桂子，〈チベット族における兄弟型一妻多夫婚の形成理由の考察〉，《多元文化》（名古屋大学大学院国際言語文化研究科国際多元文化専攻），第 11 号（2011）。

報紙、公報

- 陳其昌，〈經藏衛以固蜀疆議〉，《蜀學報》，1898 年 8 月。
- 中國之新民，〈哀西藏〉，《新民叢報》，第三年第七號，1904 年 10 月 23 日。
- 〈西藏民族源流考〉，《外交報》，第 151 期，1906 年 8 月 14 日。
- 袁仲，〈西藏〉，《大同報》（東京），第 2 號，1907 年 8 月 5 日。
- 苕夫，〈西報論中國經營西藏問題續論（未完）〉，《廣益叢報》，第 154 號，1907 年 12 月 4 日。
- 天僇生，〈西藏大勢通論〉，《廣益叢報》，第 172 期，1908 年 6 月 18 日。
- 黃言昌，〈論諮議局宜派員調查西藏以決存亡問題〉，《蜀報》，第 6 期，1910 年 11 月 2 日。
- 〈康藏改省之建議〉，《申報》，1928 年 8 月 5 日。

- 鎔青，〈西藏女子實行多夫制之原因注重宗族血統保留遺產制度〉，《世界日報》（北平），1928 年 11 月 4 日。
- 〈治藏七大方策 對藏外交宜採強硬政策 懷柔藏人使之心誠悅服 譚雲山條陳國府及蒙藏會〉，《世界日報》（北平），1931 年 7 月 17 日。
- 鄭正（問），編者（答），〈喇嘛教沿革〉，《世界日報》（北平），1935 年 6 月 27 日。
- 滌滄，〈沒靈魂的西藏婦女〉，《立報》（上海），1936 年 1 月 2 日。
- 吳定良，〈國族融合性在人類學上之證明〉，《中央日報》（重慶），1943 年 6 月 20 日。
- 吳乃越，〈諸夫之間如何為婦？〉，《中央日報》（南京），1947 年 1 月 19 日版。
- 鄧珠娜姆，〈西藏婦女〉，《中央日報》（南京），1948 年 8 月 12 日。
- 中華人民共和國國務院新聞辦公室，〈西藏民主改革 50 年〉白皮書，北京：中華人民共和國國務院新聞辦公室（2009）。
- 徐暢，〈中國民族學研究的先行者——回憶先父徐益棠的治學之路〉，《中國民族報》，2010 年 11 月 12 日。
- 格桑澤仁，〈西康改省計劃提案〉，《蒙藏委員會公報》，第 1-2 期合刊（1929）。

民國論叢 10

近代中國的西藏想像

Esoteric Buddhism, Theocracy, Polyandry:
Modern Chinese Imagination on Tibet, 1912-1949

作　　者　簡金生
總 編 輯　陳新林、呂芳上
執行編輯　林育薇
封面設計　溫心忻
排　　版　溫心忻
助理編輯　詹鈞誌

出　　版　開源書局出版有限公司
香港金鐘夏慤道 18 號海富中心
1 座 26 樓 06 室
TEL：+852-35860995

民國歷史文化學社 有限公司
10646 台北市大安區羅斯福路三段
37 號 7 樓之 1
TEL：+886-2-2369-6912
FAX：+886-2-2369-6990

http://www.rchcs.com.tw

初版一刷　2022 年 11 月 30 日
定　　價　新臺幣 700 元
港　幣 200 元
美　元　28 元
I S B N　978-626-7157-67-1（精裝）
印　　刷　長達印刷有限公司
台北市西園路二段 50 巷 4 弄 21 號
TEL：+886-2-2304-0488

國家圖書館出版品預行編目 (CIP) 資料
近代中國的西藏想像 = Esoteric buddhism, theocracy, polyandry: modern chinese imagination on tibet, 1912-1949/ 簡金生著 . -- 初版 . -- 臺北市 : 民國歷史文化學社有限公司 , 2022.10

面； 公分 . -- (民國論叢 ; 10)

ISBN 978-626-7157-67-1 (精裝)

1.CST: 文化　2.CST: 歷史　3.CST: 西藏自治區

676.64　　111015428

民國論叢

斯「文」各主張：小品論述在民國

The Various Positions on the *Wen: Xiaopin* Discourse in Republican China

宏觀析解民國時期各方「小品」論述，展現民國文人的存在感受與美學追求。

劉佳蓉／著
LIU, Chia-jung

 NT.480

長城抗戰日中檔案比較研究

A Comparative Study of Japanese and Chinese Archives on the Defense of the Great Wall

以日軍保留檔案文獻資料，對比中國原始檔案，還原長城抗戰主要戰鬥的實際面貌。

姜克實／著
JIANG, Keshi

 NT.700

動員的力量：上海學潮的起源

The Power of Mobilization: Origins of the Shanghai Student Movement

從「東南集團」視角，重探五四運動動員與組織力量的源頭。

陳以愛／著
SAE-CHEN, Joseffin

 NT.800

e 圖書館電子書

五四意識在台灣

The May Fourth Consciousness in Taiwan

探討五四意識從日治時期至戰後、迄今，在臺灣的發展及價值。

簡明海／著 e
CHIEN, Ming-hai

精裝 NT.800

反攻與再造：遷臺初期國軍的整備與作為

Recovery and Reform: R.O.C. Military Reorganization and Operations in 1950s

大量運用軍方檔案及蔣介石個人資料，詳考1950年代各階段制定的反攻計畫，審視蔣的反攻決心與實際準備，並分析計畫何以無法實踐。

陳鴻獻／著 e
CHEN, Hung Hsien

精裝 NT.470